Gustav Rasch

# Der Leuchtturm des Ostens

Serbien und die Serben

Gustav Rasch

**Der Leuchtturm des Ostens**
*Serbien und die Serben*

ISBN/EAN: 9783743308398

Hergestellt in Europa, USA, Kanada, Australien, Japan

Cover: Foto ©ninafisch / pixelio.de

Manufactured and distributed by brebook publishing software
(www.brebook.com)

Gustav Rasch

**Der Leuchtturm des Ostens**

Der

# Leuchtthurm des Ostens.

## Serbien und die Serben.

Von

## Gustav Rasch.

**Prag.**

Druck und Verlag der Buchdruckerei
Dr. F. Skrejšovský.

Der

# kriegerischen Jugend Serbiens

gewidmet.

# Vorwort.

Seit einigen vierzig Jahren hat sich Serbien aus eigener Initiative und durch eigene Kraft nach helbenmüthigen zwanzigjährigen Kämpfen und namenlosen Leiden von der Herrschaft der asiatischen Barbaren befreit, welche noch heute zur Schande des civilisirten und christlichen Europa auf der Balkanhalbinsel vom Gestade des Bosporus bis zur Donau über vierzehn Millionen griechischer und südslavischer Christen herrschen. Die Waffen der serbischen Helden haben den Padischah in Stambul gezwungen, die Unabhängigkeit ihres Landes durch eine Reihe von in den Jahren 1829, 1830, 1833, 1838 und 1853 erlassenen Hattischerifs anzuerkennen und der Pariser Tractat des Jahres 1856 hat dem jungen Staat das Recht unverletzbarer Integrität und die vollste Autonomie bei der Gestaltung seiner inneren Angelegenheiten gesichert. Durch die großen Märzconcessionen, welche die Pforte im Jahre 1867 Serbien endlich zugestehen mußte, ist das Land fast ganz unabhängig geworden. Sämmtliche, noch von den Türken besetzten Festungen wurden durch diese Märzconcessionen definitiv den Serben übergeben. Die Souzeränitätsrechte des Sultans auf das Land beschränken sich heute auf einige unwesentliche Aeußerlichkeiten. Serbien hat das Recht der freien Fürstenwahl, wovon das serbische Volk mehrmals Gebrauch gemacht hat, einmal im Jahre 1842, dann im Jahre 1858 und neuerdings nach der Ermordung des Für= sten Michael. Durch die am 9. Juni 1869 proclamirte Constitution ist Serbien in die Reihe der constitutionellen Staaten Europa's eingetreten. Diese Constitution ist das Fundamentalgesetz der Freiheit geworden, ein nationales Werk, serbisch in seinem Wesen wie in seiner Entstehung, berathen und zum Gesetz erhoben ohne Zuthun einer Schutz= macht und ohne Mithilfe des souzeränen Hofes durch die freigewählten Vertreter des serbischen Volkes in der Skup= śtina des Jahres 1869. Mit dieser Constitution hat das serbische Volk das Werk seiner Freiheit und Unabhängig= keit vollendet, dessen Aufbau die heldenmüthigen Freiheits=

kämpfer des ersten Jahrzehents dieses Jahrhunderts begon=
nen haben.

Noch nicht ein halbes Jahrhundert ist verflossen, seit
die asiatischen Barbaren gezwungen waren, Serbien seine
Autonomie zuzugestehen. Seit diesem halben Jahrhundert
ist Serbien aus einer Wüste, worin die Türken das un=
glückliche Land verwandelt hatten, zu einem reichen, wohl
angebauten, trefflich verwalteten, freiheitlichen Culturlande
geworden. Volk und Fürsten haben gleichmäßig an dieser
Aufgabe gearbeitet. Am meisten ist dieselbe während der
Regierung des Fürsten Michael und während der vier=
jährigen Periode der Regentschaft gefördert worden. Auf allen
Gebieten der Cultur und der Verwaltung, in der Land=
wirthschaft, im Handel, im Ackerbau, in der Viehzucht, im
Bergbau, besonders aber auf dem Gebiete der Volksbildung
hat Serbien in einer verhältnißmäßig kurzen Zeit enorme
Fortschritte gemacht. Die Bevölkerungsziffer hat sich, seit=
dem die Türken das Land verlassen haben, um mehr als
das Doppelte vermehrt. Die Handelsbewegung ist seitdem
im steten Steigen begriffen. Gegenwärtig ist das Land
mit einem Straßennetz bedeckt, welches alle Kreisstädte mit
einander in Verbindung bringt. Die meisten von diesen

Straßen sind gut und dauerhaft und machen dem serbischen
Straßenbau alle Ehre.

Das Bedeutendste im Straßenbau haben wieder die
Regierung des Fürsten Michael und die Regentschaft ge=
leistet. Während der Regierung des Ersteren wurden für
öffentliche Arbeiten, für Straßenbau, Wasserbau und Hoch=
bau ein besonderes Ministerium errichtet; Pontonbrücken
und Fähren wurden über die bulgarische, serbische und ver=
einigte Morava geschlagen; die Regentschaft hat nicht we=
niger als 350.954 Toisen neue Straßen erbaut und 783.250
Toisen alte Straßen wieder hergestellt, 352 neue steinere
und hölzerne Brücken angelegt und 399 alte Brücken wie=
der in brauchbaren Zustand gesetzt. Telegraphische Ver=
bindungen zwischen allen Kreisstädten wurden bereits in
den fünfziger Jahren angelegt. Auf allen postalischen Haupt=
linien ist heute ein täglicher Briefcours eingerichtet und
findet Beförderung der Personen durch die Post statt.

Ganz enorme Fortschritte hat Serbien, seitdem das
Land seine Autonomie errang, im Bildungswesen des Volkes
gemacht. Als die asiatischen Barbaren vor vierzig Jahren
den serbischen Boden zu verlassen gezwungen waren, war
ein gedrucktes Buch eine ebenso seltene Erscheinung, wie

ein mit Eisen beschlagenes Rad. Heute besitzt Serbien eine Menge trefflicher Gymnasien und Normalschulen, eine mit allen Bildungsmitteln und mit vorzüglichen Lehrern ausgestattete Militärakademie, eine höhere Mädchenbildungsanstalt, aus welcher fast alle Lehrerinnen der heutigen Normalschulen hervorgegangen sind, Bibliotheken, Lesevereine, viele Zeitungen und Journale, naturhistorische und physikalische Cabinete, chemische Laboratorien, ein Nationalmuseum, eine Nationalbibliothek und die beste Staatsdruckerei, welche sich im südwestlichen Europa befindet. Auf allen Bildungsanstalten ist der Unterricht unentgeltlich. Reiche Stipendien und Staatsunterstützungen machen es auch dem Unbemittelten möglich, die Bildung, welche ihm die eigenen Schulen gegeben haben, auf auswärtigen Universitäten und Akademien zu erweitern. Während der Regentschaft ist eine neue Unterrichtsmethode in den serbischen Schulen eingeführt, welche auf der gegenwärtigen Höhe der pädagogischen Wissenschaft steht; in Belgrad ist eine Nationalbuchhandlung errichtet; es sind Sonntagsschulen eingerichtet; landwirthschaftliche Schulen und eine Forstakademie sind geschaffen worden; in Belgrad hat sich eine Ackerbaugesellschaft gebildet, welche aus der Staatskasse dotirt, sich mit Beförderung und Verbesserung des Acker=

baues und mit Einführung neuer Ackerbauwerkzeuge be=
schäftigt. Seit dem Jahre 1864 hat die Regierung be=
gonnen, in jedem Kreise ein Krankenhaus zu errichten, wo
alle Kranken ohne Rücksicht auf Religion, Stand und Na=
tionalität, falls sie unbemittelt sind, unentgeltlich Aufnahme
und Verpflegung finden; in allen Kreisstädten sind Apo=
theken errichtet worden. Die Gerichtstaxen sind sehr nie=
drig; die Besteuerung sehr gering. Die Steuer wird den
Gemeinden nach der Zahl der Steuerköpfe im Gesammt=
betrage auferlegt; die individuelle Vertheilung geschieht in
allgemeinen Gemeindeversammlungen unter Zustimmung der
Hausväter in der Art, daß die Wohlhabenden einen Theil der
Lasten der weniger Wohlhabenden auf sich nehmen. In
Serbien gibt es weder Bettler, noch eigentliche Arme.

Serbien hat eine ausgedehnte freie Gemeindeverfassung.
Die Gemeinde wählt ihren Vorstand selbst. Sein Wir=
kungskreis ist nach den Bestimmungen des neuen, im Jahre
1866 veröffentlichten Gemeindegesetzes ein sehr umfassender.
Die Staatseinnahmen bestehen aus directen Steuern, aus
Staatsregalien, aus Zollgebühren und Taxgebühren, aus
den Erträgnissen der Staatsgüter und aus dem Staatsfond.
Serbien hat keine Staatsschulden.

Sämmtliche serbischen Fürsten haben es sich in gleicher
Weise angelegen sein lassen, zum Schutze der so schwer er=
rungenen Freiheit und Nationalität eine kriegstüchtige, wohl
organisirte Armee zu schaffen. Die ersten Anfänge einer
regelmäßigen Armee verdankt das Land dem Fürsten Mi=
loš Obrenović. Bedeutende Fortschritte machte die militä=
rische Organisation unter der Regierung des Fürsten Ale=
xander. Er setzte die von Fürst Miloš begonnenen Bauten
zu Belgrad und Kragujevac in großem Maßstabe fort und
gründete zur Ausbildung der Offiziere aller Waffengattun=
gen die Militärakademie in Belgrad, welche er so reichlich
dotirt hat, daß alle Zöglinge in derselben Unterricht, Woh=
nung, Verpflegung, Kleidung und das Studienmaterial
unentgeltlich erhalten. Ihre heutige Organisation ver=
dankt die serbische Armee dem Fürsten Michael. Er legte
der Skupština einen wohldurchdachten Plan einer National=
miliz vor, dessen Hauptbestimmungen noch der heutigen
serbischen Armeeorganisation zu Grunde liegen. Nach
dieser Armeeorganisation ist jeder Serbe verpflichtet, in der
Nationalmiliz zu dienen. Die Dienstzeit dauert vom 19.
bis zum 60. Jahre. Obschon nur das erste Aufgebot unter
den Waffen ist, so ist doch die ganze Miliz verpflichtet, sich
vom 1. bis zum 13. März und vom 1. bis zum 30. Octo=

ber an Sonntagen und Feiertagen an den militärischen
Uebungen zu betheiligen. Das stehende Heer hat in Ser=
bien die Bestimmung, die Schule für die Nationalmiliz zu
bilden und besteht aus ungefähr 4000 Mann. Die Dienst=
pflicht im stehenden Heere dauert drei Jahre. Die Ge=
sammtsumme kriegstüchtiger Soldaten, welche Serbien in
Zeiten der Gefahr ins Feld stellen kann, beträgt 150,000
Mann. Die vollständige Ausrüstung an Geschützen, Mu=
nition, Waffen, Pulver und Bagage für diese Armee von
150,000 Mann nebst Reserve befindet sich in dem Arse=
nale und den Werkstätten von Kragujevac, an deren Her=
stellung drei Regierungen gearbeitet haben.

Dies heutige und gegenwärtige [Serbien, welches die
letzten vierzig Jahre geschaffen haben, schildert mein Buch
nach eigener Anschauung. Soll ich dies heutige Serbien
etwa nicht „den jungen Zukunftsstaat der Balkanhalbinsel,"
etwa nicht „den Leuchtthurm des Ostens" nennen? Es ver=
dient es nach den enormen Anstrengungen, welche Volk
und Fürsten gemacht haben, das Land in noch nicht einem
halben Jahrhundert auf die hohen Stufe der Cultur, der
Bildung und der Wehrkraft zu heben, auf welcher es sich
heute befindet, gewiß mit vollem Recht: das serbische Volk

wird sich seiner Aufgabe würdig zeigen. Sie besteht darin, die Initiative zur Befreiung aller noch heute auf der Balkanhalbinsel von den asiatischen Barbaren geknechteten südslavischen und griechischen Stämme zu ergreifen. In dieser Anschauung widme ich mein Buch

„der kriegerischen Jugend Serbiens."

# Erstes Kapitel.

## Belgrad.

Belgrad im Frührothschein! Die ersten, glitzernden Sonnen=
funken auf dem Thurme der Kathedrale von Sanct
Michael! Der Morgenhimmel hinter den dunklen Mauern
und Bastionen der alten Türkenfestung ganz roth gefärbt
von dem Widerschein der Sonne, welche sich nicht über den
Rand des Horizonts erhoben hatte, als wäre er in Blut
getaucht! Die Häusergruppen der tiefer gelegenen Stadt
und des Donaugestades noch in den blaubuftigen Schatten=
mantel der Dämmerung gehüllt! So sah ich die Hauptstadt
des jungen Serbenreichs, des Zukunftsstaats der Balkan=
halbinsel, nun dreimal während der letzten sechs Jahre!
Zum ersten Male im Jahre 1866, wo die Türkenfahne noch
auf den Wällen der Festung wehte und die Kanonen Ali
Redschid Pascha's Belgrad mit einer Wiederholung des bar=
barischen Bombardements bedrohten, welches einige Jahre
vorher während einer ganzen Nacht Tod und Verderben
auf die unglückliche Stadt gespieen hatte. Die Türken hatten
im Jahre 1866 die am Gestade der Save belegene sogenannte
„Türkenstadt" allerdings schon geräumt, aber noch standen

die Lehmhütten und Holzhäuser, welche sie Jahrhunderte lang in Belgrad bewohnten; noch war das Gewirr der krummen, engen und schmutzigen Gassen vorhanden, welches jede türkische Stadt charakterisirt, mag sie Stambul, Ruščuk, Zvornik oder Belgrad heißen; noch erhoben sich über diesen schmutzigen Häusermassen die Kuppeln und Minarets der von den asiatischen Nomaden verlassenen Moscheen. Auf der serbischen Hauptstadt lastete damals noch der Druck, welchen die Türken durch Besetzung der serbischen Festungen auf das ganze Land ausübten. Wie alle serbischen Städte wagte sich Belgrad in seiner Entwickelung zu einer europäischen Stadt nicht recht vorwärts. Ueberall die Trümmer und hölzernen Baracken, deren Erdgeschoße zu Kramläden und Werkstätten eingerichtet waren, zwischen weißen, freundlichen Häusern von europäischer Bauart. Die glänzenden Fenster= augen und die grünen Jalousieen schauten die braunen, hölzernen Buden, welche sich kaum über dem Boden erhoben, mit ganz frembartigen Blicken an, der Orient den Occident, Asien Mitteleuropa. Wer wagte in Belgrad zu bauen, kaufmännische Geschäfte anzulegen, Gasthöfe zu errichten, industrielle Unternehmungen zu gründen, so lange die tür= kischen Kanonen aus den Bastionen der Festung in einer Nacht das ganze neue Belgrad wieder in einen Schutthaufen verwandeln konnten?

Zwischen der Festung und der Stadt breitete sich ein weiter, wüster Platz aus, welcher nicht bebaut werden durfte, der sogenannte Kalimeidan, der Schauplatz vieler blutiger Kämpfe zwischen den Türken und Oesterreichern in den ver= schiedenen Belagerungen von Belgrad, die Hinrichtungsstätte der serbischen Patrioten und Freiheitskämpfer während des Befreiungskrieges. Die Ruinen des Palastes, den einst Prinz

Eugen, „der edle Ritter," bewohnte, erhoben sich aus dem
Gewirr der türkischen Hütten, welche wie Schmutzhaufen an
die kolossalen Mauerreste angeklebt waren. Das Haus, in
welchem ich bei meinem damaligen Besuche in Belgrad ein
Zimmer bewohnte, dessen ganze Einrichtung aus einem
Stuhl, einem Tische und einer leeren Bettstelle bestand, wozu
ich mir erst das nöthige Bettzeug beschaffen mußte, glich
mehr einer türkischen Mehana, als einem europäischen Gast=
hofe. Pflaster gab es nur in einer oder in zwei Haupt=
straßen. Die Einwohnerzahl Belgrads wird im Jahre 1866.
noch nicht 20,000 betragen haben.

Dann sah ich Belgrad im verflossenen Jahre. Die
Türken hatten die Festung geräumt. Der Alp, der bis dahin
der Stadt auf der Brust lag, war verschwunden. Belgrad
war in fünf Jahren eine europäische Stadt geworden. Der
größte Theil der Türkenstadt war vom Erdboden verschwunden;
überall war man beschäftigt neue Straßenlinien zu legen,
Trümmer fortzuräumen, hölzerne Baracken abzubrechen, schöne,
mehrstöckige europäische Häuser zu erbauen, zu pflastern,
Baumreihen zu pflanzen, Gärten anzulegen, Kaufläden ein=
zurichten, kurz, Belgrad in ein europäisches Gewand zu
kleiden. Der früher mit dürftigen Bäumen und Gras be=
wachsene, öde Kalimeidan war in einen schönen schattigen
Park mit Blumenanlagen und reichen Gebüschgruppen ver=
wandelt worden; ich fand schöne, große Gasthöfe mit allem
Comfort mitteleuropäischer Städte, Conditoreien und Kaffee=
häuser, Kasinos und Buchläden, sogar ein großes, sehr geschmack=
voll ausgestattetes, mittelst Gaslicht erleuchtetes Theater.
Es stand am Rande jener damals fast verschwundenen
schmutzigen Stadt der asiatischen Nomaden, welche heute von
dem österreichisch=ungarische Consul in Belgrad gehätschelt

1*

werden. Haben denn die Ungarn vergessen, wie diese asia=
tischen Nomaden in ihrem eigenen Vaterlande gehaust haben?
Es ist noch nicht lange her. Haben sie die Hunderttausende
von Männern, Weibern und Kindern vergessen, welche die
asiatischen Nomaden auf ihren Raub= und Brandzügen in
Ungarn abschlachteten? Sind ihnen die brennenden Städte,
in deren Flammen die asiatischen Barbaren die Kinder ihrer
Voreltern geworfen haben, aus dem Gedächtniß gekommen?
Ist das rauchende Blut der Schlachtfelder, wo der Säbel
der Magyaren mit dem Damascener der Türken kämpfte,
ist der Brandgeruch der Häuser, welche die asiatischen Horden
in wilder Zerstörungslust einäscherten, ganz aus ihrer Erin=
nerung verschwunden? —

Und wieder stieg ich im Frührothscheine eines Juni=
morgens kürzlich die hohe steinerne Treppe hinan, welche
vom Donaugestade zu dem langgestreckten Hügel hinaufführt,
auf dem zwischen Save und Donau sich die langen Straßen=
linien der serbischen Hauptstadt ausdehnen. Am Quai hatte
sich seit den Jahren, wo ich zum letztenmale auf einem
prächtigen Eildampfer der Donaudampfschifffahrtsgesellschaft
hier landete, außer einige Neubauten wenig geändert. Aber
ein großer neuer Gasthof soll, wie man mir in Belgrad
sagte, nächstens am Donauquai in Angriff genommen werden.
Und als ich aus der blaubuftenden Dämmerung des Ge=
stades die hohe Steintreppe hinaufgestiegen war und auf
der Höhe des Vorgebirges stand, glitzerten wieder die ersten
rothen Sonnenfunken auf der vergoldeten Spitze des Thurmes
der Cathedrale von Sanct Michael, wie vor einem Jahre,
und der Morgenhimmel hinter den dunkelbraunen Mauern
der alten Türkenfestung erschien mir wieder in Roth gefärbt,
als wäre er in Blut getaucht. Es war der Reflex der

Morgensonne, welche noch unter dem Horizont stand, ganz wie vor einem und vor sechs Jahren. Und das Pflaster hatte sich auch noch nicht gebessert. Es stand ganz auf dem Niveau des verflossenen Jahres. Ich erkannte die einzelnen, hier nur spärlich zerstreuten Pflastersteine an ihren Ecken, Kanten und Größendimensionen ganz deutlich wieder. „Die Belgrader Commune," sagte ich, nachdem ich einige Male über die kleinen Felsbrocken gestolpert war, recht verdrießlich zum Herrn Eduard Glink, Beamten der ungarisch=englischen Bank in Pest, dessen Bekanntschaft ich auf dem Eildampfer gemacht und der mir versprochen hatte, mich in einen präch= tigen und zugleich billigen Gasthof zu führen, „die Belgrader Commune scheint immer noch nicht die Wohlthaten eines guten Straßenpflasters begriffen zu haben. Das sind die= selben Steine, über deren Kanten und Ecken ich vor einem Jahre gestolpert bin."

„Nun," erwiderte mein Begleiter, „die Schuld liegt wohl mehr an den Verhältnissen, wie an der Commune. Letztere hat seit einigen Jahren sich in ganz enormer Weise ausgedehnt. Auf einem so großen Flächenraume, auf dem sich ungefähr dreißig Tausend Menschen zerstreuen, gutes Straßenpflaster, Beleuchtung, Wasserleitung und alle anderen Comforts mitteleuropäischer Städte durchzuführen, ist für eine nicht sehr zahlreiche Commune schwierig und kostspielig, wenn auch für das Straßenpflaster mehr geschehen könnte, als in Belgrad seit den letzten Jahren geschehen ist."

Er hatte nicht Unrecht. Die Belgrader Commune ist nicht reich. Ein am Appelhofe angestellter Criminalrath, der in Frankreich studirt hatte, meinte, daß das heutige Belgrad Lyon an Ausdehnung übertreffe. Seitdem die Türken die Festung verlassen mußten, sind in Belgrad fast tausend

Häuser gebaut worden. Ganz neue Straßen entdeckte ich bei meinem Spaziergange in der serbischen Hauptstadt, von deren Dasein ich gar keine Ahnung hatte. Die letzten Reste der ehemaligen Türkenstadt waren unter einem Netz von modernen Häusergruppen verschwunden. Wenn nicht hie und da noch das Minaret einer verlassenen türkischen Moschee, welche nach dem bei Räumung der Türkenfestung zwischen Serbien und der Regierung der Hohen Pforte geschlossenen Traktate stehen bleiben muß, bis der Zahn der Zeit ihr Gemäuer dem Erdboden gleichmacht, zwischen den neuen, hellgestrichenen Häusern emporragte, würde man kaum wissen, wo die schmutzige Türkenstadt gestanden hat. Auch die Reste des Palastes, den Prinz Eugen „der edle Ritter" Anfang des vorigen Jahrhundertes bewohnte, die ich noch im verflossenen Jahre sah, mußten in diesem Frühjahre einer neuen Straßen= linie zum Opfer fallen. Schade darum! Die von der Zeit und von der Zerstörungswuth der Türken gebrochenen Palast= mauern waren nicht ohne Schönheit und Geschmack in ihrer Architektur, ganz abgesehen von ihrem historischen Werthe. Wäre die Ernte der letzten drei Jahre nicht recht mißgünstig ausgefallen, so würde die Baulust in Belgrad noch weit stärker aufgetreten sein, als dies geschehen ist.

So trifft der Vorwurf in Betreff des schlechten Straßen= pflasters und der mangelnden Beleuchtung die Belgrader Commune noch weniger, als ein fast unglaublicher Mißbrauch, der von den Türken gesetzlich geregelt ist und noch heute unter dem Schutze der Großmächte, welche die internationale Unabhängigkeit Serbiens verbürgt haben, besteht. Man höre und staune! Oesterreich hatte in früheren Jahren mit der Regierung der hohen Pforte eine Convention ab= geschlossen, kraft welcher die österreichischen Staatsbürger, welche Belgrad bewohnten und in Belgrad ihre Geschäfte treiben, keine Steuer irgend einer Art bezahlen. Diese Convention gilt noch heute, obschon die asiatischen Nomaden längst vom serbischen Boden vertrieben sind, obschon Serbien ein freies und unabhängiges Land ist und das serbische Volk seine eigene Autonomie besitzt. Die serbische Regierung ist nicht ermächtigt, durch diese zwischen Oesterreich und der Türkei abgeschlossene Convention einen Strich zu machen. Ein großer Theil der Einwohnerschaft Belgrads besteht aber aus österreichischen Staatsbürgern. Dieselben betreiben ihre Geschäfte, verdienen, gewinnen, genießen den Schutz der Gesetze und alle bürgerlichen Vortheile, welche die Commune bietet, und bezahlen trotz alledem nicht einen Piaster an städtischen Abgaben und Lasten. Das geht so weit, daß sie in Krankheitsfällen sogar unentgeltliche Aufnahme und Verpflegung im städtischen Krankenhause haben, ohne die zwei Zwanziger zu bezahlen, welche jeder serbische Steuerkopf zur Erhaltung des prächtigen, trefflich eingerichteten, von Dr. Valenta geleiteten Krankenhauses jährlich beisteuert. Ich mache den Oesterreichern, welche die serbische Hauptstadt bewohnen, deshalb keine Vorwürfe. Viele von ihnen sind recht wohlhabend, sahen die Unbilligkeit der Situation ein, und erboten sich auf eine Anfrage ihrer serbischen Mitbürger ganz in dem Maße, wie sie selbst, zu den städtischen Lasten und Abgaben beizutragen. Und was geschah? Sie fragten in Betreff ihrer freiwilligen Besteuerung bei dem österreichischen Generalconsulate in Belgrad an. Da verbot der österreichisch-ungarische Generalconsul Kallay den österreichischen Bewohnern der Hauptstadt ein für allemal diese Selbstbesteuerung, als der zwischen Oesterreich und der Türkei abgeschlossenen Convention zuwiderlaufend — ich glaube unter

Androhung der Ausweisung! So steht die Sache noch heute.
Ich wußte nun, wem ich das schlechte Straßenpflaster zu
verdanken hatte? Ich frage aber und mit mir wird wohl
Jeder fragen, der noch die Rechte eines Volkes auf Autonomie und das Selbstbestimmungsrecht des Menschen an-
erkennt: Regiert in Serbien die hohe Pforte — oder der
Fürst Milan im Namen des serbischen Volkes? Hat
die Belgrader Gemeinde eine Autonomie? Derartige Zustände und eine derartige Einmischung in die Verwaltung
einer serbischen Gemeinde sind denn doch unerhört und tragen
den Mantel eines paschaartigen Gebahrens. Wie viel würde
und könnte in Belgrad für den Comfort der Stadt geschehen,
wenn alle Mitglieder der Gemeinde sich in gleicher Weise
an den städtischen Lasten betheiligten? Seitdem die Türken die
Festung geräumt haben, hat sich in Belgrad eine große Wohlhabenheit entwickelt. Vermögen von fünfzig Tausend bis
hundert Tausend Gulden sind in sehr vielen Familien zu
finden. Neben diesen vermögenden und wohlhabenden Familien hat Belgrad mehrere Millionäre.

Für denjenigen, welcher das heutige Belgrad kennt, ist
es interessant, in dem Buche, welches der Lieutenant von
Pirch vor einigen dreißig Jahren über seine damalige
Reise durch Serbien geschrieben hat, die Schilderung des
damaligen Belgrads zu lesen. Was würde der Lieutenant
von Pirch bei einem Spaziergange durch das heutige Belgrad
sagen? Er könnte sich einbilden, in einer ganz anderen
Stadt zu sein. Doch — ich habe den Vergleich ja weit
näher und leichter, wenn ich an meine ersten Spaziergänge
durch Belgrad vor sechs Jahren denke! Während ich meine
damaligen Spaziergänge aus der mittelst eines Stuhles,
eines Tisches und einer Bettstelle möblirten Stube in einem

ganz wüsten Gasthofe unternahm, wohnte ich jetzt in der
„serbischen Krone," in einem mit allem Comfort ausgestat=
teten großen, schönen Gemache mit der Aussicht auf die
Gartenanlagen des Kalimeidan. Im Erdgeschoße des Gast=
hofes befanden sich Kaffeehaus, Billardzimmer, Lesezimmer
und Speisesaal, deren Fenster und Thüren sich auf eine,
nach dem Park hinausgehende Veranda öffneten. An die
„serbische Krone" stieß in ebenfalls ganz neu eingerichteter,
anderer Gasthof „zum König von Serbien," der in Ein=
richtung und Comfort dem ersteren nichts nachgab. Ein
britter Gasthof an der Hauptstraße der Stadt, „Hotel de
Paris," würde, wie die beiden andern, in jeder Großstadt
des mittleren Europa am Platze sein. Die drei Belgrader
Gasthöfe hatten jedenfalls noch den Vorzug vor den Gast=
höfen desselben Ranges in mitteleuropäischen Großstädten,
daß man zu billigen Preisen wohnte und recht gut speiste,
während alle Prellereien der mitteleuropäischen Gasthöfe,
wie „bougies" und „services" auf der Rechnung fehlten.
Die Abwesenheit dieser unverschämten Steuersätze auf den
Gasthofsrechnungen ist für die Augen eines Reisenden, der,
wie ich, neun Monate des Jahres unterwegs ist, eine wahre
Wohlthat. Welche Unverschämtheit, dem Reisenden eine
Steuer für Lichter aufzuerlegen, welche er gewöhnlich gar
nicht verbrennt oder ihm täglich eine Steuer für Dienst=
leistungen abzunehmen, welche die Dienstboten gar nicht er=
halten, sondern der Eigenthümer des Gasthofes in die Tasche
steckt, während der Reisende, falls er gut bedient sein will,
sämmtliche Dienstboten noch einmal bezahlen muß. Nun
bis jetzt haben die Belgrader Gasthöfe diesen Mißbrauch
mit der Geduld des Reisenden nicht aufzuweisen!
Und, wenn ich vor sechs Jahren gar nicht wußte, „wo

ich in Belgrad den Abend zubringen sollte," wenn nicht
der Oberſthofmeiſter des Fürſten Michael allabendlich mich
in ſeine im Konak gelegene Dienſtwohnung eingeladen hätte,
wo ich Geſellſchaft aus der vornehmen Belgrader Welt traf,
den „Slabko" genoß und den Tſchibuk rauchte, ſo hatte ich
heute für meine Abende unter mehreren recht hübſchen Garten=
anlagen, wo Muſik gemacht, wo gut geſpeiſt wurde und wo
ich gute Geſellſchaft traf, die Auswahl. Vor ſechs Jahren
behalfen wir uns, der Oberſthofmeiſter und ich, in einer,
im verlaſſenen Türkenwinkel gelegenen, recht miſerablen
Bierkneipe. Im heutigen Belgrad hatte in einer dieſer
neuen Gartenanlagen für die Sommerſaiſon eine Opern=
geſellſchaft ihren Sitz aufgeſchlagen, welche Offenbach'ſche
Operetten und Burlesken in ganz erträglicher Weiſe auf=
führte.

Das Caſino nimmt im heutigen Belgrad den ganzen
erſten Stock eines ſchönen, ſtattlichen Gebäudes ein. An
ein großes Leſezimmer, auf deſſen Tiſchen man einige Dutzend
franzöſiſcher, engliſcher und ſlaviſcher politiſcher Zeitungen
und illuſtrirter Blätter findet, reihen ſich recht hübſch aus=
geſtattete Converſationszimmer, Billardzimmer, Spielzimmer
und Ballſaal. Im Erdgeſchoß deſſelben Gebäudes befindet
ſich die während der jetzigen Regentſchaft errichtete National=
buchhandlung, welche die Verpflichtung hat, die bedeutenden
und intereſſanten ſchriftſtelleriſchen Erzeugniſſe des Auslandes
zu beſchaffen und ſie gegen einen geringen Reingewinn im
Innern des Landes zu verbreiten, während ſie zugleich den
Vertrieb der Schulbücher hat und für alle Sendungen Porto=
freiheit genießt.

Aber gehen wir auf den Platz, wo ſich das Belgrader
Univerſitätsgebäude befindet! Wie wüſt ſchaute dieſer Platz

vor sechs Jahren aus; wie ärmlich und barackenhaft war
die Umgebung der Hochschule! Sie wurde durch hölzerne
Baracken flankirt, welche aus Erdgeschoßen mit Werkstätten
und schmutzigen Läden in türkischer Manier bestanden.
Das Gegenüber bildete das Gewirr der Türkenstadt
mit ihren engen, holprigen Gassen und schmutzigen Lehm-
häusern, wo die asiatischen Nomaden gehaust hatten, bis
sie nach dem schändlichen Belgrader Bombardement endlich
den serbischen Boden räumen mußten. Heute hat sich die
Türkenstadt in ein modernes, europäisches Stadtviertel verwandelt und die Flanken des prächtigen Universitätsgebäudes
bilden zwei europäische Häuserreihen mit modernen Läden
und Verkaufsmagazinen in den Erdgeschoßen, welche sich bis
zur Terazja, der Belgrader Hauptstraße, ausdehnen. In
der Linie einer dieser Häuserreihen erhebt sich das massive,
schöne Theatergebäude.

Der große, jetzt geebnete und mit Bäumen bepflanzte
Platz, auf dem der Palast der Hochschule steht, heute Belgrads
schönster Platz, war ehemals ein türkischer Friedhof. Wegen
dieser seiner früheren Bestimmung haben die Türken, so
lange sie in der Festung hausten, allen Versuchen der Belgrader Gemeinde, den Platz zu europäisiren, widerstanden,
sowie die türkische Regierung in Constantinopel die Frechheit
hatte, Widerspruch zu erheben, als die Belgrader Gemeinde
die wüste und öde Esplanade außerhalb der Festung in die
gegenwärtigen schönen Parkanlagen verwandelte. Die Hochschule ist ein mit einem Kostenaufwand von 100,000 Dukaten in den Jahren 1851 bis 1862 von den Architekten
Nebole und Steinlechner vollendeter Prachtbau in by-
zantisch-romanischer Renaissance-Manier, der sowohl durch
seine Fronte, wie durch seine Massenhaftigkeit an die vene-

tianischen Prachtbauten erinnert. Eine breite, prächtige
Treppe führt im Innern des Gebäudes auf die sich 120
Fuß über den Platz erhebende Terasse, welche den besten
Aussichtspunkt auf Belgrad und seine Umgebung bietet.
Die über dem Portal befindliche, in großen goldenen Buchstaben ausgeführte Inschrift: „Miša Anastasievič
seinem Vaterlande" erinnert daran, daß ein reich gewordener
serbischer Patriot diesen Palast dem Staate zu Bildungs-
zwecken geschenkt und auf seine Kosten vollständig ausgestattet hat.

In den Räumen des Universitätsgebäudes befinden sich
ein höchst interessantes Nationalmuseum und eine sehr gut
geordnete Nationalbibliothek. Das Nationalmuseum ist besonders reichhaltig an alten römischen und serbischen Kostbarkeiten, Juwelen und Schmucksachen, welche aus aufge-
grabenen Grabstätten stammen, und an Funden aus dem
Bronzezeitalter; bemerkenswerth ist auch die Sammlung alt-
hellenischer Münzen; alle Sammlungen übertrifft die Sammlung römischer Münzen, welche sich auf 6312 Stücke beläuft;
die Sammlung serbischer Münzen ist einzig in der Welt.
Die Nationalbibliothek zerfällt in gedruckte Bücher, welche
sich auf 27,655 Bände belaufen; in altslavische, besonders
serbische, meistens aus dem Mittelalter stammende Manu-
scripte, worunter sich viele Unica und werthvolle Seltenheiten befinden; in eine Sammlung serbischer Incunabeln
und alter Drucke und in eine Karten- und Kupferstich-
sammlung. Recht interessant ist auch die Sammlung alter
Waffen und die Porträtgallerie, in welcher ich eine Reihe
von Bildern berühmter serbischer Patrioten sah, die sich in
den Befreiungskriegen ausgezeichnet hatten.

Die schönsten und hervorragendsten Gebäude Belgrads

befinden sich an der Terazja, der Hauptstraße, sowie in der zunächst gelegenen Straße. Da ist der „Konak" — der fürstliche Palast — ein aus einem Erdgeschoß und aus einem obern Stock bestehendes, modernes Gebäude von fünfzehn Fenster Front inmitten eines hübschen Gartens und englischen Parks, da sind die Ministerien, die Häuser der früheren Re= genten Ristić und Blaznavaß, die fremden Consulats= wohnungen, die von Fürst Michael erbaute Garnisonskirche, die von Fürst Miloš erbaute Kaserne und die Militär= akademie, welche gegenwärtig durch Anbau vergrößert wird. An die Mehrzahl aller dieser Gebäude und Privatbauten, welche die Terazja zu beiden Seiten einrahmen, schließen sich Gärten an. In den letzten Jahren sind eine Menge neuer Straßen, welche sich mit recht hübschen Häusern in mitten von Gärten zu decoriren beginnen, zu beiden Seiten der Terazja entstanden. In einer derselben ist, von einem Garten umgeben, neuerdings ein Badehaus aufgeführt. Ein zweites Badehaus befindet sich an der Save. Wo war vor sechs Jahren in Belgrad von Badehäusern die Rede! Eines der stattlichsten neueren Gebäude ist das städtische Kranken= haus, in musterhafter Weise eingerichtet und verwaltet von seinem gegenwärtigen Direktor, Dr. Valenta, der aus Prag im neunundvierziger Jahre nach Serbien floh.

Durch ihre Kirchenbauten zeichnet sich die serbische Haupt= stadt gerade nicht aus. Hart am Festungsglacis erhebt sich auf der durch die große steinerne Treppe mit der tieflie= genden Savevorstadt verbundenen Terasse Belgrads größte, dem Erzengel Michael geweihte Cathedrale im Styl der Semliner Kirchenbauten. Der kupferne Helm des Glocken= thurmes ist reich mit vergoldeten Ornamenten, Blumen und Vasen geziert. Gold und Farbe sind ebenso freigebig

in der äußeren wie inneren Decoration dieser Kirche ver=
schwendet worden, ohne daß die Decorationen auf architec=
tonische Schönheit Anspruch machen können. Um die Cathe=
drale gruppiren sich noch andere, größere Bauten kirchlicher
Bestimmung, wie das Seminar und der Konak des Erz=
bischofs. Von der Garnisonkirche habe ich schon gesprochen.
Der bekannte von Kanitz hat Recht, wenn er von dieser
Kirche sagt: „Troß ihrer fünf Kuppeln bleibt sie ganz
wirkungslos und ist eher ein Zerrbild als eine Type des
byzantinischen Styls zu nennen." Den meisten Anspruch
auf architectonische Schönheit hat unter den Belgrader
Kirchen noch die Markuskirche zu machen, ein schmuckloser,
einschichtiger Bau. Auf dem weiten Platze vor der Kirche
wurde am 12. December 1830 der Ferman verlesen, durch
den der Padischah in Stambul die durch hundert Türken=
schlachten gewonnene Freiheit Serbiens anerkennen mußte.
Nicht weit von dort an der nach Kragujevac führenden
Straße auf einem kleinen Friedhof, nur durch einen unbedeu=
tenden Granitwürfel geziert, befinden sich die Gräber der
Helden, mit denen der schwarze Georg auf den Höhen des
Steinbruchs im Jahre 1806 eine seiner nie vergessenen
Schlachten schlug, in welcher er mit hölzernen Kanonen die
ehernen Geschütze der asiatischen Barbaren eroberte.

Belgrad ist der Mittelpunkt der gegenwärtigen serbischen
Presse. Ein großer Theil der Belgrader Zeitungen und Jour=
nale ist ebenfalls während der letzten sechs Jahre entstanden.
Der „Jedinstvo" und die „Mlada Serbadia," zwei liberale
Blätter, zählten die meisten Leser; der „Vidovdan" ist mit
seinem Leserkreise gegenwärtig ins Hintertreffen gerathen; der
„Radnik," ein social=demokratisches Blatt, welches vor Jahr
und Tag unter allen Belgrader politischen Zeitungen den

größten Leserkreis hatte, wird, wie man mir sagte, eingehen. Eine fünfte politische Zeitung ist der „Belgrader Telegraph." Stark verbreitet sind zwei politische Witzblätter mit Illustrationen. Belgrad hat auch eine Handelszeitung, eine landwirthschaftliche Zeitung und ein pädagogisches Blatt, „die Schule," neben einer kirchlichen Zeitung. Die „Serbski Novine" sind amtliches Blatt.

Von höchster und durchgreifendster Wichtigkeit für die serbische Armee ist die Belgrader Kriegsakademie, welche im Jahre 1850 zur Ausbildung von Offizieren aller Waffengattungen gegründet und so reichlich dotirt worden ist, daß sämmtliche Zöglinge in derselben Unterricht, Wohnung, Verpflegung und Kleidung umsonst haben. Der eigentliche Schöpfer der Kriegsschule und ihr heutiger Direktor ist mein verehrter Freund, der Artillerieoberst Zach, ein höchst gediegener, wissenschaftlich gebildeter Militär, eine der interessantesten, liebenswürdigsten und gebildetsten Persönlichkeiten Belgrads. Oberst Zach hat ein vielbewegtes, interessantes Leben hinter sich, und steht in den sechziger Jahren. Aus Mähren gebürtig, Slave, studirte er zuerst Jurisprudenz und wandte sich später der militärischen Laufbahn zu. Im Jahre 1830 focht er für die Wiederauferstehung Polens mit Auszeichnung. Als der Kampf mit der Niederlage Polens entschieden war, floh er nach Frankreich. Louis Philipp ernannte ihn zum Bibliothekar an der Bibliothek zu Fontainebleau. Zehn Jahre hindurch versah der polnische Flüchtling dieses Amt und lernte daneben auf vielen Reisen ganz Frankreich kennen. Als auf Grund einer geheimen Klausel des zwischen Louis Philipp und dem russischen Car geschlossenen Vertrages die flüchtigen Polen Frankreich verlassen mußten, wurde der ehemalige Offizier der polnischen

Revolutionsarmee der französischen Gesandtschaft in Constantinopel zugetheilt. Von dort kam er als Dragoman des in Serbien neu gegründeten französischen Consulats nach Belgrad. Zu dieser Zeit entstand bei der serbischen Regierung die Idee, in Belgrad eine Artillerieschule zu gründen. Als Chef derselben wurde auf seinen Wunsch der Dragoman des französischen Consulats ausersehen. Bevor es indeß zur Errichtung der neuen Militärakademie kam, sollte ihr Chef seine geographischen und militärischen Studien noch in ganz anderer Weise verwerthen. Der österreichische Generalconsul Dr. Hahn machte seine bekannte Reise durch die Balkanhalbinsel. In seiner Begleitung befand sich Oberstlieutenant Zach. Auf diese Weise hatte er Gelegenheit, Theile der Türkei zu besuchen, welche vor ihm kein Europäer betreten hatte, und die Bodenverhältnisse des unbekannten Landes gründlich kennen zu lernen. Wenn es einmal zu einem Kampfe Serbiens gegen die Türkei kommt, wird Oberst Zach·in diesem Kampfe einen bedeutenden Platz einnehmen. Auch später noch, als die Militärakademie längst in ihrer Blüthe stand, hat Oberst Zach außerhalb der Grenzen Serbiens viel gesehen und viele Studien gemacht. Er war im Krimkriege dem französischen Hauptquartier zugetheilt, besuchte das Uebungslager in Chalons und machte verschiedene militärwissenschaftliche Reisen durch Frankreich, Deutschland und England. Mir selbst ist der Oberst Zach während meiner letzten beiden Besuche in Belgrad sehr sympathisch geworden. Er ist ein Mann mit demokratischen Anschauungen, von weitem politischen Blick, und — bei seinen großen Verdiensten von großer Bescheidenheit. Ich werde nie die interessanten Abende vergessen, welche ich bei ihm in der Militärakademie in Gesellschaft des Dr. **Valenta,**

des Directors des städtischen Krankenhauses, und des Ober-
bibliothekars, Staatsraths Safařik, zugebracht habe.
Staatsrath Safařik gehört, wie der gewesene Regent, Staatsrath Gavrilović, und wie der heutige Rektor der belgrader Hochschule, der berühmte, gelehrte Pancic, zu den
österreichischen Slaven, welche in Folge des Studiengesetzes
von 1843 nach Serbien berufen wurden, und sich um serbische
Bildung und serbisches Unterrichtswesen hohe Verdienste
erworben haben.

Im Konak an der Terrazja wohnt gegenwärtig der
junge Fürst von Serbien, Milan Obrenović der Vierte.
Ich sah den Nachfolger des Fürsten Michael Obrenović,
dessen leiblicher Cousin er ist, einige Male im Park zu Topschider und auf der Straße. Er ist ein sehr kräftiger, hochgewachsener junger Mann, den man seiner äußern Erscheinung nach weit eher für vierundzwanzig als für achtzehn
Jahre halten sollte. Seine Kinderjahre verlebte er nach
dem Tode seines Vaters in Paris im Hause des französischen Gelehrten und Professors an der Genter Hochschule,
Herrn Huët, welcher seine Erziehung leitete und auch mit
ihm nach Belgrad übersiedelte, als die serbische Nationalversammlung ihn nach der Ermordung seines Onkels zum
Fürsten von Serbien erwählte. Leider starb Professor Huët
vor einigen Jahren in Folge einer Operation, der er sich
zur Beseitigung eines Steinleidens unterziehen mußte, in
Paris. Die Erziehung, welche er dem Knaben gab, soll,
wie man mir in Belgrad versicherte, eine vortreffliche gewesen sein. Huët war Demokrat und Republikaner und
erzog auch in dieser politischen Anschauung seinen Pflegling,
der mit der Liebe eines Sohnes an seinem Lehrer hing.
Nach seinem Tode ist die Bildung des jugendlichen Fürsten

durch die tüchtigsten und besten Lehrer, welche Belgrad zu schaffen im Stande war, unter denen sich auch die von mir schon erwähnten Herren Pančić und Šafařík befanden, vollendet worden. Die Kenntnisse, der Charakter und das Herz des jungen Milan wurden mir allseitig von gut unterrichteten Personen gerühmt — indeß, bei einem noch so jungen Mann, wie der Fürst von Serbien ist, kommt viel darauf an, in welche Hände er geräth. Möge seine Regierung eine segensreiche für den jungen Staat werden! Erfüllt sich die Hoffnung nicht, welche Serbien auf den jüngsten Sprößling der Familie Obrenović setzt — nun, so weiß das tapfere und seine Freiheiten über Alles schätzende serbische Volk, wie es sich sein Recht wahrt. Die Nationalversammlung ist souverän; der Fürst kann kein Gesetz erlassen und keinen Dukaten ausgeben, wozu die Nationalversammlung nicht ihre Zustimmung ertheilt hat. Fürst Milan Obrenović der Vierte, welcher am 22. August 1872 die Regierung aus den Händen der drei Mitglieder der Regentschaft übernommen hat, ist der erste wirklich constitutionelle Fürst von Serbien; denn er hat vor dem Antritt seiner Regierung das Staatsgrundgesetz beschworen, welches die Regentschaft im Jahre 1869 in Kragujevac der Nationalversammlung zur Sanktion vorlegte, und am 11. Juli desselben Jahres publicirt wurde. Die Regentschaft hat in diesem Staatsgrundgesetze die Freiheiten und Rechte der serbischen Nation gewahrt und dasselbe durch ein Ministerverantwortlichkeitsgesetz, durch ein Preßgesetz und durch ein Wahlgesetz ergänzt.

Von den drei Männern, welche kürzlich die Regierung des jungen Zukunftsstaates der Balkanhalbinsel dem großjährig gewordenen Fürsten Milan Obrenović dem Vierten übergeben haben, ist der nicht wieder in den Staatsdienst

getretene Staatsrath Jovan Gavrilović der älteste.
Er hat sein sechsundsiebenzigstes Jahr zurückgelegt, eine hohe,
über die Mittelgröße hinausreichende, sich ganz gerade hal=
tende Gestalt, der man kaum einige sechzig Jahre geben
würde; ein Mann von sehr sympathischem und gewinnendem
Wesen, freundlich und human, ein ausgezeichneter Gelehrter,
ein gründlicher Kenner der todten Sprachen, ein sehr tüch=
tiger und gediegener Beamter; Schriftsteller — Verfasser
einer Geographie Serbiens und des osmanischen Reiches —
Präsident der wissenschaftlichen Gesellschaft in Belgrad und
Mitglied mehrerer auswärtigen gelehrten Gesellschaften. Von
lebenden Sprachen spricht Staatsrath Gavrilović wie seine
beiden Collegen, die Herren Ristić und Blaznavaz, deutsch,
italienisch und französisch vollkommen und ohne jeden Accent.

Staatsrath Gavrilović ist in Bukovar im syrmier Ko=
mitat geboren, hat aber über vierzig Jahre im serbischen
Staatsdienst zugebracht. Er war Sekretär und Abtheilungs=
Chef in mehreren Ministerien, auch mehrere Jahre hindurch
Sekretär bei der serbischen Gesandtschaft in Constantinopel;
im Jahre 1862 ernannte ihn Fürst Michael zum Finanz=
minister und zum Mitglied des Staatsrathes. Kein serbischer
Beamter kennt wohl alle Zweige der serbischen Staats=
verwaltung so genau, wie Staatsrath Gavrilović. Alle
serbischen Regierungen und Regenten sind vor seinen Augen
vorübergezogen — vom alten Miloš an bis zu dem im
Park von Topschider in so fürchterlicher Weise ermordeten
Fürsten Michael — bis er in seinem hohen Alter selbst
Regent wurde.

Zum Regenten machten ihn nicht sowohl seine ausge=
zeichnete Geistesbildung und seine umfassende Geschäfts=
kenntniß, als der hohe Ruf und die allgemeine Achtung,

2*

in welcher er wegen seines Charakters, seiner Uneigennützig=
keit und seines humanen Wohlwollens stand. In der Regent=
schaft war er das vermittelnde Element sowohl zwischen
feinen beiden Herren Collegen, als nach Außen hin dem
Publikum und dem Lande gegenüber. Seinen Gehalt als
Regent schenkte er alle Jahre der Staatskasse und lebte von
seinem bescheidenen Einkommen als Staatsrath. Täglich
hörte ich in Belgrad Züge seiner Herzensgüte und seines
Wohlwollens. Zu dem jugendlichen Fürsten des Landes
hat Staatsrath Gavrilović, seit er von Paris nach Belgrad
gekommen war, eine große Zuneigung gefaßt. Alle Vor=
mittage sah man den alten Herrn mehrere Stunden im
Konak.

Der ehemalige Regent und heutige Kriegsminister und
General Milivoi Petrović Blaznavaß — so ist sein
ganzer Name, Blaznavaß ist ein Zuname, den der General
von seinem Geburtsorte angenommen hat — ist ein hoher
und stattlicher Mann von erst sechsundvierzig Jahren;
feurig, leidenschaftlich, beweglich; Haare und Augen sind
von dunkelbrauner Farbe; die Gesichtszüge intelligent und
energisch; ein langer, dunkler Schnurrbart beschattet die
Oberlippe; das Wesen einnehmend und sympathisch. Der
General ist seit einigen Jahren verheiratet mit einer Dame
aus der Familie Obrenović; er ist also ein Verwandter
des Fürsten. Die Gemalin des Generals ist die Tochter
der Frau Anka Konstantinović, welche bekanntlich bei dem
Topschider Attentat durch einen Revolverschuß ermordet
wurde.

General Blaznavaß hat während der verflossenen zwanzig
Jahre außerordentlich viel gearbeitet, studirt, gethan und
geschaffen. Je glänzender seine Erfolge und die Resultate

seines Schaffens waren, desto mehr suchte er zu lernen und sich weiter auszubilden; desto größer wurden sein Fleiß und sein Wissensdurst. Im zweiundzwanzigsten Jahre war er bereits Capitän in der serbischen Armee. Der Capitän sah ein, daß er sehr viel zu studiren habe, verließ die Armee und ging nach Berlin, um sich in militärischen Wissenschaften weiter auszubilden. Im vierundzwanzigsten Jahre kommandirte er die Artillerie des Generals Knitjanine in dem serbischen Feldzuge gegen Ungarn, und der General machte seinen jungen Artilleriekommandanten, dem er es zu verdanken hatte, daß er nie von den Ungarn geschlagen wurde, zum Major und Oberstlieutenant. Der Oberstlieutenant begriff, wie einige Jahre vorher der Capitän, daß er sehr viel zu lernen habe, ging nach Frankreich, trat in die Artillerieschule und Genieschule zu Metz ein, nachdem er vor der Reise nach Frankreich erst noch eine Cursus an der polytechnischen Schule in Wien durchgemacht hatte. Aus Frankreich in sein serbisches Vaterland zurückgekehrt, fand er dort reiche und volle Gelegenheit, seine Studien und Kenntnisse im reichsten Maße zu verwerthen. Er wurde zum Chef des serbischen Militärwesens ernannt.

Ich bin kürzlich auf meiner Reise durch das Innere Serbiens in Kragujevac, der ehemaligen Hauptstadt des Landes, gewesen und wurde einen Tag lang von Major Welimir Stefanović, dem jetzigen Generaldirektor der dortigen Militärwerkstätten, in den Arsenalen, Werkstätten, Kanonengießereien und chemischen Laboratorien umhergeführt. Ich fand dort die vollständige Ausrüstung an Geschützen, Munition, Waffen, Pulver, Gewehren und Bagage für eine Armee von 150,000 Mann nebst Reserve — die Ausrüstung für die Armee, deren Aufgabe es sein wird, die

vierzehn Millionen Christen zu befreien, welche sich zur
Schande des christlichen Europa noch heute auf der Balkan=
halbinsel unter der Herrschaft von kaum Einer Million
asiatischer Barbaren befinden. Der Schöpfer dieser Werk=
stätten, dieser Arsenale, dieser Kanonengießereien, dieser La=
boratorien, dieser enormen Waffenvorräthe ist General
Blaznavatz. Er schuf alles dies in drei Perioden seines
fleißigen und thätigen Lebens. Den Anfang machte er, als
er von der Artillerieschule zu Metz nach Belgrad zurückkehrte
und zum Chef der Militärabtheilung ernannt wurde; er
setzte sein Werk fort, als ihn Fürst Michael nach dem Tode
seines Vaters — während der zweiten kurzen Regierungs=
periode des alten Milos lebte Oberstlieutenant Blaznavatz
zurückgezogen auf seinem Gute, sich mit agronomischen Stu=
dien beschäftigend — wieder nach Belgrad berief und ihm
die Reorganisation der serbischen Artillerie nach seinem ei=
genen System anvertraute; die letzte Hand legte er an diese
großartige Schöpfung, deren Anlage allein ein Menschen=
leben· ausfüllt, als er Minister des Krieges und der öffent=
lichen Arbeiten wurde. In dieser Stellung wurde er zugleich
der Reorganisator der ganzen serbischen Armee und National=
miliz. Die heutige Organisation derselben ist sein Werk.

Von dieser umfassenden und aufreibenden Thätigkeit
erholte sich der Oberst auf militärwissenschaftlichen Studien=
reisen. Das Jahr 1857 sah ihn in Belgien, wo er die
dortige Waffenfabrikation, sowie das landwirthschaftliche
und industrielle Maschinenwesen studirte; im Jahre 1865
durchreiste er Deutschland, Italien, Frankreich, Belgien und
England, um die militärischen und industriellen Etablisse=
ments dieser Länder kennen zu lernen.

Der General Blaznavatz ist ein Mann von großem

Muth, von großer Energie, von einer ausgezeichneten wissen=
schaftlichen und militärischen Bildung und — was ich an
ihm am meisten schätze — ein Mann von freiheitlichen,
demokratischen Grundsätzen und von nationaler serbischer
Gesinnung. Sein politisches Ziel ist die endliche Befreiung
der südslavischen Stämme der Balkanhalbinsel von der Herr=
schaft der asiatischen Barbaren. Die Fähigkeiten und den
Muth zu dieser Aufgabe wird dem General Niemand be=
streiten, der die Ehre hat, ihn näher zu kennen. Seine
freiheitlichen Grundsätze hat der General zweimal bewährt,
als er der serbischen Nationalversammlung und dem ser=
bischen Volke die Freiheit der Entschließung wahrte und
das Land aus höchst gefährlichen Krisen rettete. Einmal
geschah dies, als der Fürst Karagjorgjević im Jahre 1858
flüchtig das Land verlassen mußte. Kurz entschlossen stellte
sich Oberst Blaznavaz an die Spitze der Truppen, um der
serbischen Nationalversammlung ihre ganze und volle Selbst=
ständigkeit zu wahren. Das zweitemal rettete Oberst Blaz=
navaz sein Vaterland aus einer noch gefährlicheren Lage.
Es war nach der Ermordung des Fürsten Michael. Be=
kanntlich lag es im Plane der Mörder des Fürsten Mi=
chael, eine Contrerevolution hervorzurufen und den ver=
triebenen Fürsten Karagjorgjević wieder auf den Thron von
Serbien zu setzen. Alle diese gefährlichen Pläne scheiterten
an dem Muthe und an der Entschlossenheit des Obersten
und damaligen Kriegsministers. Er erließ eine Proklamation
an die Armee und an die Nationalmiliz, worin er Milan
Obrenović, den Neffen des Fürsten Michael, zum zukünf=
tigen Fürsten von Serbien vorschlug und eine freiheitliche
und nationale Verfassung verlangte, konsignirte die Truppen,
proklamirte den Belagerungszustand und blieb Tag und

Nacht so lange auf seinem Posten, bis die Regentschaft er= nannt war und dieselbe die Regierung des Landes in die Hand genommen hatte.

Das ist der heutige Ministerpräsident und Kriegs= minister von Serbien, General Milivoi Petrović Blaz= navaß!

Jovan Ristić ist der serbische Diplomat, der gegen= wärtige Minister der auswärtigen Angelegenheiten. Geboren im Jahre 1830 in Kragujevac als der Sohn armer Eltern, hat er Alles, was er ist, seine Bildung, seine Studien, sein Talent, seine glänzende Laufbahn und seinen berühmten Namen sich selbst und seinem eigenen Fleiß zu verdanken. Er hat auf Staatskosten und mit Staatsmitteln studirt und ist ein leuchtendes Beispiel serbischen Strebens und serbischer Beharrlichkeit. Seine wissenschaftliche Bildung erhielt er auf den Universitäten zu Heidelberg, Berlin und Paris. Er spricht deutsch und französisch mit vollkommener Ge= läufigkeit und ohne jeden Accent. Er hat ein Buch in deutscher Sprache geschrieben: „Die neue Literatur der Serben," welches in Berlin erschienen ist und mehrere Auflagen er= lebt hat. Ristić ist ein Mann von mittlerer Größe und von etwas gedrungener Gestalt; Augen und Haare sind dunkel; der Typus seiner Gesichtszüge, auf denen sich Ruhe und Intelligenz ausprägen, von echt nationalem Typus. Sein Wesen ist ruhiger und leidenschatsloser, als das des Obersten Blaznavaß; der Staatsmann dominirt bei ihm in der Art und Weise des Ausdrucks der Sprache.

Der heutige Minister der auswärtigen Angelegenheiten hat, wie der heutige Kriegsminister, in serbischen Staats= diensten eine schnelle und glänzende Carriere gemacht. We= nige Jahre nach seinem Eintritt in den Staatsdienst war er bereits Abtheilungschef im Ministerium des Innern. Fürst Miloš sandte ihn im Jahre 1860 als Sekretär der serbischen Gesandtschaft nach Constantinopel. Fürst Michael ernannte ihn ein Jahr später zum Chef der serbischen Legation in Stambul. Der jugendliche Geschäftsträger hatte sein zweiunddreißigstes Jahr noch nicht zurückgelegt, als er diese schwierige Mission selbstständig übernahm. Selten mag ein Geschäftsträger unter so schwierigen Verhältnissen accreditirt worden sein, wie damals Jovan Ristić.

Die zwischen Serbien und der Türkei bestehenden Beziehungen waren im Jahre 1870 in ein solches Stadium von Erbitterung gerathen, daß täglich ein offener Bruch zu besorgen war. Bekanntlich setzte der Hatischerif von 1830 fest, daß sämmtliche Türken, welche nicht zu den Garnisonen der Festungen gehörten, Serbien binnen Jahresfrist zu verlassen hätten. Die Türken ließen ein Jahr nach dem andern verstreichen, ohne den Termin einzuhalten und dem Hat von 1830 nachzukommen. Hinziehen und Nichtworthalten war ja von jeher das Stigma der türkischen Politik. Fürst Miloš, Fürst Karagjorgjević, Fürst Michael mahnten und drängten die Pforte Jahr auf Jahr, ihren Verpflichtungen nachzukommen, ohne das Geringste erreichen zu können. Anstatt den Hat vom Jahre 1830 zu erfüllen, erließ die Pforte einen anderen Hat, der den in Belgrad wohnenden Türken sogar gestattete, in Belgrad unter einer gesonderten türkischen Jurisdiction ganz wohnen zu bleiben. Es wurde dadurch in der serbischen Hauptstadt ein ganz abnormer Zustand der Dinge geschaffen: zwei von einander ganz unabhängige Behörden und eine doppelte Administration, eine türkische und eine serbische. Unerträglich wurden diese Zustände im Jahre 1850, wo die türkischen Behörden der

muſelmänniſchen Bevölkerung vollſtändig die Zügel ſchießen
ließen und zu ihren Exceſſen, bei denen hie und da ſogar
Blut floß, beide Augen zudrückten. Während dem beſetzte
die türkiſche Regierung die ſerbiſchen Grenzen und verur=
ſachte dadurch eine immer größere Aufregung im Lande,
obſchon Fürſt Michael den ſerbiſchen Behörden befahl, Her=
ausforderungen der Türken nicht zu geſtatten und jeden
Tumult zu beſtrafen. In dieſe gefährliche Periode fiel die
Miſſion Riſtić's nach Stambul. Plötzlich erfolgte Seitens
Aſchir Paſcha's das ſchändliche und in der neueren Ge=
ſchichte unerhörte Bombardement Belgrads. Es gehörte
wahrlich die ganze Geſchicklichkeit und Feſtigkeit des jungen
ſerbiſchen Geſchäftsträgers am goldenen Horn dazu, die aus
dieſem Konflikte für Serbien erwachſende Gefahr zu be=
ſchwören! Eine noch weit heiklichere und ſchwierigere Miſ=
ſion hat der jetzige ſerbiſche Miniſter der auswärtigen An=
gelegenheiten in Stambul in glänzender Weiſe durchgeführt,
als es ſich um die Räumung ſämmtlicher noch von den
Türken beſetzten Feſtungen handelte. Während in Belgrad
hohe Beamte und ſelbſt Miniſter der Anſicht waren, daß
dieſe Miſſion gar nicht hätte eingeleitet werden ſollen, weil
ſie zu keinem Reſultat führen könne, eröffnete Riſtić die
Unterhandlungen und verknüpfte auf dieſe Weiſe ſeinen
Namen mit einem der wichtigſten Ereigniſſe in der ſerbiſchen
Unabhängigkeitsgeſchichte.

Nach ſolchen Erfolgen iſt es wohl begreiflich, daß die
Ernennung Jovan Riſtić zum Mitgliede der Regentſchaft
überall in Serbien mit Enthuſiasmus aufgenommen wurde.
Er erfuhr die Nachricht von der Ermordung des Fürſten
Michael, während er ſich auf einer Miſſion in Berlin befand,
und eilte ſofort nach Belgrad zurück. Dort übernahm er

den Auftrag, den zum Fürsten von Serbien ausgerufenen Neffen des ermordeten Fürsten von Paris nach der serbischen Hauptstadt zu bringen. Der Beifall, den die Ernennung Ristić zum Mitgliede der Regentschaft fand, war um so größer, als er als Mann von Charakter und als Vertreter constitutioneller und liberaler Principien galt. Er hatte dieß bewiesen, als Fürst Michael ihm einige Jahre vor seinem Tode das Portefeuille der äußeren Angelegenheiten anbot. Der serbische Geschäftsträger kam von Constantinopel nach Belgrad. Fürst Michael war — trotz aller Verdienste, die er sich um die Organisation Serbiens erworben hat — ein Autokrat. Persönliche Regierung war während seiner letzten Lebensjahre seine Devise geworden. Der bekannte Christić stand an der Spitze eines reaktionären und frei= heitsfeindlichen Ministeriums, als der Fürst seinem serbischen Geschäftsträger das Portefeuille anbot. Ristić konnte bei seinen politischen Grundsätzen unmöglich in ein Ministerium Christić eintreten. Nachdem er vergebens versucht hatte, den Fürsten zur Bildung eines neuen freisinnigen Mini= steriums zu bewegen und die eingeschlagene reaktionäre Bahn aufzugeben, schlug er das Portefeuille aus — „und fiel in Ungnade", wie die Höflinge sagen. Aus der Ungnade des Fürsten wurde er der Regent des Landes.

# Zweites Kapitel.

## Festung Belgrad.

Bereits zu Anfang dieses Jahrtausends begegnen wir bei den römischen Geschichtschreibern an der Stelle, wo sich die Save in die Donau ergießt, am Fuße und auf den Hügelreihen der letzten Ausläufer der Rudniker Gebirgskette gelegen, einer Stadt, welche damals, „Alba Graeca" hieß und eine der wichtigsten Tauschstätten des Handels zwischen dem Morgenlande und dem Abendlande war. Alba graeca ist das heutige Belgrad. Auch die Römer hatten die strategische Wichtigkeit des Platzes erkannt und die Höhen hinter der Stadt, auf denen sich die gegenwärtigen Festungswerke erheben, mit Befestigungen versehen, wie man aus dem römischen Mauerwerk schließen kann, welches die Türken bei Planirung des Kalimeidan — des zwischen den Festungsbastionen und der Stadt Belgrad belegenen weiten Platzes — entdeckten. Auch der heutige Name stammt noch aus dem Anfang unseres Jahrtausends. Die Slaven übersetzten den griechischen Namen „Alba graeca" mit Belograd, welches „weiße Burg" bedeutet. Als Standort einer Legion muß Belgrad mit seiner Festung schon während der römischen Herrschaft ein Punkt von strategischer

Bedeutung gewesen sein. Nach der Herstellung der Festungs=
werke durch den Römerkaiser Justinian waren Stadt und
Festung der immerwährende Zankapfel zwischen Avaren,
Bulgaren, Magyaren und Byzantinern, bis Stephan Ne=
manja, der erstgekrönte König von Serbien, sie dem ser=
bischen Reiche einverleibte. Die ersten bedeutenderen Festungs=
werke soll der Serbenkönig Duschan angelegt haben. Nach
dem Falle des Serbenreichs auf dem Amselfelde blieb die
Veste der einzige feste Punkt, welcher den gegen das südöst=
liche Europa anstürmenden Türkenschaaren noch einigen
Widerstand leistete. Die Festung wurde von den Serben
und Magyaren im Jahre 1456 gegen Sultan Mohammed
tapfer gehalten und von Johann Hunyady siegreich
entsetzt. Damals war es, wo Johann Capistran an
der Spitze seiner begeisterten Kreuzkämpfer gegen die asi=
atischen Barbaren stritt und wo der vielbesungene Helden=
jüngling Titus Dugović — um dessen Angehörigkeit,
wie bei Zriny, Serben und Magyaren sich streiten — sich
von einer Zinne der Festung, auf welche ein Türke eben
den Halbmond aufpflanzen wollte, nach hartem Kampfe mit
dem Gegner in die Tiefe stürzte. Erst dem Sultan Soliman
gelang es, sich im Jahre 1521 der Festung zu bemächtigen,
und nun verbreiteten die Türken aus ihren Mauern Schrecken
und Verderben über das ganze südöstliche Europa. Belgrad
wurde eine Türkenfestung im Abendlande und blieb es bis
zum Jahre 1668, wo die Befehlshaber der kaiserlich öster=
reichischen Armee, der Herzog Maximilian von Baiern und
der Markgraf Ludwig von Baden, die Türkenfestung wieder
eroberten.

In dem letzten Drittel des siebenzehnten sowie im
achtzehnten Jahrhundert ist zwischen Halbmond und Kreuz

unaufhörlich um den Besitz Belgrab's gestritten worden. Nach wenigen Jahren fiel die Festung durch die Untüchtigkeit ihres ersten Commandanten, des Grafen Aspromonte, durch das Auffliegen dreier Pulvermagazine und durch den Verrath des Venetianers Andrea Cornete wieder in die Hände der Türken und blieb, trotz mehrfacher Belagerungen und Stürme, in ihrem Besitz, bis Prinz Eugen, „der eble Ritter," den Oberbefehl über die kaiserlichen Heere übernahm und im Jahre 1717 die Festung wieder eroberte und ganz Serbien bis nach Nisch von der Herrschaft der asiatischen Barbaren befreite. Von jener Zeit singt das berühmte Lied:

„Prinz Eugen, der eble Ritter,
Wollt' dem Kaiser wiederum kriegen
Stadt und Festung Belgarab."

Die ehemalige architektonische Pracht Belgrab's, welche uns einer der ersten Reisenden in Serbien, der Engländer Dr. Edward Brown, schildert, der im Jahre 1660 Stadt und Festung besuchte, war jedenfalls in den Stürmen der Jahre 1668—1717 zu Grunde gegangen. Prinz Eugen, „der eble Ritter," muß bei seinem Einzuge in Stadt und Festung wohl nur Trümmer vorgefunden haben; denn trotz der Ebbe in der kaiserlichen Kasse wurde neben dem Bau der Festungswerke der Bau von Kasernen rasch und mit Energie betrieben. Alle besseren monumentalen Bauten der Festung, ihre Werke, Thore, die große Moschee, der Uhrthurm, die Kasernen und die Magazine im untern Theil der Festung tragen trotz der später angebrachten Goldschiffen des Namens des Sultans in blauen Feldern, beutlich den Stempel der Zeit Kaiser Carls des Sechsten. *) Aber mit dem

*) S. Serbien. Von F. Kanitz. Leipzig 1868.

Prinzen Eugen wichen der große Geist und das Glück aus
dem Heere des Kaisers. In dem unglücklichen Feldzuge
von 1737, welcher der Unfähigkeit der kaiserlichen Heerführer zugeschrieben werden muß, finden wir die weit mehr
durch schlechte Verpflegung demoralisirte als von den Türken
geschlagene kaiserliche Armee auf ihrem Rückzuge aus dem
Banate unter den Mauern Belgrad's, und ein Jahr später
zogen die Türken wieder in Belgrad und in die Festung
ein, und die Janitscharenoffiziere bedienten sich beim Einzuge der kaiserlichen Standarten als Schabracken für ihre
Pferde. Belgrad war wieder Türkenfestung geworden.

Zu den großen Ideen des großen und genialen Kaisers
Josef des Zweiten gehörte auch der Gedanke, den klassischen
Boden der Hämusländer der Civilisation zurückzugeben und
„die nie zu bekehrenden asiatischen Barbaren
zurück in ihre heimatlichen Steppen zu jagen,“
und in diesem Gedanken erklärte der große Kaiser im Jahre
1789 den asiatischen Barbaren den Krieg. Im nächsten
Jahre warf der General Laudon die Türken auf der ganzen
Linie von Tokschan bis zur bosnischen Kulpa. Am 8.
October fiel die Festung Belgrad wieder in österreichische
Hände. Sich im dauernden Besitz der Festung zu erhalten,
vereitelte die Eifersucht der vermittelnden Mächte Frankreich
und Preußen. Preußen schloß sogar eine förmliche Allianz
mit den Türken. Durch den Sistover Friedensschluß fiel
Belgrad wieder in türkische Hände und ist seitdem bis zum
Jahre 1868, wo die Türken auch die letzten noch in ihrem
Besitz gebliebenen Festungen in Serbien räumen mußten,
Türkenfestung geblieben. Nur eine kurze Zeit, wenige Jahre
hindurch, während der serbische Freiheitskampf unter der
Führung des schwarzen Georg siegreich und glücklich war,

setzten sich die Serben wieder in Besitz ihrer von König Duschan zuerst angelegten Veste und pflanzten das serbische Kreuz auf den Wällen wieder auf, wo so lange die blutige Halbmondfahne geweht hatte. Kanitz gedenkt dieser glänzenden Zeit in der Geschichte des unglücklichen Serbenvolkes mit folgenden schönen und edlen Worten: „Kein äußerer Feind, die Unterthanen des Sultans selbst, einfache Bauern, welchen das unerträgliche Regiment der Spahi die Flinte statt der Pflugschar in die Hand gedrückt, die serbische Rajah, welche unter Oesterreich's Führung erfahren hatte, daß ihre Unterjocher nicht unüberwindbar seien, sollte dem Großherrn sein nördliches Gränzbollwerk, wenn auch nur zuerst auf kurze Zeit entreißen."

„Revolutionen, ob sie nun von oben oder von unten ausgehen, sind immer theuer. Einen Hauptfactor derselben bildet das Geld. Dieser Erfahrungsplatz findet jedoch keine Anwendung auf die serbischen Freiheitskriege. Seltene Vaterlandsliebe und bewunderungswürdige Selbstverleugnung bildeten deren einzige Hilfsquellen. Nicht, wie später den Griechen, kam eine von der ganzen gebildeten Welt gekannte herrliche Vergangenheit den Serben zu statten. Für sie machten weder der Olymp noch die Schatten der hellenischen Heroen- und Dichterwelt Propaganda. Aber hätte man auch mehr die Geschichte des tapfern Serbenvolks gekannt, so würde dies in jener Zeit der großen Völkerkämpfe, wo ganz Europa für seine Selbstbefreiung vom französischen Cäsarenjoche blutete, den im fernen Südosten für ihre heiligsten Rechte streitenden Serben kaum viel genützt haben. Mit Ausnahme jener Unterstützung, welche das von Napoleon selbst hart bedrängte Rußland seinen Glaubensbrüdern an der Donau zeitweise zu Theil werden

ließ, wurde der serbische Aufstand weder durch von Philo=
serben eingeleitete Subscriptionen noch von einer weitver=
zweigten Hetärie oder von reichen, über mächtige Mittel
·disponirenden Bankhäusern materiell unterstützt. Die ge=
ringe Habe jedes Einzelnen bildete das Arsenal, die Kasse,
von welcher der serbische Freiheitskampf seine Kräfte zog.
Gilt das Wort: Selbst ist der Mann! auch von Völkern,
so verdient wahrlich das einzig sich selbst vertrauende Serben=
volk Europa's Achtung deshalb in vollstem Maße."

Während der folgenden zehn Jahre hat die Türken=
festung fürchterliche Dinge gesehen. Wie viel Unglückliche
sind in ihren Casematten den Martern der türkischen Bar=
baren erlegen! Die asiatischen Barbaren hatten ja ihre auf=
ständischen serbischen Unterthanen zu züchtigen und zu be=
strafen, welche wieder in ihre Gewalt gerathen waren. Die
Casematten der Festung bildeten einen ungeheuren Kerker,
feuchte, dunkle, auch mit Wasser gefüllte Casematten, in
denen die Ratten den Gefangenen an den Beinen nagten!
Jephrem Obrenović, der Bruder Miloš Obrenović,
brachte fünf Monate in einem solchen Kerker zu. Ganz neue
Martern wurden in der Türkenfestung erfunden, welche bis
dahin noch unbekannt waren. Kinder wurden in Gegen=
wart ihrer Mütter zu Verspottung des Taufritus durch
siedendes Wasser gezogen. Mittelst Drahtpeitschen, deren
Stränge mit kleinen, eisernen Kugeln versehen waren, wurden
serbische Patrioten zu Tode gepeitscht. Mädchen und Frauen
wurden von türkischen Soldaten genothzüchtigt und dann
mit den Füßen an die Sättel der Pferde gebunden, wäh=
rend man ihnen die Köpfe in mit Asche gefüllte Säcke
steckte, oder sie lebendig verbrannt. Brüste, Hände, Füße und
Köpfe wurden abgeschnitten; lebendige, zwischen zwei Brettern

eingeklemmte Menschen mittelst einer Säge durchgesägt. Wie viel Hunderte von gefangenen serbischen Freiheitskämpfern sind auf dem Kalimeidan vor der Festung gepfählt worden! Weiß der Leser, worin die Todesstrafe des Pfählens besteht? Ich werde es ihm erzählen. Nur asiatischen Barbaren sind im Stande, eine solche Todesstrafe zu erfinden. Der zu Marternde wird auf einen, einige Fuß aus der Erde hervorragenden, oben zugespitzen Pfahl gesetzt und die Spitze des Pfahls ihm sodann so weit wie möglich in den Mastdarm hineingetrieben. Auf diesem Pfahl sitzt der Unglückliche so lange, bis er stirbt, während ihm kein Stück Brod, kein Tropfen Wasser gereicht werden darf; er sitzt und stirbt auf dem Pfahl zwei, drei auch vier Tage und Nächte hindurch, an den Folgen der Entzündungen, welche der in seine Eingeweide hineingetriebene Pfahl im Unterliebe hervorbringt, am Hungertode, am Tode des Verschmachtens, den Scheitel versengt in der Glut der orientalischen Sonne, während Rudel hungriger Hunde an seinen Beinen nagen. — Alle diese namenlosen Gräuel hat die schreckliche Türkenfestung bei Belgrad zehn Jahre hindurch alle Tage gesehen. Die in den Casematten der Festung und auf dem Kalimeidan Gemarterten sind nicht nach Hunderten, sondern nach Tausenden zu berechnen.

Die Türken haben die Casematten der Festung Belgrad immer als Kerker für Gefangene benutzt. Der englische Geistliche Rev. W. Denton fand dort noch die drusischen Gefangenen. Er sagt darüber: „In den niedrigen Casematten des größten Quarré's an der Ostseite der unteren Festung fanden wir 360 drusische Gefangene, deren Zahl indeß sehr abnahm, weil die trostlose Festung, eine finstere Höhle, fast ebenso schlecht, wie die von Calcutta

und eine Sonne, zuweilen kaum weniger brennend, ihr
Urtheil der Einkerkerung in das zum Tode verwandelte." *)
Die hoffentlich letzte schreckliche Rolle in der Geschichte
Serbiens hat die Türkenfestung an einem Sonntagabend
des Jahres 1862 gespielt. Türkische Soldaten geriethen
beim Wasserschöpfen bei einer Tschesma — einem öffent=
lichen Brunnen — in Streit mit serbischen Knaben und
hieben ohne Weiteres Eins von den Kindern nieder. Diese
Brutalität war die Veranlassung zu einer Reihe fürchter=
licher Gräuel, deren sich nur asiatische Barbaren schuldig
machen können und die ich mit den Worten eines Augen=
zeugen schildern werde. „Als die Kunde von der Ermor=
dung des Knaben nach der serbischen Polizeipräfectur kam,"
erzählt der Pfarrer der evangelischen Gemeinde in Belgrad,
Herr D. v. Cölln, „begaben sich sofort einige Gensb'armen
unter Führung eines Beamten unbewaffnet an Ort und Stelle,
arretirten die beiden türkischen Soldaten und führten sie nach
der türkischen Polizei, um sie den Militairbehörden zu über=
geben. Dort wurden sie von einer auf Commando eines
Offiziers abgefeuerten Musketensalve begrüßt und fielen
sofort todt zu Boden. Die Nachricht von dem Tode des
Polizeibeamten und der Gensb'armen wurde in einem
Augenblick durch die ganze Stadt verbreitet und die Serken
eilten von allen Seiten zu der Scene des Verbrechens
wurden aber von den Kugeln der Nizams empfangen, die,
im Polizeiamt verbarrikadirt waren und in der Voraus=
sicht, daß die Serben das Feuer erwidern würden, ein
Signal nach der Festung gaben, daß man ihnen Verstärkung

*) S. Serbien und die Serben von Rev. Denton M. A.
Frei bearbeitet von D. v. Cölln. Berlin 1865. Wiegandt und Grieben.

3*

senden solle. Eine Compagnie Nizams wurde sofort aus der Festung gelassen und marschirte nach der türkischen Polizeistation; aber, als sie in eine enge Straße kam, welche von den Serben versperrt war, zweifelte sie, ob sie zurückgehen oder sich mit ihren Bajonnetten einen Weg erzwingen sollte. Herr Garaschanin — damaliger Minister des Innern — sah diesen großen Trupp, lief auf ihn zu, vermochte die Nizams, in die Festung zurückzukehren, und ließ sie zu größerer Sicherheit durch einen serbischen Offizier und einige Gensd'armen begleiten; aber kaum sahen sich die Nizams weit genug von der Volksmenge entfernt, so gab der commandirende Offizier ein Zeichen, auf welches die Gensd'armen durchbohrt von Kugeln fielen. Bis zu diesem Augenblicke hatten die Serben, Dank der Wachsamkeit ihrer Behörden, die Angriffe der Türken nicht erwidert; aber diese treulose Niedermetzelung brachte das Volk in Wuth. Gegen sieben Uhr wurde Generalmarsch geschlagen, zu den Waffen gerufen und ein Kampf begann, welcher die ganze Nacht dauerte und dessen Schrecken in der dunklen Nacht noch vermehrt wurde durch ein furchtbares Gewitter. Die Nizams, welche die verschiedenen Stadthore besetzt hielten, feuerten auf alle Vorübergehenden; die in der Stadt wohnenden Türken unterhielten hinter den Mauern ihrer Wohnungen ein gutgezieltes Gewehrfeuer oder zogen sich in Moscheen und Kaffeehäuser zurück und verbreiteten Schrecken und Tod unter einer Bevölkerung, welche größtentheils unbewaffnet und unverhofft überfallen war. Unvergeßlich wird mir diese Nacht bleiben, in welcher ich in unmittelbarster Nähe Augenzeuge dieses furchtbaren Kampfes war." — —

Nachdem gegen Morgen zwischen dem Commandanten der Türkenfestung und dem Minister Garaschanin in Gegen-

wart des gesammten Consularcorps eine Convention in
Betreff des Aufhörens des Kampfes unterzeichnet war, wurde
der andere Morgen Zeuge noch weit schrecklicherer Ereignisse.
Ich erzähle sie wieder mit den Worten meines Augenzeugen,
des Pastors D. von Cölln: „Am Morgen des 27. Juni
wies die serbische Polizei die Bürger an, ihre Läden zu
öffnen und an ihre gewöhnlichen Geschäfte zu gehen.
Wiewohl die Türken noch in den Zwischenräumen Musketen=
schüsse von der Festung abfeuerten, welche zwei Christen ge=
tödtet hatten, rechneten die Serben nichts destoweniger auf
die Kraft der Convention und öffneten, andererseits sicher
gemacht durch ihre Behörden, ihre Läden. Die Studenten
und die Schulkinder gingen zur Schule, einem Gebäude dicht
bei der Festung. Die Cathedrale war angefüllt durch die=
jenigen, welche dem Begräbniß der Polizeibeamten und des
Gensd'armerieoffiziers beiwohnen wollten, die im Anfang
des Kampfes gefallen waren.“

„Als der Leichenzug die Kirche verlassen hatte, bewegte
er sich langsam über den großen Platz dem Friedhof zu.
Es war gerade halb neun Uhr Morgens. Der Tag war
herrlich. Die schöne, serbische Sonne schien mit ungewöhn=
lichem Glanze, um Zeuge zu sein von dem entsetzlichsten
unter den Akten der Barbarei, die je über die unglückliche
Stadt verhängt wurden. Plötzlich kam eine Colonne Nizams
aus der Festung und gleichzeitig ward ein schreckliches Feuer
von sämmtlichen türkischen Artilleriestücken auf die Stadt
eröffnet, Kugeln und Bomben von 40 bis 80 Occa Gewicht
— 80 bis 160 Pfund — regneten von allen Seiten. Das
Bombardement hatte begonnen.“

„Man kann sich leicht denken, welchen Schrecken dies
unerwartete Ereigniß hervorrief. Der Leichenzug zerstreute

sich, man ließ die Leichname mitten auf der Straße liegen; halbbekleidete Frauen liefen vorüber, ohne zu wissen, wo sie eine Zufluchtsstätte finden sollten. Barrikaden und Re= douten wurden eiligst unter dem Feuer des Feindes in den Oeffnungen der Straßen errichtet."

„Das Bombardement wurde fünf Stunden fortgesetzt, und wenn auch glücklicherweise der angerichtete Schaden ge= ringer war, als man erwarten konnte, so ist dies theils der Unwissenheit der türkischen Kanoniere, theils der werthlosen Munition zuzuschreiben, mit welcher sie versehen waren. Die Cathedrale schien ein besonderer Gegenstand ihres Hasses zu sein; sie wurde wiederholt getroffen und drei Schüsse gingen durch den Thurm. Glücklicherweise explodirten drei Viertel der Bomben nicht und blieben auf der Straße liegen."

„In dem ersten panischen Schrecken, welcher die Be= völkerung ergriff, hatten sich die Frauen und Kinder in den Kellern ihrer Häuser verborgen. Als sie aber von den verschiedenen Behörden benachrichtigt wurden, daß bei dem Mangel regulärer Truppen zu fürchten sei, die Bevölkerung und Polizei würden nicht im Stande sein, einem zweiten Ausfall von der Festung zu widerstehen, entschlossen sich die Frauen und die Kinder, sowie alle diejenigen, welche nicht bei der Vertheidigung der Stadt helfen konnten, um der Niedermetzelung durch die Türken zu entgehen, die innere Stadt zu verlassen und sich unter dem Regen der Kugeln und Bomben in die Höhlen und Klüfte vor der Stadt oder in die benachbarten Wassermühlen im Mokrilug oder in die Wälder von Topschider zu flüchten."

Vor sechs Jahren machte ich bei meiner Anwesenheit in Belgrad der Türkenfestung einen Besuch. In der Festung befehligte damals nicht mehr Aschir Pascha, sondern

Reſchib Paſcha, der zugleich das Oberkommando über ſämmtliche damals noch von den Türken in Serbien beſetzte Feſtungen führte. Reſchid Paſcha war ein europäiſch ge=bildeter Mann. Seine militäriſchen Studien hatte er in Paris gemacht. Damals konnte noch Niemand in die Türken=feſtung gelangen, der nicht im Beſitz eines von dem tür=kiſchen Commandanten und von der Belgrader Polizei=behörde ausgeſtellten Paſſirſcheines war. Eine ſerbiſche Po=lizeiwache war Tag und Nacht zur Controle an der Grenze des Belgrader Stadtbezirks aufgeſtellt.

Von einem beſtimmten Syſtem der Befeſtigungen Bel=grads kann nicht die Rede ſein, meint Kanitz. Sie ſind allmälich entſtanden und haben ſich der Geſtalt der am Mündungswinkel der Donau und Save ſteil abfallenden Kalkplateau's anbequemt. Die Feſtung zählt vier Thore an der Landſeite mit mehreren Zufahrten und einen Hafen für kleine Schiffe an der Waſſerſeite. Hoch auf dem Felſen ſelbſt liegt der älteſte Theil der Befeſtigungen, von ſehr un=rezelmäßiger Geſtalt, mit doppelten, trockenen Gräben, großen Halbmondſchanzen, kleinen Mittelwällen und flachen Baſti=onen mit Seitenbruſtwehren verſehen. Nach der Donau hinab ziehen ſich ſtarke, doppelte Bruſtwehren mit zahlreichen Geſchützſcharten.

Als der ſerbiſche Polizeibeamte meinen Paſſirſchein con=trollirt hatte, überſchritt ich den ſchrecklichen Kalimeiban, wo ſo viele unglückliche Serben den ſchrecklichen Tod auf dem Pfahl geſtorben ſind, den zwiſchen der Stadt und der Türkenfeſtung befindlichen Raum, der ungefähr die Breite einer Viertelſtunde hatte. „Das Blut, welches ſo reichlich auf dieſer kleinen Spanne Raum vergoſſen wurde," ſagt

Mr. W. Denton, „ist indeſſen nicht im Stande geweſen, den Boden fruchtbar zu machen; denn ein Gras von brau= nerer Farbe und zweifelhafterer Lebensfähigkeit (wegen der faſt ſtets herrſchenden Dürre) kann kaum gefunden werden." Der Engländer hat Recht. Das mit kurzem, trockenen Gras und Geſtrüpp bedeckte Erdreich hatte eine ſchmutzige, braun= rothe Farbe. Mir wollten die auf dieſer ſchrecklichen Fläche gemarteten Menſchen nicht aus dem Sinn. Es wurde mir unheimlich zu Muthe. Ich war froh, wie der Kalimeiban hinter mir lag und ich vor dem Feſtungsthore ſtand. Auf zwei ſchlechtgehaltenen hölzernen Brücken überſchritt ich zwei trockene, vielleicht dreißig Fuß tiefe Gräben; dann ſtand ich wieder vor einem Thore, an welchem zwei türkiſche Sol= daten, das Gewehr mit dem Haubajonnet auf der Schulter, als Wachtpoſten aufgeſtellt waren. Ein anſteigender be= deckter Gang führte mich durch ein Thor auf den Hauptplatz der inneren Feſtung. Neben dem Thor blickte ich in das Fenſter eines kleinen, niedrigen Gebäudes, welches nur ein Gemach umfaßte. In dem Gemache ſtand eine Art Sarg, der mit einigen Kränzen von Strohblumen bedeckt war. Aehnliche Kränze lagen am Boden zerſtreut. Irgend ein Paſcha hat hier ſeine Tochter beſtatten laſſen, ſagte man mir, welche bei den Türken den Ruf einer Heiligen ge= nießt. An der andern Seite des Thors befand ſich ein in bunten Farben geſtrichenes Kaffeehaus, worin mehrere tür= kiſche Offiziere ſich mit Billardſpielen beſchäftigten. Ich trat in das Kaffeehaus, um die Offiziere nach dem Comman= danten Reſchid Paſcha zu fragen; alle Verſuche, mich den Offizieren verſtändlich zu machen, waren vergeblich. Die Bar= baren verſtanden weder Deutſch, noch Franzöſiſch, noch Engliſch und antworteten mir in dem häßlichen türkiſchen

Jargon. Ich verließ das Kaffeehaus und ging allein über den Platz gerade hinaus.

Der Platz nahm das ganze Plateau der oberen Festung ein. In der Richtung nach der Stadt zu erblickte ich eine Moschee mit hohem Minaret. Es war die Hauptmoschee für die Soldaten der Garnison. Ueber die Moschee hinaus sah ich ein zweistöckiges, in europäischem Styl aufgeführtes, weiß gestrichenes Gebäude. Es war das Hospital für die Soldaten der Garnison. Die Türkei kennt nur Hospitäler für kranke Soldaten. Andere Hospitäler sind in der ganzen Türkei nicht zu finden. Der Civiltürke ist, falls er krank wird, auf das Schicksal angewiesen, wann und wo es mit ihm ein Ende machen will. Und warum auch nicht? Der Glaube an das Fatum ist ja echt türkisch.

Gerade vor mir erblickte ich ein großes, palastartiges Gebäude von zwei Stock. Es war der neue Palast des Pascha's. Neben dem Palaste, die hintere Seite des Plateau's einnehmend, breitete sich ein recht hübsch angelegter und gut gehaltener Gartenraum aus. Im Garten sah ich unter einem offenen Pavillon zwei dicke Männer in türkischer Offiziersuniform sitzen, den Fez auf dem Kopfe, Beide Cigaretten rauchend und mit einander plaudernd. Der Eine war Reschid Pascha, der Andere schien mir, nach den Abzeichen seiner Uniform, Oberstenrang zu haben. Ein Diener stand neben ihnen.

So wie die Offiziere meiner ansichtig wurden, kam der Diener zu mir und lud mich durch Zeichen ein, in den Garten einzutreten und ihn nach dem Pavillon zu begleiten. Im Pavillon hieß mich der ältere und dickere Mann — es war Reschid Pascha — in fließend gesprochenem Französisch willkommen. Die Herren saßen auf europäischen, von

Stroh geflochtenen Gartenſeſſeln, nicht auf ihren unterge=
ſchlagenen Beinen auf der Erde. Der Diener brachte für
mich einen dritten Stuhl und reichte mir auf den Wink
Reſchib Paſcha's eine kleine Taſſe mit ſiebendheißem Caffee
nebſt Cigaretten, und nun plauderte ich eine halbe Stunde
mit dem Commandanten über Paris, über Frankreich und
über das franzöſiſche Afrika, welches ich kürzlich beſucht hatte
und wo Reſchib Paſcha geboren war. Der dicke Offizier,
der mir gegenüber ſaß, ſprach kein Wort, ſondern beſchäf=
tigte ſich mit Cigarettenrauchen und mit ſtummer Betrach=
tung. Der „Kef" iſt ja der höchſte Grad türkiſchen Wohl=
ſeins. Wahrſcheinlich verſtand er auch kein Franzöſiſch. Es
war der zweite Paſcha, der alle militairiſchen Angelegen=
heiten beſorgt und der Commandant der Garniſon iſt, während
Reſchtd Paſcha den Oberbefehl über die ſieben Feſtungen
führte, welche durch den Tractat den Türken in Serbien
gelaſſen waren, ſowie den diplomatiſchen Verkehr mit den
ſerbiſchen Behörden unterhielt. Früher bezog der Paſcha,
welcher in der Türkenfeſtung reſidirte, aus dem türkiſchen
Staatsſchatz ein Einkommen von 80,000 Gulden. Als ich
Reſchib Paſcha beſuchte, war das Einkommen auf 20,000
Gulden zuſammengeſchmolzen. Die jährlichen Ausgaben für
die Feſtung ſowie die Garniſon, welche etwa 4000 Mann
betrug, ſollen nicht weniger als zwei Millionen Gulden be=
tragen haben. Bevor ich die Türkenfeſtung verließ, ließ
Reſchtd Paſcha mich in dem untern Theil der Feſtung umher=
führen, und mir das Hoſpital zeigen. Es war recht gut
gehalten und entſprach allen Anforderungen der gegen=
wärtigen Heilwiſſenſchaft. Reſchtd Paſcha ſchien auch nicht
wenig ſtolz auf ſein europäiſches Krankenhaus zu ſein. Als
ich mich während des Beſuchs der einzelnen Krankenſtuben

eine halbe Stunde mit dem mich umherführenden Arzt in französischer Sprache unterhalten hatte, entdeckte ich plötzlich, daß er ein Oesterreicher war, so gut deutsch sprach, wie ich selbst und in Wien und Berlin studirt hatte.

Im verflossenen Sommer machte ich der ehemaligen Türkenfestung Belgrad einen neuen Besuch. Die Türken=festung, welche den asiatischen Barbaren so lange als Boll=werk für die Ausbreitung ihrer Herrschaft im Abendlande gedient hat, war endlich wieder in serbischen Händen. Der Padischah zu Stambul hatte sich genöthigt gesehen, in Folge des Tractats des Jahres 1867 auch die letzten Festungen zu verlassen, welche ihm die nach dem schändlichen Belgrader Bombardement in Constantinopel im Jahre 1862 zusammen=getretene Conferenz der Großmächte noch bis dahin einge=räumt hatte. Auf den Bastionen, wo so lange die blutige Halbmondfahne wehte, war wieder das serbische Kreuz auf=gepflanzt. Die wüste Esplanade war in schöne Parkanlagen verwandelt worden. Wo die von den asiatischen Barbaren gepfählten Patrioten in der Sonnengluth auf dem Pfahl verschmachteten, warfen jetzt prächtige Baumgruppen ihre breiten Schlagschatten über bunte Blumenparterres, über frischgrüne Rasenflächen und gutgepflegte Kieswege. Der blutbefleckte Kalimeidan hatte sich in die Promenade der Belgrader Bürgerschaft verwandelt. Ein in der Mitte der Anlagen aufgestelltes Musikcorps der Belgrader Garnison ließ fröhliche Tanzmelodieen an derselben Stelle erklingen, wo während der Türkenherrschaft die Gemarterten gestöhnt und geseufzt und unter namenlosen Qualen die Seele ausge=haucht hatten. Welcher Wechsel! Nur die Abendsonne leuchtete noch eben so golden und prächtig am tiefblauen orientalischen Himmel, wie damals, wo an einem Abend hier hundert und sechzig lebendige Menschen auf spitze Pfähle gesteckt wurden — um drei Tage und drei Nächte hindurch zu sterben. „Die Sonne leuchtet dem Gerechten und dem Un= gerechten," heißt es in der Bibel, aber sie versengte auch mit ihren glühenden Strahlen auf dem Kalimeidan‑ drei Tage der Gemarterten schmerzenskranke Häupter. Und da reden die Priester von einem gerechten, allmächtigen und allweisen Gott, der alle diese Gräuel in Serbien geschehen ließ, ohne daß die Sonne ihr Antlitz verfinsterte und ohne daß der Blitz die türkischen Mörder erschlug! — —

Ich ging heute nicht in die ehemalige Türkenfestung, um die Festung zu besuchen, sondern aus einem andern Grunde. Die Festung in serbischen Händen hatte ich schon im verflossenen Jahre bei meinem letzten Besuch in Belgrad gesehen. Es war im Innern derselben ebenso aufgeräumt, reinlich und ordentlich, wie es dort zur Türkenzeit un= ordentlich und schmutzig war. Die Werke waren ausgebessert, die Gräben von Unkraut und Schmutz gesäubert worden; die Gartenanlagen, welche ich schon zu Zeiten Reschid Pascha's auf dem Plateau im Innern der obern Festung vorgefunden hatte, waren bis an den hintern Rand des Plateau's ausgedehnt. Das Kaffeehaus an der linken Seite des Thors, wo ich vergebens versucht hatte, mit den tür= kischen Offizieren irgend eine europäische Sprache zu reden, war in eine Thorwache verwandelt. Das Hospital war seiner Bestimmung verblieben. Den Palast des Pascha's hatte der gegenwärtige serbische Festungscommandant ein= genommen, und der letzte türkische Obercommandant war mit seinem Harem als Pascha nach irgend einer asiatischen ober afrikanischen Provinz des türkischen Barbarenreichs verzogen. Daß Jahrhunderte lang die Türken in der Veste des Serbenkönigs Duschan gehaust hatten, daran erinnerten nur noch die Moschee und das Grabmal des türkischen Mädchens am Eingangsthor. Die Moschee ging ihrem Verfall entgegen. Mörtel und Steine waren überall aus den Mauern abgebröckelt und hinabgestürzt. Nur das Grab an der andern Seite des Thors war noch ganz unversehrt. Ich schaute wieder durch die Fenster auf den Sarg. Da lagen noch dieselben Kränze von Strohblumen auf dem Estrich, welche ich vor sechs Jahren gesehen hatte. In dem Protokoll der Conferenz der Großmächte vom 4. September 1862 heißt es, „daß die türkischen kirchlichen Gebäude und die Grabstätten in Belgrad respectirt werden und unberührt bleiben sollen." Deshalb waren die türkische Moschee und die Grabstätte des türkischen Mädchens auf der Festung noch gerade in demselben Zustande, wie vor sechs Jahren, und werden es bleiben, bis die zerstörende und vernichtende Gewalt der Zeit ihrem Dasein ein Ende macht. Bei der Moschee hat die Zeit diese zerstörende Thätigkeit bereits energisch begonnen.

Ich ging heute nach der Festung, um die in den Räumen und Casematten derselben eingerichtete Strafanstalt zu besichtigen. Neben mir schritt der Strafanstaltsdirektor, Herr Damianović, den ich in der Stadt getroffen hatte, ein noch junger, sehr tüchtiger und verständiger Beamter. Er erzählte mir von den serbischen Strafanstalten. Die Behandlung der Gefangenen ist in den serbischen Strafanstalten eine verschiedene, je nachdem der Gefangene zur Strafarbeit oder blos zur Freiheitshaft — zu Gefängniß — verurtheilt ist. Der zur Strafarbeit Verurtheilte wird während der Haft zur Arbeit gezwungen; der zu einfacher Freiheitshaft Verurtheilte arbeitet oder arbeitet nicht — nach seinem Belieben. Die zur Strafarbeit Verurtheilten befinden sich theils in dem Zuchthause zu Topschider bei Belgrad, theils in den Casematten der ehemaligen Türken=festung. Die letzteren dienen aber nur provisorisch als Zuchthaus, bis ein Strafanstaltsgebäude erbaut ist. Die Mittel zum Bau sind bereits von der Nationalversammlung bewilligt. In der Festung verbüßen solche Verbrecher ihre Strafe, welche von zwei bis zu zwanzig Jahren Straf=arbeit verurtheilt sind. Zwanzig Jahre sind die höchste Freiheitsstrafe, welche das serbische Strafgesetzbuch kennt. Das serbische Strafgesetzbuch kennt auch noch die Todesstrafe. Sie wird durch Erschießen vollstreckt.

Das serbische Strafgesetzbuch hat sehr viel Härten — wegen gewaltsamen Diebstahls kann beispielsweise bis zu zwanzig Jahren Haft verurtheilt werden. Es stammt eben noch aus der Regierungszeit des alten Milos; und diese Regierungsperiode wußte eben von den humanen Principien des neuen Strafrechts noch nichts, sondern hul=bigte der glücklicherweise im mittleren Europa veralteten und von den neueren Strafrechtslehrern überall verworfenen Abschreckungstheorie. Der Strafanstaltsdirector Damianović war darin ganz meiner Ansicht und vertröstete mich auf das neue serbische Strafgesetzbuch, welches gegenwärtig im Justiz=ministerium ausgearbeitet werde und sich überall den neuen, europäischen humanen Strafrechtstheorien anschließen werde. „Bis dahin," sagte er, „machen wir in den serbischen Strafanstalten die Härten unseres alten Strafgesetzbuchs durch die bedingte und vorläufige Entlassung aus der Haft wieder gut."

„So; und wann entlassen Sie den Verurtheilten aus dem Zuchthause? Und unter welchen Bedingungen?"

„Wenn er die Hälfte der Strafe verbüßt hat, wozu er verurtheilt worden ist, und wenn er sich gut und tadellos im Zuchthause aufgeführt hat."

Das Gesetz über die bedingte Entlassung aus der Haft nach Verbüßung der Hälfte der Strafe bei guter Führung und unter Vorbehalt der Wiedereinziehung des Verurtheilten, falls er in sein früheres, verbrecherisches Leben wieder zurück= fällt, ist von der kürzlich abgetretenen Regentschaft eingeführt und hat bis jetzt sehr gute Resultate ergeben. Unter 350 Bestraften, welche auf diese Weise und unter diesen Be= dingungen nach Verbüßung der Hälfte ihrer Strafzeit in Freiheit gesetzt worden sind, hat es nur einen einzigen Rückfälligen gegeben, welcher sich vor Ablauf seiner ganzen Strafzeit eines neuen Verbrechens schuldig machte. So sagt der Regentschaftsbericht und so sagte mir auch der Straf= anstaltsdirector, der mich an diesem schönen Sommerabende in der alten ehemaligen Türkenfestung begleitete.

Die übrigen serbischen Gefängnißanstalten befinden sich in der Stadt Poscharevac. Ich habe bei meinem Auf= enthalt in Poscharevac die Gefängnißanstalt besucht. Sie befand sich in zwei getrennten Flügeln einer ehemaligen Caserne. In dem einen Flügel befanden sich die Männer; in dem andern Flügel die Frauen und Mädchen. Die Männer waren von Einem Monat bis zu fünf Jahren Gefängniß wegen der verschiedensten Vergehen und Ver= brechen verurtheilt. Ihre Ziffer betrug bei meinem Besuch 1860. Die Frauen und Mädchen waren von Einem Monat bis zu zwanzig Jahren Freiheitsentziehung verurtheilt. Die meisten von ihnen waren wegen Verbrechen gegen das

Eigenthum verurtheilt; viele auch wegen Mordes. Unter
den 78 Frauen, welche ihre Strafe in dem Gefängniß zu
Poscharevac verbüßten, fand ich Gattenmörderinnen, Kindes-
mörderinnen und gewöhnliche Mörderinnen. Untreue, Eifersucht, schlechte Behandlung waren die Motive des Gatten-
mordes gewesen; die Veranlassung des Kindesmordes der
Mangel an Findelhäusern. Serbien hat keine Findelhäuser,
wie Preußen. Serbien hat eine Entschuldigung, daß diese
humanen und wohlthätigen Anstalten, welche die Tödtung
des eigenen Kindes, dieses beklagenswerthe und unnatürliche
Verbrechen, aus der Welt schaffen, noch nicht eingerichtet
sind. Sie besteht darin, daß noch vor vierzig Jahren die
Türken in Serbien hausten und das ganze Land in eine
Wüste verwandelt haben, wo alles nun neu geschaffen werden
muß. Preußen hat aber gar keine Entschuldigungen; denn
pietistische Prüderie wird doch Niemand für eine Entschuldigung gelten lassen wollen.

Uebrigens hat sich die Zahl der Vergehen und der Verbrechen in Serbien trotz der bedeutenden Zunahme der Bevölkerung nicht vermehrt sondern vermindert. Im Jahre
1870 haben die Polizeibehörden den Gerichtshöfen 1655
Verbrecher überliefert, während diese Ziffer im Jahre 1871
nur 1218 betragen hat, also 437 weniger, als im verflossenen Jahre. —

Während dem war ich mit meinem Begleiter an dem
Hauptthore der Festung angekommen. Das im Park auf-
gestellte Musikcorps spielte einen serbischen Nationaltanz,
einen heitern und lustigen Kolo. Ich überschaute nun von
oben mit einem Blick das prächtige und reiche Landschaftsbild, welches sich zu meinen Füßen aufrollte. Die Berghöhen, auf deren oberem Plateau ich stand, umsäumten von

der Save bis zur Donau die Gebüschgruppen und Rasen=
flächen des Parks, wie ein breites, grünes Band; an den
Rändern dieser grünen Fläche erhoben sich die modernen
und hübschen weißen Häusergruppen, womit die letzten Jahre
die Gränze der häßlichen Esplanade geziert haben; hinter
diesen weißen Häuserlinien die Gebäude und Thürme der
serbischen Hauptstadt; rechts über alle hervorragend der mit
reichem ornamentalen Schmuck von vergoldetem Kupfer be=
deckte Thurm der Cathedrale des heiligen Michael. Nach
rechts und nach links rahmten dieses reiche und prächtige
Landschaftsbild zwei weite Wasserflächen ein, in welche die
Strahlen der untergehenden Sonne ihre rothen und gol=
denen Reflexe streuten. Ich blieb einige Minuten gebannt
von der Schönheit des Landschaftsbildes, welches sich da
unten vor mir aufrollte, vor dem alten Festungsthore stehen;
dann folgte ich meinem Begleiter durch das Thor und über
die beiden Brücken in das Innere der Festung.

Wir gingen wieder am Grabmal des türkischen Mäd=
chens und am Rande der Gartenanlagen vorüber, mit
denen Reschid Pascha begonnen hatte, das Plateau der oberen
Festung zu schmücken. „Zu den Casematten, welche die Straf=
gefangenen während der Nacht bewohnen,“ sagte der Straf=
anstaltsdirektor, „geht's dort links neben dem Thor. Sehen
Sie sich die Casematten später an, wenn die Gefangenen
zurückgekehrt sind; noch sind sie auf der Arbeit. In einer halben
Stunde müssen sie zurückkehren. Es ist bald sieben Uhr.“

Die Uhr auf dem Uhrthurm schlug die siebente Stunde
an. Der Uhrthurm der Festung stammt auch noch aus
der Zeit, wo Prinz Eugen „der edle Ritter“ in Belgrad
in dem Palaste residirte, dessen letzte Trümmerreste nun

auch unter den Straßenlinien des neuen Belgrad ver=
schwunden sind.

„Steigen wir erst in die untere Festung hinab," sagte
der Strafanstaltsdirektor, „Sie sollen dort die Werkstätten
unserer Gefangenen sehen."

Eine schmale, in den Fels gehauene Treppe führte aus
der oberen in die untere Festung. Ihr räumlicher Umfang
war größer, als der Umfang der oberen Festung. Ein langes
Viereck war mit Kasernen und für die Verwaltung be=
stimmten Gebäuden umgeben. Sämmtliche Gebäude trugen
ebenfalls das Gepräge der Zeit Kaiser Karls des Sechsten,
stammten also aus den Jahren, wo Prinz Eugen von Sa=
voyen als Höchstcommandirender Serbien verwaltete. Auf
dem von den Kasernen umgebenen Viereck machten einige
Compagnien serbischer Infanterie ihre militairischen Uebun=
gen. Vor sechs Jahren hatte ich hier noch die türkischen
Nizams exerciren sehen. Da tönte zwischen den Hornsignalen
der Truppen Kettengeklirr über den Platz. Ich schaute un=
willkürlich nach der Richtung, woher das Geräusch kam.
Mehrere Hundert von Strafgefangenen, begleitet von Sol=
daten, marschirten über den Platz. Sie kamen von der
Arbeit im Freien und begaben sich in ihre Casematten, um
die Abendsuppe zu verzehren und sich schlafen zu legen.
Alle waren in Sträflingskleidung, Jacke und Hosen von
grauer Leinwand; an den Füßen vermittelst einer leichten
Kette gefesselt, welche sie im Gehen nicht hinderte und an
zwei Eisenringen befestigt war, die ihre Beine oberhalb der
Füße umschlossen. Ich hatte diese Art von Fesselung während
des Jahres, wo ich als politischer Gefangener eine Case=
matte der preußischen Festung Magdeburg bewohnte, so
oft gesehen, daß sie mir nichts Neues war. Die zur Hälfte

grau, zur andern Hälfte gelb gefärbte Sträflingskleidung, welche die Strafgefangenen der Festung Magdeburg trugen, war auf der Festung Belgrad aber nicht eingeführt. Die Kleidung der serbischen Strafgefangenen war von derselben Farbe. Der Trupp von Gefangenen marschirte an uns vorüber und stieg auf der gewundenen Felsentreppe, auf welcher wir in die untere Festung gekommen waren, in die obere Festung hinauf. Jeder von ihnen grüßte den Straf= anstaltsdirektor, der neben mir stand, durch Abnehmen der Mütze. Neues Kettengeklirr ertönte von der Wasserseite her. Ein zweiter Trupp von Gefangenen erschien auf dem Platze, marschirte in derselben Weise vorüber und stieg auf der gewundenen Felsentreppe zur oberen Festung hinauf. Wieder einige Hunderte! Während wir den Gefangenen noch nach= schauten, erschien ein dritter Trupp von derselben Seite, denselben Weg nehmend und auf dem Plateau der oberen Festung verschwindend.

„Das waren die letzten," sagte der Strafanstaltsdirektor. „Sehen Sie nun die Werkstätten an, nachher machen wir den Besuch im Nachtquartier der Gefangenen."

Wir gingen quer über den Platz, um nach den Werk= stätten zu gelangen. „Das Kettengeklirr macht einen un= angenehmen Eindruck," sagte ich zu dem Direktor, „oh, ich kenne es; habe es oft genug auf der preußischen Festung Magdeburg gehört, alle Morgen und alle Abend, ein ganzes Jahr hindurch. Häßliches Geräusch! Sind denn alle die Gefangenen, welche wir haben vorübergehen sehen, gemeine Verbrecher, Herr Direktor?"

„Ich verstehe Sie nicht, Herr Doctor!"

„Nun, der Sinn meiner Frage ist doch nicht schwierig

4*

Herr Direktor. Also will ich sie deutlicher fassen. Sind unter diesen gemeinen Verbrechern, welche ich eben vorüber= gehen sah, auch politische Gefangene, ich meine solche Männer, welche wegen politischer Thatsachen, wegen Aufstandes, wegen Erregung von Haß und Verachtung gegen die Regierung, wegen Hochverraths verurtheilt sind?"

Der Strafanstaltsdirektor sah mich ganz erstaunt an, noch erstaunter, als früher. „Solche Männer," sagte er, ver= urtheilt man in Serbien zu einfacher Freiheitsentziehung, zu einer Gefängnißhaft; man mischt sie aber nicht unter Diebe, Räuber, Meineidige und Mörder. Ist das bei Ihnen in Deutschland nicht so? Das ist doch nicht möglich! In einem Culturlande? Im Staate der Intelligenz? So nennt sich Preußen doch wohl; nicht wahr?"

„Welche kindliche Anschauungsweise, Herr Strafanstalts= direktor „im Lande der Schweinetreiber;" Sie wissen doch, daß meine hochmüthigen Landsleute aus dem Staate „der Intelligenz" — jetzt ist es „das Land der Füseliere und Grenadiere" geworden und die Freiheit ist vergessen — Ihr schönes freiheitliches Serbien „das Land der Schweine= treiber" nennen?"

„Ich weiß."

„Nun, in Deutschland, natürlich auch in Preußen, steckt man die politischen Verurtheilten ins Zuchthaus, unter die Räuber, Mörder und Meineidigen. Mehrere meiner politischen Freunde sind im Zuchthause oder am Zuchthause gestorben. Auf der Festung Magdeburg marschirten alle Tage, sechs, acht, zwölf Jahre hindurch, unter den Ketten= gefangenen, in halb grauer, halb gelber Kleidung politische Gefangene mit aus, um Zwangsarbeit im Freien zu ver=

richten und schliefen mit den gemeinsten Verbrechern Nachts
auf derselben Pritsche."*)

Der serbische Strafanstaltsdirektor war stumm vor
Erstaunen.

„Und in Baden giebt es ein Zuchthaus, wo die Isolir=
haft und das Schweigsystem in der schärfsten Art eingeführt
sind, wo die Gefangenen selbst während des Gänsemarsches
in einem fächerartigen Gefängnißhofe, wo kein Gefangener
den andern Gefangenen sehen kann, Masken vor dem Gesicht
tragen. In diesem badischen Zuchthause haben politische
Gefangene in der Isolirzelle, die Maske vor dem Gesicht,
wenn sie die Zelle verließen, sechs, acht Jahre zugebracht.
Und politische Gefangene haben durch die Leiden dieses
Zuchthauses den Verstand verloren und sind wahnsinnig ge=
worden und im Wahnsinne gestorben. So starb im Wahn=
sinn, den er aus dem Zuchthause von Bruchsal mitgebracht
hatte, Einer meiner liebsten Freunde. Er war Professor
an einer Forstakademie und hieß Theodor Mögling.

Der serbische Strafanstaltsdirektor gerieth in Ent=
rüstung. „Was," rief er, „das geschieht in Deutschland?
Schändlich!"

„Und in Sachsen gab es ein solches Zuchthaus, welche
ähnlich eingerichtet war. Dort wurden die politischen Ge=
fangenen außerdem unbarmherzig durchgeprügelt. Zwan=
zig, dreißig, sechszig, achtzig Hiebe, auf mehrere Portionen
vertheilt. Freunde von mir haben dort zehn bis zwölf
Jahre zugebracht und am Spinnrad gesponnen und gehungert.
Und wissen Sie, Herr Direktor, wer in Sachsen die poli=

*) S. Aus meiner Festungszeit von Gustav Rasch.
Wien, Pest und Leipzig. Verlag von A. Hartleben 1870.

tiſchen Gefangenen in das Zuchthaus zu Waldheim ge=
ſchickt hat?

„Nun, Herr Doctor?“

„Be u ſt, oder „Graf von Be u ſt“ ſagt man ja wohl,
derſelbe Graf von Beuſt, der in Oeſterreich Reichskanzler
und die Säule des Liberalismus wurde.“

Der ſerbiſche Strafanſtaltsbirektor ſprach gar nicht mehr.
Er war vor Entrüſtung ſtumm geworden.

„Gehen wir jetzt in Ihre Werkſtätten, Herr Direktor,“
ſagte ich.

Wir gingen zu den Werkſtätten. Sie waren in drei
großen Caſematten eingerichtet, welche im Winter durch
große Oefen geheizt wurden. Alle Arbeiten der Tiſchlerei
und der Wagenmacherei wurden dort durch Strafgefangene
betrieben. Einige Handwerksmeiſter aus der Stadt unter=
richteten die jungen Sträflinge, welche das Handwerk früher
nicht getrieben hatten. Die Hälfte des Taglohnes floß in
die Taſche der Sträflinge.` So verlaſſen ſie, wenn ſie die
Hälfte ihrer Strafzeit verbüßt haben, die Feſtung, eine
kleine Summe in der Taſche und im Beſitze von Kenntniſſen,
wodurch ſie fähig ſind, ſich ſpäter ihren Lebensunterhalt zu
erwerben. Ich ſah ſehr hübſche Arbeiten, welche Gefangene
angefertigt hatten, die vor Jahr und Tag ohne jede Kenntniß
vom Handwerk in die Feſtung zum Verbüßen ihrer Strafe
eingeliefert waren.

Nun ſtiegen wir wieder die gewundene Felſentreppe
hinauf, um in der oberen Feſtung den Beſuch in den Caſe=
matten zu machen. Wir kamen wieder an dem ehemaligen
Palaſt des Paſcha's, der heutigen Commandanturwohnung,
vorbei und gingen über das Plateau am Rande der Garten=
anlagen entlang nach dem Feſtungsthore zu, neben welchem

sich die Grabstätte des türkischen Mädchens befindet. Die Sonne war längst untergegangen. Der Abend hatte bereits begonnen, das Landschaftsbild, welches man von dem oberen Plateau der Festung schaut, in seinen blaubuftenen Schatten= mantel zu hüllen. Gespenstisch blickten mich aus dem Abenddunkel die weißen Mauern und das weißgetünchte Minaret der türkischen Moschee an, Erinnerungen an eine schreckensvolle Zeit, welche mehr als drei Jahrhunderte auf dem unglücklichen Serbien gelastet hat. Der Imam, welcher alle Abend auf der Gallerie des Minarets erschien, um sein „allah ekber la ekber, la illahehl lalah“ zu singen, wird nie= mals mehr die Gallerie des Minarets erklettern. Dafür bürgen die Kanonen und Gewehre, welche die Arsenale von Kra= gujevac füllen. Sie reichen hin, um eine Arme von 150,000 Mann nebst Reservetruppen auszurüsten und Waffen für die aufständischen Bewohner von Bosnien und der Herzego= vina zu liefern.

„Wie groß ist die Ziffer der Strafgefangenen am heu= tigen Tage?“ fragte ich den Direktor, als wir über das Plateau neben einander hergingen.

„Neunhundert.“

„Und wie hoch belaufen sich die jährlichen Kosten der Strafanstalt, Alles zusammen?“

„Sechszigtausend Dukaten.“

„Und wie ist die Ernährung der Strafgefangenen?“

„Morgens eine Suppe und Abends eine Suppe. Dazu das Brod, welches unsere Soldaten essen. Täglich zwei und ein halb Pfund. Sie haben das Brod gekostet. Nicht wahr, das Brod ist gut?“

„Das Brod ist gut. Was erhalten die Gefangenen zu Mittag?“

„Fleisch und Gemüse. Ein halbes Pfund Fleisch und Gemüse mehr als ein halbes Pfund."

„Erhalten die Gefangenen täglich diese Ration Fleisch?"

„Täglich."

„Nun, das ist eine ordentliche Ernährung, womit ein Gefangener, selbst wenn er im Freien arbeitet, auskommen kann. Wissen Sie denn, Herr Direktor, daß die Straf= gefangenen in den preußischen Zuchthäusern gar kein Fleisch bekommen, sondern lediglich nur Gemüsesuppe?"

„Im ganzen Jahr kein Fleisch?"

„Mit Ausnahme von vier Tagen. Sie erhalten an jedem ersten Tage der drei hohen Feste Ostern, Pfingsten und Weihnachten Fleisch, außerdem am Geburtstage des Königs, sonst niemals!"

„Weshalb nicht? Gehört die Fleischentziehung zur Strafe? Ohne Fleisch ist die Ernährung eines Menschen, der im Freien arbeitet, eine sehr mangelhafte. Die Straf= gefangenen in den preußischen Zuchthäusern leiden ja Hunger!"

„Gewiß hungern sie. Strafe ist der Hunger nicht. Kein Straferkenntniß spricht als Strafe den Hunger aus. Der Hunger ist die Consequenz des Sparsystems, welches sich durch die ganze preußische Verwaltung zieht. Dafür haben wir aber auch ein so herrliches Kriegsheer, Herr Direktor, wie kein Staat auf der Welt. Haben Sie von den Siegen der Preußen während der letzten sechs Jahre gehört? Ich nenne sie „Menschenschlächtereien." In Preußen müssen sich die Zuchthäuser durch sich selbst erhalten, durch die Arbeit und durch den Hunger der Gefangenen."

Währenddem waren wir an dem Landthore der Festung angekommen. Wir stiegen längs dem Walle hinab. Zwei Soldaten hielten Wache an einem breiten, hölzernen Thor mit zwei Flügeln. Der Direktor schloß mit einem Schlüssel, den er aus der Tasche nahm, das Thor auf. Wir betraten den Raum, wo die Strafgefangenen, wenn sie von der Tagesarbeit zurückkommen, für die Nacht einquartirt sind. Eine lange Reihe von Casematten, welche die Tiefe des Walles einnahmen, öffnete sich auf einen grünen Plan. Sämmtliche Gefangenen befanden sich noch im Freien. Sie gingen umher, mit einander plaudernd, rauchend, oder lagerten am Boden, die kühle Abendluft einathmend. Alle standen auf und nahmen die Mütze ab, um ihren Direktor zu begrüßen. Wir verweilten eine Viertelstunde, während der Direktor mit den Aufsehern einige bienstliche Geschäfte abmachte. Die Strafgefangenen sahen durchweg frisch und gesund aus. Die Arbeit im Freien und die gute Ernährung waren die Gründe dieses frischen und gesunden Aussehens. Die Strafgefangenen, welche ich in den preußischen Zuchthäusern gesehen habe, hatten eine fahle und verlebte Gesichtsfarbe. Sie bekamen auch kein Fleisch, außer an den drei hohen Festtagen und am Geburtstage des Königs.

Das war mein letzter Besuch in der ehemaligen Türkenfestung Belgrad, welche ich zu so verschiedenen Zeiten gesehen habe.

# Drittes Kapitel.

## Kloster Rakovica.

Auf der schönen Straße, welche von Belgrad nach dem kleinen Sommerschloß Topčider führt, fuhr ich an einem kühlen und etwas regnerischen Frühlingstage mit Herrn Nikola Pétrović, der mich als Reisemarschall auf meiner Reise durch das Innere Serbiens zu begleiten bestimmt war, nach dem Kloster, welches eine der ältesten Kirchen in Serbien besitzt, die dem heiligen Erzengel Michael geweiht ist, und zu der am Sabortage viele Tausende wallfahren, ist fast anderthalb Stunden von der serbischen Hauptstadt entfernt. Der Weg nach Rakovica ist ebenso reich in dekorativer Beziehung, wie interessant in den Erinnerungen an einzelne Orte, an denen der Wagen vorüberrollt. Die auf= und absteigende, sich durch einen malerischen Thalgrund windende Straße bietet einen fortwährenden Wechsel reicher Aussichtspunkte. Rechts erscheint, sobald die letzten Häuser der Stadt hinter uns liegen, der breite Spiegel der Save; dann säumt Waldgrund den Weg ein, während links eine mit dichtem Pflanzenmantel bedeckte Hügelreihe die landschaftliche Dekoration bildet. Vor uns erhebt sich

über der grünen Hügelreihe die Pyramide des Avala, um
bei einer Biegung oder Senkung der Straße zu verschwinden
und immer wieder von Neuem aufzutauchen. Der Berg hat
nur eine Höhe von tausend Fuß, ist aber so glücklich ge=
legen, daß er einen der besten Aussichtspunkte des Serben=
landes bildet. Von seiner Höhe überschaut man das Donau=
thal und Savethal, einen großen Theil des serbischen Wald=
landes und der Sumnadia, sowie das zwischen der Kolu=
bara und der Morava sich ausbreitende Hügelland. Nun
kommen wir an den Gebäuden von Topčider vorüber. Links
sehen wir die Kirche und die Strafanstalt; rechts taucht
aus den Gebüschen und Baumgruppen das kleine, weiße
Schlößchen auf, wo Fürst Miloš seine letzten Tage beschloß.
Wir fahren am Rande der reichen Gärten und an den
hügeligen Waldbergen entlang, welche den unvergleichlichen
Topčider Park bilden, den Zielpunkt Belgrader Ausflüge
an Sonn= und Feiertagen. Das Auge streift über köstliche
Rasenplätze, über saftgrünen Wiesenboden und ruht auf
prachtvollem Buchenwald und Eichenwald. Ein weißes
Landhaus erscheint auf der Höhe. Es ist der Wohnsitz des
bekannten serbischen Schriftstellers Ban. Nun biegt die
Straße in einen von anmuthig geformten Hügelreihen ein=
gefaßten Thalgrund ein. Vor uns steigt wieder die male=
rische Pyramide des Avala auf. Zur rechten Hand krönen
die Hügelreihen immer noch die prächtigen Waldgruppen
von Topčider, bis die Reihe mit einem steil abfallenden
Bergabhang schließt. Mein Begleiter zeigte mit der Hand
auf die Höhe des Abhangs. „Dort oben ist die Stelle,"
sagte er.

„Ich weiß," erwiderte ich. Ich besuchte die Stelle mit

Dr. Valenta und mit Oberst Oreskoviç im verflossenen Frühjahr."

Mein Begleiter meinte die Mordstätte, wo im Jahre 1868 der Fürst Michael von Serbien und seine Tante, Frau Anka Constantinoviç, von einer Bande dyna=stischer Mordgesellen, die aus dem Zuchthause von Topčider gedungen waren, in grausamer Weise erschlagen wurden. Nur, weil die Mörder sie für todt hielten, entgingen Fräu=lein Katharina Constantinoviç und der Hauptmann Garašanin schwer verwundet dem Tode. —

Dichter Waldgrund, saftgrüne Wiesen und mit reichem Pflanzenteppich bedeckte Hügel, über deren Rändern immer wieder von Neuem die Pyramide des Avala hereinschaut, bilden jetzt eine halbe Stunde die landschaftliche Dekoration, dann erscheint links von der Straße ein weißes Wirths=haus. Rechts erblicken wir das Kloster Rakovica. Ueber einem Thor erhebt sich ein Thurm. An das Thor schließt sich ein im zinzarischen Styl erbautes, aus einem Erdgeschoß bestehendes Langgebäude an. In diesem Langgebäude be=finden sich die Zimmer für die Mönche und die Gastzimmer. Die dem heiligen Michael geweihte Kirche erhebt sich auf dem Binnenhofe des Klosters und ist von Außen nicht zu sehen. Wir fuhren vor dem Klosterthor vor. Ein Mönch erschien zu gleicher Zeit unter dem Thorbogen. Es war ein noch junger Mann mit bleichem Gesicht, halblangem, röthlich blondem Haar und Bart, gekleidet in die Tracht der Klostergeistlichen. Ein weiter, schwarzer, vorn offener Aermelrock fiel bis auf die Füße hinab. Unter diesem Rock trug er ein enges, schwarzes Gewand, welches um den Leib von einer breiten, mattrothen Schärpe zusammengehalten

war. Den Kopf bedeckte ein hoher, schwarzer konisch ge=
formter Hut ohne Krempe.

„Es scheint, wir werden erwartet,“ sagte mein Be=
gleiter, als er den Mönch erblickte. „Wahrscheinlich sind
wir angemeldet.“

Wir wurden wirklich erwartet. Einer der Mönche war
am Vormittage in der Stadt gewesen und hatte dort zu=
fällig gehört, daß wir am Nachmittage das Kloster besuchen
wollten. Der Mönch begrüßte uns in der freundlichsten
und zuvorkommendsten Weise, als wir den Wagen verlassen
hatten und führte uns durch das Thor in den Binnenhof
des Klosters.

In der Mitte des weiten, mit grünem Rasenboden
bedeckten Hofes erhob sich die berühmte, dem Erzengel Mi=
chael geweihte Klosterkirche, ein im Kreuz aufgeführter
Centralbau mit zwei Kuppelthürmen, auf denen große ver=
goldete Kreuze prangten. Das Langgebäude des Klosters
hatte nach dem Binnenhofe einen offenen, oben bedeckten
Säulengang, in dessen Nischen sich die Thüren auf die Wohn=
zimmer der Mönche und auf die Gästzimmer öffneten. Im
Hintergrunde des Binnenhofes befand sich ein Wirthschafts=
gebäude. Rechts schloß der Hof mittelst einer langen, von
oben bis unten mit Epheu bekleideten Mauer ab.

Der tiefe Zug des serbischen Volkes zum Uebernatür=
lichen und zum Mystischen hat die Stiftung der zahlreichen
Klöster begünstigt, welche noch heute bestehen und vom Volke
mit Vorliebe betrachtet werden. Zu dieser charakteristischen
Neigung kommt die bevorzugte Stellung der Klostergeistlichen,
welche ihnen vom Volke selbst eingeräumt wird. Die Mönche
waren die Schirmer und die Träger der Religion während
der Herrschaft der asiatischen Barbaren, und haben an der

Niederwerfung dieser Herrschaft das Kreuz in der einen und
das Schwert in der andern Hand, tapfer und opfermüthig
Theil genommen. .

Als die höhere serbische Geistlichkeit mit Arsan, dem
Patriarchen von Jpek, im siebenzehnten Jahrhundert vor
den Türken über die Save nach Oesterreich floh, blieben die
Klostergeistlichen zurück und theilten Leid und Wehe mit
dem Volke. Das hat das serbische Volk den Klostergeistlichen
heute ebensowenig vergessen, wie die todesmuthige Aufopferung, mit der sie in die Türkenschlacht gingen.

Die asiatischen Barbaren haben, während sie das blühende und reiche Serbien während ihrer mehr als zwei-
hundertjährigen Tyrannei in eine Wüste verwandelten, auch
die serbischen Klöster zerstört. Dies Schicksal traf auch
Rakovica. Das heutige Klostergebäude ist während der Regierung des Fürsten Milos erbaut worden. Mit der Ver-
wüstung der Klöster Seitens der Türken gingen auch alle
Schätze, welche sie in ihrer Blüthezeit besessen haben mögen,
zu Grunde. In den jetzigen serbischen Klöstern findet man
weder Bibliotheken noch sonstige interessante Denkmale und
Documente aus der Zeit des serbischen Königreiches mehr
vor. Für den Forscher ist dort keine Ausbeute vorhanden.

Die Kirchen in den Klöstern schützte vor der Zerstörungslust der Türken theils ihre Brauchbarkeit zu Ställen
und Magazinen, theils das viehische Behagen, welches die
asiatischen Barbaren daran fanden, aus Haß gegen das
Christenthum die in der Kirche vorhandenen Statuen und
Bilder des Heilands und der Heiligen zu beschmutzen und
zu zerstören. In allen serbischen Kirchen, welche die türkische Zerstörungswuth überdauert haben, fand ich die Hei-
ligenbilder von Kugeln durchlöchert und den Christus oder

die Apostel und Heiligen darstellenden Statuen die Augen ausgestochen, oder Nasen und Ohren abgeschnitten, oder in einer anderen Weise verstümmelt.

Heute sind in Serbien noch 43 Klöster vorhanden, in denen sich 143 Mönche befinden. Außer ihren besonderen Klosterpflichten und der Befolgung der Klosterregeln haben die Klostergeistlichen auch die Fürsorge für die Parochie, welche sich oft in beträchtlicher Ausdehnung um die Kloster= mauern ausbreitet. Nebenbei beschäftigen sie sich mit dem Anbau der dem Kloster gehörenden Grundstücke und mit der Verwaltung des Klostervermögens, aus dem sie ihren Unterhalt ziehen, während sie den Ueberschuß an die Staats= kasse abliefern. Die gegenwärtigen serbischen Klöster sind indeß nichts weniger als reich. Von ihren königlichen Stif= tern reich bedacht, sind sie des größten Theiles ihrer Güter während der türkischen Herrschaft beraubt worden. Nachdem das türkische Joch abgeschüttelt war, dachte Milos̆ nicht daran, den Klöstern ihre Besitzungen, deren Grenzen auch erst im Jahre 1848 durch eine Commission festgestellt wurden, wiederzugeben. Der Absolutist, der keine beschrän= kende weltliche Macht neben sich duldete, wollte ebenso wenig einen über mächtige Mittel gebietenden Priesterstand schaffen.

Während nach der in der ganzen orientalischen Kirche geltenden Regel der Pfarrgeistliche verheiratet sein muß und nicht einmal die Weihe zum Diacon vor Eintritt in den Ehestand empfangen kann, ist der Klostergeistliche un= verheiratet. Jedoch kann ein verheirateter Mann, nachdem er Wittwer geworden ist, in das Kloster treten. Der niedere Klostergeistliche steht dem Weltgeistlichen in der Bildung nach, weil er sich noch mehr als dieser mit dem Ackerbau beschäftigen muß, um sich das Leben zu fristen. Die Klöster

sind also keine Bildungsstätten und die Mönche können
keinen bildenden Einfluß auf das Volk ausüben. Den armen
Klostergeistlichen ist daraus kein Vorwurf zu machen.

Wie Gewerbe und Künste, Wissenschaft und Bildung
im ganzen großserbischen Reiche während der türkischen Herr=
schaft zu Grunde gingen, so fiel auch kein Lichtstrahl in die
Möncheszelle des in unwegsamer Gebirgsschlucht verbor=
genen Klosters. Als der Tag der Befreiung für das un=
glückliche Land endlich erschienen war, fand er Volk und
Mönche auf gleich niederer Bildungsstufe. Die Gründung
des Priesterseminars in Belgrad stammt noch aus zu neuer
Zeit, um auf die Bildung der serbischen Klostergeistlichen
schon einen dauernden Einfluß ausüben zu können.

Als wir im Binnenhofe des Klosters angekommen
waren, erschien der Prior in Begleitung zweier anderer
Mönche, um uns zu begrüßen. Das Kloster wurde außer
dem Prior nur von vier Mönchen bewohnt. Der Prior
war ein junger Mann, Anfangs der dreißiger Jahre, ein
geborner Serbe aus Valievo. Seine Gesichtszüge trugen
den Stempel der Intelligenz und des Wohlwollens. Haar
und Bart waren von dunkelbrauner, fast schwarzer Farbe.
Die Kleidung glich ganz der Kleidung des Mönchs, welcher
uns am Klosterthor empfangen hatte, nur mit dem einzigen
Unterschiede, daß er statt der blaßrothen Schärpe eine lila=
farbige Schärpe um den Leib trug. Die beiden Mönche
seiner Begleitung mochten in den vierziger Jahren sein;
der Eine war aus Croatien, ein kräftiger, untersetzter Mann;
der Andere schlanker und größer, ein Serbe aus Oester=
reich. Alle hießen uns willkommen, reichten uns die Hände
und sprachen ihre Freude über unsern Besuch aus. Dann

lud uns der Prior ein, in die Gastzimmer zu treten und eine Erfrischung zu nehmen.

Die Gastzimmer befanden sich in dem an das Thor stoßenden Langgebäude, welches Fürst Miloš im zinzarischen Styl hatte neu aufbauen und einrichten lassen. Es waren zwei in moderner, europäischer Manier möblirte Räume, welche sich auf den offenen Säulengang öffneten. Die Zimmer der Mönche und des Priors lagen mit den Gastzimmern in derselben Reihe und waren ganz in ähnlicher Weise eingerichtet. Von klösterlichen Emblemen habe ich nichts in den Zimmern gesehen.

Es interessirte mich selbstverständlich, zuerst die Kirche, eine der ältesten serbischen Stiftungen, zu sehen. Ich ließ den Prior, der wie die Mönche nur serbisch sprach, durch meinen Begleiter ersuchen, mich zuerst dorthin zu führen. Der Prior hatte Herrn Petrović gerade seine Frage nach den Klosterregeln beantwortet. Im Kloster Rakovica wird Morgens um drei Uhr aufgestanden. Dann versammeln sich die Mönche zum Gebet in der Kirche. Um fünf Uhr wird zum zweiten Male ein Gebet in der Kirche abgehalten. Ein drittes und letztes Gebet findet gegen Abend statt, da die Mönche während des Tages mit ihrer geistlichen Fürsorge für die Eingesessenen der Parochie und mit der Bewirthschaftung der zum Kloster gehörenden Grundstücke beschäftigt sind.

Wir standen auf, verließen das Gastzimmer und gingen über den Hof nach der Kirche. Der Prior und der Mönch, der uns am Thore empfangen hatte, begleiteten uns. Die Kirche war offen. Das Innere derselben besteht aus dem Sanctuarium, aus dem Chor, aus dem Schiff und aus

dem Narthex. Chor, Schiff und Narthex sind durch Scheide=
mauern von einander getrennt. Der Altar ist aus Stein.
Die ebenfalls aus Stein bestehende Jconostasis ist mit alten
Gemälden von byzantinischem Typus bedeckt. Im Narthex
befinden sich zwei steinerne, für Kerzen bestimmte Säulen. —
Leider ist, wie in vielen anderen serbischen Klosterkirchen,
bei der im Jahre 1844 vorgenommenen Restauration die
Schönheit der Gesimse unter einem weißen Kalkanstrich ver=
schwunden. Was soll man zu der Barbarei dieses weißen
Kalkanstrich's sagen, der auch in den Klöstern von Manassia
und Ravanica die Wandgemälde zerstört hat! Ich erwähnte
schon, daß die Kirche ein im Kreuz aufgeführter Centralbau
ist. Zwei achteckige Thürme, auf deren Spitzen vergoldete
Kreuze prangen, erheben sich über dem Dache, der eine über
der westlichen Thür, der andere über dem Transept des
kreuzförmigen Baues.

Rechts vom Eingange in die Kirche befindet sich in
einer Nische ein ganz aus Marmor aufgeführtes, prächtiges
Grabmal. Ein Marmorgrabstein bedeckt den Boden; eine
große Marmortafel füllt den ganzen Hintergrund der Nische
bis zu der Höhe ihres Bogens aus. Nach dem zum Altar
führenden Gange ist der untere Theil der Nische durch ein
vergoldetes Geländer von Gußeisen geschlossen. Wer ruht
unter diesem Grabstein? Das Grabmal ist noch neu, erst
kürzlich aufgeführt. Unter diesem Grabstein schläft die un=
glückliche Frau Anka Constantinović, die Tante des
Fürsten Michael von Serbien, welche, wie ich schon er=
wähnte, zugleich mit dem Fürsten im Frühling im Park
von Topčider ermordet wurde.

In Begleitung seiner Tante und deren Tochter, Fräu=

lein Catharina, ging der Fürst im Park von Topčider den
schmalen Fußsteig hinauf, der an der Berglehne, wo wir
auf dem Wege nach dem Kloster vorübergefahren sind, zu
dem Aussichtspunkte führt, von wo man die Bergkuppe
des Avalon erblickt. Das kleine Plateau war ein Lieblings-
platz des Fürsten Michael.

Das Unterholz steht zu beiden Seiten des Fußpfades
so dicht, und der Fußpfad ist so schmal, daß nur zwei Personen neben einander gehen können. Der Fürst und seine
schöne Cousine gingen voraus; einige Schritte hinter ihnen
folgte Frau Anka. Wenige Schritte vor dem Plateau traten
vier Männer in serbischer Bauerntracht zu beiden Seiten
aus dem Unterholz. Alle vier legten die linke Hand an
die Mütze, als wenn sie den Fürsten und die Damen
grüßen wollten. Als Fürst Michael plötzlich die vier Männer
aus dem Unterholz auf dem Fußpfade erscheinen sah, sagte
er: „Also doch!" Er kannte alle vier. Es waren Sträflinge
aus dem Belgrader Zuchthause.

Der Eine von ihnen war Gerichtspräsident gewesen
und wegen Vergiftung seiner Frau zu lebenslänglicher
Strafarbeit verurtheilt; der Andere, ein Advokat, befand
sich wegen einer Fälschung im Zuchthause. Der Dritte, ebenfalls Advokat, war wegen Meineids verurtheilt; der Vierte,
ein Beamter, wegen Veruntreuung von dem Staate gehörenden Geldern. Fürst Michael war in Betreff des Atten-
tats gewarnt worden. Auf diese Warnung bezogen sich die
Worte: „Also doch!" als er das Attentat nun körperlich
vor sich stehen sah. Er machte noch einige Schritte vorwärts.
In demselben Momente, wo die Mörder grüßend die linke
Hand an die Mütze legten, zogen sie die rechte Hand aus

den zugeknöpften Röcken. Jede Hand hielt einen Revolver. Vier, sechs Schüsse fielen. Fürst Michael stürzte nieder, durch mehrere Kugeln in Brust und Kopf getroffen.

Frau Anka warf sich vor den Fürsten und ergriff einen von den Mördern an der Kehle. Der Mörder zerschmetterte ihr mit einer neuen Kugel den Kopf, so daß sie todt nieder= stürzte — — — das ist die Frau, welche hier in der Klosterkirche des heiligen Michael unter dem prächtigen Marmorgrabstein schläft. Frau Tomanja Obrenović, die Witwe Jephren Obrenović's, die Beschützerin des Klosters Rakovica, hat ihr das Grabmal errichtet.

Sie befand sich bei der Mordscene im Park von Top= čider in Begleitung des Hauptmanns Garašanin, einige fünfzig Schritte hinter dem Fürsten und den Damen. Als der Hauptmann, das Knallen der Revolverschüsse hörend, den Degen zog und auf dem Fußpfade nach dem Plateau der Berglehne vorwärts stürzte, trat ihm Einer von den Mordgesellen, den Revolver in der Hand, entgegen, mehr= mals auf ihn feuernd und ihn zweimal am Arme schwer verwundend. —

Als wir wieder aus der Kirche traten, erschien ein Diener des Klosters, um den Prior anzukündigen, daß das Abendessen für die Gäste bereit sei. Zugleich lud uns der Prior ein, ein leichtes Abendessen einzunehmen, bevor wir nach Belgrad zurückkehrten. Alles Sträuben half nichts; der Prior wiederholte die Einladung in so herzlicher und bringlicher Art, daß wir derselben nicht widerstehen konnten. In allen serbischen Klöstern wird die Gastfreundschaft in ausgedehntester Weise geübt. Jeder vorüberkommende und das Kloster besuchende Reisende wird aufgenommen, be=

wirthet und verpflegt. Für die Aufnahme und Verpflegung zahlen zu wollen, würde sehr übel aufgenommen werden. Der Prior begleitete uns wieder in die Gastzimmer. Der Tisch war bereits gedeckt. Nur Einer von den Mönchen, derselbe, welcher uns am Klosterthore empfangen hatte, setzte sich mit uns zu Tisch, um am Abendessen Theil zu nehmen. Der Prior und die anderen Mönche entschuldigten sich damit, daß die Stunde ihres Abendessens eine spätere sei, nahmen indeß auf unsere Bitte auch am Tische Platz, um ein Glas Wein zu trinken und mit uns anzustoßen. Der Diener, der auf dem Hofe dem Prior gemeldet hatte, daß das Abendessen bereit sei, wartete auf. Es wurde zuerst die serbische saure Suppe, eine mit Essig und Eiern angemachte Fleischsuppe, aufgetragen. Sodann erschienen Radieschen, Knoblauch und serbischer Käse als Zwischengericht. Das Hauptgericht der Mahlzeit bildete ein vortrefflich zuberei= tetes Spanferkel mit grünem Salat. Ich habe niemals ein besser zubereitetes Spanferkel gegessen. Es schmeckt mir heute noch in der Erinnerung. Dazu wurde weißer Re= gotiner Wein aufgesetzt. Er war einige Jahre alt und hatte einen leichten Anflug von Madeira.

Das Abendessen verlief sehr heiter. Das Gespräch drehte sich um die großen Fortschritte, welche Serbien wäh= rend der Regentschaft gemacht hatte. Ich lernte während des Tischgesprächs, bei welchem der Reisemarschall mir gegen= über den Dolmetscher machte, in dem Prior und in den drei Geistlichen ebenso intelligente, wie nationalgesinnte Männer kennen. Ganz besonders sagte mir der Prior zu. Der Mönch aus Kroatien entwickelte einen köstlichen Humor. Von mönchischem und frömmelndem Wesen war bei diesen

Geistlichen auch nicht das Mindeste zu bemerken. In der Mitte der Mahlzeit erhob sich der Prior und brachte, das Glas Negotiner in der Hand, einen Toast auf die Gäste des Klosters und auf ihre glückliche Reise durch Serbien aus. Während wir die Gläser zusammenklingen ließen, sangen die Mönche nach einer sehr wohltönenden Melodie einen Chor, dessen Sinn mir der Reisemarschall in den Worten verdolmetschte: „Mögen wir noch viele Jahre leben, lange leben und glücklich sein!" Dann brachte der Reise= marschall einen Toast auf den Prior, auf die Geistlichen des Klosters und auf das Kloster Rakovica aus, der, als die Gläser zusammenklangen, in ähnlicher Weise durch den schönen Gesang der Mönche begleitet wurde. Zum Schluß des Abendessens erhob ich mich vom Tische und rief, wäh= rend Herr Petrović meine Worte in serbischer Sprache wieder= holte: „Ich trinke auf die Befreiung aller südslavischen Länder und auf den Untergang der asiatischen Barbaren, welche zur Schande Europa's noch heute auf der Balkan= halbinsel über vierzehn Millionen Christen herrschen!" Das war ein Toast so recht nach dem Herzen der Mönche, welche hier am Tische saßen! Wie klangen ihre Gläser aneinander! Das Zivio! Zivio! wollte gar kein Ende nehmen. Dann begleitete wieder der schöne Gesang das letzte Klingen der Gläser: „Mögen wir noch viele Jahre leben, lange leben und glücklich sein!"

Der Abend dunkelte bereits stark, als wir den vor dem Thore haltenden Wagen bestiegen, um nach Belgrad zurückzukehren. Der Prior und alle Mönche begleiteten uns noch bis zum Thore, in der herzlichsten Weise von uns Ab= schied nehmend. Leider war es mir nicht möglich, nach Be=

endigung meiner Reise durch Serbien und bei meiner Rück=
kehr nach Belgrad meinen Besuch in dem gastlichen Kloster
zu Rakovica zu wiederholen. Aber die Erinnerung an den
heiteren, dort zugebrachten Abend wird mich noch lange
begleiten.

# Viertes Kapitel.

## Schabaz.

Ich hatte meinen Reisewagen auf der Landstraße von Belgrad nach Schabaz geschickt und dem Kutscher befohlen, mich am folgenden Tage Nachmittags vier Uhr in Schabaz am Landungsplatze der Dampfer zu erwarten. Der Landweg von der serbischen Hauptstadt nach dem größten Hafenplatz an der Save, von wo ich meine Reise durch das Innere Serbiens beginnen wollte, bietet wenig Interessantes, nimmt aber fast achtzehn Stunden in Anspruch, während man auf dem Flusse je nach dem Wasserstande in sechs bis acht Stunden nach Schabaz gelangt. Auch die Ufer der Save sind arm an Naturschönheiten; sie gleichen den Donau= ufern unterhalb Pest; flach, niedrig mit Gras und allerlei Gesträuch, mit Weiden, Erlen und Eschen bedeckt, bieten sie dem Auge wenig Abwechslung; die serbischen Ufer haben vor den österreichischen Ufern noch den Vorzug der hügeligen Formen.

Breite Wasserstrecken, welche hie und da die Strom= gestalt verlieren und seeartige Breiten annehmen, eine Menge Inseln von allen Formen und Gestalten, welche mit Schilf,

Binsen, Gras und kurzem Gesträuch bedeckt, sich kaum über
dem Niveau des Flußes erheben und im Wasser zu schwim=
men scheinen — wer von Pest auf der Donau nach Belgrad
gefahren ist, hat sich an allen diesen grünen und graugelben
Flußbildern bald satt gesehen. Der Text zu dem berühmten
Strauß'schen Walzer: „An der schönen, blauen Donau" ge=
hört auf der Wasserstraße von Pest bis nach Belgrad jeden=
falls zu den dichterischen Phantasien, wie die Strophen des
berühmten Geibel'schen Liedes: „Fern im Süd das schöne
Spanien," in denen der Dichter die rauschenden Kastanien=
wälder an des Ebro Strand besingt. Schön ist die Donau
nur auf einer kurzen Strecke oberhalb Pest und auf der
allerdings langen Strecke von Basiasch bis zum eisernen
Thor; „blau" ist sie nur in gewissen Beleuchtungsmomenten;
der Ebro ist aber nirgends „schön und blau," sondern ein
häßlicher wasserarmer Strom mit größtentheils flachen Ufern.
Ich habe den Ebro an drei verschiedenen Stellen überschritten.
„Rauschende Kastanienwälder" konnte ich an den Rändern
dieser langweiligen Wasserstraße nirgends entdecken. Der
Dichter, der wohl niemals in Spanien war, hat die Kastanien=
wälder nur im Kaleidoscop seiner Phantasie geschaut. „An
der schönen, blauen Save" hat aber auch noch nicht einmal
ein Dichter gesungen; in meinen Reisebildern aus Serbien
kann ich ihrer nur mit graugelben Farbentönen, mit matt=
grünen Uferstrichen und mit nicht regulirten, wüsten und
formlosen Wassermassen gedenken.

Trotzalledem zog ich den Wasserweg von Belgrad nach
Schabaz dem Landwege vor, weil er weit kürzer ist und
weil der Bord eines Dampfers der österreichischen Donau=
Dampfschifffahrtsgesellschaft, selbst wenn er ein Lokaldampfer
zweiten Ranges ist, mehr Comfort bietet, als jeder Reise=

wagen und alle Wirthshäuser an der Landstraße. Wer in den „Ländern der untern Donau" so oft und so viel um= hergereist ist, wie ich, lernt den Comfort dieser Dampfer immer wieder von Neuem schätzen, sobald er von der stau= bigen Landstraße an den gastlichen Bord derselben geräth. Von der Fahrt von Belgrad nach Schabaz wäre ich also auch nicht im Stande, irgend etwas Interessantes zu er= zählen, oder ich müßte von dem Dejeuner sprechen, welches der Schiffskoch auftischte, oder einiger Häusergruppen am serbischen Ufer gedenken, welche mir der Reisemarschall zeigte, um daran die Geschichte eines Gefechts zu knüpfen, welches dort während des Befreiungskampfes die Serben den Türken geliefert haben. Aber ich habe von Türken und von Türkenschlachten noch mehr als genug zu er= zählen.

Landen wir in Schabaz! Wir sind nach einer sieben= stündigen, langweiligen Fahrt endlich an der Landungs= stelle angekommen. Dort sehe ich schon den Reisewagen am Strande halten, den ich nun drei Wochen hindurch nicht mehr verlassen sollte. Und dort gleich neben dem Landungs= platze erheben sich die vier plumpen Thürme der ehemaligen Türkenfestung, durch eine crenelirte Mauer miteinander verbunden, nach der Stadtseite zu durch einen mit Flecht= werken befestigten Erdwall verstärkt, der „Turcigrad," das Türkenschloß, heute von einem serbischen Militärposten mit ein Paar Kanonen besetzt.

Jetzt ist das Türkenschloß selbstredend ohne jede mili= tärische Wichtigkeit. Sultan Mohamed hatte es im Jahre 1470 erbaut. Es hat über drei Jahrhunderte als eins von den „Zwing=Uri's" gedient, welche die Türken in Serbien anlegten. Türkenblut und Christenblut ist um die ver=

fallenen Mauern dieses Turcigrads Jahrhunderte hindurch
genug geflossen. Der Ungarkönig Mathias Corvinus nahm
es im Sturm, um oft genug später seine Besitzer zu wech=
seln. Im Anfang dieses Jahrhunderts war das Türken=
schloß der erste feste Platz, welchen der siegreiche, serbische
Aufstand den Türken entriß. Im Jahre 1806 vernichtete
der schwarze Georg hier eine der glänzendsten türkischen
Armeen, welche je in Serbien gesehen wurden. Die Blüthe
der bosnischen Türken und die bedeutendsten Anführer der
türkischen Armee, Sinan Pascha von Gorasde, der Kajetan
von Derventa, der Serasfier selbst, Mehemet Kajetan und
seine beiden Söhne bedeckten mit ihren Leichen das Schlacht=
feld. In allen Türkenschlachten war der schwarze Georg
immer der siegreiche Held. In Folge der Stipulationen
des Jahres 1862 nach dem schändlichen Bombardement von
Belgrad waren die Civiltürken gezwungen, auch ihre Baracken=
stadt in Schabaz zu räumen; das Türkenschloß blieb von
gefähr 500 Nizams besetzt, welche mit ihren Familien inner=
halb der Veste wohnen mußten. Die Lage dieser Garnison
war eine verzweifelte. Die Serben verboten ihnen den Ein=
tritt in die Stadt. Nur zu Zweien durften täglich einmal
die türkischen Soldaten in die Stadt kommen, um ihre Be=
dürfnisse auf dem Bazar einzukaufen. Mit der endlichen
Räumung aller türkischen Festungen in Serbien ist auch
Schabaz die türkische Landplage im Turcigrad los geworden.
Seitdem ist Schabaz aufgeblüht und zu einer wohlhabenden
Handelsstadt geworden.

Eine gutgehaltene Straße führt uns vom Hafen nach
der Stadt. Wenn Schabaz auch nicht in der serbischen Welt
für „ein kleines Paris" gilt, wie der Orientreisende von
Kanitz meint, welche Aeußerung ihm die Leute in Belgrad

— ich weiß nicht weshalb — recht übel genommen haben, so
macht es doch einen recht freundlichen Eindruck, wenn man
vom Hafen in die Stadt fährt. Die Straßen sind sehr
breit und mit vielen modernen, weißgestrichenen, hübschen
und mehrstöckigen Gebäuden besetzt. Zwischen diesen modernen und freundlich ausschauenden Häusern erblickt man
allerdings noch manche hölzerne Baracke aus der türkischen
Zeit, welche aus nichts besteht, als aus einem Erdgeschoß
mit Werkstätten und Verkaufsboutiquen, die nach der Straße
offen sind; aber alle diese Baracken 'sind der Zerstörung geweiht. Wenn ich nach einigen Jahren einmal wieder nach
Schabaz komme, werden sie. wohl sämmtlich verschwunden
sein. Das ganze neue Schabaz ist seit dreißig Jahren entstanden und hat sich seit dieser kurzen Zeit zu einer Einwohnerzahl von 9000 hinaufgeschwungen. Das Schabazer
Pflaster ist besser als das Pflaster der Hauptstadt. Für
Einfuhr und Ausfuhr ist Schabaz in Serbien ein wichtiger
Punkt geworden. Wir fuhren zuerst zum Gasthof, um uns
für die Nacht einzuquartieren und am andern Morgen die
Reise durch das östliche Serbien nach Losniza, „dem kleinen
aber berühmten Losniza" wie man in Serbien sagt, fortzusetzen.

Besorgte Freunde in Belgrad hatten mir gerathen, auf
meiner Reise in das Innere des Landes eine Menge von
Reiseeffekten mitzunehmen. Sardinen und Cervelatwurst
sollte ich einkaufen; Thee und Zucker; Kaffee und Samovar;
Chinin, falls ich das Fieber bekäme; Insektenpulver, um
die Bettstellen zuerst zu bestreuen, und Luftkissen, Betttücher
und Reisedecken, um mir mit Hülfe aller dieser Utensilien,
nachdem ich die Insekten hinausgetrieben, mein jedesmaliges
Nachtlager selbst zu bereiten. Ich bin ein Feind vielen Ge-

päcks — und nahm von allen diesen angerathenen Effekten
gar nichts mit. Und wie fand ich gleich in Schabaz meine
kühne Entschlossenhait, ohne all diesen Ballast zu reisen,
gerechtfertigt, als uns der Besitzer des Gasthofs in ein räum=
liches, sehr gut gehaltenes, mit Sopha, Stühlen, Sopha=
tisch und Nachttisch möblirtes Zimmer führte, uns zwei
äußerst reinliche, mit der weißesten Wäsche ausgestattete
Betten zeigte und uns eine ganze Reihe von Schüsseln nannte,
aus denen wir uns nach Belieben unser Abendessen zu=
sammensetzen konnten! Als wir uns einige Minuten ganz
verwundert in unserem Schlafzimmer umgeschaut und die
mündliche Speisekarte vernommen hatten, brach der Reise=
marschall in ein fröhliches Gelächter aus.

„Darf ich fragen, was der Gegenstand Ihrer Heiter=
keit ist, Herr Reisemarschall Petrovic?" sagte ich, „um an
dieser Heiterkeit Theil zu nehmen?"

„Es fällt mir gerade ein," erwiderte immer noch lachend,
Gospodin Nicola — in Serbien nennt man die Leute
meistens mit den Vornamen, selten mit dem Hausnamen —
„wie wir uns lächerlich gemacht, wenn wir in diese reinli=
chen und hübschen Zimmer mit unserem Insektenpulver, mit
den Bettlaken, mit dem Reisedecken und den Luftkissen ein=
gezogen wären, um hier aufzuräumen und unsere eigenen
Betten einzurichten!"

Jetzt mußte auch ich laut auflachen. Fast in jedem
Wirthshause, wo wir nach dem Nachquartier in Schabaz
zur Nacht blieben, wiederholte sich diese Scene. Wer in
Serbien reist, bedarf aller dieser Vorsichtsmaßregeln, welche
mir in Belgrad angerathen wurden, nirgends. Selbst auf
den Dörfern, wo ich häufig zur Nacht geblieben bin, habe
ich überall reinliche Wirthshäuser und reinliche, gute Betten

gefunden. Nur den Thee habe ich bedauert, nicht aus Belgrad mit mir genommen zu haben. Thee erhielt ich nirgends.

„Ich denke, wir fahren nun zum Natschalnik," sagte ich, nachdem wir eingerichtet waren, „er soll uns als Begleiter auf unserer Spazierfahrt durch „Klein Paris" dienen."

Natschalnik ist der Präfekt des Kreises. Herr Radivoi Mileukovič, Minister des Innern, war so aufmerksam ge= wesen, abgesehen von allen anderen Maßregeln, welche er getroffen hatte, um mir meine Reise durch das Innere des Landes so bequem und so interessant als möglich zu machen, mir ein Rundschreiben an alle Präfekten und Bezirkskapi= täne mitzugeben, worin er sie aufforderte, mir in jeder Beziehung in Besichtigung des Landes an die Hand zu gehen. Der Reisemarschall hatte das Schreiben in der Tasche. Der Wagen stand noch vor der Thüre. Wir stiegen ein, und fuhren nach der Wohnung des Natschalniks.

Der Natschalnik Krainič gehörte noch zu den Beamten der älteren Aera. Er empfing uns kalt und steif im Em= pfangszimmer seiner Wohnung, nachdem wir durch den Diener unsere Visitenkarten überreicht hatten. Es war ein großer, etwas magerer, steifer Mann; auf seinem Gesicht war die Amtsmiene deutlich ausgeprägt. Herr Petrovič überreichte ihm, nachdem er ihn mit einigen einleitenden Worten von dem Zweck meiner Reise durch Serbien in Kenntniß gesetzt hatte, das Schreiben des Ministers. Der Natschalnik klemmte ein Lorgnon auf die Nase, und las es langsam vom ersten bis zum letzten Buchstaben. Dann verschwand die Amts= miene. Der Diener erschien, um uns den Slabko anzu= bieten — eingemachte Früchte, frisches Wasser und ein Gläschen Raki — der Willkommen in jedem serbischen Hause; dann stieg der Natschalnik mit uns in den Wagen, und die Spazierfahrt durch „Klein Paris" nahm ihren Anfang. Wir wünschten zuerst das Gymnasium zu besuchen. Der Natschalnik berührte mit seinem Spazierstöckchen oen Arm des Kutschers, und zeigte dann, ohne ein Wort zu sprechen, mit der Spitze des zierlichen Stöckchens nach dem Ausgang einer Seitenstraße, welche sich auf die breite Straße öffnete. Die Amtsmiene hatte von Neuem auf den regungs= losen Zügen des ersten Beamten der Kreisstadt Platz ge= nommen. Der Wagen rollte in der angegebenen Richtung und hielt nach zehn Minuten vor einem stattlichen, großen, aus einem Erdgeschoß und aus einem oberen Stock beste= henden, modernen Gebäude. Das Gebäude war das Gym= nasium. An Stattlichkeit und Construction hätte es jeder mitteleuropäischen Großstadt zur Zierde gereicht. Eine breite, steinerne Treppe führte aus dem Erdgeschoß in den oberen Stock. Die Unterrichtszimmer waren geräumig, luftig, hoch und licht. Die Ventilation ließ nichts zu wünschen übrig. Die Bänke und Arbeitstische waren bequem und praktisch zum Sitzen und Schreiben eingerichtet; die zum Unterricht dienenden Utensilien neu und gut im Stande. Alle Schul= zimmer waren reinlich und sauber gehalten. Es war das erste serbische Gymnasium, welches ich nach dem Belgrader Gymnasium besuchte.

Zwischen den Unterrichtsstunden war gerade eine halb= stündige Pause eingetreten. Die Schüler ergingen sich im Freien und auf dem Flur. Der Präfekt stellte mir und meinem Begleiter den Direktor des Gymnasiums vor, welcher der deutschen Sprache vollkommen mächtig war. Er be= gleitete uns bei Besichtigung der einzelnen Räumlichkeiten und machte mich mit den übrigen Lehrern bekannt. Außer dem Direktor unterrichteten am Gymnasium fünf Lehrer, von denen vier ebenfalls geläufig deutsch sprachen. Zwei von ihnen waren mit meinem Begleiter aus ihrer Studien= zeit an' der Belgrader Hochschule befreundet. Das Gymna= sium zählte gegenwärtig hundert Schüler, welche in allen, die Universitätsbildung vorbereitenden Fächern des Wissens unterrichtet wurden.

Die Normalschule von Schabaz befand sich in dem= selben Gebäude. Auch hier waren die Schulzimmer ge= räumig, licht und reinlich. Die Normalschule wurde von 200 Mädchen und 300 Knaben besucht. In der Mädchen= schule erstreckte sich der Unterricht auch auf alle weiblichen Handarbeiten und auf die verschiedenen Zweige des Haus= halts.

Ich erkundigte mich nach den Gehalten der Gymnasial= lehrer und der Lehrer und Lehrerinnen an der Normal= schule. Das Studiengesetz vom Jahre 1858 theilt in Ser= bien die Gymnasiallehrer nach dem Princip der Ancienne= tät in vier verschiedene Classen mit einem sich steigernden Gehalt von 940 bis 1870 Gulden. Nach einer Amtszeit von 25 Jahren treten die Gymnasiallehrer in diese letzte Gehaltsstufe ein, während es nach einer Dienstzeit von 30 Jahren in ihrem Belieben steht, sich mit dem letzten, vollen Gehalt in den Ruhestand versetzen zu lassen. Dieselben Pensionsvorschriften gelten nach demselben Gesetze, auch für die Professoren an der Belgrader Hochschule, sowie an der theologischen Lehranstalt. Ihr Gehalt wechselt nach der Anciennetät zwischen 1200 und 2500 Gulden. Die Lehrer und Lehrerinnen an den serbischen Volksschulen erhalten dagegen von Seiten des Staates in zwei Abstufungen 200 und 600 Gulden. Außerdem sind die Gemeinden ver= pflichtet, ihnen eine gute und genügende Wohnung, das

Heizmaterial und einen Hausgarten frei zu überlassen. Die Pensionsbedingungen der Volksschullehrer sind ähnlich den Pensionsbedingungen der Staatsbeamten. Wie überall in Serbien, so war selbstverständlich im Gymnasium sowie in der Normalschule zu Schabaz der ganze Unterricht unentgeltlich. Kein Schüler und keine Schülerin hatte einen Piaster zu zahlen. Für Prüfung und Zeugniß dürfen an keiner serbischen Bildungsanstalt und unter keinerlei Bedingungen Taxen erhoben werden.

„Ich wünschte nun das Krankenhaus zu sehen," sagte ich durch den Mund des Reisemarschalls dem Präfekten — denn derselbe sprach nur die serbische Sprache — „Dr. Valenta, Director des städtischen Spitals in Belgrad, hat mich vor meiner Abreise besonders auf Ihr Krankenhaus aufmerksam gemacht," als wir uns von den Lehrern des Gymnasiums verabschiedet hatten und wieder im Wagen saßen; der Präfekt berührte wieder schweigend mit dem Spazierstöckchen den linken Arm des Kutschers und deutete, während er das Lorgnon von der Nase nahm, die Richtung an, welche der Wagen nehmen sollte. Die Pferde setzten sich in Trab. Der Wagen rollte in die Vorstadt. Kleine, gutgehaltene Gärten umgaben die hellgestrichenen, modernen Gebäude. Die Baracken und hölzernen Häuser der innern Stadt waren hier gänzlich verschwunden, oder waren wohl nie dagewesen. Nach zehn Minuten erblickte ich ein großes, palastartiges Gebäude, welches durch einen sehr räumlichen Hof von der Straße getrennt war. „Was ist denn das für ein Palast?" fragte ich den Präfekten.

Der Präfekt berührte den linken Arm des Kutschers mit dem Spazierstöckchen und wies ihn mit der Spitze des

Stöckchens an, die Richtung nach dem palastartigen Ge=
bäude zu nehmen, ohne ein Wort zu erwidern.

Jetzt fiel mir ein, daß ich den Natschalnik französisch
angeredet hatte. Er hatte meine Frage also nicht ver=
standen. Nun war mir sein Stillschweigen klar. Aber aus
der Richtung des Stöckchens begriff ich, daß das palast=
artige Gebäude das Krankenhaus war, welches ich zu sehen
wünschte. Richtig! Die Pferde standen vor dem offenen
Gitterthore still.

„Wissen Sie, was der Bau des Krankenhauses gekostet
hat?" fragte mich Herr Petrović, als wir ausstiegen. „Ich
höre es so eben vom Präfekten. S e ch s t a u f e n d  D u=
k a t e n. Es ist das Krankenhaus des Kreises und im Jahre
1866 erbaut. Dem verstorbenen Fürsten Michael ist es bei
seinem ersten Besuch in Schabaz gerade so ergangen, wie
heute Ihnen. Er hat das Krankenhaus für einen Palast
gehalten."

Mein liebenswürdiger Reisemarschall war ein begei=
sterter Serbe. Er gerieth leicht in Enthusiasmus. Auch er
sah das Schabazer Krankenhaus zum erstenmal. „Dr. V a=
l e n t a würde beim Anblick dieses Krankenhauses wohl nicht
in Enthusiasmus gerathen," erwiderte ich ihm lächelnd, „er
würde von dem Schabazer, wie von dem Belgrader Kranken=
hause sagen: „Es hat hier eine unnütze Raumverschwendung
stattgefunden. Das Geld hätte besser angewandt werden
können:" aber schauen wir uns das Krankenhaus an!"

Der zweite Arzt, ein geborner Oesterreicher, der in Wien
studirt hatte, empfing uns auf dem mehr als geräumigen
Flur des Gebäudes. Der erste Arzt war der Stadtphysikus
und in der Stadt mit seiner Praxis beschäftigt. In der
Begleitung des Spitalarztes besuchten wir die Krankensäle

und verschiedene andere Räumlichkeiten. Säle und Gänge waren hoch, geräumig und luftig genug; zwei Drittel des Raumes hätten indeß auch hingereicht, um seiner Bestimmung gerecht zu werden. Das Spital war für einige sechszig Betten eingerichtet. Am Tage meines Besuches waren glücklicherweise kaum zwölf Betten besetzt. Einige Lungenkranke, einige Fieberkranke, einige Erkältungen; interessante Fälle waren, wie mir der Arzt sagte, momentan nicht vorhanden. Ich verzichte schon gern auf die interessanten Krankheitsfälle, wenn ich ein Krankenhaus besuche, falls mir die Fälle am Krankenbett debucirt werden sollen. Dr. Valenta hat mir im städtischen Krankenhause zu Belgrad zuweilen so viel „interessante Fälle" gezeigt, daß mir übel und weh wurde und ich froh war, wenn ich die Visiten am Krankenbette überstanden hatte. Ich war deshalb gar nicht mißvergnügt darüber, als mir der zweite Arzt des Schabazer Krankenhauses erklärte, daß er mir leider gar keine interessanten Fälle vorführen könne.

„Sagen Sie mir lieber, wie es mit den Aufnahmebedingungen in Ihrem Krankenhause steht, Doctor," unterbrach ich den Arzt; „interessante Fälle zu sehen ist für mich, der ich Doctor der Rechte und nicht Doctor der Medizin bin, gerade nicht interessant."

„Aufnahmebedingungen?" fragte der Arzt, wie es mir schien, etwas verwundert über meine Frage; „wer krank ist, wird aufgenommen. Nur Krankheit ist die Bedingung; Nationalität, Religion und Stand sind gleichgültig. Wer arm ist, wird umsonst verpflegt und geheilt."

„Also wie im Belgrader Krankenhause?"

„Wie in allen serbischen Krankenhäusern."

Jeder serbische Steuerkopf zahlt bekanntlich jährlich zwei

6*

Zwanziger an Beiträgen zum Unterhalt der Spitäler. Viele Gemeinden haben für den Bau und für die Unterhaltung von Krankenhäusern ganz bedeutende Fonds angesammelt, beispielsweise die Gemeinde von Kragujevac.

„Und wie hoch belaufen sich die Kosten für zahlende Kranke?"

„Acht bis zehn Piaster täglich.*)

„Und was erhält der Kranke für acht bis zehn Piaster?"

„Alles. Kost, Wohnung, Pflege, ärztlichen Beistand, Medizin und Wäsche."

Ein großer, parkähnlich angelegter Garten breitete sich hinter dem Krankenhause aus. Der Arzt zeigte uns noch das Todtenhaus und die Secirkammer; dann begleitete er uns zum Wagen. Der Präfekt deutete dem Kutscher durch die Berührung seines Armes mit dem Spazierstöckchen die Richtung nach der innern Stadt an.

„Wünschen die Herren unsere Kathedrale zu sehen?" fragte der Natschalnik Herrn Petrovic.

Mein Begleiter wiederholte mir die Frage in deutscher Sprache. Er hatte in Stuttgart und Karlsruhe studirt, schon als Knabe im Hause seines Vaters, der einer der geachtesten und bedeutendsten Aerzte des Landes war, in Kragujevac deutsch gelernt und sprach die Sprache ohne jeden Accent.

Ich kannte die Kathedrale von Schabaz aus den Beschreibungen des Orientreisenden von Kanitz. Sie hat weder architektonische noch sonstige Vorzüge, trägt den Typus der österreichischen Stadtkirchen an der untern Donau, ist also stillos. Geld hat der Stadt] die Kirche genug gekostet.

---

*) Ein Thaler preußisch ist gleich 18½ Piaster.

Das Geld hätte besser angewendet werden können. Ich ver= zichtete auf den Besuch der Kirche und erkundigte mich, ob Schabaz einen Leseverein habe?

Fast alle größeren serbischen Ortschaften ha ben Lese= vereine. Die Lesevereine haben viel zur Bildung in Serbien beigetragen. Gewöhnlich ist mit dem Zeitungszimmer, wo man die neuesten Journale und Zeitungen ausgelegt findet, noch eine mehr oder minder reichhaltige Bibliothek verbunden. Die Räumlichkeiten werden zu gleicher Zeit zu geselligen Zusammenkünften benützt.

„Gewiß," erwiderte der Präfekt, und richtete sich noch gerader in die Höhe, als wie seine Haltung gewöhnlich war, „unser Leseverein zählt 130 Mitglieder; die Bibliothek über dreihundert Werke. Aber ich werde ihnen erst die Prä= fektur zeigen und Sie dann in den Leseverein begleiten. Die Präfektur hat ein historisches Interesse."

Er berührte wieder mit dem Spazierstöckchen den Arm des Kutschers. Der Wagen rollte in einer andern Richtung. Wir kamen an einem weißgestrichenen, palastartigen Gebäude vorüber, welches sich an einen schattigen Garten mit präch= tigen Baumgruppen lehnte.

„Der bischöfliche Konak," sagte der Präfekt. „Den oberen Stock bewohnt der Bischof, während das Erdgeschoß die Kanzleien und die Geschäftszimmer des Consistoriums enthält. Doch, da sind wir vor dem Natschalnikat ange= kommen."

Der Wagen hielt. Wir stiegen aus. Das Erdgeschoß des großen, weißgestrichenen Gebäudes enthielt die Kanzleien der Administration; eine hölzerne, breite Treppe führte in den oberen Stock, wo sich die Parteienzimmer und Gerichts= zimmer befanden. Panduren, Pistolen und Yatagan im

Gürtel, standen an der Thüre des Sessionszimmers, wo der Präfekt mit seinen Gehülfen täglich am grünen Tische in seiner ganzen Herrlichkeit thronte. Er nahm auch heute den Platz auf seinem Sessel ein, während wir uns auf zwei anderen Sesseln am grünen Tisch niederließen, um unsere Reise auf telegraphischem Wege für den folgenden Tag anzuordnen. Wie würdevoll saß er da! Das Lorgnon nahm wieder seinen Platz auf der Nase ein. Das Spazierstöckchen lag neben seiner Hand, mit der er die Klingel handhabte, auf dem grünen Tuch des Tisches. Ein Pandur erschien nach dem andern, um die telegraphischen Befehle nach Losniza in Empfang zu nehmen, in denen er unsere Ankunft ankündigte und Auftrag gab, mit dem türkischen Kaimakam in Großzwornik über unsern Besuch in Verhandlung zu treten.

Das Natschalnikat in Schabaz ist lange Zeit von Jephrem Obrenovic, dem Bruder des Fürsten Milos bewohnt worden. Einige Malereien an der Giebelwand des Hauses sind die einzigen Reminiscenzen aus der Zeit dieser „fürstlichen Residenz," würde man vielleicht in Deutschland sagen. In Serbien genießt der Bruder des regierenden Fürsten keinerlei Auszeichnung, weder durch Titel noch durch Rang. Jephrem war der Kaufmann, der die Summen zusammenschlug, welche sein Bruder aus dem Lande zog. Einmal ging es ihm recht schlecht. Die Türken nahmen ihn gefangen, schleppten ihn in die Festung Belgrad und behandelten ihn barbarisch. Vier Monate lag er in einem scheußlichen Kerker, und behielt sein Lebelang die Gicht als Erinnerung an diese Einkerkerung in der Türkenfestung.

Ein feiner Sprühregen begleitete uns auf die Fahrt nach dem Leseverein. Die Straßen von „Klein Paris" waren bei einbrechender Abenddämmerung recht belebt, nicht von flanirenden Spaziergängern, wie der Pariser Boulevards, wenn die Abendsonne mit ihren letzten Strahlen die lange Linie der Häusergiebel vergoldet, sondern von Fuhrwerken und Karavanen, welche in das Innere Serbiens, nach Los= niza oder Uschiza, nach Valievo oder auch nach Bosnien zogen. Hintereinander bewegte sich langsam eine lange Reihe von plumpen Wagen, an denen sich vielleicht kein Pfund Eisen befand, durch die Hauptstraßen, jeder Wagen von ein paar Büffeln gezogen. Sämmtliche Räder, welche nicht mit Theer geschmiert waren, quiekten und knarrten, ächzten und stöhnten. Es war eine gräuliche Katzenmusik; die Wagen waren mit Kattun und Wollwaaren aus Oesterreich und mit enormen Mühlsteinen beladen, welche für die Mühlen der einzelnen Landwirthschaften bestimmt waren, mit Eisen= barren, mit Fellen und Säcken, in denen sich Kukuruz be= fand. Endlich war der quikende, knarrende und ächzende Wagenzug, der die ganze Straße gesperrt hatte, vorüberge= zogen, und es gelang uns vor der Thüre des Gebäudes, in dessen oberem Stock sich die Räumlichkeiten des Casino's und Lesevereins befanden, zu landen. Ich hörte das Gequike noch, als ich am Zeitungstische stand und die aufliegenden Zeitungen durchblätterte.

Der Leseverein bestand aus vier oder fünf geräumigen Zimmern, deren Wände mit Karten, mit Bildern und Helden aus dem serbischen Freiheitskriege und mit den Por= träts des Fürsten Miloš, seiner tapferen Gattin, der Fürstin Lubiza, welche zuweilen, mit Pistolen und Yatagan bewaffnet, an den Gefechten mit den Türken Theil nahm, des Fürsten Michael und des jungen Fürsten Milan geschmückt waren. Aber dort schaut mich von der Wand ein anderes Bild an, welches der serbischen Nation nicht angehört! Ich trete näher.

Es ist General Joseph Garibaldi, der Vertheidiger Roms, der Befreier Süditaliens. Wo sah ich sein Bild nicht? In den Häusern der siebenbürgischen Bauern in den Karpathen; in den Caravanserais der großen Wüste Sahara; in Dalekarlien am Silianfee neben dem Bilde Gustav Wasa's. Immer mit derselben Rührung und Verehrung schaue ich in dies schöne und edle Antlitz, welches ich zum ersten Male auf den Schlachtfeldern Süditaliens sah, als unter den Streichen des Schwertes von Catalasimi und Capua die bourbonische Herrschaft zusammenbrach. Auch die steinernen Züge des Natschalniks leuchteten, als er mit der Hand auf das Bild wies. Das Lorgnon glitt von selbst von der Nase. Auf dem Zeitungstische fand ich einige zwanzig slavische und serbische Zeitungen, unter ihnen die „Politik," „La Correspondance slave," den „Jedinstwo" und den auf dem schwarzen Berge erscheinenden „Montenegriner."

Den Abend brachte ich mit meinem Begleiter im Speise-zimmer unseres Gasthofes bei einem guten Abendessen öster-reichischer Küche und in anregender Unterhaltung zu. Drei Lehrer des Gymnasiums waren erschienen, um uns Gesell-schaft zu leisten. Der Natschalnik hatte sich nach unserem Besuch im Leseverein beurlaubt. Um zehn Uhr erschienen der Stadtphysicus und erste Arzt des Krankenhauses, ein radi-kaler Demokrat. Als ich mich mit dem Reisemarschall um Mitternacht schlafen legte, ertönte in unserm Schlafzimmer noch einmal das heitere Gelächter, mit dem wir es Nach-mittags begrüßt hatten. Wir dachten an das Insektenpulver und an die Reisevorschriften der besorgten Freunde in Belgrad.

# Fünftes Kapitel.

## Von Schabaz nach Losniza.

Den kühlen und frischen Junimorgen, an welchem wir am anderen Tage unsere Reise von Schabaz nach Losniza fortsetzten, hatten wir nur dem Temperaturwechsel zu verdanken, der nach der tropischen Hitze des Monats Mai in Serbien eingetreten war. Sonst würde ich Niemandem den Monat Juni zu einer Reise durch Serbien vorzuschlagen wagen.

Serbien liegt unter demselben Breitegrade mit Florenz und Toscana. Der vom adriatischen Meere kommende Südwest, der sonst viel Feuchtigkeit mit sich bringen würde, findet seine Markscheide am Omoljer Gebirge, während der Nordost, über die lange, dacische Ebene wehend, trocken und kalt an der Grenze Serbien anlangt. So machen sich die Extreme des continentalen Climas in empfindlicher Weise in Serbien geltend. Ein Temperatur von 25 Grad Réaumur Kälte im Monat Januar und 34 Grad Réaumur Wärme im Monat Juli gehören nicht zu den Seltenheiten. April und Mai würden sich deßhalb am besten für eine Reise in Serbien eignen. Ich war gezwungen worden, den Juni zu wählen, weil der Monat Mai ausnahmsweise

einige dreißig Grad Réaumur im Schatten mit sich geführt
hatte. Mein Glück verließ mich aber auch in Serbien nicht.
Es belohnte meine Kühnheit mit einem ausnahmsweise
kühlen Juni — eine Folge der fast nie vorkommenden
tropischen Hitze im Mai. Während meiner ganzen Reise
durch das Innere Serbiens im Monat Juni hatte ich
keinen heißen Tag zu bedauern. Ich hätte mir kein an=
genehmeres, frischeres Reisewetter bestellen können, als mir
der Juni bis zum letzten Tage, wo ich nach Belgrad zurück=
kehrte, geschenkt hat.

Die Wirthshausrechnung war äußerst billig. Sie ging
über sechszig Kreuzer für das Nachtquartier und über dreißig
Kreuzer für das aus Suppe und drei Schüsseln bestehende,
mehr als reichliche Nachtessen nicht hinaus. Die Küche war
hier an der österreichischen Grenze noch österreichisch, nicht
serbisch. Der serbische Wein, den wir tranken, wurde nicht
berechnet. Auf diesem Niveau hielten sich auch durch=
schnittlich die Preise auf der ganzen Reise. Gasthofsprelle=
reien und Gasthofssteuereinnehmer sind in Serbien noch
unbekannt. Selbst die Preise in den ersten, mit Comfort
und Eleganz eingerichteten Belgrader Gasthöfen sind sehr
mäßig. Die Lichtbesteuerungen und die frechen Ansätze von
„Services“, welche der Gasthofssteuereinnehmer in die Tasche
steckt, während der Reisende Hausdiener und Portier noch
besonders bezahlt und schließlich auch noch das Stuben=
mädchen und den Zimmerkellner bedenken muß, wenn er
nicht widerwärtige Gesichter und schlechte Bedienung ge=
wärtigen will, sind, wie in Deutschland, in Serbien noch
nicht Mode geworden. Im Innern des Landes ist mir
niemals Licht auf die Rechnung gesetzt worden; in Belgrad
habe ich das Licht nach Verbrauch bezahlt. Ansätze von

„Services" kennen auch die Gasthöfe der Hauptstadt nicht. Im Innern des Landes versteht sich das von selbst. Stuben= mädchen und Hausdiener sind mit dem geringen Trinkgeld zufrieden, welches der Reisende freiwillig gibt. Freche und betrügerische Kellner habe ich, außer in einer Gartenwirth= schaft in Belgrad, nirgends in Serbien gefunden, ebenso wenig betrügerische und grollende Gasthofssteuereinnehmer; aber überall eine freundliche und zuvorkommende Aufnahme und Bedienung. So war es auch in Schweden. Man muß heut zu Tage bis an die Grenzen Europa's reisen, um die Annehmlichkeiten des Gasthofslebens ohne seine Widerwärtigkeiten genießen zu können.

Die Gegenden, durch welche die Straße von Schabaz nach Losniza führt, sind reich, fruchtbar und in der sorg= fältigsten Weise angebaut. Wohin ich blickte, Weizenäcker, Kornfelder, Gartenland, weiße Häuser, die einzelnen Grund= stücke mit hölzernen Zäunen eingefaßt, prächtige Baum= gruppen; der Horizont durch lange Waldlinien oder durch mit jungem Wald bedeckte Hügelreihen begrenzt. Ungarische Blätter — ich glaube, es war unter anderen der „Pester Lloyd" — haben kürzlich erzählt, wie mir mein Reise= gefährte mittheilte, in dem ganzen Landstriche zwischen Schabaz und Losniza sei kein Baum zu sehen. Wer diese Behauptung aufgestellt hat, ist niemals von Schabaz nach Losniza gereist; oder — und dies ist wahrscheinlicher — er hat absichtlich die Unwahrheit geschrieben.

Zwanzigmal kam mein Reisegefährte während unserer Fahrt von Schabaz nach Losniza auf dies Thema zurück. Bei jeder neuen Baumgruppe, welche zwischen den Acker= feldern auftauchte, rief er in neuer Entrüstung aus: „Sehen Sie doch diese prächtigen Bäume! Und da will der „Pester

Lloyd" behaupten, daß es in Serbien zwischen Schabaz und Losniza keinen Baum gäbe? Schauen Sie doch den Wald, der dort in der Ecke das Landschaftsbild schließt!" — Ich weiß allerdings recht wohl, daß die Wälder Serbiens, was Urkraft und Dichtigkeit anbetrifft, nicht mehr in dem Zustande sind, wie vor einem Jahrhundert. In den letzten Jahrzehnten besonders sind diese Wälder bedeutend gelichtet worden. Diesen Waldverwüstungen ist aber durch das im Jahre 1867 von der Nationalversammlung angenommene Forstgesetz ein Ende gemacht. Dies neue Gesetz erklärt alle jene zusammenhängenden, dichten Waldcomplexe als Staatseigenthum, auf welche die Gemeinden und Privatpersonen nicht zweifellose Besitztitel nachzuweisen vermögen. Ertheilungen der Concession zur Ausbeutung der Staatswaldungen im großen Maßstabe behält sich das serbische Ministerium der Finanzen im Einvernehmen mit dem Senate und mit Genehmigung des Fürsten ausdrücklich vor. Zur Ausführung dieses Forstschutzgesetzes, welches ganz ausreichend ist, die serbischen Wälder vor leichtsinniger Zerstörung zu wahren, sind seitdem eine Menge geeigneter Maßregeln getroffen.

Die Regierung hat eigene Forstorgane und eine Forstpolizei geschaffen; die Wiederanpflanzung ausgerodeter Wälder ist überall in Angriff genommen; die Benutzung des Waldes für die Ziegenzucht ist geregelt. Auf meiner Reise durch Serbien bin ich häufig durch große Anpflanzungen jungen Waldes gefahren. Im Poscharevazer Kreise sind beispielsweise an den Ufern der Marava in den letzten Jahren über 20,000 Tagewerke mit Weiden und Akazien bepflanzt worden. Uebrigens hat man die Schilderungen von Ausrottung der serbischen Wälder auch arg übertrieben. Die Thronrede, womit Fürst Michael im Jahre 1864 die Nationalverſammlung eröffnete, iſt abſichtlich an der Stelle, wo ſie ſich über die Waldverwüſtungen ausſpricht, ſtark ge= färbt, um die Nationalverſammlung zur Aufnahme des Forſtſchußgeſeßes zu veranlaſſen.

Eigentliche Waldverwüſtungen habe ich während meiner ganzen Reiſe nur an zwei verſchiedenen Strecken von un= gefähr einer Viertelſtunde Länge angetroffen, und auf dieſen ausgerodeten Strecken war man mit der Wiederanpflanzung beſchäftigt. Daß auf dem Gebiete der Forſtcultur in Serbien nicht noch mehr geſchehen iſt, liegt an der Schwierigkeit in Beſchaffung eines ausreichenden und wohlgeſchulten Forſt= perſonals.

Am Mittag hielten unſere Pferde eine mehrſtündige Raſt in einem ſtattlichen Dorfe von einigen neunzig Häuſer= gruppen. Unter die ſtattlichſten Häuſer zählte das Schul= haus und das Dorfwirthshaus. An das große, allgemeine, ſehr reinlich gehaltene Gaſtzimmer ſchloß ſich ein zweites, mit einem breiten, ſich längs der Wand hinziehenden, mit bunten Decken belegten Minderluk, mit Rollſtühlen, einigen kleinen Tiſchen, Spiegel und Glasſchrank, in welchem zier= liches Porzellan und gläſernes Trinkgeſchirr aufbewahrt wurde, verſehenes zweites Gaſtzimmer. Die Wände ſchmückten reich ausgelegte Piſtolen und Gewehre und die Bilder der drei Regenten. Auf dem Minderluk lag eine Gusle, das nationale Inſtrument, mit dem der Rhapſode ſeine nationalen Geſänge begleitet. Das zweite Gaſtzimmer erſchloß ſich auf einen bedeckten Gang, der längs des Seitenflügels dieſes ſtattlichen und ſchönen Dorfwirthshauſes hinablief und auf dem ſich die einzelnen Wohn= und Schlafzimmer für die durchreiſenden Fremden öffneten. Sämmtliche Schlafzimmer waren von derſelben Höhe, wie die Gaſtzimmmer, ſehr rein=

lich gehalten und mit eisernen Bettstellen und weißen Kissen und Bettstücken ausgestattet. Die Wände hatten einen weißen Anstrich; Fensterbretter, Fensterrahmen und Thüren waren in mattblauer Farbe gehalten. „Was meinen Sie, Herr Reisemarschall," sagte ich zu Herrn Petrović, als wir die bedeckte Gallerie hinabgingen, „selbst in diesem Dorfwirths= hause fielen wir mit unserem Insektenpulver und mit un= seren eigenen Bettstücken glänzend durch! Aber haben Sie das Mittagsessen bestellt? Selbst wenn es nicht gut ist, werde ich ihm Ehre machen."

„Seien Sie unbesorgt; Sie werden zum ersten Mal echt serbisch speisen, aber es wird Ihnen gewiß schmecken."

Nach einer halben Stunde war das Mittagessen in dem freundlichen, kleineren Gastzimmer aufgetragen. Der Tisch war weiß gedeckt. Servietten, Tischtuch, Porzellangeschirr, Gabel und Messer ließen nichts zu wünschen übrig. Eine saure Suppe ist eine mit Essig und Eiern angemachte, kräf= tige Fleischbrühe, welche sehr pikant schmeckt. Auf die saure Suppe folgten Lammfleisch in Paprika, dann mit gehackten Fleisch gefüllter Kürbis. Zugleich wurde in einer großen Krystallflasche weißer Negotiner aufgesetzt. Den Schluß des Diners bildeten gebratene Hühner mit grünem Salat.

Während wir mit dem Mittagsessen beschäftigt waren und mir das erste serbische Diner, welches ich auf meiner Reise genoß, sehr gut mundete, trat der Schullehrer des Dorfes ein, um uns seine Aufwartung zu machen. Er war ein junger Mann von einigen dreißig Jahren und von angenehmen Formen. Meine Einladung, am Mittagsessen Theil zu nehmen, lehnte er ab, da er schon gespeist hatte, nahm aber ein Glas des trefflichen Negotiners und eine Tasse schwarzen Kaffees nach Beendigung der Mahlzeit an,

während er uns Mittheilungen über das Dorf und über
seine Schule machte. Das serbische Dorf hatte 90 Häuser
und 150 Steuerköpfe, während die Seelenzahl 500 betrug.
Die Dorfschule wurde von 27 Schülern besucht, Kindern
von sieben bis zwölf Jahren. Unter den Bewohnern des
Dorfes herrschte eine allgemeine Wohlhabenheit; arme und
nothleidende Leute gab es im Dorfe gar nicht. Ich habe
diese Antwort so oft erhalten, wenn ich Gemeindevorsteher,
Schulmeister oder Grundbesitzer nach der Wohlhabenheit im
Dorfe oder auch im Kreise fragte. Zuweilen wurde mir
allerdings gesagt: „Es gibt hier zwar einige arme Leute;
aber sie sind ganz allein Schuld an ihrer Armuth, weil sie
das Ihrige vergeuden und träge und faul sind." Oft traute
ich der Auskunft nicht und richtete dieselbe Frage an ver=
schiedene Personen; erhielt aber immer dieselbe Antwort.
Serbien ist ein durchweg wohlhabendes Land, wo Armuth
eine sehr seltene Erscheinung ist. Die Steuerlast ist eine
außerordentlich geringe.

Der Lehrer ließ uns nicht los; wir mußten vor der
Abreise seine Schule und seine Wohnung sehen. Das Schul=
haus war von der Gemeinde seit einigen Jahren gebaut.
Die Schulzimmer waren groß, luftig und licht. Die Wohnung
des Lehrers bestand aus drei großen und hübschen Zimmern
nebst Küche, Keller und einem Stück Gartenland. Er war
jährlich mit 400 Gulden besoldet. Seine junge Frau bot
uns den Sladko, ohne welchen es, wie schon erwähnt, in
keinem serbischen Hause abgeht. Dann fuhr der Wagen vor,
den wir nach dem Schulhaus bestellt hatten. Das Wetter,
welches Vormittags etwas regnerisch gewesen war, hatte sich
aufgeheitert und versprach einen prächtigen Juninachmittag.
„Die Straße von hier nach Losniza ist eine der besten im

Lande," rief uns der Lehrer nach, als sich die Pferde bereits
in Trab gesetzt hatten; „Sie werden schon um sechs Uhr
in Losniza sein!"

Die Gegend, welche wir, nachdem das Dorf hinter
uns lag, durchfuhren, wurde mit jeder neuen Viertelstunde
reicher und mannigfaltiger in ihrem decorativen Charakter.
Wir kamen dem Gutschewogebirge näher, welches mit der
nahen Drina parallellaufend bei Losniza seine Ausläufer
gegen die fruchtbare Saveebene vorschiebt. Auch zur linken
Hand trat das Gebirge mit einer ganz mit Wald bedeckten
Bergwand näher an die Straße heran. Der Raum zwischen
der Bergwand und der sehr gut gehaltenen Straße, sowie
die an der andern Seite der Straße sich bis zur Save aus-
dehnende Ebene waren in der sorgfältigsten Weise angebaut. Aecker und Fruchtfelder reihten sich dicht an einander: auch nicht eine unangebaute Strecke wurde sichtbar.
Die Ränder der Straße waren mit Fruchtbäumen bepflanzt.
In den Savegegenden werden vorwiegend Waizen, Korn
und Kukuruz gebaut. Von Obst wird, neben Kirschen,
Aepfeln, Birnen und Aprikosen, besonders die Zwetschke
— Sliva — cultivirt. In der Nähe von Kruschewaz bin
ich durch große Wälder von Pflaumenbäumen gefahren.
Aus der Pflaume bereitet der Serbe sein Lieblingsgetränk
Rakia — Slivoviza — und zwar in so bedeutenden Quan-
titäten, daß, trotz des großen Consums im Lande, sehr bedeutende Ueberschüsse ausgeführt werden, welche sich bis
auf 80,000 Centner jährlich steigern. Die Zwetschke und
der Kukuruz haben für Serbien eine gleich große Bedeutung.

Wenn Ackerbau und Landwirthschaft in Serbien nicht
auf der Stufe stehen, auf der sie stehen sollten, so treffen

die Vorwürfe nicht das serbische Volk, sondern die türkische
Herrschaft, welche drei Jahrhunderte hindurch auf dem un=
glücklichen Lande lastete. Während der türkischen Epoche
wurde aller Grund und Boden in Serbien als erobertes
Land betrachtet. Nach dem Grundsatze: „Alles Land ge=
hört dem Chalifen, dem Schatten und dem Stellvertreter
Gottes auf Erden," nahm der Sultan alles Land in Be=
schlag, oder vertheilte es unter seine Kriegsleute, oder gab
es der Geistlichkeit als Vakuf — als Moscheengut. Noch
weit mehr verschlimmerten sich diese Verhältnisse in späterer
Zeit. Der türkische Kriegsadel setzte sich in Besitz des ganzen
Grund und Bodens. Der Spahi wurde der erbliche Grund=
besitzer der Dörfer. Die Abgaben steigerten sich von Jahr=
zehent zu Jahrzehent. Zu dem gesetzmäßigen Zehent für
den Großherrn, die durch die Art und Weise der Steuer=
eintreibung schließlich die Hälfte alles Bodenertrags erreichte,
kamen noch die Rauchfangssteuer, die Sportelgebühren für
den Kadi und die Frohnden für den Pascha, welche sich
oft auf hundert Tage im Jahre beliefen.

Alle diese Abgaben habe ich bei meinem Besuche in
Zwornik noch in Bosnien gefunden. Der serbische Bauer
wurde der Tagelöhner seines türkischen Grundbesitzers. Ist
es unter solchen Verhältnissen zu verwundern, daß, obschon
der Serbe, wie alle slavischen Stämme, dem Landbau sehr
geneigt ist, in Serbien allmählich die Landwirthschaft und
der Ackerbau vernachlässigt wurden, und daß der Bauer
nur so viel arbeitete, um sein und der Seinen nacktes Leben
zu sichern? Die Befreiung Serbiens von der Herrschaft des
asiatischen Nomadenstammes, der heute noch auf der Balkan=
halbinsel über 14 Millionen Slaven und Griechen regiert,
führte endlich auch in Serbien die Befreiung von Grund

und Boden vom türkischen Feudaljoche herbei. Hof, Feld und Wald wurden wieder Eigenthum des Landmannes. Aber seit dieser Zeit ist kaum ein halbes Jahrhundert verflossen. Ist es möglich, in wenig Jahrzehnten eine Cultur wiederzuschaffen, welche die Türkei drei Jahrhunderte lang niedergetreten hat? Ist es möglich, die Lust am Erwerbe und die Arbeitsliebe, welche unter dem schrecklichen Druck des türkischen Regiments in Serbien versiegt waren, in ein paar Jahrzehnten wieder zu beleben?

Alle Regierungen, welche sich seit fünfzig Jahren in dem „freien Serbien" folgten, haben es wahrhaftig nicht an allerlei Gesetzen und an praktischen Versuchen zur Hebung der Landwirthschaft und des Ackerbaues fehlen lassen. Das serbische Ministerium der Finanzen hat eine besondere Abtheilung für landwirthschaftliche Angelegenheiten. Das Schulgesetz des Jahres 1844 verfügte die Einführung des landwirthschaftlichen Unterrichts in den Volksschulen. Fürst Alexander errichtete ein Staatsgestüt in der Nähe von Poscharevaz; Musterwirthschaften entstanden. Die Anlage von Maulbeerpflanzungen wurde durch ein Gesetz begünstigt, welches die unentgeltliche Abgabe von Schößlingen an alle sich darum bewerbende Private verordnete. Auf Anregung der Regentschaft hat sich in Belgrad ein Ackerbauverein constituirt, welcher mit Hülfe von Staatsmitteln umsonst oder zu den billigsten Preisen dem Landmann die Anschaffung von Ackerbaugeräthen neuester Construction ermöglicht und ganz beträchtliche Resultate erzielt. Die Production der für die Bevölkerung nöthigen Cerealien ist für den Consum des Landes genügend. In manchen Jahren wird sogar ein Ueberschuß für die Ausfuhr erzielt. Der Weinbau,

der Seidenbau, der Tabakbau kommen immer mehr in Auf=
schwung, die Viehzucht verbessert sich von Jahr zu Jahr.

Ich habe in Serbien weißen Negotiner getrunken, der
in Farbe und Feuer mich an die besten Weine Andalusiens
erinnerte. Vortrefflich ist auch die Traube von Semendria.
Die rothen Weine sind etwas herb und schwer. Während
der Regierung Fürst Michaels ließ der Ackerbauminister
2000 Reben aus Frankreich kommen, welche in Topschider
und in den Weinbergen von Semendria angepflanzt wurden.
Aus Slavonien bezog er 350 Okka Samen edler Kastanien,
welcher unentgeltlich an serbische Landwirthe zum versuchs=
weisen Anbau vertheilt wurde. Die landwirthschaftliche
Versuchsanstalt in Topschider hat in drei Jahren an 80,000
edler Obstbäume in das Innere Serbiens verkauft. Der
Tabakbau hat sich durch den in letzter Zeit eingeführten
hohen Zoll auf importirte Blätter sehr gehoben. Von Handels=
gewächsen ist der Bau des Hanf seit einigen Jahren stark
in Aufnahme gekommen. —

Um 4 Uhr waren wir in Ljesniza, dem ehemaligen
Sitze der altserbischen Großzupane, der Hauptstadt der
Matschwa, welche Staatsrath Šafařik in Belgrad für
die von Constantin Porphyrogenitus erwähnte altserbische
Stadt Lesnik hält, die bis zu den österreichisch=türkischen
Kriegen und bis zu den serbischen Freiheitskämpfen in der
Geschichte Serbiens immer eine so wichtige Rolle gespielt
hat. In der Nähe von Ljesniza wohnte auf seinem Schlosse
der berühmte serbische Held Miloš Obilić. Als Miloš,
nur von einem kleinen Gefolge begleitet, auf dem Felde
von Kossowo erschien, auf dem Serbiens Geschicke für Jahr=
hunderte entschieden wurden, da fragte ihn Car Lazar:
„Wo sind Deine Krieger aus der Matschwa geblieben?"

7*

— „Herr," erwiderte Miloš, „sie sind zu Hause geblieben, um zu ackern und zu säen." Da gerieth der Car gerechter Weise in einen heftigen Zorn und rief: „Mögen sie ackern mit Gottes Hülfe, bis ihnen nichts mehr bleibe, als Dornen, und die Türken ernten, was sie gesäet haben." Buchstäblich ist leider dieser Fluch des unglücklichen Car Lazar für die Matschwa in Erfüllung gegangen. Mögen nun die Bewohner der Matschwa daran schuld sein, daß die Schlacht auf dem Amselfelde verloren ging; jedenfalls haben sie in diesem Jahrhundert die Schuld gegen das unglückliche serbische Vaterland zehnmal gesühnt. *)

Links von der Straße, welche von Ljesniza nach Los-niza führt, erhebt sich eine Schanze von beträchtlichem Umfange. Die Schanze bildet ein Vorwerk von Schabaz und hat mit den Vertheidigungswerken von Schabaz die Aufgabe, das flache Land der Matschwa und das Gebiet der Colubara gegen eine plötzliche Ueberrumpelung der asiatischen Nomaden aus Bosnien zu schützen. So oft die türkischen Bosniaken nun über die Drina setzten, um durch die Matschwa gegen Schabaz vorzudringen, haben die Bewohner der Matschwa sich heldenmüthig ihren Todfeinden entgegengeworfen, um, oft im freien Felde, oft in den Schanzen, mit ihren Leibern das Land zu decken.

Heute ist Ljesniza ein sehr stattlicher Marktflecken. Das Wirthshaus, wo wir der Pferde wegen eine halbe Stunde Rast machten, schaute noch weit stattlicher aus, als das Wirthshaus, wo wir zu Mittag gespeist hatten. Ein im Orte ansässiger Kaufmann, der ein Vermögen von weit über hunderttausend Gulden besaß, hatte es kürzlich gebaut

---

*) Serbien. Von F. Kaniž. Leipzig 1867.

und eingerichtet. Alle Fenster und Thüren waren wieder blau gestrichen; die Wände in weißer Farbe gehalten; Gast= zimmer, Wohnzimmer uud Schlafzimmer äußerst reinlich und ordentlich. „Das Insectenpulver wäre wieder nicht zu verwenden, Herr Reisemarschall," sagte ich zu Herrn Pe= trović, als wir einen „weißen Kaffee" tranken. Und wieder kam der Lehrer und führte uns in seine Schule, welche wiederum unter den Häusern des Marktfleckens einen ersten Rang einnahm. Die Schule bestand aus einer Knaben= schule und aus einer Mädchenschule, und wurde von einigen fünfzig Kindern besucht. Wir fanden die Lehrerin mit dem Unterricht einiger zwanzig Mädchen beschäftigt. Sie war ein sehr hübsches, brünettes, junges Mädchen von kaum neunzehn Jahren mit großen dunkeln Augen und reichem, dunkelbraunem Haar, welches sie mit einer Purpurrose geschmückt hatte, eine Zöglingin der höheren Mädchen= bildungsanstalt in Belgrad. Diese höhere Mädchenbildungs= anstalt ist seit ihrer Entstehung — sie ist im Jahre 1863 aus Staatsmitteln gegründet — von dem wohlthätigsten Einfluß auf die weibliche Erziehung in Serbien geworden. Fast alle Lehrerinnen der Mädchenschulen sind aus ihr her= vorgegangen.

Die hübsche Lehrerin trug uns Grüße an eine Freundin, welche an der Mädchenschule in Alexinaz angestellt war, auf. Dann setzten wir unsere Reise nach Losniza fort. Die Gegend wurde noch reicher und schöner, als die Landschaft, welche wir seit Mittag durchfahren hatten. Die Straße, welche die Gemeinde von Losniza unterhält, ist eine der besten in Serbien. Nach einer Stunde begegnete uns der erste serbische Postwagen, ein mit drei Pferden bespannter, bequemer sechssitziger bedeckter Wagen. Derartige Postwagen verkehren jetzt zwischen allen Kreisstädten. Die Sonne war noch nicht untergegangen, als bei einer Biegung der Straße gerade vor uns auf dem grünen Ausläufer des Gebirges in malerischer Lage weiße Häusergruppen erschienen. Die höchste Hügelkuppe krönten eine Kirche und ein größeres, modernes Gebäude mit rothem Ziegeldach. „Losniza," rief der Reisemarschall beim Anblick der hübschen Häusergruppe aus; „schauen Sie hin! Wir sind angekommen. In einer Viertelstunde sind wir da. Das ist „das kleine, aber berühmte Losniza," wie wir in Serbien sagen."

# Sechstes Kapitel.

## Losniza.

In Losniza ist unter allen serbischen Städten wohl am durchgreifendsten mit dem Trümmerwerk und mit der Barackenwirthschaft der Türkenzeit aufgeräumt worden. Alle diese widerwärtigen und häßlichen, aus Lehm und Holz aufgeführten Hütten, in denen der asiatische Nomade vegetirt, haben freundlichen und hübschen, europäischen Häusern Platz machen müssen. Auch die alte, hölzerne Moschee aus der Türkenzeit, welche der Orientreisende von Kanitz noch in Losniza sah, habe ich nicht mehr vorgefunden. Wie sind diese serbischen Städte aufgeblüht, seitdem die Türken schließlich gezwungen wurden, auch ihre alten, verfallenen Castelle zu räumen, hinter deren Wällen die langen Kanonenrohre fortwährend mit einer Wiederholung des Belgrader Bombardements drohten, und durch diese immerwährende Drohung jede materielle Entwickelung hemmten! Und da wagt noch Jemand in Europa von Aufrechthaltung der Herrschaft der asiatischen Nomaden auf der Balkanhalbinsel zu sprechen und diese verthierten und einfältigen Nomaden zu verhätscheln!

In der Mitte eines hochliegenden, weiten und mit Gestrüpp bedeckten Plateau's erheben sich heute die schöne Kirche und das stattliche Gymnasium des Städtchens; sie bilden zugleich seine höchsten Punkte. Das Plateau ist das Innere der berühmten Schanze von Losniza, eines natür= lichen Vierecks in unregelmäßiger Form, von hohen Brust= wehren und tiefen Gräben umgeben, welches mehrere Tau= sende von Streitern aufzunehmen im Stande ist. Die Erd= wälle der Schanze von Losniza sind mit dem Blute Tau= sender getränkt, mit dem Blute tapferer und edler Serben, welche hier ihren heimatlichen Boden gegen die über die Drina anstürmenden Barbarenhorden vertheidigt haben, und mit dem Blute der asiatischen Nomaden, welche unter den Schwertern und den Kugeln der Serben fielen. Schon in den Kriegen, welche die Oesterreicher im verflossenen Jahrhundert mit den Türken führten, hat die Schanze von Losniza eine wichtige und bedeutende Rolle gespielt. Am 15. Oktober 1737 lagerte zwischen ihren Erdwällen ein Theil der Seckendorff'schen Armee auf ihrem Rückzuge von Čačak nach der Save. Im Feldzuge von 1788 bis 1796 wurde Losniza von den österreichischen Truppen wieder genommen und in glänzenden Gefechten siegreich gegen die Türken be= hauptet. Dann kamen die serbischen Befreiungskriege, wo die Serben, allein gestützt auf ihre eigene Kraft, die asia= tischen Barbaren aus ihrem Lande trieben. In allen diesen Kämpfen zwischen Save und Drina ist damals in der großen Schanze von Losniza gestritten worden. Auch Peter M o l e r hat, wie neuere Forschungen und Mittheilungen ergeben, diese blutige Schanze nicht feige aufgegeben, wie der deutsche Historiker Ranke irrthümlich berichtet, sondern er hat sie auf das äußerste vertheidigt. Erst als Wassermangel in der Schanze eintrat und als die dringendsten Aufforderungen um Entsatz bei dem vor Schabaz unthätig liegenden Knjez Sima erfolglos blieben und die Türken einen ehrenvollen Abzug mit Waffen und Kanonen verweigerten, beschloß Peter Moler, sich mit den Seinen in finsterer Nacht durch das türkische Lager durchzuschlagen. Der größte Theil der Kämpfer bezahlte diesen Versuch mit seinem Blute.

In diese Schanze führten mich der Natschalnik und der Bürgermeister von Losniza zuerst. Sie war ja das Boll= werk Losniza's seit mehr als einem Jahrhundert gewesen und war es heute noch; deßhalb hatte die Gemeinde auch Schulen und Kirche inmitten ihrer schützenden Gräben und Wälle aufgebaut. Der Bürgermeister zeigte mir die Rich= tung, wo südöstlich von Losniza Tršić, der Geburtsort Vuk Karadžić, des berühmten serbischen Schriftstellers, lag. Ich sollte den Ort zwei Tage später bei der Fahrt nach Valievo genauer sehen. In Tršić und in Lagator, seinem Besitzthum bei Losniza, pflegte Vuk einige Monate im Sommer zuzubringen. Selten kam er, ohne durch Anbauversuche neuer, in Serbien unbekannter Nutzpflanzen, durch Einführung Zeit und Kräfte sparender Maschinen seinen Landsleuten das praktische Beispiel rationeller Land= wirthschaft zu geben. In seinem Testament hat Vuk be= stimmt, daß seine an der Drina belegene Besitzung nach dem Tode seiner Tochter in eine Stiftung für um Er= forschung serbischer Alterthümer verdiente Schriftsteller ver= wandelt werden solle.

Das Gymnasium ist ein neues, stattliches Gebäude mit geräumigen und luftigen Unterrichtszimmern, und wird von einigen vierzig Schülern besucht, welche hier die zum Besuch der Hochschule vorbereitende Bildung genießen. Die Unter=

richtsstunden waren schon beendigt, als wir das Gymna=
sium betraten. Schüler und Lehrer hatten sich bereits ent=
fernt. Nur in einer Classe waren noch einige zwanzig
Knaben anwesend. Es war Gesangstunde. Der Lehrer
stand im Begriff, den Knaben ein serbisches Volkslied ein=
zustudiren, indem er ihnen die Melodie vorher auf der
Violine vorspielte. Der Natschalnik fragte mich, ob ich ir=
gend einem Volksliede den Vorzug gebe und dasselbe, falls die
Kinder im Stande seien, es zu singen, hören wollte? Ich
bat um die serbische Nationalhymne. Was hätte ich pas=
senderes und schöneres in der Schanze, wo so oft um die
serbische Freiheit gestritten wurde, und wo diese Volkshymne
unter dem Allahgeschrei der anstürmenden Türkenhorden
erklang, wünschen können? Lehrern und Kindern schien
mein Wunsch gleicherweise zu gefallen. Alle Kinder standen
auf; der Lehrer gab mit seiner Violine den Ton an, und
nun ertönte, während der Lehrer den Gesang auf dem In=
strument begleitete, die serbische Nationalhymne. „Der Feind
soll hören; der Feind soll sehen, daß der Serbe noch lebt,
daß er ein Held ist," sangen die Knaben mit begeisterten
Blicken und mit strahlenden Augen. Wahrscheinlich dachten
sie, wie ich und wie wir Alle, an die bevorstehenden
Kämpfe zur Befreiung des ganzen serbischen Vaterlandes.
Dann wird wieder in der Schanze von Losniza, welche so
nahe an der Drina gelegen ist, gestritten werden. Außer
dem Gymnasium hat Losniza noch eine Normalschule. Ich
sah sie am folgenden Tage. Die Normalschule wird von
130 Knaben besucht. Mit derselben ist eine Mädchenschule
verbunden, welche 40 Schülerinnen zählt. Alles, was in
Losniza geschaffen ist, trägt den Charakter der Stattlichkeit
und der Ausgiebigkeit. Der Gehalt jedes Lehrers an der

Normalschule betrug 250 Thlr.; der Gehalt jeder Lehrerin 200 Thlr. Außerdem erhielten Lehrer und Lehrerin Seitens der Gemeinde Wohnung, Heizung und Bedienung. Aller Unterricht war selbverständlich unentgeltlich.

Losniza hat eine Einwohnerzahl von dreitausend, unter welcher Intelligenz, freiheitlicher Sinn und materielle Wohlhabenheit in gleicher Weise vertreten sind. Ich hatte Gelegenheit, am folgenden Abend, nachdem ich von meinem Besuche in Zwornik zurückgekehrt war, die Intelligenz des Städtchens im Casino, in den Räumlichkeiten des Lesevereins, wo die „Podrinska Sloga" mir zu Ehren eine kleine Festlichkeit veranstaltete, kennen zu lernen. Der Präfekt N o v a - k o v i ć hat mir unter allen Präfekten, oder Natschalnik's, will ich lieber sagen, um den serbischen Titel zu gebrauchen, ganz besonders zugesagt. Die Steifheit und das reservirte Benehmen des Natschalnik in Schabaz waren ihm vollkommen fremd. Er war ein hochgewachsener, corpulenter Herr, auf dessen Gesichtszügen sich Intelligenz und Gemüthlichkeit mit einander vereinigten, unverheiratet, heiter und intelligent. Keinen Weg und keinen Besuch haben wir in Losniza ohne ihn gemacht. Er war der Letzte, der uns Abends im Gasthofe verließ, und der Erste, der Morgens während des Frühstücks erschien. Das Telegramm seines Collegen in Schabaz, mit dem türkischen Kaimakam die Präliminarien unseres Besuches in Zwornick zu verhandeln, hatte er klugerweise nicht ausgeführt. „Das hieße ja, bei diesen fanatischen und dummen Türken im Voraus den Verdacht rege machen," sagte er; „ich visire Ihre Pässe, gebe Ihnen einen Beamten und einen Panduren mit, und, ehe der Kaimakam sich den Besuch recht überlegt, sind Sie schon zurück."

Der Kmet — Bürgermeister — B o s c o w i ć war ein freiheitlich gesinnter energischer und intelligenter junger Mann. Während der Mißregierung des berüchtigten Ministers Christić hatte die Bürgerschaft von Losniza jährlich Herrn Boscowić von neuem zu ihrem Bürgermeister gewählt, während der Minister consequent seine Bestätigung verweigerte. In keinem serbischen Orte trat die Opposition so energisch gegen den verhaßten und nichtsnutzigen Minister auf, der die Unpopularität des Fürsten Michael auf die Spitze trieb, wie in Losniza. In dem Domherrn und ersten Archimandriten, Herrn Wasić, lernte ich einen der besten und opferfähigsten serbischen Patrioten kennen. Sein Haß gegen die Türken war ebenso glühend, wie seine Liebe zu seinem Vaterlande. Den Leseverein hatte er aus eigenen Mitteln gegründet; das Haus, in dessen schönen Räumlichkeiten die „Podrinska Sloga" und der Leseverein ihren Sitz aufgeschlagen hatten, war sein Haus. Er machte das Haus dem Vereine zum Geschenk, während er selbst zur Miethe wohnte. Jeder serbische Flüchtling, der aus Bosnien über die Drina nach Losniza kam, war bei ihm der Aufnahme und der Unterstützung gewiß. Mir wandte der würdige Mann seine besondern Sympathien zu. In dem auf dem schwarzen Berge erscheinenden „Montenegriner" hatte er meine Schilderungen: „Die Türken in Europa" gelesen, welche ich kürzlich in „Ueber Land und Meer" veröffentlicht und welche der Fürst des schwarzen Berges hatte in die serbische Sprache übertragen lassen. Das war dem glühenden Feinde der asiatischen Nomadenhorden aus der Seele geschrieben! Seinen ganzen Haß und seine ganze Verachtung hatte er in diesen Schilderungen wiedergefunden. Mir war die Verbreitung des „Montenegriner" mit meinen Schilderungen türkischer Wirthschaft so hart an der türkischen Grenze gerade nicht sehr

angenehm, da ich den nächsten Tag zu einem Besuch in
Großzwornik bestimmt hatte. Nirgends ist der Fanatismus
der Türken größer in Bosnien, als gerade in Zwornick.
War ein Blatt des „Montenegriner" aus Losniza in die Hände
eines Türken in Großzwornick gelangt, der serbisch verstand,
so konnte meine Lage in Bosnien eine sehr gefahrvolle
werden.

Ich war kaum eine halbe Stunde in Losniza angekommen, und saß, Kaffee trinkend und eine türkische Ciga-
rette rauchend, vor der Thüre des Gasthauses, als mich ein
Mann in deutscher Sprache anredete. An der Reinheit und
Correctheit, mit der er die Sprache meiner Heimath sprach,
erkannte ich sofort, daß er aus dem nördlichen Deutschland
und zwar aus meinem hannoverschen Vaterlande gebürtig
sein müsse. Und richtig! Es war ein Kaufmann oder ein
Industrieller, von dem ich schon in Belgrad gehört hatte,
aus der Stadt Hannover gebürtig. Er hielt sich seit län-
gerer Zeit in Losniza auf, angeblich, um in den in der Nähe
befindlichen Bergen nach Antimonium zu suchen. Serbien
hat einen großen Mineralreichthum, der, in bergmännischer
Weise ausgebeutet, für das Land sehr ergiebig werden kann.
Gold, Silber und Eisen wurden schon zur Römerzeit und
zur Zeit der serbischen Könige in den serbischen Gebirgen
gefunden und ausgebeutet. Von dem frühern Gold- und
Silberreichthum zeugen die Schmucksachen, welche in den
Grabstätten heute noch gefunden werden und von denen sich
im Museum der Belgrader Hochschule ein reiche Sammlung
befindet.

Gold und Silber werden heute nicht mehr gefunden.
Ein deutscher Ingenieur, den ich in Valievo traf, war der
Ansicht, daß entweder dieser Mineralreichthum zur Zeit der

serbischen Kriege ausgebeutet sei, oder daß die Minen, als
die Türken sich des Landes bemächtigen, absichtlich so ver-
schüttet worden seien, daß man bis jetzt noch nicht zur Wieder-
auffindung derselben habe gelangen können. Das serbische
Eisen steht dagegen an Reinheit und an Erzgehalt noch jetzt
keinem der Welt nach. Die Kohle wird den Kohlen von
Newcastle in England von englischen Kohlenschauern gleichgestellt. Außerdem hat das Land einen großen Reichthum
an Kupfer, Blei, feuerfestem Thon, Salpeter und Gyps, an
Schwefel und Zink. Der Mann, der mich vor dem Gasthause in Losniza anredete, suchte nach seinen Angaben nach
Antimonium; nach der Meinung der dortigen Einwohnerschaft diene ihm das Antimonium nur als Vorwand; sein
eigentliches Geschäft sei ein anderes, welches er sowohl im
türkischen, wie im österreichischen Interesse an der Drina
betreibe. Auch auf mich hat er diesen Eindruck gemacht.
Die persönlichen Angaben, die er mir über sich selbst machte,
hatten einen fabelhaften Anstrich und haben nur dazu gedient, mich in meinem Verdacht zu bestätigen. Von den
in Losniza angestellten Beamten und von der dortigen Intelligenz geht Niemand mit ihm um. Ich begreife die
serbische Regierung nicht, daß sie den Aufenthalt dieser
verdächtigen Persönlichkeit an der bosnisch-serbischen Grenze
duldet, um so mehr, als sie früher schon aus Serbien
ausgewiesen ist. Bei meiner Rückkehr nach Belgrad habe
ich mich dem Regenten und dem Minister des Innern
gegenüber auch sehr klar über diesen Mann und über meine
Wahrnehmungen ausgesprochen und gerathen, ihm, voraus-
gesetzt, daß man ihn nicht ausweisen wolle, seinen Aufenthalt im Innern des Landes anzuweisen.

Der Mann fragte mich, ob ich nicht auch das Zwor-

nickgebiet in Bosnien besuchen wolle, da dasselbe wegen
der streitigen Besitzesfrage doch von einem europäischen
Interesse sei? Ich erwiderte ihm, daß ich allerdings die
Absicht habe, einen Besuch in Großzwornick zu machen und
auch versuchen würde, nach Kleinzwornick zu gehen, um
welches sich die Streitfrage wegen des Besitzes drehe; man
habe mir aber in Belgrad mitgetheilt, daß die Türken in
Betreff eines solchen Besuchs große Schwierigkeiten machten.
Die Unannehmlichkeiten und Gefahren, welchen sich der
russische General von Tottleben und der Orientreisende
v. Kaniß bei ihrem Besuche in Großzwornick ausgesetzt,
und von denen der Letztere nur mit Mühe dem Transport
nach Serajevo und der Mißhandlung des fanatisirten tür=
kischen Pöbels entgangen sei, seien auch gar nicht dazu
angethan, um mich zu einem Besuch in Bosnien zu er=
muthigen. Außerdem sei mein Paß nicht in Ordnung. Er
sei allerdings im verflossenen Jahre auf die Türkei aus=
gestellt, auch von der preußischen Gesandschaft bei meiner
Anwesenheit in Constantinopel visirt; indeß seit jener Zeit
abgelaufen und also eigentlich nicht mehr gültig. Der
Mann gab sich alle Mühe, mir meine Befürchtungen aus=
zureden. Die Türken, meinte er, seien „dumme Kerle,“
welche gar nicht lesen könnten, also auch gar nicht wüßten,
ob mein Paß in Ordnung sei oder nicht? Auch brauche
ich nicht auf der gewöhnlichen Straße durch Bosnien nach
Großzwornick zu fahren, auf welcher ich allerdings die tür=
kischen Polizeibeamten und die an der Drina aufgestellten
Wachen zu passiren habe; weit leichter und bequemer sei
es, von hinten, wo die Grenze nicht besetzt sei, zuerst nach
Kleinzwornick zu gelangen und dann mich mittelst eines
Kahns über die Drina setzen zu lassen und so nach Groß=

zwornick zu kommen. Als ich ihm erwiderte, daß dies ein
höchst gefährlicher Weg sei, auf dem ich in die Hände der
fanatischen türkischen Bevölkerung in Kleinzwornick fallen
könnte; oder falls es mir gelänge, über die Drina nach
Großzwornick zu kommen, dem dortigen türkischen Kaimakam
die gegründetste Veranlassung zu geben, mich gefangen zu
nehmen und mich zu dem türkischen Pascha nach Serajevo
transportiren zu lassen. Schließlich bot er mir, da er sah,
wie ich auf diesen Plan gar nicht eingehen wollte, seinen
eigenen Paß für die Reise nach Großzwornick an. Mich
eines falschen Passes bei einer so gefährlichen Tour bedienen?
Der Mann wurde mir jetzt durch diesen letzten Vorschlag
noch weit verdächtiger, als er es schon vorher gewesen war.
Ich brach die Unterhaltung mit ihm ab und machte mit
Herrn Petrović meine Besuche in Losniza.

Nach dem Abendessen machte mir die dunkle Persön=
lichkeit, als sie hörte, daß ich am andern Morgen bei Los=
niza über die Drina setzen und auf der Poststraße nach
Großzwornick fahren wollte, einen andern Vorschlag. Ich
sollte, meinte sie, von meinem Besuche in Zwornick nicht
nach Losniza zurückkehren, sondern auf türkischem Gebiet
nach Luboviza fahren. Bei Luboviza befände sich eine tür=
kische Fähre. Auf dieser Fähre sollte ich dann über die
Drina fahren und auf einem Landwege nach Valievo reisen.
Auf diese Weise würde ich die Hälfte des Weges von
Losniza nach Valievo ersparen. Als ich ihm erwiderte,
daß ich wahrscheinlich vor Einbruch der Nacht gar nicht
in Luboviza eintreffen könne und er doch wissen müsse,
daß die türkischen Fährleute mich nach Sonnenunter=
gang nicht mehr über die Drina setzen würden, gab
er mir den Rath, die Nacht in einer Mehana — einem

türkischen Wirthshause — in Luboviza zuzubringen. Der Mann wurde mir immer verdächtiger, je mehr er sich Mühe gab, mich zur Annahme seiner Vorschläge zu bewegen. Der Reisemarschall war ganz meiner Ansicht, und erklärte mir auch rundweg, daß er unter keinerlei Umständen eine Nacht auf türkischem Boden verbringen werde. Er habe keine Lust zu sehen, wie die türkischen Gefängnisse in Serajevo beschaffen seien. Dies sei auch die Meinung des Natschalnik, des Bürgermeisters und des Domherrn. Auch passirten bei einem Gefangenentransport in der Türkei oft sehr sonderbare Dinge. Die Gefangenen verschwänden, um nie wieder gesehen zu werden; oder sie würden von Räubern überfallen, welche schließlich türkische Nizams seien. „Und wenn nun der „Montenegriner" mit Ihren Schilderungen „Die Türken in Europa" trotz des türkischen Verbots die Drina passirt hat, und wenn sich in Großzwornick oder in Serajevo Türken befinden, welche keine „dumme Kerle" sind, sondern serbisch lesen können, schloß er seine sehr verständige Weigerung, „was kann uns dann passiren?"

Der letzte Grund war für mich am meisten maßgebend, um mich zu bestimmen, auf dem directen Wege nach Zwornick zu fahren und auf derselben Straße vor Sonnenuntergang direct nach Losniza zurückzukehren.

# Siebentes Kapitel

# Ein Besuch auf dem Zwornickgebiet.

Auf dem Thurme der Kirche von Losniza schlug es sechs Uhr. Der Reisewagen stand angespannt vor der Thür des Gasthofes. Auf dem Bocke saß neben dem Kutscher ein Beamter der Präfektur. Der Pandur schwang sich, die lange Flinte quer über dem Rücken, Pistolen und Yatagan im rothen Gürtel, auf's Pferd. Um den Wagen standen der Präfekt, der Bürgermeister, der Domherr und einige Lehrer des Gymnasiums „des kleinen, aber berühmten Losniza," welche gekommen waren, von uns Abschied zu nehmen. „Es ist Zeit, meine Herren, mahnte der Präfekt zum Einsteigen, „Sie kommen schwerlich in vier Stunden nach Großzwornik. Welchen Aufenthalt Sie an der Drina und mit den türkischen Polizeibehörden haben, ist nicht vorauszusagen. Vier Stunden hin; vier Stunden zurück; zwei Stunden Verzögerung an der Fähre und mit der Polizei. Unter keinerlei Bedingung dürfen Sie die Nacht auf türkischem Boden zubringen; sondern Sie müssen, bevor der Abend dunkelt, über die Drina zurück. Also steigen Sie ein! Vorwärts!"

Ich stieg mit meinem Reisemarschall in den Wagen,

nachdem uns die Freunde in Loßniza nochmals die Hände
zum Abschied gereicht hatten. Die Pferde zogen an. Der
Pandur sprengte voraus. Im Galopp ging's an der be=
rühmten Schanze vorüber, aus dem Städtchen hinaus, ab=
wärts zur Drina, dem Gränzfluß Serbiens und Bosniens.
Die Straße war vortrefflich. Nach einer halben Stunde
hielten wir am Strande der breiten, grünen Drina. Die
beiden schon vorher von unserer Ankunft benachrichtigten
serbischen Stationskommandanten erwarteten uns am Strande.
Der Pandur sprang vom Pferde. Drüben auf dem andern
Ufer erblickten wir türkische Soldaten, Fährleute, einige
Kähne, eine große Fähre und auf grüner Höhe ein tür=
kisches Wachthaus. Dort drüben lag Bosnien, wo über
Eine Million slavische Christen in der Knechtschaft einiger
Tausend türkischer Barbaren seufzen und vergebens das
christliche Europa zu ihrer Befreiung aus einer barbarischen
Tyrannei anrufen. Ich kannte die türkische Wirthschaft
dort drüben genau. Ein bosnischer Archimandrit, den ich
auf dem schwarzen Berge getroffen und den die Türken in
die Gefangenschaft nach Kleinasien geschleppt hatten, aus
der er mit Gefahr seines Lebens geflohen war, hatte mir
dieselbe geschildert.

„Unsere Fähre haben die Fluthen der Drina fort=
gerissen, meine Herren," sagte Einer von den Stations=
kommandanten, „Sie müssen sich schon der türkischen Fähre
bedienen. Schon vor einer Stunde habe ich einen Mann
hinübergeschickt, um die Fähre zu holen. Die Türken sind
langsam. Doch, da kommt die Fähre!"

Wir blickten nach dem Flusse. Eine mit einer Menge
zerlumpten Gesindels besetzte Fähre bewegte sich langsam
dem diesseitigen Ufer zu. Noch eine Viertelstunde, und die

8*

Fähre legte an. Es war ein platter, großer, ungeschlachter
Kahn mit niedrigen Rändern, welche sich an der Spitze
und am Ende des Kahns nicht abplatteten, so daß es un=
möglich war, mit einem Wagen hinein= und herauszufahren.
Doch, ich kannte das schon aus meinen Reisen in der
Türkei. In der Türkei muß man überhaupt schon froh
sein, wenn man eine Fähre findet und nicht gezwungen ist,
auf dem Pferde durch den Fluß zu schwimmen.

Nach einer halben Stunde waren Pferde und Wagen
mit vieler Mühe und mit großen Anstrengungen der Fähr=
leute glücklich in die Fähre gebracht. Der Pandur blieb
am serbischen Ufer. „Das ist ein recht türkisches Ein=
schiffen," brummte der Reisemarschall, „aber wie kommen
wir zurück? Vielleicht setzen uns die Barbaren nach Sonnen=
untergang nicht mehr über den Fluß. Versprechen Sie uns,
meine Herren," wandte er sich zu den Stationskomman=
danten, „um sechs Uhr Abends mit einem Kahn und einem
halben Dutzend zuverlässiger Leute drüben am andern Ufer
zu sein. Sie wissen, der Herr ist Gast des Regenten. In
der Türkei passiren unglaubliche Dinge!"

Beide Kommandanten gaben uns das Versprechen.
Beruhigt fuhren wir nun über die Drina. Nach einer
Viertelstunde hielten wir am bosnischen Ufer. Die Aus=
schiffung ging mit derselben Mühseligkeit vor sich, wie die
Einschiffung, und nahm wieder mehr als eine halbe Stunde
in Anspruch. Schließlich kostete die Ueberfahrt einen Du=
katen. Wieder echt türkisch! Auf allen serbischen Fähren,
welche selbstverständlich so gebaut sind, daß man hinein=
fahren und hinausfahren kann, zahlt man einige Piaster.
Während die Ausschiffung des Wagens und der Pferde
stattfand, kletterten wir zu dem türkischen Wachthause hin=

auf, wo ein Paßbeamter unsere Pässe, nachdem er uns und
die Pässe eine halbe Stunde betrachtet hatte, visirte. Von
dem Inhalt der Pässe verstand der dumme Türke, der
natürlich nur der türkischen Sprache mächtig war, ja nichts.
Die Uhr zeigte schon auf neun, als wir wieder in den
Wagen stiegen, um längs der Drina unseren Weg nach
Großzwornik fortzusetzen. Zwei Stunden waren mit der
Einschiffung und Ausschiffung und mit dem Visiren der
Pässe nutzlos vergeudet. Die Zeit ist ja das, was dem
Türken am wenigsten kostbar ist, weil im „Kef" — im
beschaulichen Nichtsthun — sein höchster Genuß besteht.
Wir fuhren an zwei türkischen Wachthäusern vorüber, von
deren Gallerie eine Schildwache „ins Land lugte." Ein
solches türkisches Wachthaus schaut sonderbar genug aus.
Auf vier hohen Pfählen ruht ein mit einer hölzernen Gal=
lerie umgebener Bretterboden. Zu diesem hölzernen „Lug
ins Land" klettert der wachthabende Soldat auf einer Leiter
hinan. Vor den Unbilden des Wetters ist er durch ein
konisch geformtes, in eine Spitze auslaufendes Schindeldach
geschützt. Die Straße, auf der wir längs des Flußes hin=
fuhren, war abscheulich. Ich konnte mir einbilden, wieder
durch die afrikanische Steppe zu fahren, wo die Sonne des
Orients den Ingenieur macht. Wenn das vom Drinaufer
nach Großzwornick führende Straßenstück zu der Straße
gehört, welche der neuliche Großvezier Mithat Pascha als
Gouverneur der Provinz hat in Bosnien anlegen lassen,
deren die türkenfreundliche Presse kürzlich so oft erwähnte,
so hätte ich ihm rathen mögen, vor seinen Straßenbauten
in Bosnien bei den Serben in die Schule zu gehen. Nicht
einmal von einer Beschotterung war bei dieser erbärmlichen
Straße die Rede. Die Brücken waren im jämmerlichsten

Zuſtande. Ein Theil der Bohlen fehlte gewöhnlich; der andere Theil war verfault und zerbrochen. Nur ſehr langſam und mit großer Vorſicht konnte der Wagen dieſe erbärmlichen Brücken paſſiren. Ringsum Gebüſch und Waldgruppen. Ueberall Oede und Stille. Es war mir unheimlich in dieſer Oede zu Muthe, da ich aus dem heiteren, fröhlichen und prächtig angebauten Serbien kam. Eine Nachtigall ſang im Laube einer dichten Gebüſchgruppe. Der flötende Ton ihrer Stimme war der einzige Ton, den ich eine lange Stunde hindurch in dieſer grünen Einſamkeit gehört habe. Von irgend einer Waldcultur war ſelbſtverſtändlich nirgends die Rede. Was weiß der Türke von Waldcultur? Endlich hörte die wilde Einſamkeit auf. Zwiſchen unbebauten, mit Gras und Geſtrüpp bedeckten Landſtrichen erſchienen hie und da Ackerfelder und Getraideäcker, auf denen Männer und Frauen von ſerbiſchem Geſichtstypus und in ſerbiſche Bauern= tracht gekleidet arbeiteten. Die Armen waren von ſerbiſchen Grundbeſitzern zu ſerbiſchen Taglöhnern hinabgeſunken. Als die aſiatiſchen Barbaren Bosnien eroberten, wirthſchafteten ſie dort gerade wie in Serbien. Nach dem Satze „Alles Land gehört dem Chalifen, dem Schatten und Stellvertreter Gottes auf Erden“ vertheilten ſie den Grundbeſitz unter ſich und zerſtörten die Straßen und Wege, machten den ſerbiſchen Bauer zu ihrem Pächter oder Lohnarbeiter und überbürdeten ihn mit Zehnten, Steuern und Abgaben, während ſie den Schweiß der Armen auf ihren Beſitzungen oder in den Städten verpraſſten und ſich ihrer Frauen und Mädchen zur Befriedigung ihrer Sinnesluſt mit Gewalt bemächtigten. Einſt gab es in Großzwornick fünfzig Bege — türkiſche Grundbeſitzer —; ſie ſind heute bis auf ſieben oder acht zu Grunde gegangen und zwar am Branntwein=

saufen. Der Türke ist ein gieriger Freund des Brannt=
weins. Der unglückliche serbische Pächter, der dem Beg das
Land bebaut, das ihm einst selbst gehörte, muß seinem Grund=
herrn Ein Drittel der Ernte abgeben. Ein Zehntel der
Ernte läßt ihm der Kaimakam oder der Pascha für den
Sultan durch den Steuereintreiber, der die Besteuerung ge=
pachtet hat, wegnehmen. Der Steuereintreiber, der gewöhnlich
der Gläubiger des Kaimakams oder des Pascha ist, weil
er die Steuer vorschießt, nimmt dem Armen natürlich das
Doppelte ab. Drei Gulden zwanzig Kreuzer muß der Serbe
in Bosnien jährlich zahlen, um nicht unter die türkischen
Soldaten gesteckt zu werden. Mit zwanzig Kreuzern be=
steuert der Türke jedes ihm gehörende Schaf und Schwein;
mit vierzig Kreuzern jedes Pferd, jeden Ochsen und jede
Kuh; jeder Kessel im Hause des serbischen Bauern ist mit
vierzig Kreuzern; jeder Schornstein auf dem Hause ebenfalls
mit vierzig Kreuzern besteuert. Für die Erlaubniß der
Slavafeier muß er achtzig Kreuzer zahlen. Hierzu kommen
dann noch die Frohnden für den Pascha und die Sportel=
gebühren für den türkischen Richter. Kann man sich bei
diesem Steuerdruck und bei dieser Ausbeutung der slavischen
Colonien in Bosnien, in welcher sich der türkische Grund=
herr, der türkische Pascha, der Kabi und der Geistliche die
Hände reichen, noch wundern, daß der slavische Bauer keinen
Sporn mehr findet, Feld und Hof eifrig zu bewirthschaften
und nur noch soviel arbeitet, um sich das nackte Leben zu
fristen? Noch heute werden die serbischen Grundbesitzer ohne
Weiteres und ohne jede Entschädigung in Bosnien aus ihrem
Eigenthum getrieben und dasselbe irgend einem aus Asien
kommenden Türken übergeben, der sich in Bosnien nieder=
lassen will. In Großzwornick fand ich an achtzig unglück=

liche Serben im Gefängniß, welche sich des Verbrechens schuldig gemacht hatten, keine Steuern zahlen zu können. Sie waren schon lange und auf unbestimmte Zeit einge= sperrt und wurden in Zwischenräumen aus dem Kerker ent= lassen, um als Taglöhner zu arbeiten und durch den Tage= lohn die schuldige Steuer einzubringen. Mehrere Unglück= liche hatten sich aus Verzweiflung erhängt. Das ist ein Stück türkischer Wirthschaft in Serbien! Nach zweistündiger Fahrt kamen wir durch ein tür= kisches Dorf. Wieder dieselbe Scenerie, welche ich im ver= flossenen Jahre so oft gesehen habe. Dieselben aus Holz und Lehm zusammengebauten, kleinen Türkenhäuser mit den vergitterten Haremsfenstern und den verschlossenen Thüren, von kleinen, mit hohen Staketenzäunen eingefaßten verwil= derten Gärtchen umgeben; dieselben nur aus einem Erd= geschoß bestehenden hölzernen Baracken, welche zu Kaufläden und Werkstätten eingerichtet waren, verschleierte Türken= weiber in bunten Mänteln und gelben Schlappstiefeln, dicke Türken mit weißen Bärten und kahlen Köpfen, welche in süßem Nichtsthun den Tschibuck rauchten! Wir machten eine halbe Stunde Halt, um die Pferde rasten zu lassen. Neugierig begaffte uns die umherlungernde männliche Be= völkerung, während die Weiber sich in den Häusern ver= krochen. In dem Dorfe wohnte ein fanatisches Volk. Es waren die früheren Bewohner von Sokol, welche nach der Schleifung der Festung und der Räumung des Städtchens nach Bosnien übergesiedelt waren. „Jahr= hunderte hindurch," sagt Rev. W. Denton, der englische Geistliche, in seinem Buche über Serbien, *) „hatten

*) S. Serbien und die Serben von Rev. W. Denton. Be= arbeitet von D. v. Cölln. Berlin 1865.

sie das Raubnest inne und bildeten gleichsam einen Staat
für sich, der selbst durch die Gebote des Sultans sich nicht
gebunden glaubte, bis sie im Jahre 1862 nach Bosnien
auswandern mußten, nachdem sie noch wenige Tage zuvor
die Kanonen auf zwei edle englische Damen gerichtet hatten,
welche mit ächt englischem Muth und Edelsinn mehrere
Jahre des bequemen Lebens in der Heimath opferten, um
aus eigener Anschauung das bejammernswürdige Loos der
Christen in der Türkei kennen zu lernen."

Das Dorf lag ungefähr in der Mitte des Weges,
den wir zurückzulegen hatten, um Großzwornick zu erreichen.
Der Charakter der Landschaft blieb so ziemlich derselbe,
wie früher, als wir unsere Reise fortsetzten. Weideland,
Ackerland und Gebüschgruppen zur rechten und linken Hand
der auf- und absteigenden Straße, auf welcher uns Türken
und verschleierte Weiber auf reichgeschirrten Pferden be=
gegneten. Dann führte die Straße die Hügelreihen abwärts;
links erschien in grünem Thalgrunde die Drina, am jen=
seitigen Ufer durch grüne Berghöhen eingerahmt. Noch eine
halbe Stunde und gerade vor uns entfaltete sich ein tür=
kisches Städtebild, die niedrigen Häusergruppen von Mina=
rets und Moscheekuppeln überragt. Es war Großzwornick.
Hinter dem Städtchen stieg ein Felsrücken in die Höhe, der
die Stirn der Drina zukehrte, das Plateau mit Bastionen
gekrönt. Am Fuß des Felsens erhoben sich vier dicke, vier=
eckige Thürme, welche durch eine Mauer mit einander ver=
bunden waren. Wir erblickten die Festung Großzwornick.
Gerade gegenüber am andern Ufer der Drina erschienen
die Häusergruppen eines türkischen Dorfes, Kleinzwornick,
welches mit dem dazu gehörigen Landgebiet Serbien als
sein Eigenthum beansprucht.

Wir konnten das ganze Zwornickgebiet, wovon seit Jahr und Tag in den Kreisen der europäischen Diplomatie so viel die Rede gewesen ist, mit einem Blick übersehen.

Der kleine Zwornick — nur um diesen handelt es sich bei der europäischen Streitfrage — hängt durch den Wald Boranja östlich mit Serbien zusammen. Die nördliche Seite wird durch das Dorf Radalj begränzt, die westliche von der Drina. Längs der Drina beträgt die Länge des kleinen Zwornick drei Stunden, der Querdurchschnitt beträgt Eine Stunde. Die Ziffer der Häuser auf dem kleinen Zwornick wird hundert kaum übersteigen. Kein Serbe wohnt in Kleinzwornick. Die Türken haben, beherrscht von dem Aberglauben, daß, falls ein Christ den kleinen Zwornick bewohne, Bosnien an Serbien verloren gehe, alle serbischen Einwohner von dem kleinen Zwornick vertrieben und ihr Eigenthum an Asiaten vergeben.

Das Recht Serbiens auf Kleinzwornick ist ganz unzweifelhaft. Die Räumung des ganzen serbischen Gebiets Seitens der Türken mit Ausnahme der Festungsbesatzungen hat bereits der Hattischerif von 1830 zugesagt und wird ausdrücklich in der unter Mitwirkung der Großmächte zu Stande gekommen Convention von 1862 wiederholt und durch die Convention von 1868, welche die Räumung der serbischen Festungen bestimmte, auch für alle Festungsgebiete bestätigt. Die Räumung des kleinen Zwornick sagt noch besonders ein Ferman Sultans Mahmud des Zweiten aus dem Jahre 1838 zu, welcher bestimmt, daß die Provinzen Jadar und Radjevina von den Türken geräumt werden sollen. Der kleine Zwornick liegt aber in der Radjevina. Einer der gediegensten Kenner serbischer Zustände,

der Orientreisende F. von Ka nitz, sagt über diese Streit=
frage: „Die Auslieferung dieses wichtigsten Punktes des
Drinaufers — des kleinen Zwornick — bildete seit langer
Zeit einen oft aber immer vergeblich in Constantinopel
wiederholten Kardinalwunsch des alten Milosch. Wenn die
serbische Regierung nun neuerdings dringend darauf besteht,
daß mit der Schleifung Sokol's auch die vollständige Räu=
mung des kleinen Zwornick, des türkischen Brückenkopfes
am serbischen Drinaufer erfolge, so ist sie hierin im un=
zweifelhaften Rechte." *) Die asiatischen Barbaren wollen
aber aus strategischen Gründen den kleinen Zwornick nicht
räumen, weil sie im Stande sind, unter dem Schuße der
Kanonen von Großzwornick ein beträchtliches Corps in
Kleinzwornick zu landen und das ungedeckte Land bis Va=
lievo verwüsten können, bevor die Serben Zeit finden, sich
zu sammeln. So war es in dem serbischen Freiheitskriege, so
schon im Jahre 1737 in dem Seckendorff'schen Feldzuge.
Die Häuptlinge von Zwornick und Tuzla verwüsteten, von
Großzwornick nach Kleinzwornick übersetzend, den ganzen
wehrlosen Distrikt von Valievo, mordeten, brannten und
sengten und schleppten Tausende von Weibern und Kindern
in die Sclaverei.

Wir ließen den Wagen, die Pferde und den Kutscher
in einer beim Eintritt in die Stadt belegenen türkischen
Mehana und traten unseren Weg durch die Stadt nach
dem Konak des Mudirs an, um unsere Pässe wiederum
visiren zu lassen und zugleich dem Mudir einen Besuch
abzustatten. Die Straßen von Großzwornick hatten ganz
denselben Charakter, wie die aller türkischen Städte. Sie waren

*) S. Serbien von F. Knniß. Leipzig 1868.

eng, holprig, uneben; das Pflaster bestand aus durchein=
ander gestreuten, größeren und kleineren Steinen; die Häuser
klein, aus Holz und Lehm erbaut. Wir überschritten einen
kleinen Platz, auf dem ein Brunnen im Schatten einiger
Bäume sprudelte. Eine breitere Straße war zu beiden
Seiten mit hölzernen Baracken besetzt, deren offene Erd=
geschosse zu Verkaufsläden und Werkstätten eingerichtet
waren. Es war der Bazar von Zwornick. Grünkram,
Fleisch, Lederwaaren, Mehlvorräthe, Kleiderstoffe wurden
in diesem Bazar zum Verkauf ausgeboten, zuweilen Alles
in demselben Raume. Der Verkäufer saß auf einem Polster
auf der Erde hinter seinen Waaren. In den Werkstätten,
die sich, wie die Verkaufsläden, nur um einen oder zwei
Fuß über dem Straßenpflaster erhoben, schneiderten, häm=
merten, drechslerten, schusterten Handwerker, Alle auf ihren
untergeschlagenen Beinen sitzend. Und wieder umbuftete
mich dieser widerliche Geruch, den ich in jedem türkischen
und arabischen Bazar in Asien und Afrika empfunden habe,
und der mich immer bis über das Meer nach Europa
verfolgt. Mein Reisemarschall betrat zum ersten Male eine
türkische Stadt und war über den Schmutz, über das
Gerümpel, über den Gestank, über die elenden Baracken und
ihre Insassen empört. Lachend erwiderte ich ihm: „Weshalb
sind Sie empört? Sie befinden sich in Asien, unter asia=
tischen Nomaden. Denken Sie sich Großzwornik hundertmal
so groß und Sie sehen Stambul, die Hauptstadt des Padi=
schah. Seien Sie lieber empört über die christlichen Türken=
freunde in Europa, welche die Herrschaft dieser asiatischen
Nomadenhorden über vierzehn Millionen slavische und grie=
chische Christen aufrecht erhalten wissen wollen!"
    Der Konak des Mudirs war das stattlichste Haus in

Großzwornick. Im Hofe befanden sich mehrere Gensdarmen, welche reichgeschirrte Pferde umherführten. Der Flur war ungedielt. Festgestampfter Lehmboden vertrat die Stelle des hölzernen Bodens. Eine roh gearbeitete hölzerne Treppe führte zum obern Stock, der ganz aus Holz aufgezimmert war, und in einen geräumigen Vorsaal, auf den sich mehrere mit bunten Stoffen verhängte Thüren öffnen. Ein Kawasse schlug die Vorhänge der einen Thür auseinander, indem er uns durch eine Handbewegung einlud, einzutreten. Die Vorhänge fielen hinter uns wieder zusammen. Wir befanden uns im Geschäftszimmer des Mudirs, dessen kleine Fenster nach dem Garten hinausgingen. Die Wände waren von Holz, ohne jeden decorativen Schmuck. Der Boden war mit Teppichen bedeckt. Außer einigen aus geflochtenem Stroh gefertigten Stühlen, welche an den Wänden umherstanden, waren Mobilien in diesem türkischen Geschäftszimmer nicht vorhanden. An der der Thür gegenüber befindlichen Wand unterhalb der Fenster befand sich ein mit Teppichen bedeckter Divan, welcher die ganze Breite des Saales einnahm. Auf dem Divan saßen mit untergeschlagenen Beinen vier Männer, drei in türkischer Tracht, der vierte in einer türkischen Beamtenuniform, den Fez auf dem Kopfe. Es war der Mudir, ein ältlicher Mann mit grauem Bart, gelbem Gesicht und dunklen Augen; die beiden Andern waren der Beisitzer und der Secretair, in der Mitte saß der Dolmetscher, wahrscheinlich ein serbischer Bosniak, der den Glauben Mahomets angenommen hatte. Die Türken sprachen nur türkisch; der Dolmetscher war der türkischen und der serbischen Sprache mächtig. Er begrüßte uns im Namen des Mudirs in serbischer Sprache und gab einigen im Hintergrunde des Saales stehenden Kawassen

Auftrag, uns Stühle zu reichen und Kaffee und türkische Cigarren anzubieten. Auch der Mudir und seine beiden Beisitzer rauchten. Mehrere Kästchen mit Cigaretten, einige Zündholzbehälter und Aschenbecher standen vor ihnen auf dem Divan. Von Schreibzeug, Akten und Papieren war nichts in der Nähe dieser türkischen Gerichtsbeamten zu erblicken. Das türkische Gerichtsverfahren ist das formloseste und kürzeste der Welt — in Bosnien auch das willkürlichste. „Religiöser Fanatismus, gepaart mit gränzenloser Willkür," sagt Kanitz, „haben in diesem Lande einen Theil der Bewohner zu Herren, den andern zur willenlosen Rajah gestempelt, wo bei richterlichen Urtheilen zwischen beiden das verschiedene Glaubensbekenntniß über Recht und Unrecht schon im Voraus entscheidet." *)

Ein Kawasse bot uns Kaffee und Cigarren an, nachdem ein anderer uns Stühle gebracht hatte. Die Unterhaltung zwischen uns und dem Mudir erstreckte sich auf Fragen über das Land, woher wir kämen, über den Zweck unseres Besuches in Zwornick und über die Fortsetzung unserer Reise. Nur der Mudir sprach; die beiden Beisitzer glichen zwei Statuen, welche rauchten. Der Dolmetscher übertrug das Türkisch des Mudirs in die serbische Sprache, und der Reisemarschall übersetzte meine Antworten für den serbischen Dolmetscher, der sie dann für den Mudir in Türkisch wiedergab. Die Türken haben gewöhnlich gar keine Begriffe von fremden Ländern und Völkern und auch gar kein Interesse, darüber Etwas zu erfahren. „Frankistan" ist für sie das ganze Europa außerhalb der Balkanhalbinsel. So erging es auch dem Mudir von Großzwornick.

---

*) S. Ebendaselbst.

Er wußte nichts von Preußen; von Berlin hörte er wohl zum ersten Mal in seinem Leben. Der Reisemarschall stellte mich in aller Form vor. Der Mudir schien aus meinem Titel zu vermuthen, daß ich Arzt sei und fragte mich, weshalb die Fieber so in Zwornick grassirten und was er gegen die Fieber thun solle? Unsern Besuch in Klein=zwornick wollte er unter keinerlei Umständen gestatten; auf allen erdenklichen Umwegen wich er aus und ent=schuldigte sich schließlich, daß er nicht ermächtigt sei, uns eine solche Erlaubniß zu geben und erst in Serajevo an=fragen müsse. Auch die Erlaubniß zur Besichtigung des oberen Theils der Festung hinge nicht von seiner Macht=vollkommenheit ab, wie er sich entschuldigte; schließlich lud er uns zu einem Spazierritt längs der Drina durch die Vorstadt von Großzwornick ein, wo wir sehr hübsche Land=häuser und Gärten finden würden, und bot uns für den Spazierritt Pferde an. Ich hatte den ganzen Vormittag im Wagen gesessen und zog es vor, einen Spaziergang zu Fuß zu machen, fragte deshalb nach der Beschaffenheit der Straße. Der Mudir schilderte mir die Straße als muster=haft und erbot sich, uns in diesem Falle einen Kawassen zur Begleitung mitzugeben. Endlich brachte ein Kawasse die visirten Pässe. Unter nichtssagenden gegenseitigen Komplimenten, welche in der Türkei die gränzenlose Un=wissenheit und Hohlheit verdecken, verließen wir den Mudir von Zwornick. Der uns zur Begleitung mitgegebene Kawasse folgte uns. Als wir auf dem Hofe und auf der Straße waren, wurde der Kawasse noch zu zwei verschiedenen Malen zum Mudir zurückgerufen. Wahrscheinlich erhielt er seine Verhaltungsmaßregeln, uns genau zu beobachten.

Der Spaziergang durch die Vorstadt von Zwornick

entsprach den Erwartungen, welche der Mudir in uns er=
regt hatte, nicht im Mindesten. Der Mudir, ein Asiat,
der kürzlich erst aus Stambul gekommen war und von
Europa nichts gesehen hatte, sah mit den Augen des asia=
tischen Nomaden. Die Landhäuser und Gärten, an denen
wir vorüberkamen, waren von der gewöhnlichsten Beschaffen=
heit; die Straße war abscheulich. Gepflastert war sie aller=
dings, aber in türkischer Manier. Das Pflaster bestand
aus Steinen von allerlei Formen und Größen zwischen den
Steinen gab es Löcher und Rinnsale; der klebrige, lehmige
Schmutz, der das Pflaster bedeckte, machte jeden Tritt un=
sicher. Zweimal stürzte ich hin und konnte froh sein, statt
der Beine nur den Regenschirm zu zerbrechen. Warum
hatten wir uns keine Pferde geben lassen und uns auf
das Urtheil eines asiatischen Nomaden über eine gute Straße
verlassen? Auf dem Wege begegnete uns allerlei zerlumptes
und mit leiblichen Gebrechen behaftetes türkisches Gesindel.
Nach einer halben Stunde hatten wir den untern Theil
der Festung erreicht, welche den Uebergang über die Drina
zu decken bestimmt ist. Die Häusergruppen von Klein=
zwornick erschienen uns hier gerade gegenüber auf der andern
Seite der Drina. Durch ein verfallenes Thor, in welchem
ein türkischer Soldat Wache stand, betraten wir die untere
Festung. Eine erbärmliche Karonade mit langem, dünnem
Lauf streckte uns neben dem Posten die Mündung entgegen.
Das Innere der Thorwölbung war schmutzig und dunkel.
Die untere Festung bestand, wie ich schon erwähnt, aus
vier dicken, quadratisch geformten Thürmen, welche durch
eine crenelirte Mauer mit einander verbunden waren.
Thürme und Mauern waren im verfallenen Zustande. Ein
halb Dutzend Schüsse eines Zwölfpfünders, von jenseits der

Drina auf serbischem Boden abgefeuert, werfen die ganze untere Festung Großzwornick in Trümmer. Hinter der Mauer erhob sich ein türkisches Wachthaus, wie ich es an der Fähre von Losniza bemerkt hatte. Ich wollte auf die Gallerie steigen, um einen Ueberblick über das jenseitige Ufer zu gewinnen. Der Kawasse hinderte mich an der Ausführung meines Vorhabens, indem er erklärte, er habe Befehl erhalten, dies nicht zu gestatten. Auf dem Rückweg durch die Stadt versuchten wir in eine Moschee einzutreten, an deren Hofe wir vorüberkamen. Der Kawasse trat uns auch hier hindernd in den Weg. Es war für uns nun nicht mehr zweifelhaft, aus welchem Grunde der Mudir so höflich gewesen war, uns einen Kawassen als Begleitung mitzugeben.

Nachdem wir auch den auf einer Anhöhe belegenen serbischen Stadttheil von Zwornick besucht — er umfaßt ungefähr ein Drittheil der Bevölkerung, unter welchem Drittel sich kaum neunzig wohlhabende Familien befinden — und die dortige christliche Kirche besichtigt, begaben wir uns nach der Mehana zurück, wo wir unsern Wagen und unsere Pferde gelassen hatten. Die beiden serbischen Popen begleiteten uns. Der Kawasse ließ uns keinen Moment aus den Augen. Wir hatten in Zwornick nichts mehr zu thun, als zu Mittag zu essen. Ein genießbares Mittagessen zu bekommen, ist indeß in einer türkischen Stadt keine leichte Aufgabe. In einer ziemlich gut aussehenden Mehana fragten wir vergebens an. Der Wirth antwortete uns in den pöbel=haftesten Ausdrücken in serbischer Sprache. In der zweiten Mehana, wo sich unser Wagen und die Pferde befanden, fanden wir eine gastfreie Aufnahme. Der Besitzer der Mehana, ein baumhoher, prächtig gekleideter Türke, erschien und ver=

sprach), für ein Mittagessen zu sorgen. Nach einer halben
Stunde, während uns die beiden Geistlichen Gesellschaft
leisteten, trat der Wirth wieder in das Gemach, einen halb=
erwachsenen Burschen neben sich, der unser Diner, auf einem
thurmartigen hölzernen Aufsatze stehend, den er mit beiden
Händen hielt, auf dem Kopfe trug; es befand sich in drei
verschiedenen Schüsseln aus Zinn, welche auf den Tisch ge=
setzt wurden. Eine Schüssel enthielt Lammfleisch, die zweite
ein. Fleisch, dessen Natur nicht zu enträthseln war, in einer
Paprikasauce; das dritte Gericht war eine süße Speise, Honig
mit saurer Milch. Servietten und Tischtuch gab es na=
türlich nicht. Nach Wein, Bier oder Branntwein fragten
wir vergebens. Es gab aber auch weder Messer noch Gabeln.
Schließlich wurde ein Messer in der Mehana aufgetrieben
und eine Gabel aus der Nachbarschaft herbeigeschafft. Be=
neide mich Niemand um ein Mittagessen in einer türkischen
Mehana! Nur das Lammfleisch war zu genießen, obgleich
es nicht ohne muffigen Beigeschmack war. Der Hunger
ließ uns den muffigen Beigeschmack vergessen; wir hatten
seit unserer Abreise von Losniza nichts genossen. Ganz un=
genießbar waren das unbekannte Ragout in Paprika und
die süße Speise. Honig mit saurer Milch! Mir wurde
übel beim Versuch, die süße Speise zu kosten. Abwechselnd
bedienten wir uns der Gabel und des Messers, um das
Fleisch zu zerschneiden, ohne die Finger zu Hilfe zu nehmen.

Die Stimmung, worin wir uns bei diesem erbärmlichen
Mittagessen befanden, war eine nichts weniger als heitere.
Die Geistlichen sprachen mit meinem Begleiter mit leiser
Stimme von der Lage der serbischen Christen in Bosnien
und schauten sich bei jedem Wort um, ob sie nicht behorcht
würden. Das Gemach, wo wir speisten, war durch eine

Gallerie von einem anstoßenden Gemache getrennt. Dort verkehrten allerlei Leute, welche uns augenscheinlich beobachteten. Der Kawasse erschien ohne jede Veranlassung zu wiederholten Malen, um uns anzugaffen. Ich schlug dem Reisemarschall vor, anspannen zu lassen. Nach einigen Minuten kam er zurück, um mir zu erklären, daß wir augenblicklich nach Losniza aufbrechen müßten.

Ganz verwundert fragte ich, was sich denn ereignet habe? Der Reisemarschall erwiderte: „Der Kutscher war wieder sehr ängstlich und hat mir schließlich gestanden, er sei von seinem Herrn, der eine kleine Stelle auf dem österreichischen Consulat in Belgrad bekleide, beauftragt worden, aus Schabaz unsere Reiseroute sofort dem Consul mitzutheilen."

Ich ließ das einzige Messer, welches die Mehana uns zum Verzehren des „Türkenfutters" zu liefern im Stande gewesen war, auf den Boden fallen und fragte, in der That durch diese Mittheilung erschreckt: „Und hat der Kerl die gewünschte Mittheilung gemacht?"

„Er hat sie gemacht. Der Knabe, der in Schabaz auf dem Bocke unseres Reisewagens saß, war der Sohn des Kutschers. Sein Vater hat ihn an demselben Morgen, wo wir von Schabaz nach Losniza fuhren, also gestern, nach Belgrad geschickt, um auf dem österreichischen Consulat zu melden, daß wir unsern Weg über Losniza nach Zwornick genommen hätten."

Mir verging alle Neigung, mich weiter mit dem Verzehren des „Türkenfutters" zu beschäftigen, obschon der Besitzer der Mehana gerade die aus saurer Milch mit Honig bestehende Mehlspeise auftrug; der ganze rohe Pöbel von Großzwornick, der Herrn von Kanitz und den General von Tottleben hatte umbringen wollen, erschien in meinen Ge-

9*

banken schon tobend und lärmend vor der Mehana; ich
sprang auf und rief: „Ist schon angespannt?"

„Die Pferde stehen bereits vor dem Wagen."

„Dann zahlen Sie schleunigst das Türkenfutter. Wir
haben keine Viertelstunde mehr zu verlieren. Jetzt wird's
in Zwornick gefährlich."

Nach fünf Minuten saßen wir im Wagen; der Beamte
des Natschalnikats auf dem Bocke. Im gestreckten Galopp
ging's am Strande der Drina entlang, so schnell die Pferde
auf der elenden Straße zu laufen im Stande waren.
In drei Stunden hielten wir wieder am Landungsplatze
der Fähre, Losniza gegenüber. Durch meinen Operngucker
schaute ich hinüber nach dem andern Ufer. Ein Kahn stieß
ab. Im Kahne erkannte ich beide serbische Stationscomman-
danten, von einem halben Dutzend ihrer Leute begleitet.
„Jetzt sind wir in Sicherheit," sagte ich zu dem Reisemarschall,
„noch zehn Minuten und sie sind da."

Wir überließen Wagen, Pferde und den verrätherischen
Kutscher den türkischen Fährleuten, um sie an's andere Ufer
zu schaffen, und sprangen mit dem Beamten des Natschalnikats in den Kahn, von den serbischen Stationscomman-
danten freudig begrüßt. Einige türkische Soldaten waren
aus der Wachtstube gekommen und standen, uns neugierig
angaffend, am Strande. „Sagen Sie diesen asiatischen Barbaren," sagte ich dem Reisemarschall, „daß wir, bevor ein
Jahr vergeht, wieder hier landen, um Bosnien für das
serbische Vaterland in Anspruch zu nehmen, von einer serbischen Armee begleitet."

Der Reisemarschall rief diese Worte den Nizams hinüber, während unsere Fährleute die Ruder einsetzten. Nach
einer Viertelstunde befanden wir uns am serbischen Ufer.

Um neun Uhr Abends waren die Räume des Lese= vereins festlich erleuchtet. Die „Sloga Podrinska" hatten mir und meinem Begleiter zu Ehren eine kleine Festlichkeit veranstaltet. Die ganze Intelligenz „des kleinen aber be= rühmten Losniza" waren in dem großen Saale des Casino versammelt. Alle Frauen und Mädchen waren in serbischer Nationaltracht. Ich hatte mit Herrn Petrović meinen Platz zwischen dem Natschalnik, dem Domherrn, dem Bürger= meister und dem Präsidenten des Gerichtshofes erhalten. Zum Beginn der Festlichkeit hielt der Professor des Gym= nasiums, Herr Niketić, einen Vortrag über den Pan= slavismus, worin er nachwies, daß Serbien kein Boden für den Panslavismus und für panslavistische Ideen sei; Serbien habe sich selbst von der Türkenherrschaft befreit und sei befähigt, sich auf freiheitlicher und selbstständiger Basis zu constituiren, zu organisiren und zu kräftigen. Nach Außen hin gehe das einzige Bestreben Serbiens dahin, die Initiative zur Befreiung der noch von den asiatischen Barbarenhorden zur Schande Europa's unterjochten Stam= mesbrüder zu ergreifen. Diese Befreiung werde Serbien anstreben, gestützt auf seine eigene Kraft und ohne seine Freiheit zu gefährden. Von einer russischen Souzeränität um diesen Preis wolle kein einziger Serbe etwas wissen.

Als der Redner bis zu dieser Stelle seines Vortrages gekommen, trat ein Pandur in den Saal, um dem Nat= schalnik eine Meldung zu machen. Die Meldung schien von Wichtigkeit zu sein; denn der Natschalnik stand auf, um den Saal zu verlassen. Vorher wandte er sich zu mir und meinen Reisegefährten und sagte: „Was meinen Sie dazu? So eben sind der österreichische Consul Kallay und der englische Viceconsul Watson angekommen. Sie haben den Weg von Belgrad nach Losniza in einem Tage gemacht."

Erstaunt blickte ich den Reisemarschall an. „Begreifen Sie nun," fragte ich ihn, „den Zusammenhang zwischen der Mittheilung unseres Kutschers über unsere Reiseroute von Schabaz nach Losniza an das österreichische Consulat in Belgrad und die Aengstlichkeit des Menschen in Bosnien? Erinnern Sie sich, wie vor sechs Jahren die beiden Serben auf der Rhede von Ruščuk am Bord der Germania auf Veranlassung des österreichischen Consuls Martyrt, der heute Generalconsul in Corfu ist, erschossen wurden?"

„Gut, daß Sie aus Zwornick zurück sind," sagte der Domherr, „und nicht die Nacht in Bosnien blieben; vielleicht wären Sie schon auf dem Transport nach Serajevo."

„Oder wir wären von dem fanatischen Pöbel in Zwornick auch vielleicht ermordet worden," fügte ich hinzu.

Währenddem trat der Natschalnik wieder in den Saal. „Der Consul hat zuerst nach Ihnen gefragt, ob Sie noch in Bosnien seien?" wandte sich der Natschalnik zu mir, als er seinen früheren Platz eingenommen hatte. Eine Meldung, daß beide Consuln in Losniza eintreffen würden, ist Seitens unserer Regierung auf dem Natschalnikat nicht eingegangen. Beide Consuln sind ohne Legitimationspapiere. Ich habe dem Beamten den Auftrag gegeben, die Anwesenheit beider Consuln gänzlich zu ignoriren."

Die Festlichkeit in der „Podrinska Sloga" schloß mit serbischen Nationalliedern, welche der Gesangverein vortrug und mit serbischen Nationaltänzen, unter denen der Kolo eine erste Stelle einnahm. Um eilf Uhr nahmen wir Abschied, um im Gasthofe noch ein leichtes Abendessen einzunehmen und uns schlafen zu legen, da wir am anderen

Morgen um sechs Uhr aufbrechen wollten. Der Weg von Los=
niza nach Valievo erfordert fast fünfzehn Stunden. Wir
saßen noch, mit unserem Abendessen beschäftigt, in dem an
das große Gastzimmer anstoßenden Speisesaale, als sich die
Thüre öffnete, und die beiden türkenfreundlichen Consuln
in derselben erschienen. Sie hatten den Speisesaal zu durch=
schneiden, um in ihr eigenes Schlafzimmer zu gelangen.
Die Verlegenheit auf den Gesichtern der beiden Türkenfreunde
war unverkennbar, als sie schweigend an unserem Tische
vorüberschritten. Ich konnte nicht umhin, sie mit folgenden
Worten zu begleiten, mit denen ich mich an Herrn Petrović
wandte: „Die beiden Consuln haben sich also doch verge=
bens für unsere Reise interessirt. Es ist wohl recht gut,
daß wir die Nacht nicht in Bosnien zugebracht haben.“

# Achtes Kapitel.

## Valievo.

Sie kamen sämmtlich, um noch einmal Abschied von uns zu nehmen, als unser Reisewagen am andern Morgen angespannt vor dem Thore des Gasthofes hielt, die Freunde in Losniza, welche uns so trefflich aufgenommen hatten, der Natschalnik, der Kmet, der Domherr, der Arzt, die Lehrer des Gymnasiums und der Normalschule. Es war währenddem fast sieben Uhr geworden. Der Tag versprach heiter und sonnig zu werden. Ein kühler Nordost, der über die lange, bacische Ebene kam, hatte die Regenwolken, welche uns am verflossenen Tage in Bosnien mehrmals mit kurzem Platz=regen überraschten, auseinandergeweht; hier und da irrte noch ein Wolkenstreif am blauen Morgenhimmel umher, um jenseits der Drina in Bosnien zu verschwinden. „Das trockene Wetter wird Ihnen heute recht willkommen sein," sagte der Bürgermeister, „die Straße nach Valievo führt über die Plateaus des Gebirges. Sie ist gut, wie alle unsere Straßen, aber hie und da nicht genügend geschottert, so daß der Regen auf dem weichen, leicht auszuwaschenden Terrain an den Abhängen der Plateaus einige Boden=schwierigkeiten zur Folge hat. Seien Sie deshalb ohne

Sorge! Panduren werden Sie bis Valievo begleiten. Der Natschalnik hat schon vor einer Stunde an sämmtliche Bezirkscapitäne telegraphirt."

Auch die dunkle Persönlichkeit kam nochmals zum Vorschein, um, wie sie vorgab, Abschied zu nehmen. Der Mann war mir seit gestern noch dunkler geworden. Am vergangenen Abend, nach unserer Rückkehr aus dem Türkenlande, war er nicht mehr erschienen. Aber der österreichische Consul hatte, nachdem er erfahren, daß ich mit heiler Haut aus Zwornick zurückgekehrt sei, sofort nach ihm gesandt und da er seiner in der Nacht nicht mehr habhaft werden konnte, mit ihm am heutigen Morgen um fünf Uhr eine Unterredung gehabt. Gleich nach der Unterredung waren beide Consuln nach Bosnien abgereist, ohne in Losniza irgend Jemanden gesprochen oder dem Natschalnik von ihrer Ankunft Mittheilung gemacht zu haben. Die Sache wurde mir immer verdächtiger. Als der Mann deshalb, sichtlich von Allen gemieden, und ohne daß ihn irgend Jemand eines Grußes würdigte, vor dem Gasthofe erschien, fragte ich ihn ohne Weiteres: „Was haben Sie mit dem österreichischen Generalconsul heute Morgen um fünf Uhr verhandelt?"

Er erwiderte mir, daß er mit dem Generalconsul persönlich bekannt sei, und deshalb ihn bei seiner Durchreise habe begrüßen wollen.

„Um fünf Uhr begrüßt man sich nicht," erwiderte ich ihm. „Zu dieser frühen Morgenstunde hat man blos eine Unterredung mit einem Agenten. Was wollte denn der Consul hier?"

Der Mann sprach etwas von einer Geschäftsreise nach Bosnien.

Jetzt wurde mir die Sache doch zu bunt. Ich sprach meinen Verdacht in sehr klaren und starken Worten aus, und wandte ihm dann den Rücken zu. Alle Umstehenden stimmten mir bei und sagten mir, daß der Mensch, als der Spionage stark verdächtig, von Jedermann in Losniza gemieden werde.

Dann stiegen wir in den Wagen. Noch einmal reichten uns Alle die Hände, hoffentlich auf Wiedersehen, wenn die orientalische Frage nicht mehr durch die Federn der Diplomaten verschleppt, sondern durch die serbischen Hinterlader und Kanonen und durch die Flammen des Aufstandes in Bosnien, in der Herzegowina, in Altserbien und in Bulgarien entschieden wird; der Pandur schwang sich, das Gewehr auf dem Rücken, Pistole und Yatagan im rothen Gürtel, auf's Pferd — er war fünf Jahre Haiduck in der Türkei gewesen, das heißt er hatte fünf Jahre auf eigene Faust am Balkan den Krieg gegen die Türken geführt, wie so viele tausend Andere — und nun ging's in gestrecktem Trabe aus dem kleinen aber berühmten Losniza hinaus auf die Straße nach Valievo. Noch eine Biegung des Weges, ein Hügelrücken schob sich vor und — Alles war vorüber. Langsamer zogen die Pferde den Wagen die Bergstraße hinan. Der Pandur ritt im Schritt dem Wagen vor.

Und immer schöner und mannigfaltiger wurde die landschaftliche Decoration, als wir die Höhe des Plateaus erreicht hatten. Eine reiche Hochebene breitete sich vor uns aus, ganz mit Kukuruzfeldern, Weizenäckern, Kornfeldern, Baumgruppen, aus denen hie und da weiße Häuser herausschauten, bedeckt. Rechts bildete das Gutschewogebirge einen Höhenzug in verschiedenen Abstufungen und Terrassen. Die

Stufen des Mittelgebirges waren mit hellgrünen Matten, deren frisches Grün im goldenen Morgensonnenschein nach dem gestrigen Regen noch heller und frischer leuchtete, mit gelben Fruchtfeldern und mit dunklen Waldstreifen bekleidet; ein reicher Pflanzenmantel umhüllte die über den Höhen des Mittelgebirges ansteigende Bergkette bis zu ihren obersten Rändern. Hätten die fremdartigen Trachten der uns auf der Straße zu Fuß, zu Pferd und zu Wagen begegnenden Landleute, welche die Erzeugnisse ihrer Felder und Gärten nach der Stadt zum Verkauf führten, mich nicht eines andern belehrt, ich hätte glauben können, über ein reichangebautes deutsches Mittelgebirge zu fahren, und mußte meine Blicke, wenn sie das reiche Landschaftsgemälde gestreift hatten, immer wieder auf die fremdartig ausschauende Gestalt des dem Wagen vorausreitenden Panduren haften lassen, um mich zu erinnern, daß ich im Orient sei und gar in einem Lande, wo die asiatischen Barbaren drei Jahrhunderte hindurch alle Cultur niedergetreten und Landwirthschaft und Ackerbau fast vernichtet hatten. Ich sprach mit meinem Begleiter, der über alle serbischen Verhältnisse sehr gut unterrichtet und in der serbischen Geschichte trefflich bewandert war, über die türkische Thrannei, welche so lange auf dem unglücklichen Lande gelastet, und über die Grausamkeiten, welche sich die asiatischen Barbaren noch in den ersten dreißig Jahren, besonders während der Aufstände hatten in Serbien zu Schulden kommen lassen; er bestätigte mir alle grausenerregenden Einzelheiten. In den Sammlungen der Belgrader Hochschule wird eine Kette aufbewahrt, mit welcher die Türken christliche Gefangene fesselten. Ein schwerer, breiter, eiserner Ring wurde einem Gefangenen um den Hals geschmiedet. Von beiden Seiten

des Ringes liefen eiserne Stangen aus, an deren Enden
sich andere Ringe zu demselben Zwecke befanden. In dieser
Weise gefesselt, wurden die Gefangenen von einem Gefängniß
in das andere, von einem Ort zum andern geschleppt. Mir
wurde eine Peitsche gezeigt, mit der die asiatischen Bar=
baren die unglücklichen Gefangenen prügelten. An der Spitze
eines starken, hölzernen Stockes befanden sich vier dünne,
eiserne Ketten, jede ungefähr von der Länge von zwei Fuß.
Jede Kette hatte an ihrem untersten Ende eine kleine Kugel.
Jeder Hieb mit dieser Peitsche mußte das Fleisch von den
Hüften und aus dem Rücken reißen. Ein gutgeführter Hieb,
wo sich die Kette um die Brust schlang, mußte den Tod des
Gemarterten zur Folge haben. „Sagen Sie mir," fragte
ich meinen Begleiter, „ich habe gelesen, daß, wie die Türken
hier im Lande die Herren waren, ein gesetzliches Privilegium
jedes serbische Mädchen und jede serbische Frau dem Willen
jedes türkischen Soldaten, Beamten und Grundbesitzers unter=
warf, der sich des Mädchens zur Befriedigung seiner sinnlichen
Leidenschaften bemächtigen wollte*); ist das wirklich wahr?
Wurden derartige Brutalitäten in Serbien ausgeführt?"

Herr Petrović schaute mich verwundert an, wie Jemand,
der über die Naivetät des Fragenden erstaunt ist. Dann
sagte er:

„Die Sache hat ihre vollkommene Richtigkeit. Der=
artige Brutalitäten sind massenhaft vorgekommen. Das
Gesetz existirte. Der Türke ließ sich das Mädchen holen,
welches seinen Gelüsten behagte. Wurde es ihm nicht aus=
geliefert, so nahm er es sich mit Gewalt."

---

*) S. Serbien und die Serben von Rev. W. Denton, frei
bearbeitet von D. v. Cölln. Berlin 1865.

„Und wenn sich der Vater, die Brüder, der Mann widersetzten?"

„Wenn sie bei diesem Widerstand getödtet wurden, so rechnete das Gesetz diese Tödtung dem Türken nicht als Mord an."

„Haben Sie die Tochter unseres Wirthes in Schabaz bemerkt? Ein sehr hübsches, schön gewachsenes Mädchen."

„Gewiß."

„Hätte nun der türkische Befehlshaber im Turcigrad zu Schabaz sich das Mädchen holen lassen können, wenn es ihm gefallen hätte.?"

„Zweifelsohne."

„Und was wurde dann aus einem solchen unglücklichen Geschöpfe?"

„Es tödtete sich gewöhnlich selbst. Alle diese Schand=thaten sind noch in den letzten Stadien der Türkenherrschaft vorgekommen. Ich will freilich nicht leugnen, daß es auch viele Türken in Serbien während der letzten Zeit gab, welche die Anwendung dieses gesetzlichen Privilegiums ver=abscheuten — indeß diejenigen, welche sich dessen bedienen wollten, kümmerten sich wenig oder gar nicht um den Abscheu ihrer Stammesgenossen."

Was meinen die Türkenfreunde, welche der Ansicht sind, daß die Herrschaft der asiatischen Barbaren auf der Balkanhalbinsel aufrecht erhalten werden müsse, zu einem solchen gesetzlichen Privilegium, wenn es auf ihre Frauen und Töchter angewendet würde? Das von mir erwähnte Privilegium existirt allerdings — so viel mir bekannt ist, jetzt auf der Balkanhalbinsel nicht mehr. Der „Mädchen=raub" ist aber in Bulgarien, in Bosnien noch heute an der Tagesordnung. Ich war im verflossenen Jahre in

Ruščuk und habe mir dort Geschichten erzählen lassen, an
deren Richtigkeit zu zweifeln ich gar keine Veranlassung
finde, und welche die Ausführung des nicht mehr existirenden
Privilegiums in einer Art und Weise illustrirten, als wenn
das Privilegium noch existirte. Von einer Bestrafung der
Thäter ist nie die Rede. Das aus dem Hause ihrer Ver=
wandten geraubte oder im Freien aufgegriffene Mädchen
bleibt in der Gewalt des Entführers. Keine Hülfe bei den
türkischen Beamten; die Intervention fremder Consuln, falls
sie überhaupt erfolgt, ist immer vergebens. Factisch existirt
das Privilegium also noch heute auf der Balkanhalbinsel.

Das Mitagessen nahmen wir in dem Dorfe Jarebize
ein, welches eine halbe Stunde von der nach Valievo füh=
renden Heerstraße entfernt lag. Ein Dutzend freundlicher
Häusergruppen umgab eine stattliche Kirche mit rothem Spitz=
thurme. Das Speisezimmer des Wirthshauses war mit
Lindenlaub geschmückt. Ein Teppich bedeckte den weiß ge=
scheuerten, hölzernen Fußboden. Längs der Wand war ein
breiter und bequemer, mit bunten Teppichen geschmückter
Minderluk angebracht. Der Tisch wurde mit weißem Tischtuch
gedeckt. Servietten, Tischgeschirr, Gabeln und Messer wären
in jedem Belgrader Gasthofe am Platze gewesen. Der Wirth
trug ein aus der sauren Suppe, aus Lammbraten, Back=
hühnern mit grünem Salat und Mehlspeise bestehendes, so
reichliches Mittagsessen auf, daß es für sechs Gäste ausge=
reicht hätte. Dazu gab es Radieschen, serbischen Käse, Kirschen
und im Lande erzeugten Rothwein. Und als wir nach
Beendigung unsers Diners zahlen wollten, verweigerte der
Wirth die Annahme der Zahlung. Wir begriffen den Grund
seiner Weigerung nicht, bis er sagte: „Wie kann ich von
Ihnen Geld nehmen: Sie haben ja nichts gegessen!“ Wir

hatten allerdings nur zu Zwei gegessen, während das Mittags=
essen für ein halbes Dutzend Gäste gereicht hätte. Nur mit
großer Mühe gelang es uns, dem bescheidenen und braven
Mann eine kleine Zahlung aufzuringen. Unwillkürlich
mußten wir des türkischen Besitzers der Mehana in Zwornick
gedenken, der uns für das ungenießbare „Türkenfutter"
einen Rubel abgenommen hatte. Bevor wir das Dorf ver=
ließen, machten wir noch dem Lehrer einen Besuch. Das
neugebaute Schulhaus, in welchem der Lehrer und seine
Frau eine aus drei Zimmern und Küche bestehende Wohnung
hatte, erhob sich auf einem vorspringenden Plateau mit präch=
tiger Aussicht über das grüne Waldgebirge und über das
reich angebaute Land. Die Schule wurde von 45 Knaben
besucht. Der Lehrer bezog ein jährliches Gehalt von 250
Thalern; außer diesem Gehalt hatte er freie Wohnung, Holz
zur Heizung und Gartenland. Für einen Dorfschulmeister
gewiß eine auskömmliche und gut dotirte Stelle!

Der weitere Weg nach Valievo führte zum Ufer eines
Stromes. Der Strom war der Wadar. Dort erwartete
uns der zweite Pandur, welcher nun mit dem Panduren,
der uns von Losniza begleitet hatte, wechselte. Nachdem
wir den Strom an einer seichten Stelle, wo der Pandur
vorausritt, überschritten hatten, wurde die landschaftliche
Decoration noch malerischer als vorher. Auf= und absteigend
führte die Straße durch das Waldgebirge, zwischen dessen
Baumgruppen sich hie und da colossale Blöcke von Granit
aufthürmten. Nach zwei Stunden hielten wir vor dem
Wirthshause eines schönen Dorfes. Wir waren erstaunt,
die ganze Bevölkerung des Dorfes, den Popen und den
Kmet an der Spitze, vor dem Thore des Wirthshauses ver=
sammelt zu finden, um uns zu empfangen. Die Auflösung

des Räthsels lag in dem Panduren, den der Bezirkscapitän von Kameniza uns nach Osetschina — so war der Name des Dorfes — entgegengeschickt hatte. Die Bevölkerung des Dorfes war von ihm von unserer Ankunft unterrichtet worden. Kmet und Pope begrüßten uns im Namen des Dorfes und führten uns nach der einige Minuten vom Dorfe entlegenen alten Kirche. Sämmtliche Einwohner bildeten unsere Begleitung. Die Kirche war ein altes, historisches Bauwerk von Holz, finster und eng. Die Wände waren mit zerfetzten und zerschossenen Fahnen decorirt, welche den Türken in manchen Schlachten abgenommen waren. Der Glockenthurm war ebenfalls aus Holz aufgeführt, und bildete, wie dies bei ältern serbischen Kirchen häufig der Fall ist, einen von der eigentlichen Kirche getrennter, besondern Bau von bedeutender Höhe. Auch in Osetschina habe ich mich, wie ich das so oft gethan, als wir von der Kirche nach dem Gasthause zurückgingen, wo Wagen und Pandur uns erwarteten, bei dem Kmet und dem Popen nach Wohlhabenheit und Armuth im Dorfe erkundigt. Ich erhielt die Antwort, daß es keine Armen in der Gemeinde gäbe. Der reichste Bauer besaß ein Vermögen von 50,000 Gulden an liegenden Gründen. Von diesem Vermögen zahlte er nur 15 Gulden jährliche Steuer.

Die Nacht brachten wir in einem, noch vier Stunden hinter Osetschina gelegenen Dorfe, in Kameniza zu. Die Straße führte von Osetschina nach Kameniza über mit Eichenwaldungen bedeckte Bergplateaus. Ueberall, wo die Straße die Höhen erklommen hatte, prächtige Blicke auf Waldgruppen und blaue Höhenzüge, von rothem Abendsonnenschein umleuchtet! Der Bezirkscapitän von Kameniza war abwesend. Statt seiner empfing uns der zweite Beamte. Der Kutscher

erklärte uns, daß die Pferde nicht im Stande seien, noch
während der Nacht das noch drei Stunden entfernte Balievo
zu erreichen. Alle Versuche in dem Dorfe andere Pferde
zur Fortsetzung der Reise aufzutreiben, waren vergebens.
Schade darum! Es war eine so milde, sternenklare Sommer=
nacht. So ließen wir uns denn zum zweiten Male am
heutigen Tage die saure, serbische Suppe, Lammfleisch und
Backhühner mit Salat auftragen und schliefen ohne An=
wendung von Insektenpulver in den reinlichen und gut ge=
haltenen Betten des Dorfwirthshauses bis zum andern
Morgen um sechs Uhr „den Schlaf der Gerechten.“

„Die erste und schwerste Steuer, welche das Land und
die Arbeit zu zahlen haben, sind die Transportkosten. Sie
nehmen in geometrischem Verhältnisse zu, wenn die Ent=
fernung vom Markte in arithmetischem wächst.“ Das ist
der Ausspruch eines berühmten amerikanischen Volkswirths.
Ich denke, die ganze heutige Volkswirthschaft ist mit diesem
Satze wohl einverstanden. Der asiatische Nomadenstamm,
welcher heutzutage auf der Balkanhalbinsel regiert und von
den Engländern und neuerdings auch von der österreichischen
Regierung verhätschelt wird, hat seit seinem Erscheinen in
Europa in allen eroberten Ländern diesen volkswirthschaft=
lichen Grundsatz geradezu auf den Kopf gestellt, indem er
sämmtliche große Straßenzüge, welche die Römer und später
die in Constantinopel regierenden Byzantiner zur Verbindung
der mösisch=thrazischen Länder mit den Hafenplätzen am
ägeischen Meere und der macedonischen Provinzen mit den
Küsten des adriatischen Meeres erbaut hatten, zerstörten oder
günstigsten Falls verfallen ließen. Man schaue nur den
heute von Novibazar nach Skutari oder von Nisch nach
Stambul führenden Weg an, um sich zu überzeugen, was

asiatische Barbaren aus ehemaligen guten Heerstraßen zu
machen im Stande sind. So sind alle ehemaligen Straßen
in der Türkei zerstört und verwüstet. Selbst in der Nähe
von Stambul giebt es keine einzige Straße mehr. Zwei
Mal gerieth ich bei meinen Streifereien zu Pferde in der
Nähe der türkischen Hauptstadt auf eine wirkliche Straße.
Ich war ganz erstaunt über diese Entdeckung, wurde aber
sogleich durch meine Begleiter aus meinen Illusionen tür=
kischen Straßenbaues gerissen, als sie mich überzeugten, daß
die eine Straße nur ein ganz geringes Straßenstück war,
welches der bekannte Mustapha Fazil Pascha, der Bruder
des Vicekönigs von Egypten, auf seine Kosten erbaut hatte,
um zu Wagen von Skutari nach seinem Landhause gelangen
zu können, während die andere Straße Skutari mit einem
Kiosk des Sultans verband. Weiter hatten beide Straßen
keinen Zweck. Selbst vom Thore des Fanars — des Griechen=
viertels in Stambul — führt keine Straße nach der
Vorstadt Ejub. Ich mußte zu Pferde steigen, um an den
verfallenen Mauertrümmern des ehemaligen Byzanz, der
Stadt von Tausenden von Palästen, nach Ejub zu der be=
rühmten Moschee des Propheten zu gelangen, wo bei der
jedesmaligen Thronbesteigung der Großmufti noch heute
den Padischah mit dem Schwerte des Propheten umgürtet
und ihn auf den Koran schwören läßt, mit Feuer und
Schwert die Ungläubigen zu vertilgen. So ist denn auf
der ganzen Balkanhalbinsel während der türkischen Herr=
schaft für den großen Waarenverkehr als einziges Transport=
mittel nichts Anderes übrig geblieben, als das theure Ka=
ravanenpferd. Diese mit fanatischer Bosheit seit drei Jahr=
hunderten von den asiatischen Barbaren verwirklichte Um=
wandlung der Cultur in Uncultur und Verwandlung blü=

henber Länder, welche Himmel und Erbe mit allen Gaben des Gedeihens und des Reichthums beschenkt haben, in öde Wüsteneien sind die Cardinalursachen des allmäligen Sinkens alles materiellen Wohlstandes in den türkischen Donauländern geworden.

Nach diesem nichtswürdigen System haben die asiatischen Barbaren auch in dem unglücklichen Serbien drei Jahrhunderte hindurch gewirthschaftet. Alle vorhandenen Straßenzüge wurden zerstört. Das theure Karavanenpferd trat an die Stelle der Wagen. Die größeren, in den Saveständen und an den Donauplätzen wohnenden Kaufleute, welche mit dem übrigen Europa verkehrten, waren gezwungen, die auf dem Wasser in großen Kisten und Fässern anlangenden Waaren in kleine, für den Rücken des Karavanenpferdes passende Colli's umpacken zu lassen, um sie in das Innere des Landes schaffen zu können. Eine solche Lastpferdkaravane ist täglich höchstens sechs bis acht Stunden zurückzulegen im Stande. Ueberdies beansprucht sie selbstverständlich sehr viele Treiber. Die Transportkosten für eine Pferdelast werden dadurch natürlich sehr theuer. In der guten Jahreszeit, wo, wie man mir häufig in Afrika sagte, wenn ich mich nach der Beschaffenheit des Weges erkundigte, den ich zurückzulegen hatte, der „beste Ingenieur des Orients," die Sonne, die Straßen herstellte, betrugen die Transportkosten für ein Pferd auf die Wegstunde 2½ Piaster — 25 Kreuzer österreichisch — im Herbst, Frühjahr und Winter hörte der Karavanenverkehr gänzlich auf.

Das war das Communicationswesen, welches die Türken im Jahre 1830 dem in eine Wüstenei verwandelten Serbien hinterließen, welches sie als ein reiches, blühendes Cultur-

10*

land betreten hatten. Ein Wagen gehörte damals — also
vor vierzig Jahren — in Serbien zu den seltenen
Dingen. Ein mit Eisen beschlagenes Rad war eine uner=
hörte Erscheinung. Nirgends in Serbien existirte eine Straße.
Wie Alles war in dem verwüsteten Lande auch der Straßen=
bau neu zu schaffen.

Fürst Miloš Obrenovic schuf die ersten Tracen des
Straßennetzes, mit dem Serbien heute bedeckt ist. Aller=
dings waren die von ihm angelegten Straßen noch wenig
befriedigend, da sie ohne Mitwirkung von Fachmännern an=
gelegt wurden. Der preußische Lieutenant von Pirch, der
damals Serbien bereiste, — einer der ersten europäischen
Reisenden, die nach Serbien gekommen sind — weiß in
seinem Buch von diesen Miloš'schen Straßen zu erzählen.
Hätte Miloš einen Theil der Summen, um welche er das
Nationalvermögen brachte, um sie als sein Privatvermögen
durch seinen Bruder Jephrem in der Wiener Bank anlegen
zu lassen, angewandt, um österreichische Fachmänner und
Ingenieure für Anlegung der serbischen Straßen zu ver=
wenden, statt die Bauern zu zwingen, ihren Schweiß und
ihre Arbeitszeit für die neuen Straßen umsonst herzugeben,
so hätte er wahrlich etwas Besseres geschaffen. Jedenfalls
gebührt ihm das Lob, die Initiative im serbischen Straßen=
bau ergriffen zu haben, wenn auch diese Initiative, wie
Alles, was dieser Mann that, gewaltsamer Natur war.

Fürst Alexander Karageorgevic setzte das Werk
seines Vorgängers, ehe die Nationalversammlung ihn seiner
Fürstenwürde entsetzt und ihn des Landes verwiesen hatte,
mit Eifer, Geschick und auf gesetzlicher und geordneter Grund=
lage fort. Mein verehrter Freund, der damalige Oberst=

lieutenant und heutige Oberst und Direktor der Belgrader Kriegsschule, Herr Zach, gewann den österreichischen Ingenieur und Architekten Nevole. Dieser wurde an die Spitze einer eigenen Section des Ministeriums des Innern gestellt und dieser Section von nun an der serbische Straßenbau übertragen. Herr Nevole berief, was Fürst Miloš hätte thun sollen, für Anlegung der serbischen Straßen Fachmänner aus dem Auslande, unter denen ich vorzugsweise des Oberingenieurs Herrman erwähne; jeder Kreisbehörde wurden eigene Ingenieure beigegeben; junge Leute wurden auf Staatskosten auf die polytechnischen Schulen nach Wien, Berlin, Brüssel und Paris geschickt, um sich zu künftigen Ingenieuren auszubilden; eine Reihe von in den Jahren 1848 und 1852 erlassenen Gesetzen und Verordnungen regelte das serbische Straßenbauwesen; eine besondere Bauordnung wurde publicirt. Nach dieser Baugesetzgebung wird aller zum Straßenbau verwendete, expropriirte Grund und Boden den Eigenthümern aus dem Grundbesitz der Gemeinden ersetzt. Die Kreisingenieure traciren die neu zu erbauenden Straßen und leiten die Ausführung der Bauten. Die Anlage und Erhaltung der Straßen ist Sache der Gemeinden, welche für Beschaffung des Materials sorgen; die Arbeiter und Aufseher erhalten ihren Tagelohn aber aus der Staatskasse. Die Straßen müssen überall eine Breite von fünf Klaftern und Abzugsgräben zu beiden Seiten haben. Für die Benutzung der Straßen darf keine Abgabe erhoben werden.

Auf Grund und in Folge dieser Straßenbaugesetzgebung sind nun durch die unausgesetzte Thätigkeit der Regierung des im Jahre 1868 ermordeten Fürsten Michael

und der kürzlich abgetretenen Regentschaft sämmtliche Kreis=
städte des Landes durch Straßen verbunden worden, von
denen viele ganz vorzüglich sind. Als Hauptstraßen von
und nach den Nachbarländern, auf denen der Waarenver=
kehr seinen Weg durch das Land nimmt, sind sechs große
Straßenadern durch das Land geführt und zwar von Bel=
grad über Smederevo, Jagodina, Alexinaz nach Nisch an
die altserbische, heute noch türkische Grenze — eine vor=
zügliche Straße, welche ich ganz befahren habe — über
Schabaz und Losniza zur Drina an die bosnische Grenze
— ebenfalls eine sehr gute, von mir befahrene Straße —
über Valievo und Luboviza nach Novizabar; über Smede=
revo, Cupria nach Vidin; über Smederevo, Pozarevac, Mi=
lanovaz nach Brza; über Topola, Gornje= Milanovaz nach
Cacak und der durch das südliche Serbien von Alexinaz nach
Negotin führende Straßenzug. Auch die Strecken der letzten
vier Straßenzüge, welche ich befahren habe, wie die Strecken
von Smederevo nach Cupria, zwischen Smederevo und Po=
zarevac, zwischen Milanovaz und Cacak, sowie der durch das
südliche Serbien führende Straßenzug sind musterhaft zu
nennen. Mit den Vicinalstraßen sieht es allerdings nicht
so gut aus; indeß muß man nicht vergessen, daß der ganze
serbische Straßenbau das Werk weniger Jahrzehnte ist und
daß das Budget des Ministeriums für Bauten und öffentliche
Arbeiten im Jahre 1868 nur 420,400 Gulden betrug.
Jedenfalls ist Serbien das einzige Land des ganzen ehema=
ligen türkischen Reichs und das einzige Land der Balkan=
halbinsel, welches die Segnungen eines im europäischen Style
angelegten Communicationswesens empfindet. Wenn dieses
Communicationswesen noch Manches zu wünschen übrig läßt,
so lade man diese Mängel den asiatischen Barbaren auf,

deren dreihundertjährige Verwüstungen wieder gut zu machen drei Jahrzehnte unmöglich im Stande gewesen sind.*)

Seit den letzten zehn Jahren sind auch die serbische, die bulgarische und die vereinigte Morava an den wichtigsten Uebergangspunkten vermittelst Pontons überbrückt worden; an anderen wichtigen Uebergangspunkten sind Fähren eingerichtet. Die Pontonbrücken sind nach österreichischen Mustern erbaut und Nachts vermittelst Laternen erleuchtet. Die Benutzungsgebühren der Pontonbrücken und der Fähren sind äußerst mäßig. Wer den Unterschied zwischen serbischen und türkischen Fähren sehen will — während die Benutzung der letzteren ungefähr ebensoviel Gulden, wie die Benutzung der serbischen Fähren Piaster verlangt — der fahre beispielsweise, wie ich, über die Morava und über die Drina. Die ganze Türkei weiß selbstverständlich von Pontonbrücken nichts. Wer nicht zu Pferde durch den Fluß kommt, kann im Fluß ertrinken.

Die Straße, auf welcher wir nun von Valievo nach Uschiza fahren werden, wäre trefflich zu nennen, wenn sie überall gut beschottert wäre. Sie führt von Valievo bergan auf das Plateau der das Thalbecken, in welchem Valievo belegen ist, umgebenden, südwestlichen Gebirgskette und ist voll reicher, decorativer Abwechselung.

Valievo gehört zu den bedeutendsten und zukunftreichsten serbischen Städten. Zu dieser Zukunft ist die Stadt nicht allein als Sitz der Kreisbehörden, sondern auch durch ihre vortheilhafte geographische Lage berechtigt. Von Kameniza aus senkt sich das Plateau in immer mehr sich

---

*) Siehe weitere Einzelheiten: Serbien von F. Kanitz. Leipzig 1868.

erweiternden Einschnitten, welche abwechselnd mit herrlichen Triften und prächtigen Wäldern bedeckt sind, zu einem weiten, fast ganz flachen Thal hinab, welches ringsum von Gebirgen umschlossen ist. Die Bevölkerung dieser Gebirgs= gegenden ist, da andere Städte weit entfernt sind, in Be= treff ihres ganzen Hausbedarfes auf den Markt von Valievo angewiesen. Seine großen Viehmärkte und Pferdemärkte werden von Käufern aus allen Theilen des Landes besucht. Gegenwärtig wird die Stadt eine Bevölkerungsziffer von beinahe 4000 haben, welche sich indeß von Jahr zu Jahr vermehrt.

Wenn man von Kameniza kommt, so macht Valievo nicht den schönen Eindruck, zu dem der Anblick des Städte= bildes aus der Ferne durch seine hübschen Kirchthürme und durch seine weißen, mit rothen Ziegeln gedeckten Häuser berechtigt. Die Einfahrt findet an der linken Seite der Colubara, welche die Stadt in der Mitte durchströmt, statt. Den Rahmen der ziemlich gut gepflasterten, breiten Straße bilden zu beiden Seiten Häuser, welche nur aus einem Erbgeschoß bestehen. Den vorderen Theil dieser nach der Straße zu offenen Erdgeschosse nehmen Werkstätten und Läden aller Art ein. Wie die Türken noch in Serbien hausten, müssen alle serbischen Städte ähnlich ausgeschaut haben. Seitdem ist mehr oder weniger unter diesen orien= talischen Baracken aufgeräumt worden, und europäische Häuser, aus zwei oder mehr Stockwerken bestehend, haben ihre Stelle eingenommen. Der Occident hat den Orient verdrängt. In Valievo ist die neue, moderne Stadt auf der andern Seite des Flusses entstanden. Auf der linken Seite schaut nur hie und da ein weißes, modernes Haus mit rothem Ziegeldach und grünen Fensterjalousien aus.

der hölzernen, braunen Häuserreihe heraus. Auf der linken Seite, also in der alten Stadt, befindet sich auch noch der Konak Jephren Obrenović's, des Fürsten Miloš Bruder, der also abwechselnd hier und in Schabaz wohnte. Es ist ein einfaches, weißgestrichenes Haus ohne alle körper= lichen Erinnerungen an seinen ehemaligen Bewohner, in dessen ziemlich beschränkten Räumen heute die Valievoer Postverwaltung ihr Quartier aufgeschlagen hat. Die breite, lange Straße, welche das alte Valievo durchschneidet, endigt auf einen weiten Platz. Es ist der Platz, auf welchem die erwähnten großen und von der Bevölkerung der ganzen Umgegend besuchten Märkte abgehalten werden.

Eine alte, hölzerne Brücke führt über den rauschenden Gebirgsstrom aus der alten Stadt in das neue Valievo. Der Kreisingenieur führte uns in Abwesenheit des Prä= fecten umher. Dort sieht's anders aus, als an der linken Seite des Flusses. Eine neue Stadt mit hellgestrichenen, hübschgebauten, modernen Häusern ist seit den letzten zwanzig Jahren entstanden. Die gerablinigen, gutgepflasterten Straßen sind mit Akazienbäumen bepflanzt; die Häuser haben kleine Vorgärten, von zierlichen Eisengittern umgeben; dort be= finden sich auch die Buchhandlung und die Apotheke der Stadt. In letzterer traf ich einen deutschen Landsmann aus der Rheinprovinz, Herrn Cochem aus Köln, einen Ingenieur, der im Auftrage des Pariser Bankhauses von Erlanger den Mineralreichthum der in der Nähe der Stadt befindlichen Gebirgskette untersuchte. Er wohnte nicht in der Stadt, sondern einige Stunden von der Stadt entfernt, an dem Orte, wo er seine bergmännischen Untersuchungen veranstaltete, und war nur zum Besuch nach Valievo ge=

kommen, um sich von der Einsamkeit des Lebens im Ge=
birge und von der Eintönigkeit der serbischen Küche zu er=
holen. „Immer die saure Suppe und immer Hühner,"
klagte er mir, „und jetzt seit sechs Wochen." Ich führte be=
reits dieselbe Klage, obschon ich erst fünf Tage unterwegs
war, so pikant die saure Suppe auch schmeckt und so gut
die serbischen Hühner auch gebraten werden. „Und könnten
wir denn nicht zu einer Schweinscarbonade gelangen in
diesem Lande, wo jährlich für Millionen Schweine ausge=
führt werden?" wandten wir uns Beide seufzend an den
Apotheker; „das müßte doch leicht sein." — „Jetzt sehr
schwer," sagte der brave Apotheker und schenkte mir ein Glas
trefflichen Bieres ein, „im Sommer werden in Serbien gar
keine Schweine geschlachtet; aber kann ich Ihnen mit einer
Havannahcigarre dienen?"

„Eine wirkliche Havannahcigarre; eine importirte, echte?"

„Echt und importirt."

Ich rauchte seit fünf Tagen nur türkischen Tabak —
und vergaß die Schweinscarbonade über die treffliche Ha=
vannahcigarre. Noch weit interessanter war mir die Ent=
deckung, daß der Apotheker sowohl, wie mein preußischer
Landsmann radikale Demokraten waren. Ich bedauerte,
als mir gemeldet wurde, daß die Pferde, zu denen wir
noch Vorspannpferde genommen hatten, schon vor den Wa=
gen gespannt waren und daß der neue Pandur bereits im
Sattel sitze. Wir hatten fünfzehn Wegstunden bis Uschiza
zurückzulegen und die Straße sollte schlecht sein und immer
bergauf und bergab führen — und deßhalb wollten wir vor
Mitternacht noch ein halbes Dutzend Stunden hinter uns
bringen. Ich nahm Abschied von dem braven Apotheker

und dem radicalen Landsmann aus Köln und ging nach dem Gasthofe. Dort standen Menschen, Pferde und Wagen zur Abfahrt bereit, und der Reisemarschall saß schon im Wagen und sah nach der Uhr. Der brave Reisemarschall! Es überlief ihn immer eine Gänsehaut, wenn von schlechten Wegen die Rede war. Und schließlich lief der schlechte Weg immer auf ein Stückchen unbeschotterte Landstraße hinaus. „Lieber Freund," sagte ich dann, „Namensvetter des Fürsten des schwarzen Berges, sprechen Sie mir in Serbien nicht von schlechten Wegen. Ich bin durch die afrikanische Steppe, durch die wilde Wallachei und über die spanischen Gebirge gefahren. Dort sind schlechte Wege, oder in der Türkei. Serbien aber ist der Zukunftsstaat des Orients und hat gute Straßen." Und ich behielt immer Recht.

Das schönste und prächtigste Gebäude des neuen Va= lievo ist das Gymnasium, eines der schönsten Gymnasien Serbiens. Nur das prächtige Gymnasium in Pozarevać ist ihm an Construction und Umfang gleichzustellen. Es hat der Gemeinde nicht weniger als 4800 Ducaten gekostet. An ein architektonisch sehr schönes Mittelgebäude mit Säulen= portal schließen sich zwei Seitenflügel. Die Schulzimmer sind sehr räumlich, hoch und licht; Hörsaal und Lesezimmer — zugleich der Leseverein der Bevölkerung — große und wirkliche Säle. Das Gymnasium wird von 60 Schülern besucht; die Normalschule von 200 Zöglingen.

Aber bevor ich aus Valievo scheide, muß ich noch eines historischen Baudenkmals aus alter Zeit gedenken, an denen Serbien bekanntlich nicht reich ist. Unendlich Vieles haben die asiatischen Barbaren zerstört. Nahe an der Stelle, wo

die beiden aus der Medvenikette hinabströmenden Haupt=
zuflüsse der Colubara sich vereinigen, erheben sich die Reste
des alten Vitkovićthurmes — die letzte Erinnerung an ein
altes, mächtiges serbisches Geschlecht, dessen Namen nur
noch in einem schönen, herzegovinischen Volksliede fortlebt.

# Neuntes Kapitel.

## Von Valievo nach Užica.

Es war vier Uhr geworden, als wir von Valievo aufbrachen. Die Sonne leuchtete noch mit versengender Gluth am ganz wolkenlosen, tiefblauen Himmel. Kein Lüftchen regte sich. Zum ersten Male seit meiner serbischen Reise empfand ich, daß ich wieder im Orient war.

„Wir sind zu früh abgereist, Herr Nicola," sagte ich zu meinem Begleiter, während ich den Regenschirm aufspannte, um die Sonnenstrahlen abzuhalten, mir das Gesicht zu versengen, „weßhalb haben wir nicht noch wenigstens zwei Stunden gewartet? Im Juli und August muß man hier ja lebendig gebraten werden."

„Wir haben sechs Stunden bis Rzana zurückzulegen. Vor Rzana finden wir kein gutes Nachtquartier. Auf der zweiten Hälfte unserer heutigen Tour soll die Straße recht schlecht sein. Im August ist's hier zum Ersticken. Wünschen Sie sich selbst Glück, daß Sie nicht im Hochsommer die Reise machen. Der Regent hatte Sie wohl zum August eingeladen?"

„So ist's, um dann zugleich bei dem Regierungswechsel gegenwärtig zu sein. Ich zog den Frühling vor, theils wegen der kühleren Temperatur, theils auch, weil ich kein Freund dynastischer Festlichkeiten bin."

Die Pferde zogen den leichten Reisewagen mühsam die Bergstraße hinan, welche, sobald die Stadt hinter uns lag, die Berghöhen zu erklimmen begann. Nach einer halben Stunde hatten wir das Plateau erreicht. Die Luft war hier oben frischer und kühler. Die Nachmittagssonnenstrahlen schienen etwas von ihrer versengender Gluth verloren zu haben. Vor uns dehnte sich eine reich angebaute Bergebene, mit Wald und Baumgruppen bedeckt, aus. Das Landschaftsbild glich dem Bilde, welches sich vor uns aufrollte, als wir von Losniza aus das Plateau des Gutschevo= gebirges erstiegen hatten. Nach zwei Stunden machten wir bei einem Wirthshause Halt, um die Pferde verschnaufen zu lassen.

Gleich hinter dem Wirthshause trat die Straße in ein prächtiges Waldthal ein und schwang sich dann auf die linke Seite der Berglehnen, welche das Thal einrahmten, bald auf=, bald niedersteigend. In der Tiefe, auf bebauter Thalsohle, rauschte ein Bergstrom, die Bukovica, wie der hinter dem Wagen reitende Pandur den Strom nannte. Waldesduft und Hochgebirgsmusik! Der Odem eines frischen und kühlen Bergwindes hauchte uns an. Das strahlende Feuerantlitz der orientalischen Sonne war hinter der mit einem reichen Pflanzenmantel vom Scheitel bis zur Sohle beklei= deten Bergwand verschwunden. Als die Straße die halbe Höhe der Berglehne erstiegen hatte, kletterte sie wieder zu der Thalsohle hinab und überschritt dann auf hölzerner Bohlenbrücke den Strom, um auf seiner andern Seite die gegenseitige Bergwand in langen Windungen wieder hin= anzuklimmen. Nach einer halben Stunde befanden wir

uns auf einem neuen, höher gelegenen Plateau der Berg=
kette, welches einen wilderen Charakter hatte, wie das Pla=
teau, welches wir von Valievo erstiegen, und auch weniger
angebaut war. Die Straße lief jetzt in ebener Richtung
fort. In starkem Trabe ging es nach Süden. Die Pferde
hatten sich in der frischen Waldluft erholt, seitdem die
Sonnenstrahlen ihnen nicht mehr die Köpfe versengten.
Der Abend dämmerte jetzt mächtig herein. Länger wurden
die Schatten und der blaue Duft, der die Höhen einhüllte,
färbte sich in dunkleren Tinten. „Ich werde aber doch nun
jede halbe Stunde neugieriger, wann die Schwierigkeiten
des Weges beginnen, Herr Reisemarschall," sagte ich zu
meinem Begleiter, der mir so eben eine Vorlesung über
serbisches Gewerbe gehalten hatte.

In Betreff seiner Gewerbe ist es Serbien wie allen
andern Ländern der Balkanhalbinsel ergangen, welche dem
Joche der türkischen Herrschaft anheimfielen. Die türkische
Herrschaft bezeichnete für sie ein jahrhundertlanges Still=
stehen auf dem Gebiete alles Gewerbslebens. Mit der
Aufpflanzung des türkischen Blutbanners versank das blü=
hende Serbien in einen Zauberschlaf. Alle Erfindungen
und Fortschritte, welche dem übrigen Europa seine jetzige
Physiognomie aufgedrückt haben, gingen spurlos an seiner
Grenze vorüber, als wenn sie gar nicht vorhanden wären.

Während der Zeit der serbischen Könige finden wir in
Serbien eine eigene Baukunst und Architectur. Kral Mi=
lutin, der zu Ende des dreizehnten und im Anfang des
vierzehnten Jahrhunderts regierte, wird als besonderer För=
derer der Baukunst und der Architektur gerühmt. Wir sehen
die Goldschmiedekunst und die Holzschnitzkunst bis zu einem
gewissen Grade entwickelt, ebenso die Stick= und Webekunst,

die Malerei und die graphischen Künste. Dann kam die verwüstende, türkische Sturmfluth über das Land und erstickte alle Keime auch dieser Culturentwickelung. Seit wenigen Jahrzehnten ist Serbien erst wieder aus dem Zauberschlaf erwacht, in welchem es während der Herrschaft der asiatischen Nomaden versenkt war. Wie kann man sich da wundern, daß heutzutage das serbische Gewerbe sich erst wieder im Anfang seiner Entwickelung befindet? Talent geht dem Serben für das Gewerbe gewiß nicht ab, wenn er sich auch scheut, es zu seinem ausschließlichen Lebensberuf zu machen; ich bin sogar der Ansicht, daß der Serbe kraft des ihm innewohnenden Talents es auf dem Gebiete der Kunstindustrie zu einem bedeutenden Grad der Vollendung wird bringen können, wenn dies Talent systematisch belebt wird. In Serbien war nach Vertreibung der asiatischen Barbaren Alles neu zu schaffen und zu beleben, auch das Gewerbe. Um eine Wüstenei in ein Culturland zu verwandeln, dazu sind drei Jahrzehnte nicht ausreichend. So gibt es denn auch bis jetzt mit Ausnahme einiger Schneider, Schuhmacher, Gerber, Kürschner, Töpfer, Schmiede, Büchsenschäfter und Silberarbeiter, welche ihre Gewerbe in ziemlich primitiver Weise betreiben, keine eigenen serbischen Gewerbsleute. Kunstindustrieerzeugnisse werden meistens aus dem Auslande eingeführt, während die Handwerke, welche eine besondere Bildung erfordern, von Fremden betrieben werden.

„Warten Sie nur noch eine halbe Stunde," erwiderte mir mein Begleiter; „ich wäre schon froh, wenn wir in Rzana angekommen wären; in einer halben Stunde werden Sie schon sehen, wie nöthig der Vorspann war."

Und nach einer halben Stunde hielten wir vor einer einsamen Häusergruppe. Ein neuer Pandur erwartete uns,

außerdem zwei Reitpferde. Der in Rzana resibirende Bezirkshauptmann hatte uns die Pferde und den Panduren
entgegengeschickt, um mit ihrer Unterstützung das hohe Berg-
plateau zu ersteigen, welches gleich hinter der Häusergruppe
sich zu erheben begann. „Sie sehen," sagte der Reisemarschall mit triumphirender Miene, „wie Recht ich hatte; der
Bezirkscapitän ist auch meiner Ansicht. Sonst hätte er die
Pferde und die Leute nicht geschickt. Also verlassen wir
den Wagen und steigen wir zu Pferde."
    Wir stiegen zu Pferde. Die beiden Panduren saßen
ab und begleiteten den Wagen zu Fuß, um nöthigenfalls
bei der Hand zu sein, falls der Wagen in Gefahr kommen
sollte, umzustürzen. Aus dem Hause, wo uns die
Pferde erwarteten, schlossen sich noch zwei Leute an, um
uns auf das Plateau zu begleiten. Sechs Pferde und fünf
Menschen, um einen leichten Reisewagen und zwei Reisende
auf ein Plateau zu bringen, welches sich höchstens fünfhundert Fuß über das untere Plateau erhob! Das gefiel
unserem Belgrader Kutscher, der, daran gewöhnt, täglich
eine halbe Stunde auf einer prächtigen Kunststraße von
Belgrad nach Topčider und von Topčider nach Belgrad zu
fahren, seit fünf Tagen jeden Morgen mit mir in Kampf
gerieth, wenn ich eine achtstündige bis neunstündige Fahrt
verlangte und immer von Neuem prophezeite, daß er keines
seiner Pferde wieder lebendig nach Belgrad in den Stall
bringen würde. Man pflegt sich in Serbien seine Reise
recht bequem einzurichten. Einen Reisetag von fünf bis
sechs Stunden und dann einen Ruhetag, um am dritten
Tag die Pferde höchstens wieder sechs bis sieben Stunden
anzustrengen. Bei solchen Gewohnheiten mochte es dem

Menschen allerdings barbarisch vorkommen, daß ich täglich reiste, gar keinen Ruhetag machte und der Meinung war, daß eine achtstündige Ruhe während der Nacht Menschen und Pferde genug kräftige, um am anderen Tage wieder acht bis zehn Stunden zurückzulegen. Aber in der That, als ich alle die Vorsichtsmaßregeln sah, welche die nächste Bezirkshauptmannschaft in Scene gesetzt hatte, um uns mit heiler Haut nach Rzana zu schaffen, da glaubte ich selbst, Straßenschwierigkeiten überwinden zu müssen, welche die der Karavanenstraßen in der afrikanischen Steppe gleichen. Und schließlich schrumpften alle diese Schrecknisse auf ein Stück Landstraße von kaum einer Stunde Länge zusammen, welche sich in langen Windungen an dem Bergabhange hinaufwand und allerdings ziemlich schlecht geschottert war. Weder Achse noch Wagenräder zerbrachen; nach einer Stunde befanden sich Menschen, Pferde und Wagen wohlbehalten auf der Höhe des Plateau's, und eine gut geebnete, gut geschotterte Straße führte über eine weite, ebene Fläche in gerader Linie nach Rzana. Jetzt war's an mir, den besorgten Reisemarschall über die „schlechteste Straße in Serbien" auszulachen, und er mußte manchen Spott von mir hören, bis unsere Unter=haltung von zwei Reitern unterbrochen wurde, welche uns im Trabe entgegen kamen und neben unserem Reisewagen Halt machten. Sie stellten sich uns als der zweite Beamte der Bezirkshauptmannschaft und als der Postmeister von Rzana vor und waren uns entgegen geritten, um uns zu bewillkommnen und uns in unser Nachtquartier zu geleiten. In Rzana war das Gasthaus festlich erleuchtet. Das von dem Beamten der Bezirkshauptmannschaft schon im Voraus bestellte Nachtessen erschien auf dem Tische, als wir das

Gastzimmer betraten. Die saure Suppe und die gebratenen Hühner durften natürlich auch bei dem Nachtessen in Rzana nicht fehlen. Der Postmeister und der Schreiber leisteten uns Gesellschaft. Um Mitternacht fielen uns vor Müdigkeit die Augen zu. Wir waren ja wieder seit fünf Uhr Morgens auf den Beinen und auf der Reise.

Am andern Morgen war Pfingstsonntag. Der Festtag hatte sich in ein sonniges und himmelblaues Gewand gekleidet. „Pfingsten, das liebliche Fest, war gekommen," wie unser deutscher Dichter singt; ich feierte es in diesem Jahre auf serbischem Boden; vor einem Jahre in Kleinasien, in der Heimat der asiatischen Nomaden, am Gestade des Marmorameers. Früher wurde das Frühlingsfest in Serbien durch die festlichen Bräuche der Kralica gefeiert. Das schönste Mädchen im Dorfe wurde zur Königin gewählt. Verschleiert und blumenbekränzt zogen die Mädchen des Dorfes, deren eins den König, die andern Heerführer, Krieger, Ritter und Hofdamen vorstellten, unter Voraustritt eines Fahnenträgers, mit ihrer Königin singend von Haus zu Haus, Leljo's, der Vila und des Frühlings Lob verkündigend. Leljo ist die altslavische Liebesgottheit.

> „König, edler König!" sangen sie,
> Königin, o Herrin — Leljo!
> Steh' auf und spaziere — Leljo!
> Von Schlosse zu Schlosse — Leljo!
> Wo der Kaiser Wein trinkt — Leljo!
> Die Kaiserin credenzt ihn — Leljo!
> Aus gold'nem Pokale!"

> „Hier so wie man sagt uns
> Weilt ein junges Mädchen,

11*

Entweder vermählt sie
Oder gebet sie uns mit,
Daß wir sie vermählen
An Jovan, den Schüler,
An des Popen Neffen,
Der mit Federn schreibet
Aus des Adlers Flügel,
Und der da eintraget
Aller Mädchen Augen
Und der Helden Antlitz."*)

Violinen, Tambourins und Dudelsack beleiteten den Gesang. Von der ersten Strophe wurde jeder einzelne Vers mit Ausnahme des ersten und letzten dreimal wiederholt, während der Refrain Leljo vom Chor dazwischen gerufen wurde. Heute hört man diesen schönen, poetischen Gesang in Serbien am Pfingstsonntag nicht mehr. Die Geistlichkeit hat in diesen Aeußerungen eines offenbaren Cultus der Naturkräfte und mit göttlichen Attributen ausgestatteter menschlicher Wesen ein Stück Heidenthum entdeckt und sie als unverträglich mit der christlichen Anschauung und als abergläubische und heidnische Gebräuche verboten. Im österreichischen Serbien hat dies Verbot schon vor einer Reihe von Jahren stattgefunden; in Serbien vor Kurzem. Die Pfaffen gleichen sich in allen Ländern. Statt dieser poetischen heidnischen Feier hat die Geistlichkeit eine andere, sehr langweilige Feier des Pfingstfestes eingeführt. Auf den Feldern wird vor einem improvisirten Altare ein Gottesdienst abgehalten. Nach dem Gottesdienst ziehen die Bewohner des Dorfes, von den Geistlichen geleitet und während ein Kreuz vorgetragen wird, um die Felder, während die

*) Die Uebersetzung ist aus „Buk's Volksliedern."

Geistlichkeit die Saat einsegnet. Dann wird gemeinschaft=
lich auf grüner Aue im Schatten der Bäume gespeist. Jede
Familie bringt die Speisen, von denen sie Vorrath hat,
wie zu einem Piknik, mit. Der Abend vergeht mit Spielen,
mit Tanz und Gesang.

Der Weg nach Užica ging durch das Klaborbàthal.
Die landschaftliche Decoration war eine ganz andere, als
am vergangenen Tage. Felsige Bergwände, denen der
Pflanzenmantel fehlte, bildeten den Rahmen des Thals;
der Wald war abgeholzt; der Bach wand sich durch eine
meistens steinige Thalsohle und suchte, wie uns der beglei=
tende Pandur erzählte, seine Umgebung häufig mit Ueber=
schwemmungen heim. Hie und da waren die Bergwände
stückweis hinabgeschwemmt, Kiesströme bis zu den Ufern des
Baches aussendend — bereits die Folgen der Waldver=
wüstungen.

Fünfmal überschritten wir den Bach; dann änderte
sich die landschaftliche Decoration; die Straße trat wieder
in ein reich angebautes Thal ein. Der Blick ruhte wieder
auf Wald und Gebüsch, auf grünen Matten, auf Kukuruz=
feldern, auf Weizenäckern und auf in die reiche Landschaft
eingestreuten weißen Häusergruppen. Noch einmal machten
wir in einem hübschen Dorfe Halt, um die Pferde zu
tränken und rasten zu lassen; dann stieg die Straße von
Neuem bergan, um den Bergrücken zu erklimmen, welcher
mit mehreren andern Höhenzügen den Kessel bildet, in
welchem Užica, unser heutiges Reiseziel, lag. Die Gründe
zu beiden Seiten der Straße und die Abhänge des Gebirges
waren mit dichten Eichenwäldern bedeckt. Nach drei Stun=
den hatten wir den Kamm des Gebirges erreicht. Im Zick=

zack stieg die Straße abwärts. Um Mittag erblickten wir Užica, auf hohem Felskegel die Trümmer der alten Tür=kenfestung, auf grünem Grunde, von dem blinkenden Wasser=streifen der Djetina in vielen Windungen durchzogen, große und stattliche, von Baumgruppen umgebene, weiße Häuser und den weißen Thurm einer großen, christlichen Kirche, ein ebenso stattliches und reiches, wie hochromantisches Städtebild.

# Eilftes Kapitel.

## Užica.

Keine serbische Stadt trug noch vor einem Jahrzehnt in so ausgeprägter Weise in ihren Gebäuden den Charakter der drei Perioden des Landes, des serbischen Kaiserreichs, der Türkenherrschaft und des jetzigen selbstständigen Für= stenthums zur Schau, wie Užica. Damals war die auf schroffen, von der Djetina bespülten Kalkfelsen sich er= hebende Türkenfestung noch nicht geschleift, ein stattlicher, mittelalterlicher, noch aus der serbischen Kaiserzeit stam= mender Bau, ein interessantes Stück mittelalterlich serbi= scher Befestigungskunst. Der unterste Theil der Veste bildete ein nach Nord und Süd abfallendes Dreieck, dessen Längen= mauern mit vielen Aussprüngen sich in einem hohen, aus den Fluthen der Djetina aufsteigenden Thurme vereinigten. Die Schmalseite auf der Spitze krönte eine runde Bastion mit dicken Mauern. Der mittlere Theil der Veste lag auf einem zweiten, der Stadt zugewendeten Felsvorsprunge und stand mit dem untern Theil mittelst eines bedeckten Ganges in Verbindung. Er bildete ein unregelmäßiges Viereck mit vielen kleinen Thürmen, unter denen ein riesiger Wart= thurm den Eingang von der Stadtseite schirmte. Hier

befand sich auch der tiefe Quellbrunnen, zu welchem hundert
sechs und fünfzig Stufen hinabführten. Das höchste, die
oberste Spitze des Felskegels krönende Fort war von den
Türken erbaut worden. Seine schlechte Anlage sowie seine
schlechte Bauart ließen darüber keinen Zweifel übrig, daß
es nicht aus der Zeit serbischer Befestigungskunst stammte.

Auch die schmutzige Türkenstadt mit ihren engen, krum=
men Gassen, mit ihren kleinen, aus Holzwerk und Lehm=
wänden bestehenden Häusern, mit ihren hölzernen, nur aus
einem Erdgeschoß bestehenden Baracken, in denen sich die
Kaufläden und die Werkstätten befanden — der sogenannte
Bazar — war im Jahre 1862 noch vorhanden. Sie nahm
den Platz unterhalb der Festung ein. Inmitten dieser
Türkenstadt erhob sich ein alterthümlicher Bau, welchen der
letzte türkische Mudir Ibrahim Bey bewohnte und der
gleichzeitig die türkischen communalen Anstalten, die Schulen,
das Medschlis und das Gefängniß umfaßte. Der Orient=
reisende v. Kanitz hat diesen alterthümlichen Bau noch
gesehen und gibt von ihm folgende Schilderung: „Der
traurige Zustand, dem die einst prächtigen Baulichkeiten
mit ihren Säulenhallen aus schönem Sandstein verfallen
waren, spottet jeder Schilderung. In den Fugen wucherte
eine ganze Flora von Schlingpflanzen, und man war gegen
alle Naturgesetze versucht, zu glauben, daß sie es waren,
welche die weichenden Steintrümmer zusammenhielten und
mit gleicher Vorsorge den jungen türkischen Nachwuchs, das
hochweise Medschlis und die eingesperrten Sträflinge vor
der drohenden Katastrophe bewahrten!" „Unmöglich kann sie
noch lange ausbleiben," dachte ich, als ich in der letzten
Stunde der türkischen Herrschaft diese Halbruinen betrat,
die nun als historische Reste schneller als die von Kara

Georg zerstörte Moschee und die übrigen Dschamien schon einem sicheren Untergange geweiht sind. „Gebe nur der gütige Himmel,“ dachte ich weiter, „daß das Haus dann leer sei; der Verlust an historisch merkwürdigen Gegenständen, an Bibliotheken und Archiven wird leicht zu verschmerzen sein.“

Von dem freundlichen Mudir und von Ali Hafiz, dem letzten Kadi Užica's, durch die verschiedenen Räume begleitet, konnte ich wenigstens derartige occidentale, überflüssige Objecte nirgends entdecken, und es wäre auch dem geneigten Leser schwer geworden, in den Räumen des damaligen Gerichtszimmers außer den imponirenden Gestalten des schmauchenden „letzten“ Mudirs, des „schreibenden“ Kadi's, eines Effendi's und der Kawassen, mehr als einige schmutzige Teppiche, Gewehre, eine hölzerne Cassentruhe und einige Linnenbeutel zu entdecken. Letztere enthielten das Gesammtarchiv des türkischen Užica. Nicht etwa, daß es damals an Gerichtsverhandlungen gefehlt hätte. Die Nähe der bosnischen Grenze erschwerte nach beendigtem Freiheitskriege die Pacificirung dieses südwestlichen Theils von Serbien. Mord und Plünderung waren stets an der Tagesordnung, und noch heute kommen im Užicaer Kreise die meisten Räubereien, Diebstähle u. s. w. aus dergleichen fortdauernden Ursachen vor. In Užica wurde jedoch Alles mündlich abgemacht. Die Türkei war und bleibt das Eldorado für Feinde bureaukratischer Vielschreiberei. *)

Die Chronik der Užicaer Veste reicht über das vorige Jahrhundert nicht hinaus. Im August 1837 wurde, als die österreichische Armee bereits auf der ganzen Linie von Widdin,

---

S. Serbien von F. Kaniß. Leipzig, 1868.

Nisch, Novizabar bis Banjaluka von den Türken zurückgedrängt war, die Türkenfestung von einer Abtheilung der Seckendorff'schen Armee unter Befehl des Obersten Lentulus, um den begonnenen Rückzug zu decken und um einen festen Stützpunkt zur Zurückdrängung der Feinde von der bosnischen Grenze zu gewinnen, belagert und nach 20tägiger Belagerung genommen. Die Besatzung capitulirte und wurde von einer österreichischen Escorte nach Srebenica geleitet. Auf dem Wege dorthin wurde Besatzung und Bedeckung von dem kühnen Parteigänger Mehmed gefangen genommen und in das türkische Lager gebracht. Der Großvezier behandelte die Escorte freundlich, ließ sie zwei Tage ausruhen, beschenkte die Offiziere mit Tüchern zu neuen Uniformen und jeden Reiter mit einem Ducaten; dem gewesenen Festungscommandanten Elhadschi Ismail und dem Naib Mustafa ließ er in Gegenwart der österreichischen Officiere und Soldaten, weil sie, ohne den Sturm abzuwarten, die Veste übergeben hatten, die Köpfe abschlagen. Während dem wurde die Festung mit Munition und Lebensmitteln versehen und dem Hauptmann v. Schenk mit 200 Mann zur Bewachung übergeben. Eine bald darauf durch den schon erwähnten Parteigänger Mehemed mit 6000 Mann versuchter Ueberfall Uzica's mißlang. Er verwüstete jedoch die offene Stadt und die nächsten Dörfer, verbrannte und mordete was ihm in die Hände fiel und schleppte über tausend unglückliche Weiber und Kinder, welche er auf seinem Mord- und Brandzuge aufgegriffen hatte, als Gefangene mit sich in das türkische Lager. Erst nach Rückzug des österreichischen Feldmarschalls von Seckendorf in die sumpfigen Niederungen von Schabaz wurde Uzica von den Türken durch Hunger bezwungen. In den serbischen Freiheitskämpfen zu Anfang dieses Jahrhunderts wurde Užica im Jahre 1805 zuerst vergeblich belagert, dann aber zwei Jahre später von Kara Georg nach kurzem Widerstande erobert. Im Jahre 1813 wurde die Festung von den Türken wiedergenommen, in deren Besitz sie bis zum Jahre 1862 geblieben ist. Die Festung bildete einen von den acht festen Punkten, welche die Türken, sich um den Hati=scherif von 1830 gar nicht kümmernd, bis zur Convention von 1862 nach dem Bombardement von Belgrad besetzt hielten. Als die Nachricht vom Bombardement Belgrads nach Užica gelangte, versuchten die Bewohner der Stadt einen, wiewohl vergeblichen Angriff auf die Festung. Der Kampf währte eine ganze Nacht hindurch. Die in Folge des schändlichen Belgrader Bombardements in Constantino=pel zusammengekommene Conferenz der Gesandten Rußlands, Frankreichs, Preußens, Oesterreichs, Englands und Ita=liens mit dem türkischen Minister des Auswärtigen, dem kürzlich verstorbenen Großvezier Ali Pascha, befreite Festung und Stadt Užica endlich von den asiatischen Barbaren. Die auf dieser Conferenz zu Stande gekommene Convention vom 4. September bestimmte unter anderem die Schleifung der Festung Užica und die Räumung der Türkenstadt. Während der Unterhandlungen in Constantinopel zündeten die Türken die Stadt an. Das war ihre letzte barbarische That in Užica. Dann wurden Festung und Stadt geräumt und, den Bestimmungen der Convention vom 20. September 1862 zu Folge, die Werke der alten Veste mittelst Pulver auseinandergesprengt.

Ueber die Stimmung im türkischen und serbischen Užica kurz vor der Katastrophe schreibt der Orientreisende v. Kanitz: „Schon damals fielen mir das sichtbar gedrückte Wesen der türkischen Autoritäten, andererseits die selbstbewußte Haltung der christlichen Bevölkerung auf. Der muselmännische Trotz, welcher das Läuten der Kirchenglocken selbst nach dem sultanischen Hat vom Jahre 1829 in Užica lange unmöglich gemacht hatte, war gebrochen. Ich gedachte der energisch gestellten Forderung Garašanins in der türkischen Städtefrage zu Constantinopel. Ich verglich unwillkürlich den im Norden der Stadt aufblühenden christlichen Stadttheil mit dem schmutzigen Türkenviertel, die verfallende Mudirwohnung mit dem stattlichen serbischen Kreisamtsgebäude, die verlassenen Dschamien mit der großen Kirche und dem hübschen Protahause, und sah die 1862 wirklich eingetretene Katastrophe herankommen. Das Schicksal schritt rasch. Auch hier erblich der Glanz des Halbmondes und räumte endlich der leider nur zu lange verdrängten europäischen Cultur das Feld — ein einziger riesiger Schutthaufen bezeichnet heute die Stelle des einstigen türkischen Užica."

Von dem blühenden serbischen Užica, welches ich kürzlich gesehen habe, werde ich nun erzählen.

„Der riesige Schutthaufen," den die Türken zurückgelassen, war fortgeräumt, und durch serbischen Fleiß und durch serbische Thätigkeit auf demselben ein neuer Stadttheil mit hübschen Häusern, breiten Straßen und geschmackvollen Gartenanlagen entstanden. Von der schmutzigen Türkenstadt war jede Spur verschwunden. Ein großer, gut gehaltener Marktplatz bildete den Mittelpunkt der durchweg modern gebauten Stadt, zwischen deren stattlichen und freundlichen Häusergruppen auch nirgends mehr die häßlichen, hölzernen, nur aus Erdgeschossen bestehenden Baulichkeiten, auftauchten, welche ich noch in dem älteren Theile von Valievo gefunden hatte. Wenn man von Valievo nach Užica kommt, betritt man die Stadt zwischen zwei Reihen mit Gärten umgebener, sehr hübscher Landhäuser mit grünen Jalousien, mit blumengeschmückten Fenstern und bunt gestrichenen Thüren. Die Straße führt abwärts und man schaut im Hineinfahren auf die Häusergruppen des Marktplatzes und seiner Umgebung von oben. Das große, weißgestrichene Amtsgebäude des Natschalniks, die stattliche Kirche, das Protahaus, das Schulgebäude und eine Menge schöner Privatgebäude, zwischen deren weißen Wänden und rothen Dächern überall Baumgruppen und Gartengebüsche auf- tauchen, geben dem Städtebilde ein eben so stattliches, wie malerisches Kleid. In derselben Linie mit dem neuen Stadt- viertel, welches sich auf den Trümmern der Türkenstadt er- hoben hat, aber nach entgegengesetzter Richtung, ist ein sehr freundlich ausschauendes Stadtviertel entstanden, welches durch eine mit Akazienbäumen besetzte Straße in seiner Länge durchschnitten wird. Die Djetina, ein Nebenfluß der Mo- rava, durchschneidet die Stadt. Seine Ufer sind mit Obst- gärten und Baumgruppen eingefaßt und werden an zwei Stellen durch zwei mit vollendeter Technik ausgeführte Stein- brücken verbunden, welche noch aus der Zeit des serbischen Kaiserreichs, etwa aus dem Ende des vierzehnten Jahr- hunderts, stammen. Von besonderer architectonischer Schön- heit sind die Baluftraden dieser Brücken, oder ich will lieber sagen, die Stücke dieser Baluftraden, welche die Ver- wüstung der türkischen Epoche übrig gelassen hat. Den malerischen Hintergrund dieses reichen und hübschen Städte- bildes, welches man, von Valievo kommend, im Hinein- fahren erblickt, und in welches die Trümmer der Türken- festung von ihrem hohen Kalksteinfelsen wie Gespenster aus einer blutigen und gräuelvollen Vergangenheit hineinschauen, bilden hohe, faſt ſenkrechte Kalkſteinfelſen. Man kann alſo nicht ſagen, daß das Gewand, in welchem ſich Ujica dem Reiſenden zeigt, ſeiner intereſſanten, bis zum Jahre 1224 hinaufreichenden Geſchichte nicht würdig iſt.

Wir trafen den Präfecten von Ujica in dem großen Geſchäftszimmer des Natſchalnikats. Herr Simić war eine Geſtalt von echt ſerbiſchem Typus. Schlank gewachſen, etwas über die Mittelgröße hinausreichend, dunkle Augen und dunkles Haar, intelligent in ſeinem Weſen, gefällig in ſeinem Benehmen, mochte er kaum die Hälfte der dreißiger Jahre zurückgelegt haben. Der Natſchalnik nimmt unter den ſerbiſchen Verwaltungsbeamten eine erſte Stelle ein. Er iſt der erſte und oberſte Vorſteher des Kreiſes und bezieht ein Gehalt von 1600 bis 3000 Gulden. Von der Kreisver= waltung bildet er die oberſte Spitze. In ſeinen Händen vereinigen ſich die öffentliche Sicherheit, die Geſundheits= pflege, das Quarantaineweſen, die Aufſicht über die im Kreiſe befindlichen Poſten, Telegraphenanſtalten und Schulen, die Leitung der Ausführung der Straßenbauten. Sein Stab beſteht aus dem Pomodnik, ſeinem Stellvertreter, dem Kreis= phyſikus, dem Kreisingenieur, dem Secretär, den Kaſſe= beamten, aus den Kanzliſten und Gendarmen — Panduren. Unter ihm ſtehen die Capetans — die Leiter der Kreisbe= zirke, die Bezirkshauptleute, welche, abgeſehen von den ihnen zugewieſenen richterlichen Functionen das Kreisamt im Sicher= heitsdienſte, bei Impfungen, Straßenbauten und Hochbauten unterſtützen und ein Gehalt von 1000 bis 1400 Gulden be= ziehen. Der Gehülfe des Capetans, in ſeinen dienſtlichen Functionen heißt der Piſar — Schreiber. Die bei uns die Beamten und das Volk trennende Kluft beſteht aber in Serbien zwiſchen dem Natſchalnik, dem Capetan und ihren

Kreißeingefessenen nicht. Alle Ständeunterschiede sind in
Serbien unbekannt. Die gewöhnliche Anrede mit „Du"
und der Brauch, daß man von einer dritten Person mit
der Anwendung des Vornamens spricht, selbst wenn diese
Person eine der höchsten Stellen des Staates bekleidet, haben
ein Gleichheitsgefühl zur Folge, welches die ganze Nation
durchdringt.

Bei diesem die Nation durchdringenden Gleichheitsgefühl und bei der Gewohnheit, dieses Gleichheitsgefühl in
Anrede und Umgang auszubrücken, ist in Serbien die Bildung
einer in sich abgeschlossenen, außerhalb des Volkes stehenden
Beamtenclasse auch schwer möglich. Frei und ungezwungen
tritt der Serbe seinem Beamten als seines Gleichen gegenüber und verhandelt sein Anliegen mit ihm in der unge-
zwungensten und natürlichsten Weise. Ebenso fällt es dem
Beamten gar nicht ein, aus seiner amtlichen Stellung irgend-
wie eine Prärogative über Untergebene zu beanspruchen.
Unter den älteren Beamten mag zuweilen hie und da eine
Ausnahme vorkommen; die jüngeren Beamten sind von allem
aus ihrer amtlichen Stellung hergeleiteten Dünkel frei.
Zu diesen Beamten der zweiten Classe gehörte auch der
Natschalnik von Užica. Ich hatte, da er den ganzen Tag
hindurch in meiner Gesellschaft blieb, Gelegenheit genug,
dies zu bemerken.

Während ein Pandur uns den „Slabko" brachte und
uns der im Natschalnikat wohnende erste Telegraphenbeamte
sowie der Kreisingenieur vorgestellt wurden, wandte sich das
Gespräch auf die im Kreisgefängnisse befindlichen Haiducken,
welche im Laufe des Jahres vor das Schurgertcht des
Užizaer Kreises gestellt werden sollten. Unsere Unterhaltung
machte sich um so bequemer, als der Kreisingenieur und der

Telegraphenbeamte Beide deutsch sprachen, Herr Petrović
das Amt eines Dolmetschers also nur zu übernehmen brauchte,
wenn ich mit dem Natschalnik sprach. Die Haiducken von
Užica erregten momentan die Aufmerksamkeit aller Kreise
der serbischen Bevölkerung und die Schwurgerichtsverhand=
lungen des Haiduckenprozesses werden nicht verfehlen, auch
über die Grenzen Serbiens hinaus Interesse zu erregen,
weil mit der Aburtelung der im Natschalnikat zu Užica ein=
gekerkerten Räuber das Räuberwesen im südlichen Serbien
und an der bosnischen Grenze hoffentlich ausgerottet sein
wird. Die Haiducken von Užica führen ihren Namen in
sehr uneigentlicher Weise. „Haiducken" nannten sich die
Serben, welche während der serbischen Aufstandsversuche
auf eigene Faust die Türken bekämpften, welche, mit ihrem
Karabiner bewaffnet, ins Gebirge flohen, dort Banden bil=
deten, die türkischen Karavanen überfielen, in die türkischen
Palanken einbrangen, die türkischen Konaks niederbrannten,
kurz den asiatischen Nomaden, welche die Herren im Lande
waren, in jeder Art und Weise Schaden zufügten. Der
Serbe, der einen Türken erschlug, weil der Türke ihm
seine Tochter, seine Geliebte, seine Schwester zu rauben
versuchte, floh ins Gebirge und wurde Haiduck; der
Bauer, welcher nicht mehr im Stande war, den Zehnten
zu zahlen, oder der seinem türkischen Lehnsherrn keine
Frohnbearbeiten leisten wollte, verließ sein Dorf und wurde
Haiduck. Der Haiduck führte nur mit den Türken Krieg.
Jeder Serbe war sicher unter seinem Zelt. Der Haiduck
schoß den Türken aus dem Hinterhalt nieder: den Wan=
derer, der sich im Walde verirrt hatte, geleitetete er auf die
Straße und krümmte ihm kein Haar, auch wenn der Wan=
derer Tausende Ducaten in der Tasche hatte, nachdem er

ihn vorher durch Speise und Trank gestärkt hatte. Georg der Schwarze, der Befreier Serbiens, hieß der „Haiducken- könig.“ Noch heute begegnet man auf den Höhen des Balkan häufig solchen „Haiducken,“ welche, gequält, gemartert und beraubt von den türkischen Dorfbeamten und Steuer- eintreibern, schließlich ihr Haus verlassen und im Gebirge auf eigene Faust ihre Peiniger bekriegen. „Mein Sohn ist Haiduck geworden,“ sagt der Bauer von seinem Sohne, der empört über die Bedrückungen und Raubsucht des Pascha's, schließlich den Pascha niederschießt und, das noch rauchende Gewehr auf der Schulter, den nächsten Bergpfad einschlägt, um sich der Haiduckenbande im Gebirge anzuschließen. Ich habe mehrmals in Serbien Panduren zur Begleitung ge- habt, welche Jahre lang Haiducken in der Türkei gewesen waren und an deren Händen genug Türkenblut kleben mochte — prächtige Menschen, auf deren Ehrlichkeit, Treue und Diensteifer ich mich in jeder Beziehung verlassen konnte. Der Major Stefanović, Generaldirector der Militär- werkstätten in Kragujevac, welcher mich in den Arsenalen umherführte, hatte in seiner Begleitung einen Panduren, der mir durch seine Höhe und durch sein schönes und krie- gerisches Aeußere auffiel. „Ja wohl,“ sagte der Major, als ich ihn nach dem Manne fragte, „Marco ist ein präch- tiger Mensch; nie hatte ich einen besseren Diener; er war zehn Jahre Haiduck in der Türkei.“ Der Weg nach dem von dem Fürsten Alexander Karageorgević angelegten Landes- gestüt zweigt sich kurz vor der Stadt Požarevac von der nach Ćupria führenden Straße ab. Als ich von Ćupria nach Požarevac fuhr, wollte ich das Gestüt besuchen, kannte aber den Weg nicht. Der Präfect von Požarevac hatte deshalb, auf eine telegraphische Mittheilung des Präfecten

von Ćupria, damit ich nicht irre führe, an der Stelle, wo
sich die Straße nach dem Gestüt abzweigt, einen Panduren
aufgestellt, welcher mir vorreiten sollte. Die männliche
Schönheit des Panduren, die Weise, wie er sein Pferd
tummelte, sein intelligentes Wesen, wie er mir bei Besich=
tigung des Landesgestüts an die Hand ging, fielen mir
auf. In Požarevac angekommen, fragte ich den Präfecten
nach diesem Panduren. „Ja er ist mein bester und zuver=
lässigster Pandur;" sagte der Präfect; „er war sechs Jahre
Haiduck in der Türkei."

Zu dieser Klasse von Haiducken gehörten nun die Hai=
ducken von Užica nicht. Der Kampf mit den Türken lag
ihnen fern. Sie haben nur den Kampf mit der Gesellschaft
geführt. Zwei von ihnen standen an der Spitze größerer
Räuberbanden, welche den Užicaer Kreis unsicher machten,
raubten, stahlen und morbeten, eine Menge Verbindungen
mit Hehlern und Helfern hatten, plötzlich erschienen, um
irgend einen Räuberstreich auszuführen und nach der That
ebenso schnell über die türkische Grenze verschwanden, sobald
ihnen Gefahr drohte oder sobald sie sich an Zahl mit den
sie verfolgenden Panduren und Soldaten nicht messen konnten.
Nöthigenfalls ließen sie es auch auf einen Kampf ankommen
und wußten das Gewehr, den Yatagan und die Pistolen
mit Geschick im Kampfe zu handhaben. Weit gefährlicher,
als durch ihre Räuberanfälle selbst, waren sie indeß durch
ihre weitverzweigten Verbindungen auf dem Lande. Vor
ungefähr einem halben Jahre war es endlich gelungen, vier
von diesen Räubern, und zwar die vier gefährlichsten, ge=
fangen zu nehmen. Zwei von ihnen, die beiden Hauptleute,
ergaben sich erst nach einem wüthenden Kampfe, wobei sie
schwer verwundet wurden. Sie wurden in das Kreisge=

fängniß gebracht und die Untersuchung gegen sie eingeleitet. Der Eine von ihnen hatte allein fünf und vierzig Morde auf seinem Gewissen. Vielleicht, weil er hoffte, als reuiger Sünder begnabigt zu werden, machte er alle seine Hehler und heimlichen Helfer im Lande namhaft, so daß mehrere hundert gefährliche Personen verhaftet werden konnten und unschädlich gemacht wurden. Und in der That — der Räuber hat wirklich Serbien durch diese Anzeigen einen Dienst ge- leistet, indem durch die Einkerkerung aller dieser gefährlichen Individuen das Räuberwesen im südwestlichen Serbien von Grund aus erstickt ist.

Ich war recht neugierig, die gefährlichen Räuber zu sehen, von denen ich nun schon so viel in Belgrad und auf meiner Reise nach Ujica gehört hatte. Nachdem mir der Telegraphenbeamte aus den Acten das Geständniß des Räuberhauptmanns in deutscher Sprache mitgetheilt hatte, führte der Natschalnik mich und meinen Begleiter nach den Gefängnissen der Räuber. Die Gefängnisse öffneten sich auf einen durch ein eisernes Gitterthor von den übrigen Räumlichkeiten der Präfectur abgegrenzten Gang. Auf dem Gange waren mehrere bewaffnete Panduren als Wachen aufgestellt. Der Pandur, welcher die Aufsicht über die Gefängnisse führte — es war derselbe, welcher uns vorher den Slabko gebracht hatte — schloß die schwere, mit Eisen beschlagene Thür des nächstgelegenen Gefängnisses auf. Vor uns saßen auf einer Matratze, beide an den Füßen mit Eisenringen, welche vermittelst einer Kette mit einander verbunden waren, gefesselt, der Räuberhauptmann Nikola Jevdjović und seine Gefährte Zaria Marcović. Beide erhoben sich von ihrem Lager, als wir mit dem Präfecten und dem Aufseher der Gefängnisse eintraten. Jevdjović

12*

war der gefährlichste und auch der interessanteste von den beiden gefangenen Bandenführern, derselbe, der fünf und vierzig Menschen mit seiner Hand getödtet hatte. Manche von seinen Opfern hatte er im Kampfe getödtet, Manche auch mit ruhigem Blute, als sie sich in seiner Gefangen=schaft befanden, erbarmungslos ermordet. Er hatte das Aussehen eines ganz gefährlichen Kerls. Auf seinem Ge=sicht vereinigten sich Intelligenz, Verschmißtheit, Bosheit und niederträchtige Gesinnung. Als ich dies Gesicht sah, begriff ich alle Niederträchtigkeiten, welche ich von diesem Kerl gehört hatte. Er war Räuber aus Lust am Raube, Mörder aus Lust am Morde. Der Präfect erzählte mir einige nach Anstand schmeckende Züge aus seinem Räuber=leben, wie, daß er den Armen nicht beraubte und nur reiche Bauern brandschatzte, daß er keine der Regierung gehörenden Gelder wegnahm, daß er zuweilen den Armen mit dem Gelde beschenkte welches er dem Reichen genommen hatte — Räuberstückchen, welche ja in jedem Räuberleben vorkommen. Auch war er stolz seinen Genossen gegenüber, hielt sich allein, war selten zu sprechen, erschien nur in großen Momenten der Gefahr, nannte sich „König der Haiducken" und that sich viel darauf zu gute, daß er durch seine Angebereien sein Vaterland von der Räuberwirth=schaft befreie. Er war jenseits der türkischen Grenze ge=fangen genommen worden und hatte sich, in einem Hause verborgen, wie ein Löwe gegen ein Dutzend Soldaten und Panduren gewehrt. Nach dem Kampfe und schon im Ge=fängnisse hatte ihn ein Pandur durch einen Schuß an der Hand verwundet, welcher ihm zwei Finger weggenommen hatte. Auf die Aufforderung des Natschalniks erzählte er uns den Kampf bei seiner Gefangennehmung und seine Ver=

wunbung mit einem Aufwanbe von Rhetorik und drama=
tischem Talent, daß man unwillkürlich von der Erzählung
hingerissen wurde. Der mitgefangene Räuber Zaria Mar=
cović schien ein enthusiastischer Verehrer seines Hauptmanns
zu sein. Mit unverkennbarer Bewunderung in Zügen und
Geberden verfolgte er während der Erzählung jede Bewe=
gung desselben; seine Augen hingen am Munde des Er=
zählers; zuweilen brach er in einen enthusiastischen Zuruf
aus. Auch er war bei seiner Gefangennehmung am Fuße
verwundet. Es waren ihm ein paar Zehen weggeschossen
worden. Mit Stoicismus hatte er die Operation an den
verwundeten Gliedern ertragen. Auch seine Gesichtszüge
hatten ein nichtswürdiges Gepräge. Verschlagenheit und
Bosheit waren auf denselben ausgedrückt. Als wir das
Gefängniß verließen, sagte ich zu dem Präfecten, der einige
Theilnahme für den Räuberhauptmann zeigte und mir sagte,
daß sich diese Theilnahme auch in der Stadt ausspräche:
„Solche gemeingefährliche Subjecte habe ich noch nie ge=
sehen, obschon ich lange Zeit Criminalrichter war. Beide
Hallunken würde ich schon ihrer Gemeingefährlichkeit wegen
tödten lassen, wenn sie auch nicht wegen ihrer Morde und
Brandstiftungen den Tod zwanzig Mal verdient hätten.“
    Der zweite Räuberhauptmann befand sich allein im
Kerker. Auch er war an beiden Füßen mittelst Eisenringen
und Kette gefesselt. Jovan Dublović war ein kleiner Räuber
seinem Collegen in der Räuberhauptmannschaft Nicola Jevd=
jović gegenüber. Er hatte gar keinen Mord auf dem Ge=
wissen. Ihn belasteten nur einige Dutzend Räubereien,
Diebstähle und Brandstiftungen. Sein Aussehen war brutal
und dumm, seine Gestalt grob und knochig. Dem Tode
wird er nach den Bestimmungen des serbischen Strafgesetz=

buchs indeß wohl nicht entgehen. Der vierte Räuber No=
vißa Milojević war der ungefährlichste und auch der
sympathischste. Die Andern hatte die Lust am Verbrechen,
die Habsucht und die Raubsucht zu Räubern und Mord=
brennern gemacht. Ihn hatte ein Todtschlag aus Leiden=
schaft unter die Haiducken in das Gebirge geführt. Wei=
tere Morde hatte er nicht auf dem Gewissen. Er empfand
die schmerzlichste Reue über seine Thaten. Diese Reue prägte
sich auf seinen Gesichtszügen aus.

Das sind die vier Haiducken von Užica, deren Proceß
in nächster Zeit im ganzen südöstlichen Europa großes Auf=
sehen machen wird!

Endlich waren wir mit dem Besuch der Gefängnisse
zu Ende. Herr Petrović hatte sich schließlich noch in weit=
läufige Gespräche mit jedem einzelnen Räuber eingelassen,
welche mir der Telegraphenbeamte in deutscher Sprache
verdolmetschte. Nie hatte ich in meinem Leben so viel von
Mord, Todtschlag, Brandstiftungen und Räubereien aller
Art gehört, wie in der Stunde, welche ich bei den Räu=
bern im Kreisgefängnisse zubrachte. Alle Verbrechen, welche
während der letzten zehn Jahre das südwestliche Serbien
unsicher gemacht hatten, zogen an mir vorüber. Die vier
Räuber hatten an zweihundert Mitschuldige, von denen der
größte Theil in dem Binnenhofe des Gefängnisses sowie in
den den Hof umgebenden bedeckten Säulengängen bivouakirten.
Die mindergravirten Mitschuldigen befanden sich, aus
Mangel an Raum, um sie einzusperren, noch auf freien
Füßen. Unter ihnen waren, wie mir der Präfect sagte,
wohlhabende Handelsleute und Grundbesitzer. Schließlich
mußte ich aus einem Fenster des Ganges noch einen Blick
auf die im Hofe bivouakirenden Räuber werfen; dann war

auch die Wißbegierde des Reisemarschalls befriedigt. „Ma=
chen wir einen Spaziergang durch die Stadt und zu den
Ruinen der Türkenfestung, meine Herren," sagte ich, „damit
wir in die frische Luft · kommen. Hier riecht mir Alles
nach Blut und Brand. Ich habe genug."

Den Marktplatz überschreitend, schlugen wir unsern
Weg nach dem Stadttheil ein, der sich auf dem riesigen
Schutthaufen erhebt, welchen die asiatischen Barbaren den
Bewohnern des serbischen Užica zurückgelassen hatten. „Dort ·
ist unser Gymnasium und dort die Realschule," sagte der
Kreisingenieur Risaz, mit der Hand auf zwei stattliche
Gebäude deutend, als wir über den Platz gingen; „das
Gymnasium hat 70, die Realschule an 200 Schüler." Von
der ehemaligen Türkenstadt war keine Spur mehr vorhan=
den. Als wir durch die neuen Straßen gingen, erzählten
mir meine Begleiter von dem Kampf, welcher in der Nacht·
stattgefunden hatte, als die Nachricht von dem Bombarde=
ment Belgrads nach Užica gekommen war. Die Erbitterung
war so groß, daß die Serben versuchten, die Türkenfestung
zu stürmen oder sie doch mit einem Handstreich zu nehmen.
Eine Menge Schüsse wurden zwischen der Besatzung und
den Bewohnern der Stadt, welche sich, die Häuser als
Deckung benutzend, bis an den Fuß des Felsens, auf dem
sich die Feste erhob, hinanschlichen, gewechselt, und mancher
Todte war am andern Morgen zu beklagen. Auch hier
erkundigte ich mich, ob das gesetzliche Privilegium, welches
jede Frau und jedes Mädchen in Serbien dem unbeschränkten
Willen jedes türkischen Soldaten unterwarf, im Užicaer Kreise
ausgeübt worden sei? Meine Begleiter versicherten mich, daß
noch nach der Wiedereroberung des Landes durch die Tür=
ken im Jahre 1813 und in den darauf folgenden Jahren

diese Brutalitäten an der Tagesordnung gewesen seien. Allerdings habe es unter den Türken eine Partei gegeben, welche sich diesen Brutalitäten widersetzt habe, ohne indeß das Privilegium abschaffen zu können. Ich las ihnen dann aus dem Denton'schen Werk über Serbien eine Stelle vor, welche von jenen zehn Jahren spricht und also lautet: „Zehn Jahre, welche durch Scenen der teuflischen Rache verdunkelt waren, folgten. Neue Arten der Tortur und unerhörte Marterwerkzeuge wurden erfunden. Christliche Gefangene wurden gegen die Wälle der Widerstand leistenden Festungen durch eigens zu diesem Zwecke construirte Katapulte geschleudert; Kinder wurden in Gegenwart der Mütter zur Verspottung des Taufritus durch siedendes Wasser gezogen." Als weitere Illustration zu dieser Schilderung theilten sie mir mit, daß die türkischen Soldaten nach den in den Casematten der Festung von Ujica gefangenen Serben mit eisernen Haken geworfen hätten, an denen Stricke befindlich gewesen seien. An der Stelle des Körpers, wo der eiserne Haken den Gefangenen gefaßt habe, ob am Halse, an der Brust, an den Beinen oder im Rücken, sei der Unglückliche mittelst des Strickes an der Wand der Casematte erhängt worden. Im Jahre 1814 entkamen mehrere in der Festung gefangen gehaltene serbische Notabeln diesen schändlichen Martern durch einen kühnen Sprung aus den Fenstern.

Als wir den schmalen Fußpfad zu dem Gipfel des Felsenkegels hinaufstiegen, auf welchem das „Zwing-Uri" des serbischen Südwestens seine Bastionen und Thürme erhoben hatte, gesellten sich zwei „Ritter des schwarzen Berges" zu uns, welche in Ujica einen ihnen von der serbischen Regierung ausgesetzten Ruhegehalt verzehrten, schöne,

stattliche Leute von hohem Wuchs und gerader, stolzer Hal=
tung, obschon der Eine von ihnen die Siebenzig überschritten
haben mochte. Beide trugen das prächtige Costüm ihres
Landes, die rothe, goldgestickte Weste, die mit vergoldeten
Schnüren und Knöpfen reichbesetzte Jacke und den weißen
Waffenrock. Mit bunten Steinen, mit Gold und Silber
ausgelegte Pistolen und Yatagan steckten im breiten, rothen
Gürtel. Die Brust war mit Medaillen und Ordensdeco=
rationen bedeckt, welche sie von dem Fürsten des schwarzen
Berges und vom Kaiser von Rußland als Auszeichnungen
in Türkenkämpfen und Türkenschlachten erhalten hatten.
Sie wohnten schon eine Reihe von Jahren in Užica, und
es erregte selbstverständlich deshalb um so mehr ihr In=
teresse, als ich ihnen sagte, daß ich erst vor Kurzem ihrer
sturmumwehten Heimat auf dem schwarzen Berge einen
Besuch gemacht habe, ihren Fürsten kenne, und ihnen die
gegenwärtigen Zustände auf dem schwarzen Berge schilderte.
Auch der Kreisingenieur Risaz war auf dem schwarzen
Berge gewesen und hatte zufällig der Schlacht bei Grahovo
beigewohnt. Als wir uns sämmtlich auf dem kleinen Pla=
teau des Felsenkegels, wo nur noch einige Steintrümmer
an die Türkenfestung erinnerten, niedergelassen hatten und
auf das von der Nachmittagssonne beleuchtete, unter un=
seren Füßen sich ausbreitende reiche Landschaftsbild schauten,
gab er uns eine Schilderung jener glänzenden Waffenthat
der Ritter des schwarzen Berges, wo, wie gewöhnlich,
Einer gegen zehn Türken focht, von der ein schönes, monte=
negrinisches Nationallied singt: „Wir haben uns mit ihnen
im Feuer geschlagen vom Morgen bis zum dunkeln Abend.
Der Donner der Gewehre hörte nicht auf, auf dem ebenen
Gefilde von Sagaraz; das ganze Feld war mit Dunkel be=

deckt. Da gehen zu Grunde wackere Pereniken, Jvanović Jvo aus Cetinje; es gehen zu Grund Türken; es gehen zu Grunde Crnagorzen, bis sich unsere Fahnen erhoben und auf die Türken einen Jurisch — Sturmlauf — unternahmen, und ihnen hundert und zwölf Köpfe abgeschnitten wurden. Da jagten wir sie zurück aus Sagaraz bis zu den Berki'schen Schanzen, und dort schnitten wir zwei hundert Köpfe ab." In der berühmten Stadt Grahovo, deren Fahnen heute den Trophäensaal des alten Fürstenpalastes in Cetinje schmücken, wurden die türkischen Heere gänzlich von den Rittern des schwarzen Berges vernichtet. Die Felslandschaft, auf welche der Blick fällt, wenn man von dem Plateau des Felskegels rückwärts nach Bosnien schaut, gleicht ganz den montenegrinischen Felsbildern, starre, steil aufsteigende, nackte Wände von Südalpenkalk ohne Baum und ohne Strauch, ohne irgend einen grünen Streif. Der Ingenieur schilderte so lebendig das sprungartige Vorgehen der Montenegriner, wie sie plötzlich sich hinter und zwischen den Reihen der asiatischen Barbaren befanden, wie ihr Triumphgeheul ertönte und wie die hohen, schlanken Gestalten mit den Yatagans die Türkenköpfe heruntermähten; dazu die Montenegriner in ihrer bunten, phantastischen Tracht neben mir auf den Trümmern der Türkenfestung — ich dachte mich so lebendig in die Türkenschlacht hinein, als wenn ich wieder auf dem schwarzen Berge und mitten in der Türkenschlacht wäre. — „Wir haben uns mit ihnen im Feuer geschlagen vom Morgen bis zum dunkeln Abend," schrieb der Velikivojvode Mirko Petrović, welcher in jener Schlacht den Oberbefehl führte, an seinen Sohn, den jetzigen Fürsten des schwarzen Berges.

Den Abend brachten wir im Volksgarten zu. Eine

Hochzeitsgesellschaft ergötzte sich mit Nationaltänzen unter den Klängen des Dudelsacks auf dem Rasen. Der Bräutigam war ein recht hübscher und stattlicher junger Mann von wohl fünf und zwanzig Jahren; die Braut war viel älter, nicht hübsch und ziemlich verblüht. Das kommt in Serbien häufig vor. Heiraten werden in Serbien weit mehr, als im westlichen und mittleren Europa, aus materiellen Interessen geschlossen. Die romantische Sinnesweise in Dingen der Liebe, die Entführungen des geliebten Mädchens gehören der Vergangenheit, nicht der Gegenwart an. Die materiellen Interessen der ganzen Familie machen sich bei den heutigen serbischen Heiraten mehr geltend, als die Liebe. Nur das Volkslied weiß von dem Fehlen jedes materiellen Interesses, wenn es in demselben heißt:

„Glücklich macht uns weder Gold noch Silber,
Selig macht nur das, was Jedem lieb ist."

Nur das Mädchen des Volksliedes zieht in Serbien mit dem Geliebten ihres Herzens in die Wildniß, um der Umarmung des ihr bestimmten Ungeliebten zu entgehen. Der schwarze Georg und Miloš bedrohten die Otmitza — die gewaltsame Entführung eines jungen Mädchens aus dem Hause ihrer Eltern Seitens ihres Geliebten und seiner Freunde — mit schweren Strafen. Heute würden diese Verbote in Serbien wohl gegenstandslos sein. Die Hauscommunion des Südslaven gestattet es den jungen Leuten nicht, die Schließung der Ehe als eine nur sie betreffende, individuelle Angelegenheit zu betrachten. Die Hochzeit, welche ich im Volksgarten zu Užica sah, gehörte wohl in die Categorie der in Serbien gewöhnlichen Heiraten. Der junge Eheman schien sich auch für seine ihm am Vormittage angetraute Frau gar nicht zu interessiren. Sie ging am Arme des Brautführers; der junge Ehemann tanzte mit andern Mädchen oder sprach mit seinen Freunden.

Ein weit romantischeres und poetischeres Bild als diese Hochzeit bot sich mir in einem andern Theile des Gartens. Dort saß ein Rhapsode und sang eins von jenen Helden= liedern, welche den Glanz und den Sturz des Serbenreichs verherrlichen und beklagen. „Die Lieder sind unmittelbar aus dem Volke hervorgegangen und blieben deshalb auch durch Jahrhunderte in seinem Gedächtniß bewahrt," sagt Kanitz; „Form und Weise der ganzen serbischen Rhapsodie, wie sie noch heute im Volke lebt, ist unzweifelhaft die jener alten Sänger, und diese tritt wieder in die innigste Be= ziehung zur Poesie der klassischen Völker, welche vor und mit den Slaven den illyrisch=thracischen Boden bevölkert hatten. Hört man die serbischen Heldengesänge auf deren ureigenstem Boden in den montenegrinischen Bergen, be= gleitet von den monotonen Klängen der einsaitigen Gusla, eines Instruments, das in seiner rohen Einfachheit mit dem Anfang aller Musik entstanden zu sein scheint, läßt man die mehr als zufällige Aehnlichkeit der lang und vielstrophigen Gesänge in Inhalt und Form mit der griechischen Rhapso= die auf sich wirken, so wähnt man sich durch einen Zauber in die Zeit der Iliade und Odyssee versetzt." Auch der Rhapsode im Garten zu Užica begleitete seinen Gesang mit den Tönen der Gusla, indem er theils zwischen den ein= zelnen Strophen, theils, während er diese halb declamirend, halb singend vortrug, mit dem Bogen über die einzige Saite des Instrumentes strich. Männer und Frauen aus Užica, fast alle im Nationalcostüm, lagerten auf dem Rasen rund um den Sänger, seinem Gesange mit größtem Interesse lauschend. Wie sollten sie auch nicht! Alle Tugenden und

Leidenschaften des Mannes und des Weibes, die tiefste,
Religiosität, der bis zur höchsten Aufopferung gesteigerte
Heldensinn des Serbenvolkes spiegeln sich in diesen Gesängen
wieder. Für das Volk bildeten sie bisher die einzige Quelle
seiner Vergangenheit und sind in alle Kreise gedrungen.

Als wir zu dem Platze kamen, wo der Rhapsode auf
einem etwas über dem Rasenboden erhöhten Platze saß,
hatte er gerade seinen Gesang beendigt. Einer von den
Zuhörern erhob sich, trat zu ihm heran und bot ihm ein
Glas Negotiner weißen Wein. Wir ließen uns nun in
der Nähe des Sängers, wo man uns in der freundlichsten
Weise Platz machte, ebenfalls auf dem Rasen nieder, um
den folgenden Heldengesang zu hören. „Das Schloß
Stalać," sagte Einer von meinen Begleitern, „hören
Sie, einer unserer schönsten Heldengesänge; noch ragen die
Trümmer auf dem Abhange des Schloßhügels an der bul=
garischen Morava." Noch ein Glas Negotiner trank der
Sänger; dann ertönte die Gusla in ihrer schwermüthigen
Weise, und der Sänger begann seinen Gesang:

„Briefe folgen häufig sich auf Briefe.
Von wem sind sie und an wen geschrieben?
Von Mehmed, dem Türkensultan, sind sie
Und geschrieben nach dem Schloß von Stalać.
An Prijesda, an den Wojewoden:
O, Prijesda, Stalaćer Wojwode,
Sende Du mir Deine besten Güter,
Erstes Gut, den starken Stürmersäbel;
Der da Baum und harten Felsstein spaltet,
Baum und Stein, sowie auch hartes Eisen;
Zweites Gut, Dein gutes Kranich Kampfroß,
Gutes Kampfroß, das wohl übersetzen
Eine nach der andern kann zwei Mauern;
Drittes Gut, Dein treu geliebtes Eh'weib!"

„Da den Brief Prijeϭba durchgesehen,
Geht er hin und schreibt gleich einen zweiten:
„Sultan Mehmed, großer Ϲar der Türken,
Samml' ein Heer, so groß es Dir beliebig,
Stürme Stalaϲ, wie es Dir beliebig;
Von den Gütern send' ich Dir kein einz'ges,
Hab' für mich mein gutes Schwert gewetzt nur,
Hab' für mich mein Falkenroß genährt nur,
Keins von meinen Gütern kann ich missen!"

„Da erhebt der Türkensultan Mehmed,
Hebt ein mächtig Heer und zieht vor Stalaϲ.
Wohl drei Jahre stürmt er und beschießt es,
Stürmt ihm keinen Stein ab, keinen Splitter.
Nicht vermag das Schloß er zu bezwingen,
Noch viel wen'ger will er es verlassen."

Da, des Morgens früh vor einem Sonntag,
Wallt hinaus Prijeϭba's treue Eh'frau,
Wallt hinein die hohen Festungsmauern,
Schaut hernieder ins Moravawasser.
Trüb vorüber strömt der Strom am Schlosse,
Und die Eh'frau spricht zum Wojewoden:
„O Prijeϭba, Herr mir und Gebieter!
Sehr befürcht', o Herr, ich, daß die Türken
Uns mit Minen in die Lüfte sprengen!"

„Drauf jedoch zurück ihr der Wojwode:
„Schweig', o Lieb'! Gefahr bring' Dich zum Schweigen
Wer grub Minen unter solche Ströme?"

„Als hierauf es Sonntag war geworden,
Schreitet nach der Kirche der Wojwode,
Dient darin den Dienst mit den Gefährten,
Tritt heraus dann aus der weißen Kirche,
Spricht zu den Gefährten diese Worte:

„O Gefährten, ihr meiner rechte Flügel,
Bald mit Euch wohl werd' ich mich erheben!
Laßt darum erst speisen uns und trinken,
Oeffnen dann des Schlosses weite Thore

Und hinaus uns stürzen auf die Türken —
Komm' was Gott will und das Glück der Helden!"

„Also aber spricht er zu der Ehfrau:
„Geh', o Seele, nieder zu den Kellern,
Hol' uns Rakia, hol' uns rothen Kühlwein!"
„Und Frau Jela nimmt zwei gold'ne Kannen,
Geht hernieder in die dunklen Keller.
Da sie gulangt in den dunklen Kellern,
Trifft den Raum sie voll von Janitscharen.
Aus Pantoffeln kühlen Rothwein schlürfend,
Trinken sie Frau Jela zu, der Herrin,
Trinken auf das Seelenheil Prijesda's.
Da dies sieht Frau Jela, die Gebiet'rin,
Läßt die Kannen aus der Hand sie fallen,
Eilt hinan schnell zu den Herrenhallen;
„Schlimmer Wein," so ruft sie, „mein Gebieter!
Schlimmer Wein dies und noch schlimmerer Rakia!
Voll von Janitscharen sind die Keller!
Aus Pantoffeln Deinen Kühlwein schlürfend,
Tranken auf mein Wohl sie, o Gebietet!
Tranken Dir, dem Lebenden, den Grabtrunk,
Tranken, weh! auf Deiner Seele Frieden!"

Und rascher und lebendiger tönte nun die Gusla.
Schneller fuhr der Bogen über die Saiten. Und im ra=
scheren Tempo, fast sprechend, sang der Rhapsode:

„Da dies hört Prijesda, der Wojwode,
Thut er auf des Schlosses weite Thore,
Stürzt sich kämpfend auf die Türkenheerschaar,
Schlägt um sich und schlägt viel Türken nieder,
Sechszig oben, ungezählt die Andern."

Dann nahm die Gusla wieder die frühere, traurige
Klangfarbe an, und der Sänger sang das Plesma in lang=
amem Tempo zu Ende:

„In das Schloß dann rückkehrt der Wojwode,
Schließt die Thore hinter sich des Schlosses,
Zückt vom Gurt den blanken Stürmersäbel,
Schlägt das Haupt ab seinem Kranichrosse.
„Weh, o Kranich, du, mein Gut, mein theures!
Weh, doch wird der Sultan Dich nicht reiten!"
Bricht entzwei den blanken Stürmersäbel:
„Weh, o Stürmer, meine rechte Hand Du!
Weh, doch wird der Sultan Dich nicht zücken!"
Dann zur Frauen geht er in die Halle,
Faßt an ihrer Hand die treue Eh'frau:
„Wähle, Jela, Du verständ'ge Hausfrau!
Wähle! Willst Du lieber mit mir sterben
Oder einem Türken sein zur Buhle?"

„Heiße Thränen weint die edle Frauen:
„Heil'gen Tod mit Dir, den wähl' ich lieber
Als der Türken schandenvolle Liebe!
Nimmerdar entsag' ich meinem Glauben
Und des Kreuzes Heil verleugn' ich nimmer!"
An den Händen fassen sich dann Beide,
Gehn hinan zu Stalać's hohen Mauern.
Also spricht hier Jela zum Wojwoden:
„O Prijeßda, Herr und mein Gebieter!
Aufgenähret hat uns die Morava —
Nun wohlan, sie mög' uns auch begraben!"
In dem Strom d'rauf stürzen Beide jählings."

Leicht bezwingt der Sultan nun das Felsschloß,
Von den Gütern aber wird ihm keins.
Grimmig schilt er drob, in dem er fortzieht:
„Schloß von Stalać, daß Dich Gott zerstöre!
Herwärts führt ich dreimaltausend Krieger,
Heimwärts ihrer führ ich kaum fünfhundert.."*)

---

*) S. Aus Buk's „Serbischen Nationalliedern II. Band
(Tod des Wojewoden Prijeßda.)" Uebersetzung von Kapper.

---

# Zwölftes Kapitel.

## Čačak.

Der Reisewagen stand gepackt vor dem Gasthause auf dem Marktplatze von Užica. Die Uhr auf dem Thurme der schönen weißen Kirche zeigte erst die sechste Stunde. Wir hatten einen weiten Weg vor uns, um vor Einbruch der Dunkelheit nach Čačak zu kommen, und die Straße führte fast unaufhörlich über das Gebirge.

Der Präfekt, der Kreisingenieur, der Telegraphendirektor waren gekommen, von uns Abschied zu nehmen. „Vergessen Sie nicht, sich vom Minister des Innern in Belgrad den Ausweis der Baudirektion aus den Jahren 1870 und 1871 geben zu lassen, Herr Doktor," sagte der Kreisingenieur, bevor ich in den Wagen stieg, „Sie können sich daraus am Besten darüber unterrichten, wie viel Schulanstalten und Schulhäuser Gemeinden und Regierung während der letzten Jahre gebaut haben." Dann reichte er mir die Hand zum Abschiede. Er war ein sehr tüchtiger und intelligenter Mann, der Kreisingenieur Risaz. Auf einem Spaziergange am verflossenen Abend hatte er mit mir in der eingehendsten Weise über die serbischen Landstraßen gesprochen. „Sprechen Sie doch mit dem Herrn Regenten über die

Haiduken," sagte der Präfekt Simić, einer der tüchtigsten
Präfekten, welche ich auf meiner Reise durch das südliche
und südwestliche Serbien kennen gelernt habe. Der Reisemarschall, Herr Nikola Petrović, welcher bereits im
Wagen saß, theilte mir die Worte des Präfekten, der nur
serbisch sprach, in deutscher Sprache mit. Dann reichten
uns die Herren nochmals die Hände. Der Pandur schwang
sich auf das Pferd. Im gestreckten Trabe ging's über den
Markt und durch die mit hübschen weißen Landhäusern besetzte Straße, welche wir gestern gekommen waren, wieder
zu dem hohen Bergrücken hinauf, welcher sich zwischen
Rzana und Užica ausdehnt und mit mehreren anderen Berg-
riesen den Kessel bildet, in welchem die romantischeste Stadt
des südwestlichen Serbiens gelegen ist. Der Weg von Užica
nach Požega beträgt über drei Stunden. Die gutgehaltene
Straße führt über Bergplateaus und ist reich an weiten
und prächtigen Rundblicken über reichangebaute Landstrecken
und auf große Eichenwälder. Auch Požega liegt, wie Užica,
in einem weiten, ringsum von Gebirgen umgebenen Kessel.
Vielleicht umschlossen diese Bergwände einst einen See, dessen
Fluthen sich in einer Katastrofe nach der Morava hin Bahn
brachen. Mitten durch den Kessel strömt der Scrapesch,
den wir auf einer langen hölzernen Bogenbrücke überschritten. Seit den letzten zehn Jahren hat die serbische
Regierung auch in sehr anerkennenswerther Weise ihr Augenmerk auf den Brückenbau gerichtet. Nachdem die einzige
bei Ćupria über die Morava führende Holzbrücke durch
Hochwasser zerstört war, fand Fürst Michael beim Antritt
seiner Regierung nicht eine einzige größere Brücke im Lande
vor. Selbst sehr primitiv eingerichtete Fähren gab es nur
an sehr wenigen Punkten. Die Reisenden mußten mit

Pferden und Saumthieren oft tiefe und reißende Furthen passiren. Fürst Michael richtete deßhalb ein besonderes Ministerium ein, welches dem Kriegsminister untergeordnet war und dessen Aufgaben alle öffentlichen Arbeiten, namentlich aber der Straßenbau, der Wasserbau und der Hochbau waren. Herr Jovan Ristić, jetziger Minister der auswärtigen Angelegenheiten, hat als Sektionschef zuerst dies Ministerium geleitet. Das neue Ministerium erwarb sich durch die Einführung von Pontonbrücken und Fähren, sowie durch den Bau hölzerner Brücken große Verdienste um die Erleichterung des Verkehrs. Es wurde eine Pontonnierkompagnie gebildet; die serbische, die bulgarische und die vereinigte Morava wurden an den wichtigsten Punkten theils durch schwimmende, theils durch stehende Pontons überbrückt, welche nach österreichischen Modellen gebaut und bei Nacht mittelst Laternen erleuchtet sind. An andern wichtigen Uebergangspunkten wurden Fähren eingerichtet, welche, wie alle Fähren auf den größeren Flüssen, ein Staatsregal bilden. Die Benutzungsgebühren dieser Pontonbrücken und Fähren sind äußerst mäßig. Für beladene Wagen werden zwei Piaster gezahlt; Fußgänger und Reiter zahlen nur wenige Para.

Auch die Gemeinden haben sich überall am Brückenbau eifrig betheiligt. Eine besonders große Thätigkeit hat in Beschaffung dieser Communicationsmittel die Regentschaft entwickelt. Während der vierjährigen Dauer derselben sind nicht weniger als 352 Brücken in Serbien gebaut und eine ebenso große Menge von hölzernen Brücken wieder hergestellt und ausgebessert worden. Daß auf diesem Gebiet in Serbien noch nicht mehr geschehen ist, daran ist wohl das geringe Budget des Ministeriums für öffentliche

13*

Bauten Schuld. Es ist in Serbien eben auf allen Gebieten des Communicationswesens zu viel zu thun, oder ich will lieber sagen, Alles neu zu schaffen. Als die Türken Serbien erobert hatten, vernichteten, zerstörten und verdarben sie grundsätzlich sämmtliche Communicationsmittel.

Das ist eben türkische Manier — die Manier asiatischer Barbaren! Diese asiatischen Barbaren, welche heute von der österreichisch-ungarischen Regierung verhätschelt werden, haben die Hauptwasseradern des Landes, die Morava, so verschmutzen und versanden lassen, daß bis heute alle Versuche, welche die serbische Regierung gemacht hat, diese Hauptwasserstraße wieder zu beleben, gescheitert sind. Als die Türken im Jahre 1833 endlich das unglückliche Land, welches sie drei Jahrhunderte hindurch in eine Wüste verwandelt hatten, verlassen mußten, gab es in Serbien keine einzige Straße. Ein Wagen gehörte zu den unbekannten Erscheinungen. Aber lassen wir diese widerwärtigen Rückblicke auf eine Wirthschaft, wie sie nur bei asiatischen Barbaren vorkommen kann — es wird mir immer übel zu Muthe, wenn ich daran denke — und fahren wir in Požega ein!

Požega ist ein Städtchen, welches heute ungefähr 700 Bewohner zählt. Ein großer, runder Platz mit einem Brunnen bildet den Mittelpunkt der Stadt. Breite Straßen laufen nach vier verschiedenen Richtungen von diesem Platze aus. Dieselbe Anlage habe ich in mehreren Städten des südwestlichen Serbiens gefunden. Beispielsweise ist Karanovać in dieser Art gebaut. Požega ist aber in seinen Baulichkeiten nicht so fortgeschritten, wie andere serbische Städte.

Die modernen, europäischen Häuser befinden sich noch

in der Minderheit; die Mehrzahl der Gebäude bilden die in orientalischer Manier aufgeführten, hölzernen Baracken, welche sich nach der Straße hin in zu Läden und Werkstätten eingerichteten offenen Erdgeschossen zeigen. Das Städtchen verdankt seine Entstehung einem blutigen Kampfe zwischen Türken und Serben im Jahre 1833. Die Serben zogen bei diesem Kampfe den Kürzeren, hielten es für gerathen, ihren Wohnort zu ändern und legten Pozega an. Zahlreiche Spuren weisen darauf hin, daß in Pozega und in der Umgegend einst von den Römern Niederlassungen gegründet waren. Steine mit römischen Inschriften sind in der Kirchenwand eingemauert; ein mit vielen verstümmelten Figuren geschmückter Votivstein wird in einem Hause von Pozega als Kaffeemörser benutzt; in Groblie an der Morava finden sich zwölf mit Sculpturen und Inschriften versehene, recht gut erhaltene römische Grabsteine. Heute ist Pozega der Sitz eines Bezirkshauptmannes und hat zwei Schulen, eine Mädchenschule und eine Normalschule.

Der Weg von Pozega nach Čačak ist einer der schönsten Wege, welche ich auf meiner Reise durch das Innere Serbiens gemacht habe. Die Straße tritt in das Moravathal ein, verfolgt die Morava stromabwärts und hält sich theils auf der Thalsohle, theils steigt sie an der rechten und linken Thalwand hinauf, während der Fluß mehrmals überschritten wird. Die Thalsohle ist hügelig und reich angebaut. Dadurch, daß sich die Straße abwechselnd auf dem hügeligen Boden der Thalsohle bewegt und an den Thalsohlen hinanklimmt, wechseln fortwährend Aussicht und landschaftliche Staffage.

Nach einigen Stunden beginnt die Straße langsam anzusteigen, und den Bergrücken, der die weite Ebene von Čačak

nach dieser Seite hin umschließt, zu überklimmen. Auf dem
Plateau des Bergrückens eröffnen sich prachtvolle und großartige Rundblicke auf die reiche Ebene, deren Vordergrund
die Baumgruppen dichter Wälder bilden. Der Gipfelpunkt
dieser prächtigen Rundblicke ist der Jelicaberg, von dessen
Höhe die Straße in dreiundzwanzig Windungen in die Ebene
hinabsteigt.

Zur linken Hand stürzt das Gebirge in zwei steilen,
bewaldeten Rücken zu beiden Seiten des Flusses ab. Die
beiden Bergkegel sind der Kablar und der Ovčar und umschließen den serbischen Athos. Ueber Klippen, Felsgestein
und abschüssigen Waldgrund führen schmale Saumpfade
durch diese Schlucht in dichte Wälder und in geheimnißvolle
Schluchten zu sieben Klöstern. Das älteste von diesen Klöstern
soll nach einer in der Kirchenwand befindlichen Inschrift
im Jahre 1600 erbaut sein. Der Erbauer „des Klosters
der Verklärung Christi" am Fuße des Kablar ist ganz unbekannt, ebenso wie die Zeit der Erbauung. Es stammt
jedenfalls aus der ältesten Vorzeit Serbiens.

Es war noch heller Tag, als wir in Čačak einfuhren.
Entweder hatten unsere Pferde in musterhafterer Weise ihre
Pflicht gethan; oder man hatte uns in Užica einige Wegestunden mehr angegeben. Letzteres ist häufig der Fall. Die
Leute pflegen in Serbien die Entfernungen immer nach der
Zeit zu berechnen, welche ein Fußwanderer braucht, um sie
zurückzulegen. Wahrscheinlich liegt dies daran, daß es vor
vierzig Jahren in Serbien noch keine Straßen gab, auf
denen man fahren konnte. Das Saumthier war an die Stelle
der Wagen getreten und die Saumthierkaravane geht langsam und ist kaum im Stande, acht Stunden des Tages im
Schritt zurückzulegen. Wenn man mir in Serbien einen

Weg auf sechszehn Stunden berechnete, so legte ich den Weg jedesmal in acht bis zehn Stunden zurück. Bei Čačak kam uns diese Berechnung der Wegestunden wieder zu Gute. Wir hatten am Abend noch Zeit genug, uns die Stadt anzusehen und konnten Früh am andern Morgen nach Kragujevac, der ehemaligen serbischen Hauptstadt, aufbrechen.

Von Čačak sagt der englische Reisende D e n t o n, dessen ich schon mehrmals gedacht habe: „Čačak ist ein unbedeutendes Städtchen; die alte Türkenstadt ist verschwunden und die neue Serbenstadt noch im Entstehen." Der englische Geistliche, den vorzugsweise kirchliche Zwecke nach Serbien führten, hat das Land, glaube ich, vor zehn Jahren bereist. Seit zehn Jahren hat sich in Serbien Vieles verändert. Die Cultur ist, seitdem die asiatischen Barbaren hinausgeworfen sind, welche man heute „die biederen" und die „guten Türken„ nennt, in Serbien mit Siebenmeilenstiefeln vorwärts geschritten, besonders aber seit dem Jahre 1868, wo „die biederen Türken," welche im Jahre 1823 noch auf dem Kalimaiban der Festung Belgrad lebendige Menschen mittelst einer Säge in zwei Stücke zerschnitten haben, und noch im Jahre 1862 aus den nichtsnutzigsten Gründen die serbische Hauptstadt mit einem Bombenhagel überschütteten, auch die serbischen Festungen haben räumen müssen. Während der letzten zehn Jahre hat sich das unbedeutende, kleine Čačak, wo sich noch bei Mr. Denton's Besuch die Ruinen der alten Türkenstadt mit den modernen Häusern der neuen Serbenstadt umherstritten, in eine sehr hübsche Stadt von mehr als dritthalbtausend Einwohnern verwandelt, welche ein Gymnasium und eine Realschule hat, und der Sitz eines Präfecten und Kreisstadt geworden ist. Der Hauptplatz, auf dem sich die Kathedrale erhebt, ist von zahlreichen Re=

gierungsgebäuden, welche sämmtlich massiv gebaut sind und sehr stattlich ausschauen, umgeben. Da sind das Natschal= nikat — die Präfectur — die Schule, das Telegraphenamt und das Kreisgericht.

Die Kathedrale, deren Kuppel dreimal den Halbmond und dreimal das Kreuz getragen hat, ist ein interessantes Denkmal der verschiedenen Zeiten, welche Serbien durchge= macht hat. Der kreuzförmige byzantinische Bau weist auf ihre ursprüngliche Bestimmung zur Kirche hin; die Orna= mente in den Ecken des Transepts — Honigscheiben und Tropfstein — und die geometrischen Figuren im Marmor des Fußbodens sind dem Islam eigenthümlich.

Aus dem serbischen Freiheitskampfe knüpfen sich an Čačak glänzende und ruhmreiche Erinnerungen. Dreitausend Serben schlugen unter Miloš's Anführung in der Nähe der Stadt dreißigtausend Türken. Die Schlacht war so blutig, daß von den dreitausend Serben nach Beendigung des wü= thenden Kampfes nur noch hundert und achtzig unver= wundet und am Leben waren; aber die türkische Armee wurde total vernichtet. Ein großer Theil der asiatischen Barbaren ertrank im Flusse; die Ueberreste suchten sich, durch die Stadt durchbrechend, ins Gebirge zu retten. Es gelang ihnen auch in die Wälder und Schluchten zu entkommen; dort aber wurden sie von den Weibern aus den Dörfern — alle Männer waren in den Kampf gezogen — bis auf den letzten Mann einzeln erschlagen.

## Dreizehntes Kapitel.

## Die Rudniker Berge.

Wir hatten den Abend in sehr unterhaltender und an=
genehmer Weise im Hause des in Čačak ansäßigen
Arztes, Dr. Trencini, zugebracht. Als wir auf dem Platze
vor der Kirche standen, deren Kuppel dreimal den Halbmond
und dreimal das Kreuz trug, hatte er sich zu uns gefunden
und mir die Türkenschlacht, in welcher dreitausend Serben
dreißigtausend Türken vernichteten, geschildert, sowie die
Stellungen der beiden Armeen beschrieben. Dr. Trencini
war Ungar von Geburt, hatte sich am ungarischen Freiheits=
kampfe der Jahre 1848 und 1849 betheiligt und war
schließlich nach Görgey's verrätherischer Capitulation bei
Vilagos, verfolgt von den Haynau'schen Blutgerichten, flüchtig
nach Serbien gekommen, wo er, wie zu derselben Zeit Dr.
Valenta, Aufnahme und eine Anstellung als Arzt fand.
Mehrmals den Ort seiner ärztlichen Thätigkeit wechselnd,
befand er sich seit zwei Jahren in Čačak und bewohnte ein
hübsches Haus, umgeben von einem reichen Blumengarten,
dem seine Tochter ihre besondere Pflege zuwandte. Dr. Tren=
cini war ein radikaler Demokrat. Die Wände seiner Zimmer
schmückten Gestalten und Gefechtsscenen aus dem ungarischen

Freiheitskampfe und aus den Feldzügen meines hochverehrten und großen Freundes, des Generals Josef Garibaldi. Wie sollte ich mich also in seinem Hause nicht besonders wohl gefühlt haben! An diesem Abend war ich ausnahms= weise n i ch t in Serbien. Die politische Geschichte der letzten zwanzig Jahre zog im wechselnden Gespräch an uns vorüber, wie die bunten Bilder und Gestalten eines farbenreichen Caleidoscops; wir sprachen von unseren so oft getäuschten Hoffnungen und Illusionen, von den dynastischen Kriegen der letzten Jahre und von der Preußenseuche — und aßen auch nicht serbisch, sondern österreichisch und ungarisch, und tranken Thee, den ich seit meiner Abreise von Belgrad nicht mehr getrunken hatte, weil ich so leichtsinnig gewesen war, die guten Räthschläge des Obersten Z a ch, Direktors der Belgrader Kriegsakademie, der in Gesellschaft seiner mili= tärischen Zöglinge das Innere von Serbien jedes Jahr be= reist, in den Wind zu schlagen.

Es war bereits Mitternacht, als ich das gastliche Haus Dr. Trencini's verließ und nach dem Gasthofe zurückkehrte, um noch einige Stunden auszuschlafen. Straßenbeleuchtung hat Čačak nicht; von der Güte des Straßenpflasters ist, wie in den meisten serbischen Städten, auch nicht viel zu rühmen; meine Rückkehr wäre also mit einigen Schwierigkeiten ver= bunden gewesen, wenn der Präfect in weiser Voraussicht nicht trefflich für die Unverletzlichkeit meiner Beine und Arme gesorgt hätte. Drei Panduren warteten meiner vor der Thür Dr. Trencini's. Einer ging mit einer weithin leuchtenden Riesenlaterne voraus, welche jeden Pflasterstein beschien, den ich zu betreten hatte, und zwei Panduren schritten, Yatagan und Pistolen im breiten rothen Gürtel, hinter mir her, damit mir kein Haar auf dem Haupte gekrümmt werde.

Braver Präfect und treffliche Panduren! Ein einziger Pan=
dur mit der Riesenlaterne wäre übrigens genügend gewesen.
Nach der Ausrottung des Räuberunwesens im Užicaer Kreis
geht auch der einsame Wanderer selbst bei der Nacht ganz
sicher vom Gestade der Save bis zu den Ufern des Timok
durch das ganze Land; die türkische Wirthschaft hat ja mit
der Räumung der serbischen Festungen in Serbien ihr Ende
erreicht. In dem angrenzenden Bosnien, sowie in Altserbien,
wo noch heutzutage „die biedern und guten Türken" hausen,
wie die türkenfreundliche österreichische Presse die asiatischen
Barbaren zu nennen pflegt, schaut es anders aus.

Mit einem jungen, in Čačak stationirten Ingenieur=
offizier verließ ich am andern Morgen die in der Geschichte
der serbischen Freiheitskämpfe so berühmt gewordene Stadt.
Er hatte mich am vergangenen Abend verfehlt und bot mir
an, mich einige Stunden weit zu fahren. Der Reisemarschall
fuhr in meinem eigenen Wagen hinterher. Jenseits der
Stadt, an der Stelle, wo die Türken bei ihrer Flucht über
den Strom haufenweis ertrunken sind, verbindet eine lange
Pontonbrücke beide Ufer der Morava, und am andern Ufer
beginnt die Straße, welche über Gornje Milanovaz, die
Hauptstadt des einst an Bergwerken so reichen Rudniker
Kreises, nach der ehemaligen Hauptstadt Serbiens, nach
Kragujevac führt.

Der Ingenieurlieutenant sprach recht gut deutsch; er
war, wie fast alle Offiziere der serbischen Armee, Zögling
der Belgrader Kriegsakademie gewesen und hatte seine mili=
tärische und wissenschaftliche Bildung unter der Leitung des
um Serbien so hoch verdienten Obersten Zach erhalten.
Auch er wußte mir nicht genug, wie alle ehemaligen Zöglinge
der Belgrader Kriegsacademie, die Humanität, die väterliche

Fürsorge und militärisch-wissenschaftliche Bildung seines ein=
stigen Lehrers zu rühmen. In einem hart am Gestade der
Despotovica belegenen Dörfchen holte uns der Reisemarschall
ein. Es war zugleich der Ort, wo ich von dem Offizier
Abschied zu nehmen hatte. Wir durchfuhren den Fluß in
einer Furth und befanden uns am andern Ufer an der
Grenze des berühmten Rudniker Gebirges, des großen Central=
gebirgsstockes Serbiens, in dessen dichten, schwer zugänglichen
Eichenwäldern die serbischen Freiheitskämpfer stets vor ihren
türkischen Verfolgern ein sicheres Asyl gefunden haben.

Die Rudniker Berge! Wie viel Erinnerungen für
Serbien knüpfen sich an die Rudniker Berge! Schon die
Römer haben die Rudniker Berge gekannt. Die großen Erz=
reichthümer des Gebirges, die in seinen Syenitgängen ein=
gesprengten mächtigen Lager von Bleiglanz, Blende, Kupfer,
Schwefel, Arsenik, Magnetkies und Glanzkobalt veranlaßten
die Römer und später die Serben zur Anlage großer und
bedeutender Bergbauten.

Rudnik, die einst so mächtige, von den Türken nieder=
gebrannte Bergstadt, birgt heute noch Reste alter Hütten=
stätten, Bleiröhren römischer Wasserleitungen; in Mojnik am
Koswai werden alte Mauerreste, Münzen und antike Gegen=
stände gefunden; die mächtigen Erzgänge zu Prbjine am
Nurac wurden noch bis zur Zeit des schwarzen Georg betrieben.
Ueberall deuten Ruinen und Trümmerwerke von verlassenen
Schlachten und Hütten und große Schlackenhalden auf die
Vergangenheit des Rudniker Gebirges. Heute ist die alte
Bergstadt Rudnik ein kolossaler Trümmerhaufe. Nicht ein
Haus ist mehr vorhanden. Die eingestürzten Mauern nieder=
gebrannter Häuser, die Pflasterreste in den Straßen, die Trüm=
mer einer Kirche und dreier festen Thürme, welche zur Ver=

theibigung gedient haben, erzählen von der Vergangenheit Rubniks und sind die Zeugen der ehemaligen Wichtigkeit und Größe, sowie des bergmännischen Lebens, welches in Rubnik einheimisch war, bis türkische Barbarei und bestia= lische Rohheit der Stadt den Untergang bereiteten.

Im Jahre 1737, als die österreichische Armee gezwungen war, sich aus Serbien vor den Türken über die Save zurück= zuziehen, wurde dem türkischen Capitän Mehmed, der sich in dem Feldzug als kühner Parteigänger hervorgethan hatte, von dem Sultan in Stambul die Züchtigung der mit den Truppen der österreichischen Armee geflohenen Clementiner — katholische Albanesen — aufgetragen. Wen hätte der Sultan zu dieser Züchtigung besser auswählen können, wie den grausamen Mehmed? Er hatte kurz vorher Ujica über= fallen und, weil er nicht im Stande war, die durch den österreichischen Hauptmann von Schenk mit nur 200 Mann besetzte Festung zu nehmen, die offene Stadt und die um= liegenden Dörfer in barbarischer Weise verwüstet und ver= brannt, alle Männer, die ihm in die Hände gefallen waren, unter allerlei Martern tödten lassen und an tausend un= glückliche Weiber und Kinder in das Lager des Großveziers geschleppt, wo er mit Jubel empfangen wurde. Dies Un= geheuer wurde zur Züchtigung der unglücklichen Flüchtlinge abgesandt, welche sich in das Rubniker Gebirge und in das befestigte Rubnik geworfen hatten.

Mehmed, der für den Raubzug nach Ujica, von dem ich soeben erzählt habe, von dem Sultan durch den „Bulbuš“ — goldenen Strauß — durch den Titel „Gazi“ — Held — und durch den Rang eines „Miri Miram“ ausgezeichnet war, brach mit der Ujicaer Garnison nach dem Rubniker

Gebirge auf, um nach des Veziers Befehl „das Schloß
Rubnik zu erobern und die Clementiner Rebellen und Un=
gläubigen zu bändigen und zu züchtigen."

Als er sich Rubnik näherte, verließ die Besatzung ohne
Kampf das Schloß. Es gelang Mehmed jedoch, die neben
dem Schloß angesiedelten „Clementiner Bösewichte" im
Schlafe zu überfallen. Er ließ sämmtliche in seine Hände
gefallenen Männer niederhauen, zerstörte Rubnik durch
Feuer und schleppte alle Frauen und Kinder der katholi=
schen Albanesen sammt ihrer sämmtlichen Habe mit sich.
Nur die am Fuße des Avala bei Belgrad gelagerten Cle=
mentiner, deren Abkömmlinge heute in der Nähe von Mi=
trovica auf österreichischem Grund und Boden einige Dörfer
bewohnen, entgingen der türkischen Rache. Das war der
Untergang Rubnik's! — Was meinen die heutigen Türken=
freunde in Oesterreich, was sagt der ungarisch=österreichische
Generalconsul Kallay in Belgrad zu dieser Rache der
heute so gehätschelten Türken, „der guten und biedern
Türken," welche einst in Ungarn in hundert Ortschaften
ebenso gewirthschaftet haben, wie im Jahre 1737 in Rubnik?
Die in so scheußlicher Weise abgeschlachteten Clementiner,
welche nichts gethan haben, als daß sie den Offizieren und
Soldaten der österreichischen Armee in Serbien wäh=
rend des Feldzuges von 1737 ihre Sympathien bewiesen,
haben die Türkenfreunde in Ungarn und Oesterreich wohl
gänzlich vergessen! Was soll man sich noch darüber wun=
dern? Haben sie doch die Hunderttausende von Unglücklichen,
welche die asiatischen Barbaren in ihrem eigenen Vaterlande
auf ihren Raub= und Mordzügen abgeschlachtet haben,
vergessen? Wird aber der von den Türken vernichtete und

zerstörte Bergbau in den Rudnifer Bergen wieder aufleben?
Werden die verlassenen Schachte wieder gebaut; werden die
Schmelzhütten wieder errichtet; werden die mächtigen Erz=
gänge wieder ausgebeutet werden? Werden die dunklen
Waldberge mit den großen Naturschätzen in ihren Tiefen
— bisher blos ein Hort und Zufluchtsort eines bedrängten
Volkes — Culturstätten materiellen Aufschwunges werden?
Wahrscheinlich, wenn die Communicationsmittel erleichtert,
wenn die Schienenwege durch das Moravathal und an der
abriatischen Küste gelegt sind, wenn sich die großen, euro=
päischen Capitalien Serbien zuwenden. Die Ausbeutung
der Erze des Rudnifer Gebirges beansprucht große Capi=
talien, welche Serbien allein bis jetzt zu schaffen außer
Stande gewesen ist.

Das Rudnifer Gebirge schaute uns zuerst mit düstern
Blicken an, als wir nach Ueberschreitung der Despotovica
langsam in einem Waldthal aufwärts fuhren. Nackte, wenig
bewachsene Felsen, hie und da abgeschurrte Höhen und Berg=
stürze bildeten die Thalwände; alle lebendige Staffage fehlte;
es war einsam, düster und traurig in diesem allmälich an=
steigenden Waldthal. Nach einer Stunde aber änderte sich
der Thalcharakter. An die Stelle der abgeschurrten Berg=
wände und Bergstürze traten grüne Matten und dichte Wald=
gruppen; auf dem Thalboden erschienen Häuser, Wiesen und
Ackerland. Die Decoration wurde reicher und mannigfaltiger,
je höher wir stiegen. Nach zwei Stunden langten wir auf
dem Plateau an, auf welchem die jetzige Hauptstadt des
Rudnifer Kreises, Gornje Milanovac, gelegen ist. Das
Plateau bot eine reiche, wenn auch ringsum durch Wald=
berge begränzte Rundsicht. Die Stadt schaute recht hübsch

und freundlich aus. Präfectur und Kirche waren stattliche
Gebäude, wenn auch ohne architektonische Schönheiten. Ein
neues Bezirksamt von palastartigen Dimensionen, dessen
Kosten zu nicht weniger als zehntausend Dukaten veran=
schlagt sind, war im Bau begriffen. Die Straßen waren
breit, nicht schlecht gepflastert, alle Häuser von moderner,
westeuropäischer Bauart. Orientalische hölzerne Baracken
habe ich keine einzige gesehen. Zwei neue Straßen waren
in der Anlage. Milanovac mag gegenwärtig tausend Ein=
wohner haben, ist der Sitz eines Präfecten mit seinem amt=
lichen Stabe und hat eine neugebaute Normalschule mit
geräumigen und lichten Classenzimmern. Wenn der Berg=
bau im Rudniker Gebirge sich wieder belebt, wird Mila=
novac wohl die Stelle des zerstörten Rudnik einnehmen und
eine heitere und lebensfrische Zukunft haben.

Drei Meilen nach Nordosten, über Rudnik hinaus,
aber noch im Umkreis des Rudniker Gebirges, liegt, eben=
falls auf einem anmuthigen, waldumkränzten Plateau, ein
freundliches Dorf. Es heißt Topola. Von einer früher
mit dichtem Wald bedeckten, sich hinter dem Dorfe erhe=
benden Anhöhe schaute an einem Sommerabende des Jahres
1804 ein Mann mit energischen Zügen und finsterem Blick
in die Flammen des brennenden Dorfes, welches die asia=
ttischen Barbaren angezündet hatten. Der finster blickende
Mann mit den energischen Zügen und den dunklen Augen
war der schwarze Georg. Er blickte in die Flammen
seines Geburtsortes, den die Türken, um sich ein brutales
Vergnügen zu machen, verbrannten. Zwei Jahre später
stand der schwarze Georg an der Spitze von zehntausend
Bauern, mit denen er die ganze Armee des Pascha's von

Bosnien vernichtete, eine zweite große türkische Armee unter
dem Commando des Pascha's von Scutari schlug und
nach acht Jahren voll blutiger Kämpfe und Schlachten, in
denen er immer der Sieger war, hatte „der Held und Be=
freier" die Unabhängigkeit seines serbischen Vaterlandes
mit dem Schwert erfochten. Der Padischah in Stambul
war genöthigt, dieselbe durch den Tractat von Bukarest am
28. Mai 1812 anzuerkennen.

Auf einer Anhöhe hinter den Häusergruppen von To=
pola erhebt sich ein kleines Kirchlein. Eng sind seine Räume;
mit Mühe bringt das Tageslicht durch die schmalen, halb=
erblindeten Fensterscheiben. Eine ewig brennende Lampe
wirft ihre matten Strahlen auf mit fürstlichen Emblemen
und langen Inschriften geschmückte Grabsteine und auf eine
rothe einfache Marmorplatte. Unter den reichgeschmückten
Grabsteinen sind Mitglieder der fürstlichen Familie der
Karagjorgjević bestattet; der rothe Marmor deckt die Gebeine
und den abgetrennten Schädel des großen Dictators, des
schwarzen Georg, des Siegers in hundert Türkenschlachten.
Der Kopf des Helden ist in irgend einer Erdgrube von
Stambul vermordert, nachdem er Monate lang als Sieges=
trophäe auf einem hohen Pfahl vor dem Thore des Serails
aufgestellt war. Bekanntlich wurde der schwarze Georg, als
er im Jahre 1815 aus Bessarabien nach Serbien zurückge=
kehrt war, um sich an die Spitze des neuen Aufstandes zu
stellen, welcher bereits begonnen hatte, auf Anstiften und
mit Beihilfe Milos's, in dessen Interesse es lag, den Mann,
der bloß durch sein Erscheinen wieder als Dictator an die
Spitze der kriegerischen und politischen Geschicke Serbiens
treten mußte, aus dem Wege zu räumen, ermordet. Die
Türken überfielen Nachts die Hütte im Walde, wo der

Der Leuchtthurm des Ostens. **14**

Held, der die ottomanischen Heere in allen Schlachten ge=
schlagen hatte, nach einem mit den Haiducken abgehaltenen
Bankette ruhig schlief. Der große Dictator erwachte nicht
mehr. Die Türken tödteten ihn im Schlafe und schnitten
dem Leichnam den Kopf ab, um ihn dem Padischah als
Trophäe nach Stambul zu senden.

# Vierzehntes Kapitel.

## Kragujevac.

Kragujevac, die ehemalige Hauptstadt des neuen Ser=
biens, seitdem die Pforte durch die siegreichen Waffen des
serbischen Aufstandes im Jahre 1830 endlich gezwungen war,
die Selbstständigkeit des jungen Staates anzuerkennen, ist
ungefähr in vier Stunden von Gornje Milanovac, der jetzi=
gen Hauptstadt des Rudniker Kreises, zu erreichen. Drei
Stunden lang führt die recht gut gehaltene Straße noch
durch's Gebirge; dann steigt sie in die Ebene von Kragu=
jevac hinab. Das Gebirge behält denselben Charakter, wie
auf der andern Seite von Milanovac, wenn man von Čačak
kommt: bewaldete Thalwände und Berghöhen von welligen
Formen und eine gut angebaute Thalsohle, mit hübschen
Häusergruppen bestreut.

Dr. Markovic, der gegenwärtige Arzt in Milanovac,
begleitete uns einige Stunden zu Pferde. Der Ausflug war
für ihn eine Erholung in der Monotonie seines Daseins in
der Hauptstadt der Rudniker Gebirge. Er hatte erst vor
Kurzem seine Studien in Wien vollendet und war seit sechs
Wochen aus dem geräuschvollen und an Genüssen aller Art
reichen Wiener Leben in die Einsamkeit der Rudniker Berge

14*

verſetzt worden. Der Contraſt war allerdings groß genug,
um ſelbſt einen Arzt, der Tag und Nacht mit ſeiner Praxis
vollauf beſchäftigt iſt, dann und wann zu Momenten ſtiller
Verzweiflung zu treiben. Dr Marković hatte bis jetzt aber
nur einen Kranken, wie er mir ſeufzend klagte; das Geſchäft
der Impfung, wo er den ganzen Kreis zu bereiſen hatte,
war gerade beendigt; die Geſellſchaft von Milanovac mochte
ihm an geiſtiger Unterhaltung um ſo weniger bieten, als
er in unangenehme geſellige Beziehungen zu dem Präfecten
gerathen war und ſich alſo noch mehr vereinſamt fühlte.
Die Bezirksärzte ſind in Serbien gerade nicht auf Roſen
gebettet. Bei einem Gehalt von 1000 Gulden und mit den
Gebühren, welche ſie für die Impfung erhalten, müſſen ſie
ſich der Verpflichtung unterziehen, alle Perſonen im Umfange
ihres Bezirkes umſonſt zu behandeln und auf ihre eigenen
Unkoſten zu den Kranken zu reiſen, welche ihre Hilfe anrufen. Das Inſtitut der Bezirksärzte iſt eine Schöpfung
der St. Andreas-Nationalverſammlung des Jahres 1858
und entſprang dem Wunſche, die Zahl der Aerzte vermehrt
zu ſehen; den Erwartungen, welche man daran knüpfte, hat
es wohl nicht ganz entſprochen. In einem kürzlich in der
Zeitſchrift der k. k. öſterreichiſchen geographiſchen Societät
erſchienenen wiſſenſchaftlichen Aufſatze über die ärztlichen
Zuſtände in Serbien ſagt der Verfaſſer, nachdem er die
Verpflichtungen und den geringen Gehalt der Bezirksärzte
beſprochen: „Die Folge war, daß kein noch ſo gewiſſenhafter
Arzt im Stande war, ſeiner Aufgabe zu genügen. Dem
Volke trat bald die Kehrſeite einer ſolchen Stellung vor die
Augen, und ſo geſchah es, daß einzelne Bezirke ihre Ver-
pflichtungen zurückzogen; meiſt aber ſuchten die Aerzte ſelbſt
das Weite, ehe noch ein Jahr um war; denn der Amtsſitz

eines Bezirks ist meist in kleinen Dörfern oder Städten mit einer Bevölkerung von 1000, 500, ja noch weniger Ein= wohnern. Die Wohnung entspricht nicht den primitivsten Anforderungen, die ein Arzt zu stellen berechtigt ist. Die einzige Gesellschaft ist der Bezirkscapitän, der aber nur zu oft eine vornehmthuende Geringschätzung gegen den Arzt an den Tag legt und so schon vom ersten Auftreten an das Zusammenleben verbittert."*) Bei mir fielen die Klagen des mir sehr sympathischen, noch sehr jungen Arztes — er mochte noch nicht dreißig Jahre hinter sich haben — auf sehr fruchtbaren Boden, da ich mit Dr. Valenta, Director des Belgrader Krankenhauses, viel über Milanovac gesprochen hatte. Dr. Valenta hatte das Unglück gehabt, durch seine freiheitlichen Tendenzen dem bekannten reaktio= nären Minister des Fürsten Michael, Christić, mißließig zu werden. Er wurde im Disciplinarwege seines Amtes als Kreisphysikus in Semendria entsetzt und nach Milanovac in die Rudniker Berge in die Verbannung geschickt. Er hielt es nur wenige Monate dort aus und zog es vor, seine amt= liche Stellung niederzulegen und sich in Belgrad als Arzt niederzulassen. Der Versuch, den ich machte, Dr. Marković auf einige Tage seiner Einsamkeit in den Rudniker Bergen zu entreißen und ihn nach der ehemaligen serbischen Haupt= stadt zu entführen, gelang mir leider nicht. Der Präfect wollte ihm keinen Urlaub bewilligen, „da," wie er meinte, „doch Krankheitsfälle vorkommen könnten," und so mußte der Arme, nachdem er mich bis an die Grenze des Bezirkes begleitet hatte, sein Pferd wenden und zu seinem einzigen

---

*) S. Volkskrankheiten und ärztliche Zustände in Serbien. Von Dr. Johann Valenta, Spitalsdirector in Belgrad.

Kranken in die Einsamkeit von Milanovac zurückkehren. Als ich den Schimmel des Arztes um die nächste Thalwandecke galoppiren sah, und der Reiter mir den letzten Abschiedsgruß zuwinkte, überkam mich einmal wieder, wie so viele Tausend Mal in meinem Leben, das volle Gefühl des Glückes meiner vollständigen Unabhängigkeit. Ich habe Niemand in der Welt um Urlaub zu bitten; ich kann reisen, wohin ich will und bleiben, wo ich will, und habe mich weder um Sympathien, noch um Antipathien anderer Menschen zu bekümmern. Ich bin nicht einmal gezwungen, in der Athmosphäre der Preußenseuche auszudauern, obschon meine Heimat der eigentliche Heerd dieser modernen deutschen Völkerkrankheit geworden ist.

Ungefähr eine Stunde vor Kragujevac rollte der Wagen von dem letzten Hügel ber Rudnifer Berge in eine in weitem Umkreis von Berghöhen umschlossene, mit Weingärter, Fruchtfeldern und Baumgruppen bedeckte, wellenförmige Ebene. In der Mitte dieser Ebene schauten die rothen Dächer der langgestreckten Häuserreihen der ehemaligen serbischen Hauptstadt in die untergehende Abendsonne. Kragujevac ist das Moskau Serbiens. Obschon der Regierungssitz lange nach Belgrad verlegt worden ist, gilt Kragujevac in den Volkskreisen doch noch immer als eigentliche Hauptstadt, wenn ihr äußeres Gewand auch durch nichts sie als solche dem Auge des Reisenden bezeichnet. Vergebens schaut er nach Kuppeln, nach Thürmen, nach langen Palastfronten aus; nicht einmal das Gebäude, worin jährlich die souveräne Nationalversammlung ihre Sitzungen abhält, das Capitol Serbiens, ist zu erblicken. Drei serbische Regenten haben in Kragujevac residirt. Kein Fürstenpalast schaut aus dem Laube zwischen den rothen Dächern der Häusergruppen

hervor. Miloš wählte Kragujevac hauptsächlich seiner natür=
lichen günstigen Lage wegen als Regierungssitz des neuen,
unabhängigen Serbiens. Die Stadt lag in der Mitte des
Landes. In der Nähe der schützenden Gebirge, umgeben
von den tapferen Sumadiern, fühlte man sich sicherer vor
plötzlichen Handstreichen der asiatischen Barbaren, welche noch
überall, in Belgrad, in Semendria, in Schabaz, in Užica,
in Sokol in den Festungen saßen und mit ihren Feuer=
schlünden die mit so vielem Blut errungene serbische Frei=
heit bedrohten. Es wäre auch wohl praktischer gewesen,
den Regierungssitz in Kragujevac zu belassen und ihn nicht
nach Belgrad zu verlegen. Die Türken sind die Serben
allerdings aus Belgrad los. Belgrad ist aber auch noch
heute einem Handstreiche ausgesetzt, welche Gefahr Kragu=
jevac nicht läuft. Auch würde die Regierung in Kragu=
jevac nicht durch das Hineinreden der fremden, in Belgrad
ansässigen Handelsconsuln belästigt werden; während sie es
in Belgrad so leicht und so bequem haben, da es von den
Consulatsgebäuden bis zu dem Regierungspalast auf der
Terrazza nur wenige Schritte sind. Wäre ich Fürst von
Serbien oder auswärtiger Minister, oder Kriegsminister,
so würde ich den fremden Handelsconsuln freilich auch
diese wenigen Schritte so verleiden, daß sie ihnen sauer
genug werden sollten.

Auch die Bedeutung von Kragujevac als Serbiens
Hauptwaffenplatz erkennt man durch nichts aus der Ferne.
Die rothen Häuserdächer zwischen dem grünen Laube schauen
so still und friedlich aus, daß der fremde Reisende, der von
Milanovac, von Belgrad oder aus Semendria kommt, gar
nicht ahnt, welche Arsenale, Munitionsmassen, Feuerschlünde
und Kanonengießereien hinter diesen friedlichen Häuser=

gruppen und hinter diesem grünen Laube verborgen sind. Während der Regierungsperiode des Fürsten Alexander Karagjeorgjević sind diese großartigen Waffenfabriken, welche es Serbien heute möglich machen, den Kampf mit den asiatischen Barbaren in Stambul zur Zertrümmerung der türkischen Herrschaft auf der Balkanhalbinsel und zur Befreiung der unterjochten südslavischen und griechischen Stämme ganz allein aufzunehmen, in Kragujevac ganz geräuschlos gegründet worden. Doch, dort erhebt sich aus dem friedlichen Landschafts= bilde eine Andeutung der militärischen Bedeutung der ehe= maligen Landeshauptstadt! Ein dicker, großer Pulverthurm schaut mit seinen geschwärzten Fensteraugen in den gold= rothen Abendhimmel. Und dort am Horizont hinter den die Ebene umgebenden grünen Berghöhen blicken noch ein Pulverthurm und die Mauerlinien eines langgestreckten, viereckigen, unscheinbaren Gebäudes hervor! Es ist das Laboratorium, wo die Pulvermassen angefertigt werden. Auch der Eintritt in Kragujevac ist durch ein militärisches Gebäude geziert. Rechts, bevor die breite, lange, mit Akazien= bäumen bepflanzte Straße beginnt, durch welche man, von Milanovac kommend, in die Stadt einfährt, erhebt sich einige hundert Schritte von der Straße zwischen parkähn= lichen Gartenanlagen ein stattliches, palastähnliches, ganz neues Gebäude. Es ist das neue Militärkrankenhaus. Die breite, lange Straße mit Akazienbäumen, welche abwechselnd mit modernen, neuen Häusern und mit Gebäuden aus der früheren Zeit der Hauptstadt besetzt ist, wo noch die Türken dort hausten, führt durch die ganze Breite der Stadt.

Kragujevac liefert ein recht freundliches und anmuthiges Städtebild. Außer Belgrad hat keine Stadt so viel hübsche, in moderner europäischer Bauart aufgeführte Häuser und

Gebäude, welche einen großen Flächenraum einnehmen.
Zwischen diesen weißgestrichenen und mit grünen Jalousien
geschmückten Häusern schauen an allen Orten Baumgruppen,
Gebüsch, Gartenanlagen und Rasenplätze hervor. Breite
Straßen und weite Plätze! Nirgends enge Gassen oder
eine Zusammenhäufung von Häusern auf kleinen Räumen.
Wegen dieses ländlichen, durch Gartenanlagen, Gebüsch
und Baumschlag repäsentirten Charakters würde ich als
Wohnsitz Kragujevac allen anderen serbischen Städten vor-
ziehen. Am sympathischsten war mir der Theil der Stadt,
wo sich das Gebäude der Nationalversammlung und die
Konaks befinden, welche ehemals der alte Miloš, seine Gemalin Ljubica und der Fürst Michael bewohnt haben,
bevor Belgrad Residenz wurde. Ein weiter, von der Le-
peniza durchströmter Platz ist mit von Kieswegen durch-
schnittenen, gut gehaltenen, parkähnlichen Gartenanlagen
bedeckt, welche in den kühlen Abendstunden der Bevölkerung
als Promenade dienen. An den Rändern dieses weiten,
grünen Raumes erheben sich, von Gärten umgeben, die
erwähnten Gebäude, einige Regierungsgebäude und eine
große Caserne. Die Stadt hat hier einen großstädtischen
Charakter und man empfängt den Eindruck, daß man in
der Hauptstadt eines Landes ist. Am Rande dieser parkähnlichen Gartenanlagen befinden sich auch die Arsenale
und Militärwerkstätten. Das Geräusch der Dampfmaschinen,
der aufsteigende Qualm der Essen und Schornsteine, das
Klopfen der Hämmer zeigen die Richtung an. Bevor ich
mich in dem recht guten Gasthof, der mir von Dr. Mar-
kovič empfohlen war, einquartirte, ließ ich mich durch die
ganze Stadt fahren, um noch an demselben Abend einen
Gesammteindruck des Ortes zu erhalten. Ich pflege es

gewöhnlich so zu machen, wenn ich Abends vor eingetre-
tener Dämmerung in einer mir unbekannten Stadt an-
komme, will auch zugestehen, daß die nicht befriedigte Neu-
gierde mir den Schlaf stören würde, wenn ich diese Abend-
spazierfahrt oder diesen Abendspaziergang vor dem Schlafen-
gehen nicht machte. In Bukarest bin ich einmal, weil die
schon eingetretene Dunkelheit mir am Abend meiner Ankunft
die Spazierfahrt durch die Stadt unmöglich machte, zu
diesem Zwecke Morgens um vier Uhr aufgestanden.

Kragujevac hat in neuester Zeit für die Bildung des
serbischen Volkes eine große Bedeutung gewonnen. Die
Stadt besitzt eine Normalschule, an welcher fünf Lehrer in
vier Klassen täglich 270 Kinder unterrichten. Das Gymnasium bildet 300 Zöglinge aus. Die Artilleriegewerbeschule
zählt 40 Schüler. Von größter Bedeutung für die gegenwärtige und zukünftige Bildung ist aber die neuerrichtete
Lehrerbildungsakademie. Sie ist vor zwei Jahren in Folge
der Initiative der kürzlich zurückgetretenen Regentschaft errichtet worden und bildet nicht allein unter der Leitung
von fünf Professoren die Schulamtskandidaten aus, welche
sich dem Lehrerstande und dem Unterricht widmen wollen,
sondern wird auch während der Dauer der Schulferien
von einer jährlich wachsenden Anzahl von Lehrern besucht,
welche ihre amtliche Thätigkeit bereits angetreten haben
und sich in ihrem Fache noch weiter und mehr ausbilden
wollen. Die Lehrerakademie ist kürzlich Seitens der Regentschaft mit den kostbarsten und ausgezeichnetsten Modellen, chemischen und physikalischen Instrumenten, welche
sämmtlich in Wien und in Paris angefertigt sind, ausgestattet worden. Das serbische Unterrichtswesen sowohl wie
die serbische Volksbildung sind berechtigt, von dieser neuen,

in der ehemaligen Hauptstadt errichteten Lehrerakademie die erfreulichsten Resultate zu erwarten. So ist in Kragujevac nicht allein der Hauptwaffenplatz, sondern auch eine Haupt= bildungsstätte für den, seitdem die Türken auch die letzten Festungen haben räumen müssen, jährlich mehr aufblühen= den jungen Zukunftsstaat der Balkanhalbinsel geworden.

Mit dem Besuch des bürgerlichen Krankenhauses begann ich am folgenden Tage meine Spaziergänge durch die ehe= malige serbische Hauptstadt. Um dem Mangel an Aerzten der Bevölkerung weniger fühlbar zu machen und um die Armenpflege zu regeln und zu erleichtern, hat die Regierung im Jahre 1864 ein Gesetz erlassen, welches die Einrichtung von Krankenhäusern vorschreibt und bestimmt, daß jeder Kreis ein Spital besitzen soll. Die Mittel zur Errichtung und zur Unterhaltung der Krankenhäuser beschafft eine von jedem Steuerkopf jährlich in gleicher Höhe zu erhebende Steuer= belastung von 2 Zwanzigern. Das Gesetz hat sehr gute Früchte getragen. Belgrad, Šabac, Semendria, Požarevac, Kragu= jevac, Valievo, Kruševac, Karanovac besitzen bereits recht gut eingerichtete Krankenhäuser. Die Zahl der Betten ist freilich sehr ungleich, ebenso wie die Einrichtung — so hat das städtische Krankenhaus in Belgrad 120 Betten, das Kranken= haus in Semendria 22 Betten —; die Verwaltung ist ver= nünftiger Weise dem Arzte und nicht einem ökonomischen Director anvertraut; aber zu complicirt, oder, will ich lieber sagen, durch die Behörden zu sehr beengt. Die Vorschläge des Arztes und der Spitalväter sind in dem Kreise dem Kreisamte, in Belgrad der Stadtpräfectur mitzutheilen, welche das Aktenstück mit ihrem Gutachten dem Minister des Innern einsenden, der das Personal ernennt, die Auslagen bewilligt, ihre Höhe normirt, Rügen und Strafen ertheilt und Ent=

laſſungen anordnet. Auch in der Verſchreibung der Medi=
camente iſt der Arzt ſehr beengt. Zum Vortheil der Kranken
iſt das Alles nicht, wenn es auch zum Vortheil der Caſſe
ſein mag. Sehr zu loben ſind aber die höchſt liberaien
Beſtimmungen über die Aufnahme der Kranken, welche ſich
die Berliner Krankenhäuſer, namentlich das Charitékranken=
haus, das Diaconiſſenhaus Bethanien und das Eliſabeth=
krankenhaus zum Muſter nehmen könnten. Alle Kranke,
ohne Rückſicht auf Alter, Stand, Religion und Nationalität
werden ohne alle Weitläufigkeiten aufgenommen. Der di=
rigirende Arzt eines ſerbiſchen Krankenhauſes fragt nicht
wie die Verwaltung des Berliner Charitékrankenhauſes oder
wie die frommen und den Kranken mit Beten und mit
Andachtsübungen quälenden Diakoniſſinnen von Bethanien:
„Biſt Du auch ortsangehörig oder landesangehörig? Biſt
Du Jude, Heide, Türke, oder Chriſt? Haſt Du auch Geld,
um die Koſten zu erſtatten?" Der dirigirende Arzt eines
ſerbiſchen Krankenhauſes fragt nur: „Biſt Du krank?" Die
Bejahung dieſer einzigen Frage genügt, um die Aufnahme
des Kranken in das Krankenhaus zu veranlaſſen. Die Förm=
lichkeiten ſind ſehr gering. Es bedarf nur eines Geleits=
briefes von Seiten der Ortspolizei oder des Gemeinde=
vorſtandes, und dieſer wird auch nur gefordert, um die
Daten und das Nationale des Kranken feſtzuſtellen, durch=
aus nicht, um ſich ſpäter wegen der durch die Krankheit und
durch die Heilung des Aufgenommenen entſtandenen Koſten
und Auslagen ſchadlos zu halten. Beſitzt der Kranke die
Mittel, um dem Krankenhauſe die Auslagen zu vergüten,
ſo hat er dieſelben ſelbſtverſtändlich zu erſtatten; iſt er arm,
ſo werden die entſtandenen Koſten ohne Weiteres niederge=
ſchlagen. Darüber hat der dirigende Arzt zu beſtimmen.

Gerichtsbehörden haben sich nicht hineinzumischen; gerichtliche Verfolgungen finden nicht Statt. Aber auch ohne Geleits= brief der Ortspolizei wird jeder Kranke ohne Weiteres auf= genommen, wenn durch die Herbeischaffung desselben und durch die damit verbundenen Weitläufigkeiten dem Kranken ein Schaden zugefügt oder sein Zustand verschlimmert würde. So lauten die Vorschriften in Betreff der Aufnahme von Kranken für alle serbischen Krankenhäuser, und diese Vor= schriften werden in allen Krankenhäusern, wie ich mich über= zeugt habe, auf das Gewissenhafteste von den dirigirenden Aerzten durchgeführt. Was sagen die Verwaltungsbeamten der Berliner Krankenhäuser, namentlich der Geheime Re= gierungsrath Eße, erster verwaltender Director des Ber= liner Charitékrankenhauses, wenn sie daran denken, wie sie mit Arrestmandaten und exekutivischen Eintreibungen aller Gattungen arme Dienstboten nach ihrer Entlassung aus dem Krankenhause ihr Lebelang verfolgen, um aus der Tagearbeit der Armen die Heilungskosten wieder herauszuschlagen, zu diesen humanen Bestimmungen „im Lande der Schweine= treiber," um mich ihrer Redensart zu bedienen, wenn sie von Serbien sprechen, wovon sie ebenso viel wissen, wie von den Zuständen auf den Fidschi=Inseln?

Bevor ich nach Kragujevac kam, hatte ich zwei Kranken= häuser besucht, das Musterkrankenhaus in Belgrad, welchem Dr. Johann Valenta, als Director vorsteht, und das schöne, große Krankenhaus in Šabac, dessen Bau und Einrichtung sechstausend Dukaten gekostet haben, und welches sechszig Betten hat. Diesen beiden Prachtbauten kann das Kranken= haus von Kragujevac nun freilich nicht an die Seite gestellt werden. Es ist ein älteres, mehrstöckiges Gebäude, welches früher zu anderen Zwecken diente, während die beiden ge=

nannten Krankenhäuser in den letzten Jahren den gegen=
wärtigen Forderungen der Heilwissenschaft gemäß erbaut
und eingerichtet wurden. Von den großen, hohen und
trefflich ventilirten Krankensälen des Belgrader und des
Schabazer Hospitals mußte ich also selbstrebend absehen;
aber Reinlichkeit und Ordnung waren musterhaft; die
Preise der Selbstverpflegung für wohlhabende Kranke,
billig — dieselben zahlen 8—10 Piaster täglich, wofür der
Kranke Alles, Medicin, ärztliche Behandlung, Verpflegung,
Wäsche und Bedienung erhält; — die humanen Aufnahme=
bedingungen ganz so wie überall; der dirigirende Arzt auch
der öconomische Director; sechzig Betten, auf mehr als ein
Dutzend Zimmer vertheilt. Uebrigens ist in Kragujevac
bereits der Bau eines neuen, allen Anforderungen der
Heilwissenschaft entsprechenden Krankenhauses in Angriff
genommen, wie mir der mich umherführende Arzt erzählte,
und nach den vorhandenen Mitteln kann das neue Kranken=
haus der ehemaligen serbischen Hauptstadt alle anderen
serbischen Krankenhäuser an Größe und Ausstattung über=
treffen. Die dazu vorhandenen Fonds belaufen sich auf
nicht weniger als zwei Millionen Piaster, welche gegen=
wärtig eine Rente von 200.000 Gulden abwerfen. Gewiß
eine Summe, welche allen Anforderungen genügen kann!
Nachdem ich das Krankenhaus besichtigt hatte, stattete ich
den verschiedenen Bildungsanstalten Besuche ab. Die Nor=
malschule fand ich in einem stattlichen Gebäude eingerichtet.
Die Unterrichtszimmer waren geräumig, hell, hoch und
luftig; die Corridore breit und gut gelegen. 270 Kinder
wurden in vier verschiedenen Classenabtheilungen von fünf
Lehrern unterrichtet. Jeder Lehrer hatte einen festen Ge=
halt von 320 Thalern, außerdem Wohnung und Heizung.

Im Gebäude der Normalschule hatte sich auch der Lese=
verein, welcher in Kragujevac 58 Mitglieder zählt, in zwei
gut ausgestatteten und bequem möblirten Zimmern ein=
gerichtet. Auf dem Zeitungstische fand ich fünfzehn ver=
schiedene slavische, französische und englische Zeitungen,
unter ihnen die „Politik," den „Wanderer" und die „Correspondance slave." Aus der Normalschule ging ich nach
dem Gymnasium, welches jährlich von mehr als 300 Schü=
lern besucht wird. Der Director des Gymnasiums, welcher
mich in den verschiedenen Classenzimmern umherführte, ist
eine sehr interessante Persönlichkeit. Herr Paštrmac ist
der Sohn des durch seine körperliche Kraft, durch seinen
Muth und durch seine Ausdauer in hundert Türkenschlachten
so berühmt gewordenen Miloš'schen Fahnenträgers Paštrmac und hat seine Bildung auf deutschen Universitäten,
namentlich in Berlin erhalten.

Der Vater war ein Riese an Höhe und Körpergestalt;
seine Fahne, welche er in den Schlachten trug, konnte Nie=
mand tragen, so hoch und schwer war sie. Das hinderte
ihn aber gar nicht, wie mir der Sohn in Kragujevac er=
zählte, als in der Schlacht bei Čačak Miloš das Pferd unter
dem Leibe erschossen wurde, den Fürsten mit der rechten Hand
zu fassen und ihn aus dem Gedränge zu tragen, während
er mit der linken Hand die Fahne hielt und mit dem schweren
Fahnenstock die anstürmenden Türken zu Boden schlug. Auch
der Sohn, wenn er auch den Vater in der Riesengestalt des
Leibes nicht erreicht, ist ein großer und sehr stattlicher Mann
von sehr angenehmen Umgangsformen. Während meines
kurzen Aufenthaltes in Kragujevac ist er mir sehr sympathisch
geworden. Das Lob, welches ich den übrigen Gymnasial=
gebäuden, die ich während meiner Reise durch das Innere

Serbiens besucht habe, ertheilen konnte, bin ich nicht im
Stande, über das Gymnasialgebäude der ehemaligen Landes=
hauptstadt auszusprechen. Die Gymnasien in Požarevac
und in Valievo sind Paläste; die meisten Gymnasien in an=
deren Städten, beispielsweise in Šabac, in Losniza, in Ale=
xinac, in Kruševac, in Karanovac sind recht stattliche, neue
Gebäude; aber das Gymnasium in Kragujevac läßt in seinen
Baulichkeiten Alles zu wünschen übrig. Es ist ein alter,
schlechter und sehr vernachlässigter Bau. Die Schulzimmer
sind eng, dumpf, niedrig und ohne jede Ventilation. Der
Räumlichkeiten sind viel zu wenig, um drei hundert Schüler
zu fassen, die einzelnen Classenzimmer deshalb immer über=
füllt und so dunstig, daß, um während des Unterrichts es
darin aushalten zu können, die Thüren immer geöffnet bleiben
müssen. Im Winter, wenn geheizt wird, muß es in diesen
dunstigen, engen Räumen unerträglich sein. Die serbische
Regierung oder die Gemeinde von Kragujevac muß durch=
aus ein anderes Gymnasium bauen. Auch der Director
war ganz meiner Ansicht. Für öffentliche Gebäude muß
überhaupt in Kragujevac, noch viel geschehen. Von dem Bau
eines neuen Krankenhauses, welches ja auch im Werke ist,
habe ich bereits gesprochen. Das Gebäude, worin die sou=
veräne Nationalversammlung tagt, ist ebenfalls seiner Be=
stimmung durchaus nicht würdig. Es ist ein langgestreckter
hölzerner Bau ohne alle schönen architektonischen Formen,
den man eher für alles Andere halten könnte, als für den
Palast einer gesetzgebenden Versammlung. Die neuerrichtete
Lehrerbildungsanstalt, welche an dem Tage, wo ich sie be=
suchte, fünf und dreißig Zöglinge hatte, welche von fünf
Lehrern unterrichtet wurden, ist in einem gemietheten Hause
untergebracht, dessen Räumlichkeiten auch für ihre Bestimmung

nicht ausreichen. Desto mehr Lob kann ich, wie ich schon erwähnt habe, der Modellkammer, dem chemischen und phy= sikalischen Kabinet ertheilen. Modelle und physikalische In= strumente gehören zu dem Besten, was ich auf diesem Gebiet gesehen habe und würden eine Zierde der Cabinete jeder deutschen Hochschule sein. Der Bildungskursus in der Lehrer= akademie zu Kragujevac nimmt drei Jahre in Anspruch.

In einem Lande, welches die asiatischen Barbaren drei Jahrhunderte niedergetrampelt haben, ist freilich Alles zu thun, und vierzig Jahre, seitdem Serbien seine Auto= nomie wiedererhalten hat, sind eine kurze Zeit, um Alles in einer Wüste neu zu schaffen, wo Nichts mehr vorhanden war, als eben die Wüste. Man muß gestehen, daß unter den öffentlichen Gebäuden, welche während der letzten vier Jahre der Regentschaft in Serbien entstanden sind — Präfecturgebäude, Magazine, Kasernen, Gefängnisse, Ge= richtsgebäude, Artilleriewerkstätten — die neuaufgeführten Schulgebäude die erste Stelle einnehmen. In Preußen — im gegenwärtigen „Staate der Füsiliere und Grenadiere" — kann man das bekanntlich nicht behaupten. Auch für Vermehrung der Schulen und für Verbesserung des Schul= wesens ist Seitens der Regentschaft außerordentlich viel ge= schehen. Die Regentschaft hat ihr Hauptaugenmerk auf die Schulbildung gerichtet. In den Elementarschulen wurde eine neue Lehrmethode eingeführt, welche ganz auf der Höhe der gegenwärtigen pädagogischen Wissenschaft steht. Für diese Schulen sowie für die höheren Schulanstalten sind über fünfunddreißig neue Schulbücher gedruckt worden; Sonntags= schulen wurden eingerichtet. Privatleute haben mit der Regierung gewetteifert, die Schulen mit Bibliotheken zu ver=

sehen. Das Ministerium des öffentlichen Unterrichts hat allein über 18.000 Bände zu diesem Zwecke geschenkt. Von der durch die Regentschaft in Belgrad eingerichteten National= buchhandlung, welche ihre Filialen in allen Kreisstädten hat, habe ich bereits mehrmals gesprochen. Die Zahl der Lese= vereine, welche für Bildung sehr förderlich sind, hat sich in allen größeren Orten um ein Bedeutendes vermehrt. Die beste Uebersicht, was in Serbien während der Verwaltung des Landes durch die kürzlich abgetretene Regentschaft für das Bildungswesen geschehen ist und welche Früchte die An= strengungen der Regentschaft für die Bildung des serbischen Volkes getragen haben, erhält man, wenn man die Ziffern der Schulen und der Schüler aus den Jahren 1868 und 1872 vergleicht.

Im Jahre 1868 besaß Serbien 418 Knabenvolksschulen, während zu Beginn des Jahres 1872 507 Volksschulen für Knaben vorhanden waren. Diese Schulen wurden im Jahre 1868 von 21.962 Schülern, im Laufe des Jahres 1872 von 25.952 Schülern besucht. An diesen Knabenvolksschulen unterrichteten im Jahre 1868 514 Lehrer, während die Ziffer derselben im Jahre 1872 625 betragen hat.

Volksschulen für Mädchen besaß Serbien im Jahre 1868 418; im Jahre 1872 belief sich ihre Zahl auf 507. Eingeschrieben waren an diesen Schulen im Jahre 1868 2324 Mädchen; im Jahre 1872 3129 Mädchen. Die Ziffer der an den Volksschulen für Mädchen unterrichtenden Lehrer betrug im Jahre 1868 60, im Jahre 1872 79. Während der letzten vier Jahre wurden auch Mädchenschulen in den Dörfern eingeführt. Die Lehrerinnen in den Mädchen= schulen erhalten ganz dieselben Besoldungen wie die Lehrer in den Knabenschulen. Die Besoldung steigt nach den Classen von 220 bis zu 655 Gulden. Außer dem Gehalt erhalten Lehrer und Lehrerinnen Wohnung und Feuerungsmaterial.

An Realschulen besaß Serbien im Jahre 1868 4, und zwar in Belgrad, Alexinaz, Kruševaz und Užica, an denen 181 Schüler unterrichtet wurden. Im Jahre 1872 ist die Zahl der Realschulen auf 11 gestiegen, in denen 546 Schüler unterrichtet wurden. Gegenwärtig unterrichten an den Realschulen 36 Lehrer, welche dieselbe Besoldung erhalten, wie die Gymnasiallehrer.

An großen Gymnasien zählte das Land im Jahre 1868 2; an Halbgymnasien 4, welche von 1136 Schülern besucht wurden; im Jahre 1872 ist noch ein fünftes Halbgymnasium in Belgrad errichtet worden, während die Ziffer der Schüler des Jahres 1872 auf 1376 gestiegen ist. Die großen Gymnasien haben 6 Classen, die Halbgymnasien haben 4 Classen. An diesen Gymnasien und Halbgymnasien sind 59 Professoren und Lehrer angestellt, deren Besoldung von 980 Gulden auf 2070 Gulden steigt.

An der Belgrader Hochschule waren in den drei Facultäten — Rechtswissenschaft, Philosophie und Technik — im Jahre 1868 335 Studirende eingeschrieben, während die Ziffer der Studenten im Jahre 1872 226 betrug. Außer diesen eingeschriebenen Studenten besuchen die Vorlesungen der Belgrader Hochschule noch 19 Hospitanten und zwei Mädchen, von denen die Eine Philosophie, die Andere Technik studirt. Die Ziffer der lesenden Professoren betrug 15, von denen der jüngste einen Gehalt von 1420 Gulden, der älteste einen Gehalt von 2630 Gulden bezieht. Nach dreißig Jahren Dienstzeit erhält jeder Professor seinen vollen Gehalt als Pension. Der jüngste Lehrer an der Lehrerakademie in Kragujevac bezieht einen Gehalt von 1200 fl., während der Gehalt des ältesten Lehrers 2400 fl. beträgt. Die Schüler der Lehrerbildungsakademie erhalten die ganze Verpflegung vom Staate umsonst.

An der höheren Mädchenbildungsschule in Belgrad wurden im Jahre 1868 159 Mädchen unterrichtet, während die Zahl der Schülerinnen im Jahre 1872 259 betrug. Lehrerinnen und Gehilfinnen unterrichteten an dieser Mäd= chenbildungsschule nicht weniger als 20, welche dieselbe Besoldung beziehen, wie die Gymnasialprofessoren.

Die Ziffer der Sonntagsschulen ist in Serbien vom Jahre 1869 bis heute um 729 gestiegen; die Ziffer der Besucher dieser Schulen von 3500 auf 4229.

Neue Schulgebäude sind in Serbien während der Dauer der Regentschaft 67 errichtet worden. Zum Bau und zur Errichtung wurden 527.000 Gulden aufge= wendet. Das kostspieligste, auch das größte und prächtigste ist das Gymnasium von Pozarevac. Es kostet 50.000 Gulden, während das billigste für 2200 Gulden hergestellt ist.

In den parkartigen Gartenanlagen, wo die Bevölkerung der ehemaligen serbischen Hauptstadt ihre Abendspaziergänge macht, befinden sich die Konaks, welche Fürst Milos und seine Gemahlin Ljubica bewohnten, wenn sie sich in Kra= gujevac aufhielten — wenn ich mich der in Deutschland üblichen Hofsprache bedienen wollte, müßte ich wohl schreiben „wenn sie in Kragujevac Hof hielten," oder „ihr Hoflager aufschlugen." Aber das Ceremoniell war nicht der Fehler des alten Milos und seiner Frau.

Fürst Michael verstand sich besser darauf. Er hatte sich während seiner Verbannung in ungarischen Magnaten= kreisen allerlei fürstliche Alluren angewöhnt, war nur an

bestimmten Tagen zu sprechen und geberdete sich häufig als
„Fürst von Gottes Gnaden." Diese Alluren nahmen in den
letzten Jahren vor seinem traurigen und schrecklichen Ende
sehr zu, hingen mit dem persönlichen Regiment, welches er
unter der Christić'schen Aegide gar zu gern in Serbien nach
europäischem Muster eingeführt hätte, eng zusammen und
zogen ihm sehr viel Feinde zu. Der Serbe, der seine Mi=
nister und Regenten beim Vornamen nennt, dem das zweite
Element der demokratischen Dreieinigkeit, die Gleichheit, am
meisten ins Blut übergegangen ist, der von sich selbst sagt:
„Jeder Serbe ist adelig," denn das Bewußtsein, welches in
Deutschland „der Niedrigergestellte gegen Höhergestellte" selbst
in der Nacht, wo er im Bett liegt, empfindet und welches
ihn am Tage zwingt, den Hut vom Kopfe zu reißen und den
Oberkörper mit den Beinen in eine rechtwinklige Stellung
zu bringen, geht dem Serben, wie den Söhnen der latei=
nischen Race ganz und gar ab. Der Serbe verkehrt mit
dem Minister, mit dem Natschalnik, mit dem Senator und
dem Staatsrath gerade so, wie mit seinem Nachbar, der den
Acker baut wie er und eine treffliche Heerde Schweine mästet
wie er selbst. Bureaukratischer Dünkel und tiefgefühlte De=
votion sind im „Lande der Schweinetreiber" unbekannte
Dinge. Für alles das mangelt dem Serben das Bewußt=
sein. Oberstlieutenant Alimpić, jetziger Präfect des Po=
zarevacer Kreises, studirte in Berlin die Kriegswissenschaften
und stand alsdann einige Jahre als Offizier in einem Pots=
damer Garderegiment, ich glaube bei den Hußaren, wo es
blos adelige Offiziere gibt. Die Herren Kameraden bildeten
sich durchaus ein, daß der junge Hußarenlieutenant aus dem
Lande der Schweinentreiber „Herr von Alimpić" heißen
müsse, so sehr sich derselbe auch gegen alle solche Zusätze

sträubte. Wie groß war aber eines Tages das Entsetzen „der Herren Kameraden," als Herr von Alimpić auf die Frage Eines von ihnen: „Ihr Herr Papa ist gewiß ein sehr vornehmer Mann?" die Antwort gab: „Gewiß; mein Vater ist ein serbischer Bauer." Der interessante serbische Offizier war auch häufig zur Hoftafel und auch zur Cour im weißen Saale im Berliner Residenzschlosse „befohlen" — so sagt man ja wohl. Als mein Freund Bebel, der Socialist und „rothe Republikaner," eines Tages in seiner Eigenschaft als Mitglied des sogenannten deutschen Reichstags auch „zur Hoftafel befohlen wurde," schickte er die Einladungskarte des Hofmarschalls mit dem Bemerken zurück, „er verbäte sich derartige impertinente Ausdrücke." Bei einer solchen Cour im weißen Saale fragte nun eines Abends der Prinz Karl von Preußen den jungen serbischen Hußarenoffizier, als „Majestäten und königliche Hoheiten" in langen Schleppen vorüberrauschten, welche von Pagen getragen wurden, „wie es ihm hier gefalle?" Der Sohn des serbischen Bauern antwortete ihm: „In Serbien schätzt man die Menschen nach ihren Thaten, hier, glaube ich, nach ihren Schweifen." Die Antwort soll „Seine königliche Hoheit sehr ergötzt haben."

Fürst Michael fiel also mit seinen „vornehmen Alluren," welche er von den Schlössern der ungarischen Magnaten in den Konak nach der Terazja von Belgrad mitbrachte, bei den serbischen Bauern und Bürgern sehr durch und sein Vater, der verstorbene Fürst Miloš, sowie seine Gemalin Ljubica genossen eine sehr große Popularität, weil sie von diesen „vornehmen Alluren" nichts hatten und Jeder mit ihnen umgehen konnte, wie mit seinem Nachbarn.

Noch heute ist die Antwort, welche Miloš einigen

hochmüthigen Knesen oder Vojvoden gab, die ihn veran=
lassen wollten, in Serbien eine Adelskaste zu creiren, in
Aller Munde. Statt „zur Hoftafel oder zur Cour zu be=
fehlen,“ saß er lieber mit seinem Fahnenträger Poštrmac
auf der Veranda des oberen Stockes seines Konaks, von
wo man eine köstliche Fernsicht hat, rauchte mit ihm einen
Čibuk nach dem andern und erzählte sich mit ihm Ge=
schichten aus Türkenschlachten, welche sie mit einander durch=
gefochten hatten. Eines Nachmittags saßen Miloš und
Poštrmac — so erzählte mir der Sohn des Letzteren —
wieder einmal rauchend und plaudernd auf der Veranda,
deren Boden mit einem türkischen Teppich bedeckt war.
Beim Anzünden einer neuen Pfeife entfiel dem Einen oder
dem Anderen eine glühende Kohle. Die Kohle brannte
ein Loch in den Teppich und entzündete zugleich den Stoff.
Der Fürst und sein Fahnenträger schrieen nun nach den
Panduren, um das weiterglimmende Feuer zu löschen. Aber
kein Pandur war in der Nähe. Das Feuer fraß immer
weiter um sich. Keiner von Beiden wollte sich aus seiner
Bequemlichkeit reißen und von seinem Kissen aufstehen, um
das Feuer selbst zu löschen. Als endlich die Panduren
erschienen, um dem Feuer Einhalt zu thun, war von dem
Teppich sehr wenig mehr übrig.

Trotz all dieses Mangels an Hofceremoniell und trotz
dieser Gemüthlichkeit ging es im Konak des alten Miloš
und seiner Gemahlin doch nicht so idyllisch her, wie der
Orientreisende v. Kanitz schildert: „Die Veranda des
ersten Stockwerkes,“ sagt derselbe, „bietet eine entzückende
Fernsicht. Sie ist mit niederen Kissen ausgestattet und
war der Lieblingsaufenthalt des alten Fürsten. Hier saß
er oft mit seinen Knesen, später mit seinen Ministern, die

Landesangelegenheiten berathend, oder winkte seine Ljubica mit den kleinen Prinzen Milan und Michael zum Besuche. Hier war er ohne Ceremoniell Jedem zugänglich. Er athmete hier die Luft seiner Berge, erfreute sich der Spiele der Jugend, des Kolo Reigens, welchen die schmucken Töchter von Kragujevac unten auf dem grünen Plane aufführten." Wie idyllisch klingt das! Sollte man den alten Miloš nicht für einen guten Hausvater halten, der nach patriarchalischer Weise das Land verwaltet und seine Erholung nur im Kreise seiner Frau und seiner lieben Kinder sucht? Auch der preußische Lieutenant von Pirch, der Serbien im Jahre 1829 bereiste, hat Miloš in einen ähnlichen Schlafrock ge= kleidet. Den Birnbaum, der vor dem Konak stand — ich habe es versäumt, mich umzusehen, ob er noch heute vor= handen ist — an dessen Aesten der alte Miloš oft ohne Weiteres die Leute aufknüpfen ließ, ohne daß sie durch ein rechtskräftiges Erkenntniß zum Tode des Hängens verurtheilt waren, „die schmucken Töchter des Landes," deren Miloš sich mit List oder mit Gewalt bemächtigte, wenn sie seine sinnlichen Begierden reizten, die jährliche Schafschur seiner Unterthanen, worüber sich Miloš mit seinen Brüdern Jephrem und Jovan im Konak zu Kragujevac berieth, die häuslichen Scenen, welche die Fürstin Ljubica, welche eine brave, tapfere und tüchtige Frau war, ihrem Gemahl machte, wenn er einmal wieder ein Heldenstück gegen „eine schmucke Tochter des Landes" ausgeführt hatte, haben beide Schrift= steller bei ihren idyllischen Schilderungen natürlich ganz vergessen. Miloš hat im Konak in den Gartenanlagen von Kragujevac auch viel Tüchtiges und Bedeutendes für Ser= bien geschaffen — er war ein Organisator und eine schöpfe= rische Persönlichkeit, ein Mann von Energie und Thatkraft,

dem Serbien die Anfänge und ersten Schritte auf allen
Gebieten seiner heutigen Culturentwicklung verdankt —
aber einem egoistischen Absolutisten, dem es auf Dutzende
von Gewaltthaten gar nicht ankam, muß man nicht Schlaf=
rock und Pantoffeln anziehen, um auf diese Weise sein
eigentliches Wesen zu verhüllen und die Geschichte zu fälschen.

Von fürstlichem Luxus und von fürstlichem Glanz scheint
auch damals, als Miloš und Poštrmaz noch auf der Veranda
unzählige Čibuks rauchten, nicht viel im Konak zu sehen
gewesen zu sein. Die noch vorhandenen Möbel und Wand=
decorationen aus jener Zeit lassen wirklich nicht auf Luxus
schließen. Auch das Sommerschloß in Topčider, wo der
alte Miloš gestorben ist, weiß nichts von fürstlichem Luxus.
Heute würden einem reichen Bourgeois und seiner anspruchs=
vollen Frau die Räume des fürstlichen Konak in Kragujevac
zu ihrer Residenz nichts weniger als genügen. Ein großer
Flur im Erdgeschoß, zu dem man auf einer Freitreppe hinan=
steigt, entspricht in seiner Räumlichkeit dem Saale des oberen
Stocks mit der offenen Veranda. Ein halbes Dutzend größe=
rer und kleinerer Räume, welche sich um den Flur und um
den Saal gruppiren — das ist Alles! Decoration und Wand=
gemälde schmecken, wie in Topčider, mehr nach Asien als
nach Europa. Noch weit mehr ist dieser türkische Geschmack
im Konak der Fürstin Ljubica vorhanden, der lange nicht
so gut erhalten wie der Konak Miloš's, sondern so bau=
fällig geworden ist, daß man seine einzelnen Räumlichkeiten
nur mit Vorsicht betreten kann, wenn man nicht fürchten will,
hie und da durchzubrechen. Von der ehemaligen Ausstattung
ist nichts mehr vorhanden. Alle Räume sind kahl und leer.
Die Malereien, welche die Wände bedecken, können nur einem
türkischen Geschmack genügen. Türkische und ungarische Reiter,

Gefechte, abenteuerliche Liebesscenen, idyllische Landschafts=
bilder, gegen deren Bergformation und Pflanzenwuchs sich
Geologie und Botanik in gleicher Weise empören — Alles
das eingerahmt von barockem Ornamentalschmuck. Ueber
dem Hauptthor des Konaks der reichverzierte Namenszug des
Sultans. Auf den ersten Blick tritt dem Beschauer die Ueber=
zeugung entgegen, daß das Haus noch aus jener Zeit stammt,
wo Miloš noch Amtsverweser des Pascha's in Serbien war
und das Land unter türkischer Oberhoheit regierte, wo er
den Sultan dadurch für seinen Plan gewann, ihn zum Erb=
fürsten von Serbien zu ernennen, daß er die serbischen In=
surgenten aus Bosnien und der Hercegowina vertrieb. Nur
im ehemaligen Schlafzimmer der Fürstin erinnert ein Denk=
spruch an Nationalität und Religion des Malers. Er lautet:
„Die Gotteshand segnet den kleinen Milan" und schwebt über
einer Hand, welche aus einer Wolke zum Vorschein kommt.
In Jahr und Tag wird der Konak Ljubica's einem neuen
Verwaltungsgebäude Platz machen müssen und ebenso von der
Erde verschwinden, wie der Palast Prinz Eugen's „des edlen
Ritters" in Belgrad. Geschmack und Kunst haben daran
nichts verloren; jedenfalls aber die serbische Geschichte, und
aus diesem Gesichtspunkte ist der Abbruch des historischen
Gebäudes zu bedauern. Serbien hat historische Gebäude
wenig genug!

Die Militärwerkstätten und Arsenale besichtigte ich in
Begleitung ihres gegenwärtigen Generaldirectors, des Majors
Velimir Stefanović, eines ausgezeichneten Artillerieoffi=
ziers, welcher sich um die Verbesserung der serbischen Waffen,
namentlich um die Geschütze und um Vermehrung der Kriegs=
vorräthe große Verdienste erworben hat. Die Werkstätten
und Arsenale in Kragujevac sind so umfangreich und so be=

deutend, daß ich zu ihrer Besichtigung den Rest des Vormittags und den größten Theil des Nachmittags verwandte.
Ich sah die Herstellung der Hinterlader, womit jetzt die regelmäßige serbische Armee und die ganze erste Classe der Landwehr durchgehends bewaffnet ist, in allen Einzelnheiten der
Waffe, besuchte die Geschützgießereien, die chemischen Laboratorien außerhalb der Stadt und die Arsenale, wo die vollständige Ausrüstung für eine Armee von 150.000 Mann nebst
Reserve vorhanden ist. Auf die Erzeugung, Verbesserung
und Vermehrung dieser Waffenvorräthe haben sämmtliche
serbische Fürsten ihr Hauptaugenmerk gerichtet; denn sie re-
präsentiren die Unabhängigkeit Serbiens sowie die Idee der
Befreiung aller noch heute auf der Balkanhalbinsel von den
asiatischen Barbaren unterjochten südslavischen und griechischen
Stämme. Die Arsenale und Werkstätten in Kragujevac sind
der Angelpunkt, der Hort dieser nationalen Aufgabe Serbiens. Die gezogenen Kanonen, welche in den Geschützgießereien der ehemaligen serbischen Hauptstadt gegossen werden,
sind die ultima ratio dieser Befreiung, und mit ihrer Hilfe
kann die serbische Armee in drei Wochen vor Constantinopel
stehen, wenn der Zeitpunkt des Marsches im günstigen
Moment erfolgt. Dieser günstige Moment war bereits
einmal während des Krieges Preußens mit Oesterreich
vorhanden, wurde aber leider vom Fürsten Michael nicht
benutzt, obschon er von Seiten des preußischen Cabinets
dazu aufgefordert wurde. Fürst Michael hat den Umfang
und die Tragweite der nationalen Aufgabe seiner Regierung
recht wohl erkannt und einen großen Theil seiner Regierungs-
thätigkeit in Verbesserung der Waffen, Vermehrung der Kriegs-
vorräthe und Reorganisation und militärischer Ausbildung
der Armee auf die Erfüllung dieser Aufgaben verwandt —

aber als der Zeitpunkt der Erfüllung dieser Aufgaben an ihn plötzlich hinantrat, zögerte er, bis es zu spät war. Damals wäre Oesterreich nicht im Stande gewesen, das Befreiungs=werk auf der Balkanhalbinsel zu verhindern, an welchem die Aufstände in Bosnien, in der Hercegowina, in Altserbien und Bulgarien, unterstützt mit serbischen Waffen und mit serbischem Golde, und die tapferen „Ritter des schwarzen Berges," welche man so gern zu einem „Räubervolke" stempeln will, ihren Antheil gehabt hätten. Nun; der Moment wird wiederkommen — bald, und dann in Serbien benutzt werden. Um die ehemalige serbische Hauptstadt in so würdiger Weise in den ersten und größten Waffenplatz des Landes zu ver=wandeln, haben sich die ersten und tüchtigsten serbischen Artillerieoffiziere, welche ihre militärwissenschaftlichen Studien meistens in Paris, in Wien und in Berlin vollendet haben, nach einander verdient gemacht, vor Allen Oberst Z a ch, der heutige Director der Militärakademie, General B l a z=n a v a tz, der heutige Kriegsminister, und gegenwärtig Major Velimir S t e f a n o v i ć.

# Fünfzehntes Kapitel.

## Von Kragujevac nach Kafanovac.

Major Stefanović kam am andern Morgen nochmals, um von uns Abschied zu nehmen. Er erwartete uns in den Parkanlagen, welche den ehemaligen Konak Miloš's umgeben. Wir verließen den Wagen, gingen noch eine halbe Stunde plaudernd mit einander umher; dann schieden wir, hoffentlich nicht auf immer.

Der Major war mir während des Tages und des Abends, den ich mit ihm in der ehemaligen serbischen Hauptstadt zubrachte, äußerst sympathisch geworden. Er ist einer der bedeutendsten und tüchtigsten Artillerieoffiziere der Armee und hat seinem Vaterlande in der Bewaffnung, in der Erzeugung und Vermehrung des Kriegsmaterials in den Arsenalen und Werkstätten von Kragujevac nicht genug anzuerkennende Dienste geleistet. Er hat mehr gethan, als er durfte und konnte; er hat ein gutes Stück seiner Gesundheit in den Kanonengießereien geopfert. Jedenfalls werden wir uns wiedersehen an jenem Tage, wo die Kanonen seiner Arsenale donnern und ihre Geschosse unter die türkischen Barbarenhorden schleudern, um die unglücklichen Brüder in Bulgarien, in Bosnien, in der Hercegowina, in Altserbien von

ihrer fluchwürdigen Herrschaft zu befreien, welche die euro=
päischen Großmächte in ihrem eigenen egoistischen Interesse
gern bis ins Unendliche verlängern möchten. Dann wird
Major Velimir Stefanović die Früchte seiner anstrengenden
und unermüdlichen Thätigkeit in den Werkstätten und Ar=
senalen von Kragujevac ernten. Velimir heißt Siegfried.
Der Sieg wird mit den Kanonen Major Velimirs sein, und
seine Kanonen werden auf dem Seraskierplatze in Stambul
Viktoria schießen und die Glocken der Sophienkirche werden
in den Kanonendonner läuten, nach vier Jahrhunderten wieder
zum ersten Mal — und die letzten Türken werden über den
Bosporus fliehen nach Asien, in ihre Heimat, wohin die
Barbaren gehören und woher sie gekommen sind. Und die
südslavischen und griechischen Stämme werden wieder die
Herren sein auf dem Boden, der ihnen eigenthümlich zuge=
hört; Herren in ihrem Eigenthum, wo sie jetzt die Knechte
und Taglöhner der faulen, nichtsnutzigen, asiatischen Bar=
baren sind. Dann werde ich den Major Siegfried wieder=
sehen, umgeben von seinen gezogenen Feuerschlünden, die ich
ihn gießen sah, als er mich in seinen Werkstätten umher=
führte.

Prächtig ist der Weg von Kragujevac nach Kara=
novac. Die Straße führt über eine lange Reihe von Berg=
plateaus. Immer wechselnde Rundsichten auf mit grünen,
frischen Matten, mit reichen Baumgruppen, mit dunklen
Waldstrecken, mit Aeckern und Fruchtfeldern und weißen
Häusern bedecktes Hügelland. Der Horizont von blauen
Bergkuppen umschlossen. In drei Stunden waren wir in
Knić, einem wohlhabenden, schönen Dorfe, und machten vor
dem Wirthshause Halt, um die Pferde zu füttern und selbst
ein Frühstück zu nehmen.

Knić ist seit zwanzig Jahren ein berühmtes Dorf ge=
worden, denn Knić ist die Heimat des Generals Stefan
Knićanin, der in den Jahren 1848 und 1849 in zwei
Feldzügen gegen Ungarn Höchstkommandirender der Serben
war. General Knićanin war in allen Gefechten gegen die
Ungarn siegreich. Niemals ist er von den Ungarn geschlagen
worden. Er hatte seine Siege besonders seiner Artillerie
zu verdanken, welche ein junger serbischer Artillerieoffizier,
Capitän in der serbischen Armee, befehligte. Der erst zwei=
undzwanzigjährige Capitän hatte im Frühjahr, kurz nachdem
er zum Capitän ernannt war, Belgrad und die serbische
Armee verlassen, um sich in seinen militärwissenschaftlichen
Studien in Berlin und Wien weiter auszubilden und dann
später seinem Vaterlande wieder seine Dienste anzubieten.
Er unterbrach seinen Cursus auf dem Wiener Polytechnikum
und trat in die Armee des Generals Knićanin ein. Der
General machte den jungen Capitän zum Commandanten seiner
Artillerie, und der junge Commandant stieg bald zum Major
und zum Oberstlieutenant, und als der Feldzug zu Ende
war, ging er wieder nach Wien, um seine unterbrochenen
Studien auf dem Wiener Polytechnikum weiter fortzusetzen.
Heute ist der junge Capitän Kriegsminister, General und
Ministerpräsident in Serbien und heißt Milivoj Petro=
vić Blaznavaz und der General Knićanin hat sein
kleines Heimatsdorf berühmt gemacht im ganzen südöstlichen
Europa. Werden aber die Völker in Oesterreich nie lernen,
sich nicht einander zu bekämpfen und sich nicht gegenseitig
zu zerfleischen, sondern Jedes die Autonomie und das Recht
des Andern zu achten und anzuerkennen? Hätten die Ungarn
und die Serben dies im Jahre 1849 begriffen, so hätten
die Feldzüge des Generals Knićanin in dem neunundvier=

ziger Jahre nicht stattgefunden, und Knić wäre kein berühm=
tes Dorf in Serbien geworden. Und es wäre wahrlich
besser so gewesen!

Leben nicht in der Schweiz, in einem wohlgeordneten,
glücklichen, republikanischen Staatswesen drei ganz verschie=
dene Völkerstämme, Deutsche, Franzosen und Italiener, fried=
lich und glücklich neben einander? Aber freilich, der Kitt,
der sie mit einander verbindet, ist die Freiheit, und zwar
seit Jahrhunderten. Und in Oesterreich ist es System, die
Völker auf einander zu hetzen! Deßhalb wurde Knić ein
berühmtes Dorf.

Knić ist aber auch ein wohlhabendes Dorf. In der
großen und freundlichen Gaststube des Wirthshauses trafen
wir den Kmet — Bürgermeister — und den Popen — den
Geistlichen. Beide waren Brüder; der Geistliche war Besitzer
des Wirthshauses. Sie setzten sich auf unsere Einladung
an unseren Tisch und tranken mit uns, während wir die
bei einem serbischen Diner unvermeidliche saure Suppe, die
unvermeidlichen Hühner und das unvermeidliche mit Paprika
bereitete Lammfleisch verzehrten, ein Glas weißen serbischen
Wein, der in der Nähe des Dorfes wächst, einen recht guten
Tischwein und erzählten uns von ihrem Dorfe.

„So lange er denken könne," sagte der Geistliche, als
ich nach den wirthschaftlichen und öconomischen Verhältnissen
der Dorfbewohner fragte, „sei kein Armer im Dorfe ge=
wesen. Jeder habe zu leben; Keiner sei in dürftigen Verhält=
nissen. Niemals fordere er für kirchliche Handlungen, für
Taufen, Begräbnisse, Kirchengebete Gebühren ein. Jeder
bringe die Gebühren ohne Aufforderung von selbst. Auch die
Steuern würden niemals von seinem Bruder, dem Kmet,
eingefordert; Jeder bezahle die Steuern ohne Aufforderung
oft noch vor dem Fälligkeitstermine."

Ich habe dieselbe Auskunft oft in den serbischen Dör=
fern, wo ich Halt machte, oder zur Nacht blieb, von den
Gemeindevorstehern erhalten. In meiner preußischen Heimat,
in Berlin, in der deutschen Kaiserstadt, wo der abnorme
Zustand existirt, daß man eine zweifache Einkommensteuer
bezahlt, eine Einkommensteuer als Staatsbürger — oder
ich will lieber als „Unterthan" sagen, der Ausdruck ist wohl
bezeichnender, und eine Einkommensteuer als Insasse der neuen
deutschen Kaiserstadt, ist das anders. Was meint der Berliner
Magistrat, wenn er alle sechs Wochen die Miethsteuern ohne
Execution und ohne Executoren erhielte? Das wäre ein glück=
licher Zustand und dann würde der Magistrat noch ein
zweites neues Rathhaus bauen, welches weitere anderthalb
Millionen Thaler kostete! Auch die Gehalte für die vielen
Executoren und für die vielen Beamten könnte er sparen,
welche den ganzen Tag beschäftigt sind, die armen Leute,
welche um Aufschub der Execution und um Aussetzung des
Verkaufes ihrer erbärmlichen Habseligkeiten bitten, die der
Executor in die Pfandkammer geschleppt hat, unbarmherzig
mit ihrem „unnützen und leichtfertigen Queruliren" abzuweisen.
Ich hatte mehrere Jahre hindurch in Berlin eine alte Wasch=
frau, welche schon mehr als siebenzig Jahre zählte, trotz
ihrer siebenzig Jahre sich aber ihr Brod mit der Wäsche
erwarb, da sie trotz der siebenzig Jahre nicht Hungers sterben
wollte.

Alle sechs Wochen, wenn die Miethssteuern fällig wa=
ren, wurde der siebenzigjährigen Waschfrau das einzige pfand=
bare Stück Möbel, welches sie besaß, da sie die Miethssteuer
nicht zu zahlen im Stande war, durch den Executor abge=
pfändet, und alle sechs Wochen machte ich dann ein Bittge=
such an den Berliner Magistrat, welches die Bitte enthielt,

die wurmstichige, alte Commode nicht zu verkaufen, sondern die fällige Miethssteuer niederzuschlagen. Damit meine Bitte ein Resultat habe, legte ich jedesmal ein Schreiben des Bezirks= vorstehers bei, welcher der armen siebenzigjährigen Wasch= frau bescheinigte, daß sie notorisch ganz arm sei, die Mieths= steuer nicht bezahlen könne und nichts besitze, als die wurm= stichige alte Commode. Die Miethssteuerdeputation des Magi= strats fand sich dann auch bemüssigt, in einem so eclatanten Falle die Miethssteuer niederzuschlagen und die Commode frei zu geben. Als sich nun Jahre hinburch immer dasselbe Schauspiel wiederholt hatte, ging ich eines Tages in den Vormittagsstunden auf das Bureau der Miethsteuerdeputation des Magistrates — es war noch in dem alten Rathhause, nicht in dem neuen Rathhause, welches die anderthalb Milli= onen Thaler gekostet hat — und ersuchte die Beamten, doch ein für allemal der armen Waschfrau die Miethssteuer zu erlassen, da man sich doch nun mehrere Jahre hinburch durch die immer gleich lautenden Atteste des Bezirksvorstehers überzeugt habe, daß die Arme nicht im Stande sei, die Miethssteuer zu zahlen. Mein Gesuch kam zum Vortrag, um mich als ehemaliger preußischer Justizbeamter und Kammer= gerichtsreferendarius ganz bureaucratisch auszubrücken, und wie war der Bescheid? Meinem Gesuche könne nicht stattgegeben werden, da ja doch durch die jetzige Lage der Frau nicht ausge= schlossen werde, daß sie einmal in die Lage kommen könne, die Miethssteuer zu zahlen. Nun wurde dasselbe Schauspiel ganz in derselben Weise mehrere Jahre hinburch alle sechs Wochen von Neuem aufgeführt. Und eines Tages war das uner= quickliche und traurige Schauspiel zu Ende gespielt.

Die Waschfrau starb, fünfundsiebenzig Jahre alt. Der Tod hatte sie von dem Executor so wohl wie von der Mieths=

steuer erlöſt; aber nicht von dem Verkauf der alten Commode. Die Commode war gerade wieder einmal abgepfändet, als die Waſchfrau ſtarb. Ich hatte kein Intereſſe mehr, mein Jahre hindurch gemachtes Bittgeſuch zu wiederholen, da der Fiscus der Erbe der ohne alle Leibeserben verſtorbenen Frau war, ich alſo mit Wiederholung und Genehmigung meines Geſuches um Freigebung der alten, wurmſtichtigen Commode nur den Fiscus bereichert hätte. Die Commode wurde in die Pfandkammer des Berliner Magiſtrates abgeführt, auf der nächſten Auction meiſtbietend verkauft und von dem Erlös derſelben der letzte Mieth§ſteuerreſt der Verſtorbenen gedeckt. Der Beſchluß der Mieth§ſteuerdeputation des hochweiſen Magiſtrates, der alten Waſchfrau die Mieth§= ſteuer nicht ein für allemal zu erlaſſen, da ſie ja doch ein= mal in die Lage kommen k ö n n e , die Mieth§ſteuer zu zahlen, hatte alſo wirklich ſeine Berechtigung gefunden. Aber kehren wir nach dieſer traurigen Epiſode der armen, alten Berliner Waſchfrau wieder zu dem Kmet und zu dem Popen in das ſerbiſche Dorfwirth§haus nach Knič zurück.

Die Mutter des Kmet und des Popen hatte nicht we= niger als zwanzig Kinder zur Welt gebracht, zwanzig Kinder von einem Vater, achtzehn Söhne und zwei Töchter. Von dieſen zwanzig Kindern waren die beiden Töchter und zwölf Söhne noch am Leben. Der Aelteſte war der Kmet; er war fünf und fünfzig Jahre alt, glich aber einem Manne von vierzig in ſeinem Aeußeren. Der zweite Sohn, der Geiſtliche, war acht und vierzig Jahre alt; der jüngſte der zwölf noch lebenden Söhne hatte erſt das ſiebente Jahr zurückgelegt. Bis vor Kurzem hatte die ganze Familie — auch die beiden Töchter und acht von den zwölf noch le• benden Söhnen hatten ſich bereits wieder verheiratet und

16*

viele Söhne und Töchter erzeugt — in einem Hause und unter einem Dache gewohnt. Die Familie war fünfzig Köpfe stark geworden. Als die Familie auf fünfzig Köpfe heran=gewachsen war, hatte man sich in mehrere Haushaltungen getrennt, „weil," wie mir der Kmet sagte, „es nicht mehr möglich gewesen sei, in den Winterabenden sämmtliche fünfzig Personen an dem einen großen Feuerheerd des Hauses unter=zubringen. Ein Dutzend sei nur im Stande gewesen, sich am Feuer des Heerdes zu wärmen, während drei Dutzend hätten frieren müssen."

Es war ein heißer Tag, der Tag, wo wir von Kragu=jevac nach Karanovac fuhren. Wir brachen deßhalb erst um vier Uhr von Knić auf, um den Nachmittagssonnen=strahlen zu entgehen, welche in Serbien schon im Monat Juni sehr lästig werden können. Der beste Monat, um das Land bereisen zu können, ist für Serbien der Monat Mai. Ich hatte bis zum Juni gezögert, weil der Mai in diesem Jahre ausnahmsweise im südöstlichen Europa mit intensiven Wärmegraden auftrat. In Semendria hatte man um Mitte des Monats Mai 32 Grad Réaumur im Schatten gehabt. So hatte ich theils gezwungener Weise mit meiner Reise durch das Innere Serbiens gezögert, theils hatte ich auch gehofft, daß der ausnahmsweise heiße Mai einen kühlen Junimonat zur Folge haben würde:

Im Ganzen hatte mich auch meine Hoffnung nicht ge=täuscht. Der Monat Juni trat in Serbien recht kühl und frisch auf; nur an zwei Tagen hatte ich mich über Hitze zu beklagen, an dem Tage, wo ich von Losniza nach Valjevo und an dem Tage, wo ich von Kragujevać nach Knić fuhr. Desto angenehmer und kühler trat der Abend auf, umsomehr, da die erste Hälfte des Weges nach Karanovac über einen

Bergrücken ähnlichen Charakters führte, wie die Plateau's waren, welche wir von Kragujevac nach Knić passirt hatten. Dann senkte sich die Straße abwärts und trat, nachdem wir auf hölzerner Brücke einen Fluß überfahren hatten, in ein reiches, blumiges Thal, voll decorativer Abwechslung an Baumgruppen, Wiesen, Aeckern und Häusern. Es war das Thal der Gruza, welches nach dem Flußе seinen Namen führt. Um sieben Uhr hielten wir vor einem großen und stattlichen Gasthofe, einem neugebauten Hause auf dem Markt= plaße von Karanovac. Die Zimmer, welche wir bewohnten, waren äußerst reinlich, gut ausgestattet und enthielten Betten, welche nichts zu wünschen übrig ließen. Mein Zimmer hatte sogar einen Balcon nach dem Markte, der eine schöne Rund= sicht über die reiche, trefflich angebaute Ebene bot, in welcher Karanovac umschlossen von hohen Gebirgen liegt. In Ser= bien blühen die Orte, seitdem die Türken auch die Festungen haben räumen müssen, in unglaublicher Weise auf. Wer vor fünf Jahren Serbien bereist hat, würde heute manchen Ort gar nicht wiedererkennen. Der Alp, der auf dem un= glücklichen Lande so lange gelastet hat, und mit Wieder= holungen von Bombardements, wie das Bombardement Belgrad's drohte, hat endlich aus Serbien weichen müssen. Seit dieser Zeit haben besonders die Städte vollständig ihr äußeres Gewand gewechselt. So ist es auch Karanovac er= gangen. Die Stadt zählt heute 2000 Einwohner, unter wel= chen sich 440 Steuerköpfe befinden. Steuerkopf heißt jeder verheiratete, selbstständige Mann, der Grundbesitzer ist, oder Handel, Gewerbe oder sonstige Geschäfte selbstständig oder für eigene Rechnung betreibt. Der Junggeselle gehört nur dann zu der Zahl der Steuerköpfe, wenn er ein jährliches Einkommen von mehr als 250 Gulden hat. Karanovac hat zwei Schulen, eine Normalschule, welche von 120 Schülern besucht wird und eine Mädchenschule, welche 40 Zöglinge zählt. Der Marktplatz liegt in der Mitte der Stadt. Von ihm gehen vier breite Straßen aus. Das größte und stattlichste Gebäude ist die Präfectur, welche auch die Gerichtszimmer enthält. Eine breite Heerstraße, welche die ehemalige serbische Hauptstadt mit Karanovac verbindet, war im Bau begriffen. Ich sah in der Nähe der Jbarbrücke Hunderte von Leuten an der Arbeit. Wir waren auf einem Landwege von Kragujevac nach Karanovac gekommen, um das in der Nähe der Stadt gelegene, berühmte Kloster Žiča und die berühmte Krönungskirche der Nemanšiden zu besuchen, wo einst sechs serbische Könige gekrönt worden sind. Das Kloster soll von dem Könige Stefan dem Zweiten, welcher zuerst in der Krönungskirche gekrönt wurde, nnd von seinem Sohne Radoslav im zwölften Jahrhundert zu Ehren der heiligen Apostel Peter und Paulus gestiftet und die Kirche von dem heiligen Sava, welcher als erster Erzbischof dort residirte, erbaut sein. Da wir am anderen Tage noch nach der zerstörten serbischen Königsstadt, nach Kruševac, gelangen wollten und außerdem die Absicht hatten, von dem Wege einen Abstecher nach dem Mineralbade Wrnzi zu machen, so stand eine schwere Arbeit in Aussicht. Mein Kutscher, welcher sich täglich über die Parforcetouren beklagte, die er selbst sowohl, wie seine Pferde durchzumachen hätten, war der Ansicht, daß die Thiere den folgenden Abend nicht erleben würden. Er war ein widerwärtiger und mißvergnügter Geselle, den ich ein halbes Dutzend Mal unterwegs im Begriff stand fortzujagen, das Prototyp eines Belgrader Fiakerkutschers, denen ich hier das Zeugniß geben will, daß sie die unverschämtesten und frechsten Fiakerkutscher sind, welche ich in sämmtlichen europäischen Hauptstädten entdeckt habe. In Unverschämtheit wurde er noch von seinem Lohnherrn, einem Oesterreicher, übertroffen. Weshalb die Belgrader Polizeibehörde, welche doch sonst in gewaltthätiger Behandlung der Insassen der Hauptstadt gerade nicht sehr heiklich ist, diese Bande grober, nichtsnutziger und betrügerischer Gesellen nicht in Ordnung hält, ist mir und jedem Fremden, der nach Belgrad kommt, unbegreiflich. In Belgrad zu fahren, wenn man sich nicht den unverschämtesten Prellereien aussetzen will, ist fast unmöglich. Daß der Lohnkutscher für eine Fahrt von einer Viertelstunde einen Dukaten verlangt, gehört zu den täglichen Vorkommnissen.

# Sechszehntes Kapitel.

## Die Krönungskirche der Nemanjiden.

Am andern Morgen um sechs Uhr hielt eine mit zwei stattlichen Schimmeln bespannte, offene Kutsche vor der Thür des Gasthofes. Neben dem Kutscher saß auf dem Bock ein Diener. Der Domherr von Karanovac hatte von den Leiden gehört, welche mir mein eigenes Reisefuhrwerk verursachte, und sandte mir zur Fahrt nach der alten serbischen Krönungskirche seinen eigenen Wagen in den Gasthof. Aehnliche liebenswürdige Aufmerksamkeiten sind mir während meiner Reise durch das innere Serbien häufig passirt. Heute war mir die Aufmerksamkeit doppelt willkommen, da ich nun darauf rechnen konnte, mit meinen eigenen Pferden noch an demselben Tage Kruševac, die zerstörte serbische Königsstadt, erreichen zu können. Im gestreckten Trabe ging es mit den frischen, wohlausgeruhten Pferden, welche am verflossenen Tage nicht, wie die meinigen, auf ziemlich holprigen Landwegen die Reise von Kragujevac nach Karanovac zurückgelegt hatten, eine der breiten Straßen, welche auf den Marktplatz münden, entlang an dem weißen, großen Gebäude, wo die Gerichtsbehörden und der Präfect von Karanovac ihren Sitz aufgeschlagen haben, vorüber und dann zum Ufer des Ibar hinab, den wir überschreiten mußten, um auf die Straße nach Čiča zu gelangen. Auf den Ibar mündet die Straße, welche direct von Karanovac nach Kragujevac führen soll und deren Bau momentan in Angriff genommen wird. Viele Hunderte von Arbeitern waren mit dem Unterbau der Straße beschäftigt. Wir verließen den Wagen, um beim Durchfahren der Erdhügel und Schuttanhäufungen nicht umzuwerfen und erreichten zu Fuß die Pontonbrücke, welche an dieser Stelle über den Fluß setzt, da auch die nach Kruševac führende Straße am andern Ufer beginnt, während der Wagen von dem Bedienten mit Hilfe eines an der Straße beschäftigten Arbeiters gestützt wurde. Am andern Ufer nahmen wir unsere Plätze im Wagen wieder ein.

Eine ganz gerade, breite Straße führt auf der andern Seite des Flußes in einer kleinen Stunde nach dem Kloster. Die Straße war durch jungen Eichenwald gehauen. Als wir in die Straße einfuhren, erblickten wir die weißen Mauern der berühmten serbischen Krönungskirche auf einer sanft ansteigenden grünen Anhöhe am Ende der Waldlichtung und sie blieb uns während der ganzen Fahrt im Gesichte. Die meisten serbischen Klöster haben sich in versteckten Bergschluchten, hinter dichten Wäldern verborgen, wie die Klöster des serbischen Athos, wie Manaffia und Ravanica; Čiča erhebt sich aus einer lachenden, fruchtbaren, mit jungen Laubholzwaldungen und weißen, freundlich ausschauenden Dörfern bedeckten Ebene, auf seinem grünen Hügel weit hinaus sichtbar. Die Kirche soll von dem heiligen Sava, der als erster Erzbischof in dem Kloster residirte, im Anfange des zwölften Jahrhunderts zur Erinnerung an die Versöhnung seiner Brüder in Stubenica erbaut sein. Das Kloster ist von dem König Stefan dem Zweiten, der zuerst in der Kirche gekrönt

wurde und von seinem Sohne Radoslav ebenfalls im An=
fange des zwölften Jahrhunderts zu Ehren der Apostel
Peter und Paulus gestiftet. Wahrscheinlich stand damals
auch an derselben Stelle eine Stadt, die alte Stadt gleichen
Namens, deren in einer aus dem Jahre 1382 stammenden
Urkunde gedacht wird. Die aus den Jahren 1222—1228
herrührenden Stiftungsurkunden der Krönungskirche sind
noch vorhanden. Nach Inhalt dieser Urkunden wurde die
Kirche reich mit Bildern, Reliquien, Kostbarkeiten, Gewändern,
Büchern und mit den Einkünften von vielen Dörfern, Weilern,
Wäldern und Waideplätzen ausgestattet und mit allerlei
Gerechtsamen und Privilegien beschenkt. Žiča muß, wenn
man alle die in der Stiftungsurkunde genannten Dörfer
aufzählt, sehr reich gewesen sein. „Ueber alles das, was der
Kirche geschenkt wird," heißt es dann weiter in der einen
Stiftungsurkunde, „soll der Hofprotopop keine Gewalt haben;
sondern was von den Priestern und Hirten einkommt, sei
es der von den Bodenerträgnissen den Priestern zukommende
Theil, oder die den Priestern gehörenden Pfarrgebühren,
sie sollen zur Hälfte an diese Kirche abgetragen werden. Und
ein erzbischöflicher Unterthan soll niemals ohne königliches
Siegel vor den König geladen werden; sondern, wenn ein
erzbischöflicher Unterthan Jemanden Etwas verschuldet, so
soll dieser denselben mittelst königlichen Siegels vor den
König laden, und wenn dieser dem Siegel keine Folge leistet,
so sollen diese Siegel bei dem Könige verzeichnet werden und
der Erzbischof soll dieselben zu sich nehmen."

In der anderen Urkunde wird bestimmt, „daß alle
serbischen Könige, alle Erzbischofe, Bischöfe und Igumene
in diesem heiligen und allgeweihten Dome unseres Heilandes
Jesu Christi gekrönt werden sollen." Ueber die Ehe enthält

diese zweite Urkunde höchst interessante Bestimmungen, welche unseren gegenwärtigen Eheleuten gewiß nicht zusagen würden. „Und, nachdem man das göttliche Gebot nach der Kirchen=verfassung und nach den Traditionen gelernt hatte," heißt es, „ward es auch des Herrn Verbot, daß der Mann sich nicht von seiner Frau und diese wieder sich nicht von ihrem Mann scheide; sollte sich Jemand finden, der dies gestrenge Gebot übertreten hätte, so soll er mit folgenden Strafen belegt werden: Ist er adeligen Standes, sollen von ihm sechs Pferde für den König genommen werden; ist derselbe Einer von den Uebrigen (Kriegern), sollen von ihm zwei Pferde genommen werden; wenn aber Jemand von den armen Leuten dies verbricht, so sollen von ihm zwei Ochsen genommen werden. — Den Frauen befehlen wir ebenfalls: Wenn Eine durch dies Verbrechen dem Gesetze verfällt; ist sie eine Adelige, so soll dieselbe nach dem adeligen Brauche bestraft werden; ist sie aber niederen Standes, so soll sie ihrem Stande gemäß bestraft werden. Und wenn Eine durch Hilfe ihrer Eltern oder anderer dergleichen Anverwandten entkommt, so sollen dieselben nach ihrem Stande gestraft werden. — Verläßt aber eine solche aus Uebermuth selbst ihren Mann, so soll dieselbe, falls sie vermöglich, an ihrem Gut gestraft werden; hat sie aber keine Einkünfte, so soll sie körperlich gezüchtigt werden — was vom Belieben ihres Mannes abhängt. Nach der Strafe soll er sie zurück nach Hause führen. Sollte es ihm nicht gefallen, sie mitzunehmen, so kann er dieselbe nach der Strafe verkaufen, wohin es ihm beliebt. Auch der Mann, der seine Frau entlassen, soll dieselbe nach seiner Bestrafung in sein Haus zurücknehmen. Sollte derselbe dies nicht befolgen, so sei er von der göttlichen Kirche gebunden, und bei dem Herrn derselben soll er nicht in Gnaden aufgenommen werden. — Nimmt er eine zweite Frau, so verfällt er in eine der ersten ähnliche Strafe. Wenn Jemand eine solche einem Zweiten zur Frau gibt, der sie nicht beschlafen will, verfällt er gleichfalls in dieselbe Strafe wie Jener, der seine Frau entläßt. Und den Frauen sollen auf dieselbe Art Verbote eingeschärft werden, daß Eine, die den Mann verläßt, keinen zweiten nehmen darf; und durch Bischöfe und Grundherrn soll überwacht werden, daß Keiner von diesem Gesetze weiche, außer im Falle des Ehebruches."

Man überzeugt sich aus diesen Stiftungsurkunden der uralten serbischen Krönungskirche, daß bereits unter der Regierung König Stephan des Ersten und seines Sohnes Radoslav Kirche, Klöster und Geistliche in Serbien einen Staat im Staate bildeten. Wie recht hatte Miloš, nach der Vertreibung der Türken aus Serbien diesen Staat im Staate durch die Zurückgabe der Klostergüter nicht wiederherstellen zu wollen!

Nach einer starken halben Stunde hielten wir vor dem Kloster und der Krönungskirche. Links zwei einfache, weiß= gestrichene Gebäude, das Kloster und das Gasthaus; gerade vor uns auf grünem Hügel die weiße Krönungskirche. Die Krönungskirche der Nemanjiden war ein Centralbau und hatte die Gestalt des Kreuzes. In der Mitte des Central= baues erhob sich gerade über dem Hochaltar eine große Kuppel. Zwei kleinere Kuppeln deckten links und rechts von der großen Mittelkuppel zwei rechteckige, niedrigere Querschiffe. Auf den Kuppeln funkelten vergoldete Kreuze. Nach Osten hin schloß sich ein einschiffiges Langhaus an das Mittel= gebäude an; im Westen wurde die Kirche durch zwei Kapellen flankirt. An die Kirche grenzte ein Friedhof, aus dessen fuß= hohem Grase Kreuze und Grabsteine von allerlei phantastischen

Formen und Gestalten anfragten. Dies malerische Bild wurde im Hintergrunde durch blaue Höhenzüge eingerahmt.

Als wir im Begriffe standen, den Wagen zu verlassen, stieg aus dem Kloster ein hochgewachsener Mönch herab. Haar und Bart trug er lang, auf dem Kopf einen hohen, chwarzen, konisch geformten Hut ohne Krempe, die Kopf- bedeckung der Geistlichen der griechischen Kirche. Unter einem langen, bis zu den Füßen hinabreichenden, vorn offenen, mit Pelz gefütterten Oberrock trug er enganliegende, schwarze Kleider. Der Leib war mit einer breiten, rothen Binde unterhalb des Oberrockes umgürtet. Der hochgewachsene Mönch war der Prior des Klosters. Er kam, um uns zu begrüßen und uns in die Krönungskirche zu führen. Der Domherr aus Karanovac, in dessen Wagen wir fuhren, hatte ihm unseren bevorstehenden Besuch schon am verflossenen Abend gemeldet.

In seiner Begleitung stiegen wir den grünen Hügel hinan, auf dessen kleinem Plateau sich die Kirche des ersten Königs aus dem Stamme der Nemanjiden erhebt. Ein aus dem Kloster dem Prior folgender Diener schloß eine von den Seitenthüren der Kirche auf. Nun betraten wir den Boden eines der größten Heiligthümer des alten König- reiches Serbien.

Wie war dies Heiligthum aber zerstört! Die Türken, die Jahrhunderte hier gehaust, und ein restaurirender Vanda- lismus haben sich in der Zerstörung die Hände gereicht. Noch vor zwanzig Jahren lag die heilige Krönungskirche in Trüm- mern. Kuppeln und Gewölbe lagen theilweise eingestürzt oder ließen doch den Einsturz befürchten. Aber auch in den Trüm- mern konnte man doch damals noch den einzig schönen Pracht- bau, seine Anlage, die reine technische Ausführung und die ma lerische Wirkung des aus wechselnden, farbigen Ziegeln und Bruchsteinanlagen bestehenden Mauerwerkes bewundern und zahlreiche Sculpturen sprachen für die ehemalige reiche Decorirung. Alle diese historischen, architectonischen und malerischen Details sind unter der weißen Tünche, einem Kalkanstrich, welchen der Unverstand und die Geschmacklosigkeit eine „Restaurirung" genannt haben, zu Grunde gegangen. Die zugemauerten sieben Thüren, aus denen die sieben in der Kirche gekrönten serbischen Könige nach der Krönung hinausschritten, während hinter ihnen die Thüren sofort zugemauert wurden, sind noch an dem Mörtel zu erkennen. Ein großer Theil der Fresken und Bilder, welche die Wände einst von oben bis unten bedeckt haben, ist nach gewöhnlicher Weise von den asiatischen Barbaren, welche die Kirche zu einem Pferdestalle gemacht hatten, zerstört und vernichtet worden.

Wie in allen serbischen Kirchen, welche sie nur deshalb nicht der Erde gleich machten, weil sie die Gebäude benutzen konnten, sind den Gestalten die Augen ausgestochen, Nasen und Ohren abgekratzt, oder sie haben den türkischen Kugeln als Zielscheibe gedient. Nur einige Fresken sind wenigstens stückweis den Kugeln und zerstörenden Instrumenten der Türken, sowie der weißen Tünche der Restauration entgangen und lassen uns ahnen, wie prächtig die Kirche einst zur Zeit ihres Glanzes geschmückt gewesen sein muß. Kaniß äußert sich über diese altserbische Malerei und über die interessanten Fresken der Krönungskirche von Žiča mit folgenden Worten:

„Auf dem heiligen Athosberge entstand unter Panselinos, im 11. Jahrhundert, gleichsam eine Hochschule der Malerei, und in ihr wurden die Jünger gebildet, welche die Kirchen

von Kares bis zur italienischen Küste, von Salonik bis zur
Newa mit Bildern bedeckten. Von Schülern des Panselinos,
des durch seine Fresken im Protaton zu Kares berühmten
Malers wurden also auch die serbischen Monumente mit
Bildern geschmückt. Sie rühren aus den verschiedensten
Jahrhunderten her, und auch sie sind sich nicht nur unter
einander ähnlich, sondern können auch bei Vergleichung mit
den Bildern Griechenlands und Rußlands ihre gemeinsame
Mutter, die Schule von Kares, nicht verleugnen."

„So erscheint eine Himmelfahrt Maria's in Čiča von
einer solchen in Stubenica beinahe abgeschrieben, und beide
zeigen wieder die größte Aehnlichkeit mit derselben Dar=
stellung auf der Rückseite des Bildes „Unserer lieben Frau
von Don" in der Cathedrale zu Moskau."

„Im Gegensatze aber zur Mittheilung Diberon's über
die stets gleiche, sclavisch befolgte räumliche Anordnung der
einzelnen Bilder in den griechischen, macedonischen und thessa=
lischen Kirchen finden wir in jenen Serbiens eine viel freiere
Bewegung. So befindet sich das obenerwähnte Bild „die
Himmelfahrt Maria's in Čiča" auf der großen westlichen
Wand über dem Haupteingange, in Stubenica aber auf der
nördlichen, über dem Seitenportale."

„Der segnende Christus und die heilige Jungfrau an
den Pfeilern des Scheidbogens zeigen Köpfe von wahrhaft
eblen Umrissen. Sehr glücklich ist der Gesichtsausdruck der
klagenden Frauen auf dem Bilde der Kreuzigung im rechten
Querschiffe. Eine Kreuzabnahme Christi im nördlichen Arme
ist leider gänzlich zerstört."

„Sehr gelungen ist ein figürenreiches Bild der Himmel=
fahrt Maria's auf der Westwand der Kirche zu nennen. Es

zeigt Maria im Sarge, von vielen Heiligen umgeben. Die
Blicke derselben sind nach aufwärts gerichtet, nach dem Mittelpunkt der Darstellung einer kleinen Maria, emporgetragen
von Christus, mit zwei Engeln zur Seite. Die heilige Jungfrau trägt Flügel, als Symbol ihrer Verklärung. Die Verwunderung ausdrückenden Köpfe der Umstehenden sind von
vorzüglicher Charakteristik; die Gewandung dagegen ist streng
byzantinisch gehalten. Viele dieser Bilder verrathen nicht
selten abendländische Einflüsse. Das Bild im Tympanon
am inneren Thorbogen des großen Wartthurmes möchte ich
jedoch mit Bestimmtheit einem Maler der italienischen Schule
zuschreiben. Dafür spricht die ganze Composition und Ausführung, das Colorit, und namentlich einzelne Motive und
Stücke der Gewandung der zahlreichen Figuren. Das Votiv-
bild stellt eine thronende Maria mit dem Jesuskinde in einem
von Engeln getragenen runden Medaillon vor, zu dessen
beiden Seiten weltliche Personen und Heilige in reichen Gewändern sich gruppiren."

Während wir die Kirche besichtigten, war wahrscheinlich
auf Anordnung des Priors in dem neben dem Kloster gelegenen Wirthshause für uns ein Frühstück bereitet worden.
Der Frühstückstisch war im Freien unter einer mächtigen
Eiche angerichtet. Die Bänke waren mit Kissen belegt;
Tischtücher und Servietten mit Spitzen und Stickereien
geschmückt; zwischen den gebackenen Hühnern und verschiedenen mit Paprika zubereiteten Gerichten von Lammfleisch
waren mehrere Sorten rothen und weißen Weins aufgestellt. Alle unsere Entschuldigungen, daß unsere Zeit zum
Frühstücken noch nicht gekommen sei, waren vergeblich; wir
mußten die Gastfreundschaft des Klosters für eine halbe

Stunde in Anspruch nehmen. Der Prior und der zweite
Klostergeistliche — im Kloster befanden sich nur zwei Geistliche — setzten sich mit uns zu Tisch, ohne indeß am Frühstück
Theil zu nehmen, und erzählten uns von den Verhältnissen
des Klosters und von ihrer berühmten, alten Kirche. Von
allen Reichthümern, von denen die Stiftungsurkunden König
Stefan's und seines Sohnes berichten, waren der Kirche
und dem Kloster noch 5000 Gulden Einkünfte geblieben, von
denen das Kloster gegenwärtig nur 1000 Gulden gebrauchte.
Der Rest der Summe wurde immer zu Ende des Jahres
an die Staatskasse abgegeben. Beide Geistlichen beschäftigten
sich auch in Žiča mit der Seelsorge der Eingesessenen ihrer
Parochie, mit Abhalten der Andachtsübungen in der Kirche
und mit der Verwaltung des Klostervermögens. Die wieder-
aufgebaute Kirche umfaßt nur einen Theil der alten, berühmten
Krönungskirche der serbischen Könige; der andere Theil ist
gänzlich zerstört worden.

Auch der Schulmeister des Klosters erschien zu Ende unseres Frühstücks, um ein Glas Wein mit uns zu nehmen
und uns von seiner Schule zu erzählen. Er unterrichtete die
Kinder der Pfarreingesessenen und hatte einige vierzig Schüler.
Der Wirth ließ es sich nicht nehmen, in Sonntagskleidern
uns selbst bei Tisch zu bedienen. Und als wir durch den
jungen Eichenwald nach Karanovac zurückfuhren, läuteten alle
Glocken von Žiča, uns zum Abschiede zu grüßen.

Um acht Uhr hielten wir wieder vor dem Gasthofe auf dem Markte von Karanovac. Unser eigener Reisewagen stand zur Abfahrt bereit, und nach einigen Minuten
fuhren wir zum zweiten Male die breite, auf den Markt
mündende Straße entlang, an dem weißen, großen Präfectur-

gebäude vorüber zum Flusse hinab und überschritten zum zweiten Male den Jbar, um die Straße nach Kruševac einzuschlagen — nach K r u š e v a c, der zerstörten serbischen Königsstadt, wo einst Car Lazar in „den weißen Höfen" residirte, von dem Siegfried Kapper singt:

„Darum Heil Dir, Serbiens lichter Krone,
Heil Dir, unserer Feinde finsterem Schrecken,
Heil Dir, dem an Ruhme gleicht kein Zweiter "

# Siebenzehntes Kapitel.

## Von Karanovac nach Kruševac.

Sanft ansteigend führte die Straße nach Kruševac, nachdem wir den Ibar überschritten hatten, bergaufwärts, um einen der Höhenzüge zu ersteigen, von denen die lachende, fruchtbare Ebene von Karanovac umgeben ist.

Nach einer halben Stunde befanden wir uns auf einem reich angebauten Plateau. Ackerfelder, Waizenäcker, Kukuruz=anpflanzungen, Häusergruppen, junger Wald, wohin ich blickte; blaue Höhenzüge, dunkle Waldberge in der Ferne. Reiche Landschaftsbilder rechts und links von der Straße; duftige Fernsichten auf die Höhenzüge und Gebirgsketten, welche sich rund um das Plateau aufbauten, auf dem der Wagen hinrollte. Nach anderthalb Stunden erblickten wir ein einsames Waldwirthshaus. Vor der Thür hielten zwei Reiter, ein Mann in einer blauen Uniform mit rothem Kragen und ein Pandur in seiner phantastischen Tracht.

„Der Bezirkscapitän von Karanovac ist ein pünktlicher Mann," rief der Reisemarschall, als er die beiden Reiter sah, „hier wird die Stelle sein, wo der Weg nach Wrnzi führt. Kutscher, vor dem Hause dort anhalten!"

„Weshalb sind die beiden Reiter dort aufgestellt?"

17*

fragte ich meinen Begleiter, als die Pferde auf das Wirths=
haus lostrabten.

„Wir wollten ja das Bad Wrnzi besuchen. Da der
Kutscher den Weg nicht kennt, so versprach mir der Bezirks=
capitän in Karanovac, an die dem Babe zunächst gelegene
Bezirkshauptmannschaft zu telegraphiren, daß ein Pandur
an der Stelle aufgestellt würde, wo der Weg nach dem Babe
von der großen Straße abführt. Ich denke mir, daß bei
dem Wirthshause dort die Stelle sein muß."

Wir fuhren bei dem Wirthshause vor. Die Vermuthung
war richtig. Der Pandur meldete sich bei uns als der auf=
gestellte Reiterposten, welcher uns nach dem Babe zu ge=
leiten habe. Der andere Reiter war der Pisar, der zweite
Beamte der Bezirkshauptmanschaft, der gekommen war, um
uns zu begrüßen und ebenfalls in unserer Begleitung zu
bleiben.

Nachdem die Pferde getränkt waren, schlugen wir den
Seitenweg ein, der, aus dem Walde kommend, bei dem
Wirthshause auf die große Landstraße mündete. Der Weg
führte in anderthalb Stunden nach dem Babe Wrnzi. Der
Pandur ritt dem Wagen vor. Der Pisar ritt neben dem
Schlage und erzählte uns von dem seit Kurzem eröffneten
Babe.

Wrnzi sollte das zweite serbische Bab sein, dem
ich meinen Besuch abstattete. Als ich von Losniza nach
Zwornik in Bosnien fuhr, um das Zwornikgebiet zu besich=
tigen, hatte ich das Bad Smrdan=Bara besucht, hart am
Fuße des hohen Gutschevogebirges, welches durch die Wunder=
kraft seiner eisenhaltigen Quelle in ganz Serbien berühmt
ist. Smrdan=Bara besitzt zwei Quellen, eine Schwefelquelle
und eine Eisenquelle; außerdem noch Sumpfbäder. Ich fand

dort Badehaus und Logirhaus, welche kürzlich errichtet waren, und eine Menge Kurgäste, welche mir die Wirkungen der beiden Quellen und auch des Sumpfbades nicht genug rühmen konnten. Serbien hat eine Menge reichhaltiger Mineralquellen, welche für den Wohlstand des Landes von großer Bedeutung werden können und auch viele Kurgäste aus dem südöstlichen Europa herbeiziehen werden, sobald nur die Anstalten zu ihrer Aufnahme getroffen sind. Bis jetzt sieht es damit freilich noch recht primitiv aus. Das Logirhaus in Bara bestand aus einem aus Holz aufgeführten Langgebäude, welches aber nur ein Erdgeschoß enthielt. In diesem Erd= geschoß befanden sich eine Reihe kleiner Zimmer mit dem gemeinschaftlichen Ausgange auf eine offene, von Säulen getragene Gallerie. Das war Alles! Die Miethe jedes Zimmers betrug täglich einen Zwanziger. Von einem Kursaal, von einem gemeinschaftlichen Versammlungsorte der Kurgäste, von Gasthöfen, von geselligen Unterhaltungen, von Bade= musik und Spaziergängen in das sehr malerische Gebirge war keine Rede. In Bara badete man, um gesund zu werden. Im Uebrigen fand man sich außer der Zeit, welche man nicht im Bade zubrachte, mit der Unterhaltung, mit allen leiblichen und geistigen Bedürfnissen so gut ab, wie man konnte. Der noch mit dem meisten Comfort versehene Bade= ort, den ich von Alexinac aus besucht habe, ist Banja. Nach der Analyse des sächsischen Berghauptmanns v. Herber, welcher Serbien in mineralischer Beziehung im Jahre 1839 untersuchte, sind die Quellen von Banja den berühmten Ther= men von Gastein und Pfäffers gleichzustellen. In Banja fand ich doch ein zweistöckiges Kurhaus mit ordentlichen Woh= nungen für Badegäste, einige Wirthshäuser, zwei große, aus Stein aufgeführte Badehäuser, welche steinerne Bassins

umschließen, mit kuppelartigen Bedachungen, an denen die
Römer, die Türken und die Serben nach einander gebaut
haben; nach Restaurants, Café's, schattigen Promenaden,
Lesezimmern schaute ich mich aber auch vergeblich um. Von
ähnlichen primitiven Einrichtungen waren die Zustände in
Wrnzi, wo wir nach einer starken Stunde ankamen. Die
Quellen von Wrnzi mögen an mineralischem Gehalte den
berühmten Thermen von Ems nicht das Mindeste nach-
geben. Wie in Ems wird in Wrnzi gebadet und getrunken.

Der Waldweg führte in ein enges Hochthal. Ein kleines,
grünes Plateau von hohen Waldbergen umgeben. Auf dem
grünen Plan zerstreute Häusergruppen, denen man die Eile,
mit welcher sie erst kürzlich entstanden waren, an der Stirn
ansah. Zwei aus Holz aufgeführte Badehäuser, welche die
beiden Quellen umschlossen und die Bäder für die Männer
und Frauen bildeten, traten aus der Reihe der übrigen
Gebäude durch ihre größere Stattlichkeit hervor. In der
Mitte des Planes wurde an mehreren neuen Häusern gebaut
und gezimmert. Der Pisar sagte uns, daß aus den Stein-
bauten ein Kurhaus und ein Logirhaus werden sollten, und
daß die Vollendung des Baues noch im Laufe dieses Herbstes
zu erwarten sei. An der östlichen Bergwand gruppirten sich
die weißen Häuser eines Dorfes zu einem recht hübschen
Bilde. An der gegenüberliegenden Bergwand erhob sich ein
großes, hölzernes Gebäude mit einer offenen Veranda. Es
war das gegenwärtige Kurhaus, Logirhaus und Hotel des
Bades Wrnzi, in seinen Räumlichkeiten und Dimensionen
primitiv genug. Die Kurgäste unserer Rheinbäder würden
die Hände über dem Kopf vor Verwunderung zusammen-

geschlagen haben, wenn sie ihren Aufenthalt hätten im Kur=
hause und Logirhause von Wrnzi nehmen sollen.

Im Orient ist man bescheidener als in Schwalbach, in
Ems und in Wiesbaden. Und was soll man thun? Man
reist nach Wrnzi, weil man krank ist, und weil man durch
den Gebrauch seiner Quellen gesund zu werden hofft, nicht
um sich zu unterhalten, oder weil man nicht weiß, wo man
seine Zeit zubringen soll. Daß man in den serbischen Bädern
noch keine Kurhäuser, Logirhäuser, Hotels, Kaffeehäuser,
Theater und Concertsäle findet, liegt daran, daß in Serbien
noch vor vierzig Jahren die „biederen und guten Türken"
hausten, und daß diese „biederen und guten" asiatischen
Barbaren das ganze Land eben in eine Wüstenei verwandelt
hatten, aus welcher in wenig Jahrzehnten noch kein Cultur=
land werden kann.

Ein Theil der in Wrnzi anwesenden Badegesellschaft,
welcher nicht verheirathet war und also keine eigene Wirth=
schaft führte, saß vor dem Kurhause an einer langen Tafel,
mit dem Mittagessen beschäftigt. Die Sonne schien ihnen
auf die Köpfe und in die Suppenschüsseln; es ging nun
einmal nicht anders, da die offene Vetanda nicht Raum
genug hatte, um die ganze binirende Gesellschaft zu fassen.
Zwischen Männern und Frauen in serbischer Nationaltracht
Offiziere in der kleidsamen, serbischen Uniform; Natschalniks
und Bezirkscapitäne in ihren blauen Ueberröcken mit rothem
Kragen, Damen nach französischer Mode gekleidet und coif=
firt und Herren in dunklen Oberröcken, den Cylinder auf
dem Kopf; der Orient und der Occident in Trachten und
Kleidern durcheinander, wie in Mehadia, nur ohne den
Comfort und ohne das prächtige Kurhaus von Mehadia.
An der gemeinsamen Tafel der Badegäste war, wie wir sahen,

kein Plätzchen mehr leer; wir begaben uns also in die Küche, welche zugleich den Speisesaal des Hotels bildete, und bestellten uns ein Mittagessen für uns drei, für mich, für den Reisemarschall und für den Pisar, und befahlen dem Hotelbesitzer, der zugleich sein eigener Oberkellner war, dem Panduren ein besonderes Mittagessen aufzutragen.

Dann nahmen wir in der Veranda Platz, um, ohne daß uns die Sonne auf die Köpfe scheinen könnte, die Zeit bis zum Diner hinzubringen. Selbstverständlich erschien eine Magd des Hotels, um uns den Slabko auf buntbemaltem Präsentirbrett anzubieten. Einige Theelöffel voll Früchte, einige kleine Gläser Raki und eine ganz kleine Tasse Caffee ersetzten uns den „Brandvinsbord," der in Schweden jeder Mahlzeit vorhergeht; dann kam der Hotelbesitzer und meldete uns: „Messieurs, le diner est servi," und wir begaben uns in die Küche und setzten uns zu Tisch, freilich auf hölzernen Bänken, aber mit gutem Appetit.

Das Diner glich auf ein Haar allen anderen Diners, welche ich während der letzten acht Tage genossen hatte, wo ich im Innern von Serbien umherreiste, um „Land und Leute," und auch die serbische Küche kennen zu lernen. Im Inneren des Landes ist die Speisekarte immer dieselbe, also auch in dem Badeorte Wrnzi. Was soll ich darüber noch sagen! Das Diner im Bad Wrnzi begann, wie in Valjevo, Užica, Losniza und Karanovac mit der sauren Suppe und hörte mit den gebratenen Hühnern auf. Alle meine Interpellationen, in die Monotonie der Schüsseln eine Abwechslung durch eine Schweinscarbonade oder durch einen Fisch hineinzubringen, waren vergeblich. Nur in einem Punkte glich das Diner des Hotelbesitzers und Kurhauspächters in Wrnzi nicht den Diners seiner Herren Collegen in anderen

serbischen Städten und Dörfern. Der Mann führte hohe
Preise. Man speiste in der Küche des Kurhauses von Wrnzi
theurer, als in den Speisesälen der ersten Belgrader Gast=
höfe, und auch selbstverständlich weit schlechter. Fünf Gulden
siebenzig Kreuzer war die Summe, welche mir der Hotel=
besitzer, der sein eigener Kellner und auch wahrscheinlich sein
eigener Hausknecht war, für mich und für meine beiden Gäste
abnahm. Wahrscheinlich hatte der Mann das Saisonfieber,
welches bekanntlich deutsche Hotelbesitzer in Bädern auch haben!
Oder er besteuerte uns drei als vornehme und durchreisende
Standespersonen, welche mit vorreitenden Panduren reisten,
ganz besonders; denn ein gewöhnlicher Gast, der zur Heilung
seiner Lunge in Wrnzi die Bäder gebrauchte, zahlte, wie ich
vernahm, nur 60 Kreuzer für ein Zimmer im Kurhaus.
Man sieht, Nichts ist ansteckender, als das Gästebesteuerungs=
fieber der Gasthofssteuereinnehmer. Der Gasthofssteuerein=
nehmer im Hotel Bauer zu Ischl hat den König von Preußen
während seines letzten Besuchs in diesem Modebadeort der
österreichischen Aristokratie mit Tausend Gulden für eine
Nacht besteuert! Die Begleitung des Königs von Preußen
bestand aus fünfzehn Personen. Wenn man zwischen dem
Gasthofssteuereinnehmer von Ischl und dem Gasthofssteuer=
einnehmer von Wrnzi also eine Parallele zieht, so war der
Gasthofssteuereinnehmer des serbischen Bades noch ein äußerst
bescheidener Mann.

Der Abend dunkelte bereits stark, als wir in Kruševac,
der zerstörten serbischen Königsstadt, eintrafen und uns in
dem besten Gasthofe einquartirten, dessen Räumlichkeiten aber
mehr als Vieles zu wünschen übrig ließen und nichts vom
Gasthofe einer Königsstadt an sich hatten. Kruševac ist in
den serbischen Freiheitskriegen total von den asiatischen Bar=

baren zerstört worden. Die gegenwärtige Stadt kann nach dem Typus ihrer Gebäude nur einige Jahrzehnte alt sein. Wenigstens habe ich an dem Abendspaziergange, den ich gleich nach unserer Ankunft meiner Gewohnheit gemäß durch die breiten Straßen der Stadt unternahm, kein Gebäude entdecken können, welches Anspruch auf ein höheres Alter gemacht hätte. In seinem Aeußeren tritt Kruševac hinter anderen serbischen Kreisstädten, wie Valjevo, Čačak, Užica, Lozniza weit zurück, wenn auch der in Kruševac herrschende Verkehr ein sehr bedeutender ist. Einst, zur Zeit der ser= bischen Könige, welche in Kruševac in den „weißen Höfen" residirten, soll die Stadt drei Stunden im Umfang gehabt haben. Die Gestalt der gegenwärtigen Stadt ist der Ge= stalt von Karanovac und Požega ähnlich. Ein großer, runder Marktplatz in der Mitte, von dem in Kreuzform vier Straßen auslaufen. In culturhistorischer Beziehung ist aber das neue Kruševac für Neuserbien von großer Bedeutung geworden. Die Schulen des neuen Kruševac sind vortrefflich. Kruševac hat ein Gymnasium, welches von 93 Schülern besucht wird, eine Realschule, welche 200 Schüler mit fünf Lehrern zählt, und eine sehr gut eingerichtete Mädchenschule.

Steige der Leser nun mit mir zu dem Plateau hinauf, auf welchem sich die Trümmer der Veste erheben, wo der bei Kossovo gefallene Serbencar residirte. Neben den Trüm= mern steht die „weiße Königskirche." Sie hat fünf Jahr= hunderte, welche zwischen ihrer Erbauung und der Gegen= wart liegen, glücklich überdauert. Die Stufen sind noch vorhanden, auf denen stehend „der fromme Car," umbraust vom Jubel seines Volkes, die letzten Siegesbotschaften erhielt, bevor er in die unglückliche Schlacht von Kossovo zog.

# Achtzehntes Kapitel.

## Die zerstörte Königsstadt.

Neben dem neuem Kruševac erhebt sich, allmälig ansteigend, ein breites Plateau. Von seiner Kuppe überschaut man das schöne und fruchtbare Moravathal, welches Serbien von Süden nach Norden in zwei, fast gleiche Hälften zerschneidet. Ein reicher und prächtiger Blick! Den Horizont umsäumen die langen, sich hintereinander aufbauenden Gebirgszüge von Karanovać bis Alexinac, von Stol bis zum Jastrebaz. Auf dem Plateau erhebt sich, weithin sichtbar der Dom des letzten Serbencars. Neben dem Dom ein zerbröckelter Thurm, Trümmer und die Ruinen einer aus den Steinen des zerstörten Schlosses erbauten Moschee — das sind die Reste der serbischen Akropolis, die Trümmer des Königspalastes „der weißen Höfe." In solcher Art und Weise zu zerstören sind nur die asiatischen Barbaren im Stande. Der Dom hatte seine Erhaltung nur dem Umstande zu verdanken, daß die Türken ihn seiner Festigkeit und Dauerhaftigkeit wegen als Pulvermagazin gebrauchen konnten. Sonst würden auch wohl nur einige Trümmer von seinem einstigen Dasein Zeugniß abzulegen im Stande sein.

Auf diesem Plateau wohnten vor fünf Jahrhunderten

in „den weißen Höfen" die serbischen Könige. In der aus den **Steinen** des zerstörten Königspalastes erbauten Moschee mußte sich die Tochter Lazars mit Bajazid, dem Sohne seines Gegners Amurad, vermählen. Auf den Stufen, welche zu dem Hauptportal des Domes führen, stand der Serbencar, als er siegreich aus dem Feldzuge heimgekehrt war, in welchem er Murads „stolze Heldenschaar" geschlagen hatte und eben das Innere der Kirchen betreten wollte, um Gott für den erfochtenen Sieg zu danken, als die neuen Siegesbotschafter von den drei Heeren anlangten, welche er ausgesandt hatte, um die Türken zu bekämpfen, er selbst der Sieger in der Türkenschlacht. Mit folgenden schönen Worten schildert Siegfried Kapper, der Dichter des Heldenliedes „Fürst Lazar" die Scene:

„Morgens früh, am lichten Gjurgjevtage
Schreitet Frau Miliza aus den Höfen,
Aus den weißen Höfen in Kruševac.
Ihr zur Rechten geht ein stolzes Rehlein,
Mara, ihrer Heldentöchter ält're,
Brankovič, des Tapfern Neuvermählte.
Ihr zur Linken geht ein sanftes Taübchen,
Wukosawa, ihre jüng're Tochter
Miloš von Poseria holde Eh'frau.
Folgen will dem Glockenruf die Hausfrau,
Der zur Kirche ruft, zur Liturgia.

———   ———   ———

Dasie also schreitet aus den Höfen,
Sieht sie heimwärts auf der weiten Eb'ne
Dichte Wolken Staubes sich erheben,
Waffen draus im Sonnenscheine funkeln.

———   ———   ———

Und die Wolke kommt näher, und

„Wälzt heran sich nach den weißen Höfen,
D'raus hervor an seines Heeres Spitze

r Sonne gleich, aus Morgenwolken,
Lazar, hoch zu Roß und waffenglänzend"

„Ausgezogen war er mit drei Heeren
Hatt' mit einem Milos ausgesendet,
Hatt' entsandt es nach Bulgariens Eb'nen,
Schisman dort, dem Kral, erbet'ner Beistand;
Mit dem andern Brankowić den Recken,
An den Ufern des Moravastromes
Siegreich die Vesiere zu bekämpfen."

Die Stufen des Doms hinaufsteigend, und eben im
Begriffe, in die Kirche einzutreten, wird er durch eine neue
Siegesbotschaft gefesselt. Es ist die Siegesbotschaft von
Strahina, dem Ban — — —

— — — — — — hingezogen
War er nach entfernter Länder Gauen
Mit den Fürsten weitentlegnen Reiche
Serbiens Bund in Freundschaft zu erneuern

Und mit dem Zuruf:

„Darum Heil Dir, Serbiens lichter Krone!
Heil Dir, unf'rer Feinde finst'rer Schrecken!
Heil Dir, dem an Ruhme gleicht kein Zweiter!"

schließt der Bote seine Botschaft, daß Albanien, die Herzego=
vina und der Doge von Venedig bereit sind, dem großen
Serbencar Hilfe gegen die asiatischen Barbaren zu senden.

Nun noch ein neue Siegesbotschaft! Der junge To=
plica Milan sprengt auf schäumendem Rosse über die Ebene.
Er meldet den Sieg Milos Obilić's:

„Zu den Siegen," spricht er, „die Du kämpftest,
Ward, o Herr, ein neuer noch erfochten --
Ward erfochten, wie vorher kein Anderer!
Was von Türken lag an Bosniens Gränzen

Ist entschwunden von der weiten Ebene,
Was nicht floh, das liegt als blut'ge Ernte
Liegt gesichelt auf der grünen Wahlstatt.
Lang vergebens war des Kampfes Mühe,
Lalaschahin ließ die Fahne schwingen,
Rothe Fahne, weit im Felde sichtbar,
Schon den Sieg der Seinen zu verkünden;
Sieh', da stürzt, ein Falke hoch aus Wipfeln,
Milos in die Ebene mit den Seinen!
Wie die Wetter Ilia's, des Donnerers,
Also rauscht es da er fährt hernieder,
Und Entsetzen faßt die Türkenschaar,
Wie der Blitz Maria's, der entflammten,
So durchhau't sein Schwert die heilen Haufen.
Und zu schau'n sind Türkenhäupter, fliegen
Gleich wie Disteln auf der Haid' im Sturme!
Mit den Schwingen schlägt der wilde Falke!
Und wie lichte Kornspreu von der Tenne,
Wenn darin des Windes Flügel schlagen.
Stäubt die scheue Heerschaar auseinander!
Lalaschahin's Fahne sieht man wanken,
. Wanken erst und dann hernieder sinken;
Milos's Banner in dem Abendglanze
Sieg verkündend auf der Ebene blinken!
Nach der Feldschlacht in des Planes Mitte
Lag des Türkenhäuptlings blut'ger Leichnam,
Lag im Kreis von tausend Türkenleichen
Lag gefällt von Milos's breitem Handschwert!
Den Du siehst zu Füßen Dir, den Turban,
Diesen Gurt, den Säbel, goldbeschlagen,
Lalaschahin trug dies einst, der Vezier!

„Wukosawa, Milos's junge Eh'frau
Wukosawa glänzt, ein Stern des Morgens,
Da sie hört des Gatten edlen Namen,
Hört, wie rings ihn tausend Zungen preisen."

„Doch, o sieh! Noch hat der fromme Sieger,

Noch des Kirchenaufgangs dritte Stufe
Nicht betreten mit dem Heldenfuße — —

Da erscheint ein dritter Bote, ein Mönch, abgesandt
von dem griechischen Patriarchen Theofanes. Der Patriarch
löst den Bann, der seit König Stefan Dušan Serbien
getroffen hat:

— —  —  —  —  —  —  —

„Denn nur Fluch war's, in des Heilands Bunde
Länger solche Heldenschaar zu mißen;
Segen ist es, Brüder sie zu nennen!
Mehr noch Lazar! Sieh', von dieser Stunde
Sei uns Jephrem; sei der greise Priester,
Sei erkannt als Theofanes Bruder
Sei gegrüßt als Serbenpatriarche!"

„Lazar aber spricht: „Zu viel des Glückes
Sendet uns der Herr in seiner Liebe,
Eh' des Segens Kleinstes wir verdienten,
Laßt uns Brüder in die Kirche treten,
Daß vergebens länger nicht zur Demuth
Uns der Glocken lauter Ruf ermahne,
Kraft uns werde, an den Bospors Wällen
Aufzupflanzen siegreich Duschan's Fahne."

Treten auch wir nun durch das Hauptportal in die
Kirche des frommen Serbencars. Durch eine kleine Vorhalle
gelangen wir in das Innere der eigentlichen Kirche. Sie ist
nichts weniger als räumlich. Wahrscheinlich diente die
Kirche nur als Schloßcapelle für die im Schlosse wohnende königliche Familie. Von den Wänden blicken uns
die Gestalten der serbischen Könige und Heiligen an — es
sind nicht mehr die ursprünglichen Bilder, welche der
Serbencar schaute, als er in die Kirche trat, um Gott für
seine über die Türken erfochtenen Siege zu danken — jene

Fresken, haben die asiatischen Barbaren, als sie in Kruševac
hausten, sämmtlich zerstört —; sondern neue Fresken, mit denen
zur Zeit der Regierung des Fürsten Alexander die Wände
der alten Königskirche bemalt sind. Vom künstlerischen
Standpunkte aus bin ich eben so wenig im Stande ihrer
auch nur mit einem einzigen Worte des Lobes zu gedenken,
wie der Ikonostasis, welche zu gleicher Zeit mit den Bil=
dern restaurirt wurde. Wie hat sich diese Restauration,
welche zur Zeit des Fürsten Alexander die meisten alten
Baudenkmäler in Serbien heimgesucht zu haben scheint,
auch an der Königskirche in Kruševac versündigt! Mörtel
und Tünche bedecken heute von Oben bis Unten die Mauern
der Kirche, welche einst in geschmackvollster Weise durch
ihre farbigen Steine selbst dekorirt waren. Drei Reihen
rother Backsteine wechselten immer mit einer Lage gelber
Backsteine ab. Heute ist dieser künstliche Rohbau unter einer
weißen Decke verschwunden. Alle Ornamente, welche der
Baumeister an Thüren und Fenstern, an Rundbögen und
Kapitälen, an Pilastern und über den Eingangspforten in
kunstsinnigster Weise angebracht hatte, sind zugleich unter
diese Tünche zu Grunde gegangen, oder doch so verschwunden,
daß sie dem Auge verloren gegangen sind. Aber noch nicht
genug! Eine zweite Restauration hat die interessante Kirche
im Jahre 1858 heimgesucht und die Kuppel sowie das
Glockengeschoß des Thurmes durch allerlei Anbau entstellt
und verdorben. Die Krönungskirche in Žiča hat, wie ich früher
erzählte, dasselbe Schicksal gehabt. Die asiatischen Bar=
baren haben so wenig alte Baudenkmale in Serbien übrig
gelassen. Weßhalb diese wenigen Baudenkmale einer großen
und interessanten Vergangenheit in einer solchen Art und
Weise entstellen und verderben? Wenn man in Serbien

keine Architekten hat, welche im Stande sind, die alten
Baudenkmale wieder herzustellen, so lasse man doch fähige
Architekten aus dem Auslande kommen!

Außer dem Dome und außer den Schloßtrümmern
und den Resten der Moschee auf der einstigen serbischen
Akropolis hat die zerstörte Königsstadt nur noch eine Stelle
von historischem Interesse aufzuweisen, der Ort, wo die
Gebeine „des Recken" Vuk Branković, des anderen Schwie=
gersohnes des Car. Lazar, der durch seinen Verrath das
Unglück auf dem Amselfelde herbeiführte, bestattet wurden.
Die Türken haben bis zu ihrer Vertreibung aus Serbien
an jedem Freitage an Vuk's Grabe Lichter angezündet, um
des Verräthers Verdienste um Ausbreitung ihrer Herr=
schaft zu feiern. Als der schwarze Georg mit seinen Schaaren
in Kruševac einzog, ließ er die Gebeine des Vaterlands=
verräthers ausgraben und in alle Winde zerstreuen.

# Neunzehntes Kapitel.

## Alexinac.

**V**or dreißig Jahren hatte der Ort kaum einige vierzig
Häuser, erzählte mir ein alter Gerichtspräsident,
welcher mich in den Straßen von Alexinac umherführte.
Der alte Herr hatte bereits die Mitte der Siebenzig über=
schritten, war schon einmal als Justizbeamter in Alexinac
gewesen und kürzlich wieder von Čačak hieher versetzt
worden. Froh war er über die Versetzung nicht. Er hatte
seine Familie und sein Hauswesen in Čačak und wohnte
in Alexinac mit mir im Wirthshause, übrigens eins der
besten Wirthshäuser, welche ich auf meiner Reise durch das
Innere Serbiens entdeckt habe. Die auf eine offene
Veranda hinausgehenden Wohnzimmer boten allen Comfort
eines mitteleuropäischen Gasthofes. Auch zeichnete sich die
Küche nicht allein durch gute Zubereitung, sondern auch
durch mancherlei Abwechselung der Speisen aus. Große
Reinlichkeit und gute Bedienung machten den Aufenthalt
noch angenehmer, und die Preise waren fabelhaft billig,
wenn man sich, wie der Gerichtspräsident, auf längere
Zeit in Pension gab. Wenn ich nicht sehr irre, zahlte er
für Wohnung und vollständige Verpflegung täglich einen

halben Gulden. Ein so gutes Wirthshaus hatte ich im südlichen Theile Serbiens, so nahe an der türkischen Gränze, nicht mehr zu finden erwartet. Desto dankbarer war ich gegen seine Bequemlichkeiten und seine Genüsse — und dem braven Pomodnik Petrović, dem Stellvertreter des Präfecten, der, aus Kruševac von meiner Ankunft benachrichtigt, vorsorglich das schönste und beste Zimmer des Hauses für mich mit Beschlag belegt hatte und sich alle mögliche Mühe gab, mir den Aufenthalt in Alexinac so angenehm wie möglich zu machen. Sein Chef, der Präfect Devtć, einer der gebildetsten Präfecten im Süden, befand sich im Bade in Banja, dem serbischen Pfäffers oder auch Gastein, wie man will. Er und der Gerichtspräsident führten mich und meinen Reisemarschall in Alexinac spazieren, und ein paar Panduren schritten gravitätisch hinter uns drein. Besser unterrichtete Begleiter konnte ich in Alexinac nicht haben. Wenn es Abends dunkel wurde, führte mich der Pomodnik zu noch größerer Sicherheit am Arm, und ein Pandur beleuchtete, da Alexinac sich weder durch gutes Pflaster noch durch glänzende Straßenbeleuchtung auszeichnet, mit einer Riesenlaterne jede Pfütze, in deren Nähe uns unser Weg brachte. Ich war also in jeder Beziehung in Alexinac gut aufgehoben.

Gewiß hat sich Alexinac sehr gehoben, seitdem die asiatischen Barbaren aus dem Lande getrieben sind, oder ich will lieber sagen, das Alexinac von 1840 ist in dem heutigen Alexinac gar nicht wieder zu erkennen, wie der alte Gerichtspräsident mir bei unsern Spaziergängen erzählte. Der Kreis von Alexinac hat in der Periode von 1836 bis 1866 um mehr als das Doppelte und in der Periode von 1866 bis 1872 um mehr als das Dreifache an Einwohnern

18*

zugenommen. Die Stadt hat heute eine Einwohnerzahl von 4000; die Häuserziffer wird nahe an 1000 betragen. Das jung aufblühende Alexinac bildet, begünstigt durch seine Lage an der türkischen Gränze, einen wichtigen Knoten= und Durchgangspunkt an der großen, aus Mitteleuropa nach Constantinopel führenden Post= und Waarenstraße. Der Personenwechsel ist gegenwärtig in keiner serbischen Quarantäne so stark, wie in Alexinac. Fünfzehntausend Bulgaren und Zinzaren wandern durch Alexinac nach Serbien, um als Feldarbeiter, Gemüsebauern und als Arbeiter bei Neubauten eine Beschäftigung zu suchen und kehren im Winter auf demselben Wege mit ihren Ersparnissen aus Serbien in ihre Heimat wieder zurück. Durch Alexinac ziehen ferner alle Lastthierkarawanen, beladen mit den Roh= producten Thraciens und Bulgariens nach Oesterreich, um in den dortigen Fabriken verarbeitet zu werden und später als theure Industrieproducte die türkischen Bazare von Niš bis Stambul zu füllen.

Der größte Theil der Fabrikate für die berühmten Messen von Islione am Balkan, von Monassir in Thra= cien und Uzundschi in Bulgarien, wo an hunderttausend Menschen aus allen Theilen der europäischen und asiati= schen Türkei bis Persien und Kaufleute aus Italien, Deutsch= land und der Schweiz zusammenströmen, nimmt seinen Weg gleichfalls über Alexinac. Der heutige Wohlstand von Ale= xinac fällt aber größtentheils mit der Errichtung der ser= bischen Quarantäne im Jahre 1836 zusammen. Im Südosten Europas waren und sind es besonders die orien= talische Pest, die Cholera und die Viehseuche, welche die Einrichtung und Erhaltung geordneter Quarantänanstalten verlangten.

Zwei lange, breite Straßen, welche auf eine Boden=
erhöhung zulaufen, auf der sich die Kirche und das Prä=
fecturgebäude erheben, rahmen das Städtebild von Ali=
xinac ein. Zwischen vielen nur aus Erdgeschossen beste=
henden Gebäuden, welche sich nach der Straße zu in der
Gestalt von Werkstätten und Läden öffnen, haben die letzten
Jahre manche hübsche, moderne, europäische Häuser von
mehreren Stockwerken aufgebaut. Auch in Alexinac schreitet,
wie in den meisten südserbischen Städten, der Occident
überall in den Orient hinein und beginnt den Orient
zu verdrängen; an manchen Orten hat der erstere in den
Gebäuden bereits gänzlich mit dem Orient aufgeräumt,
wie beispielsweise in Čačak und Užica. Gärten, Baum=
gruppen und Rasen geben hie und da den rothbraunen
Häusern ein freundliches Relief. Eine lange, hölzerne
Brücke führt über die Moraviza durch eine lange Allee zu
Gebüschen und Rasenplätzen in die Nähe der Quarantäne=
anstalten, hinter denen leichte grüne Höhenzüge sanft an=
steigen, von deren Kuppe man ein recht malerisches Rund=
gemälde der Stadt und ihrer grünen und fruchtbaren Um=
gebungen übersieht — der gewöhnliche Abendspaziergang
der Bevölkerung von Alexinac. In dies freundliche Land=
schaftsbild ragt aus der türkischen Schreckenszeit noch ein
alter, stattlicher Baum hinein, an dessen Aesten die Bar=
baren manchen Serben aufgeknüpft haben. Nirgends wird
man in Serbien diese schrecklichen Erinnerungen los. Ich
brachte mit dem Pomodnik, dem Gerichtspräsidenten, einem
Lehrer der Realschule und einer hübschen Lehrerin der
Mädchenschule einige Abendstunden auf diesem grünen und
heiteren Spaziergange zu und saß, mich an dem Anblick
des hübschen Landschaftsbildes freuend, ganz arglos unter

dem schrecklichen Baum, bis Einer meiner Begleiter mir erzählte, zu welchem Zwecke seine Aeste während des türkischen Regiments gedient haben.

Einige Stunden von Alexinac befinden sich zwei berühmte serbische Heilquellen und Bäder. Die eine, die Riberska Banja, an der bulgarischen Morava, ist eine heiße Quelle von 46° Celsius Temperatur; die andere ist das Bad Banja am Hrtanji, das Gastein oder Pfäffers Serbiens, dessen Heilquellen schon den Römern bekannt waren. Nach der Analyse des sächsischen Berghauptmanns von Herder, der Serbien im Jahre 1835 behufs mineralischer Untersuchungen bereiste, ist die Quelle, welche eine Temperaturwärme von 46° Celsius hat, den berühmten Thermen von Pfäffers in der Schweiz und Gastein im Salzburgischen ganz gleichzustellen. Wie diese, sind die Banjaer Quellen reine, heiße Wasser mit einer nur geringen Beimischung von Salzsäure und kaum einer Spur von Eisen. Unter den serbischen Bädern wird Banja am Hrtanji die größte Zukunft haben.

Der Weg nach Banja am Hrtanji führt durch das prächtige Engthal der Moravitza. Zu einem Ausflug dorthin bestimmte ich den folgenden Tag. Der Pomodnik versprach mir, um sechs Uhr Morgens einen berittenen Panduren zu schicken, der meinem Wagen vorausreiten sollte, um mir den Weg zu zeigen.

# Zwanzigstes Kapitel.

## Ein Ausflug nach Banja am Uetanji.

Der Reisewagen stand ausnahmsweise pünktlich um sechs Uhr auf dem Hofe des Wirtshauses angespannt. Die Drohung, ihn mit den Pferden nach Belgrad zurückzuschicken und mit Postpferden die Reise fortzusetzen, welche bei meinem widerwilligen und trägen Kutscher alle paar Tage von Neuem wiederholt werden mußte, um ihn willig und gehorsam zu machen, hatte wieder einmal gefruchtet. Der vorreitende Pandur war wie immer pünktlich am Platze. Auch der Stellvertreter des Präfecten, der äußerst zuvorkommende Pomodnik Petrović, war gekommen, um von uns Abschied zu nehmen und sich zu überzeugen, daß seine Befehle befolgt seien. Um halb sieben Uhr ging's aus dem großen Ein= fahrtsthore des Wirtshauses hinaus und im Trabe durch die lange Straße von Alexinac bei der hochgelegenen Kirche vorüber, aufwärts im Slubotinazthal auf der Straße nach Knjaćevać, der Hauptstraßenaber, welche durch daß südliche Serbien von Čačak über Kruševać und über Knjaćevać nach Saitschar und Negotin zur Donau führt und den westlichen Theil des Landes mit dem östlichen verbindet. Trefflich angebaute Aecker und Felber bildeten

zu beiden Seiten der Straße die ebenso reiche, wie mannich=
faltige landschaftliche Decoration. Nachdem wir eine Stunde
in raschem Trabe gefahren waren, bog der Pandur rechts ab
und schlug die Straße ein, welche aus einem Querthal
kommend, in daß Slubotinazthal mündete. Das Querthal
war das wildromantische Thal der Moraviza, welches
zwischen dem Kutschkevogebirge und Ozrengebirge vom
Gebirgsstock des Rtanji hinabsteigt und auf dessen zweiter
Thalstufe die Quellen sprudeln, welche ich besuchen wollte.

Nach einer halben Stunde trabten wir durch die erste
Thalenge, durch die erste Klissura, wie man in Serbien
sagt. Die Decoration war prächtig. Hohe Glimmerschiefer=
wände, abwechselnd bewaldet oder in steilen Abstürzen stiegen
rechts und links in die Höhe und ließen an manchen Orten
kaum Platz für die sich aufwärts windende Straße und
für die brausende Moraviza, welche hart neben der Straße
nach dem Längenthal strömte, um sich mit der Slubotina
zu vereinigen. Die Thalsohle verschwand hie und da voll=
ständig. Dann erschienen Schloßtrümmer rechts auf der
Höhe, gebrochene Mauern und Thürme, deren Gestalt kaum
noch zu erkennen war, welche vielleicht nun Jahrtausende
alt sind und von irgend einem König oder einer Königin
des altserbischen Reiches stammen. Die Tradition ist darin
abweichend. Wozu also Geschichten erzählen, deren Thatsachen
durchaus auf Vermuthungen beruhen? Dann wurde die
Klissura weiter. Die Straße begann, in einigen steilen
Windungen die Thalstufe hinanzuklimmen; die Moraviza
brauste ruhiger und stiller; neben den Stromwellen begann
die grüne Thalsohle sich Platz zu machen; die Thalwände
schoben sich weiter auseinander und an die Stelle der
steilabstürzenden, schwarzen Glimmerschieferwände traten

grüne Waldberge und junger, kürzlich angepflanzter Wald.
Nach einer Stunde befanden wir uns auf der ersten Thal=
stufe. Ein grünes, länglich rundes Plateau, von Wald=
bergen umkränzt, mit den Häusergruppen eines Dörfchens
bestreut. Bovan war der Name des Ortes, wie der Pandur
sagte. Wir machten vor dem Wirthshause eine halbe Stunde
Halt, um die Pferde zu füttern und zu tränken und selbst
ein kleines Frühstück zu nehmen, welches indeß bei der
mangelhaften Verproviantirung der Wirthschaft über Brod,
serbischen Käse, Knoblauch und Raki nicht hinausging.
Butter war, wie gewöhnlich, nicht zu haben.

Die zweite Enge des Moravizathales, durch welche
man in einer Stunde auf die zweite Thalstufe gelangt, ist
weiter, grüner und freundlicher, als die erste, und steigt
auch in sanfterer Hebung an. Mit Wald bedeckte Höhen
bilden die Thalwände; das Gestein des Gebirges tritt
nirgends zu Tage. Das Rauschen des Bergstromes hat sich
in ein sanftes Plätschern verwandelt. Die breite Thalsohle
ist fleißig angebaut oder mit kräftigem Wiesengrün bedeckt.
Auf der Hälfte des Weges kommt man an einem Brunnen
vorüber, den, wie die Inschrift einer am Brunnen ein=
gemauerten Steintafel belehrt, Fürst Miloš Obrenović
hat erbauen lassen. Er besuchte Banja in seinen letzten
Lebensjahren, um an den berühmten Thermen Heilung und
Wiederbelebung seiner gesunkenen Lebenskräfte zu suchen.
Der alte Miloš wollte durchaus noch zehn Jahre leben,
kümmerte sich aber, seinem gewaltthätigen und eigensinnigen
Naturell gemäß, niemals um die Vorschriften seines sehr
tüchtigen Leibarztes, Dr. Belloni, sondern folgte wie
überall in Betreff seiner Gesundheit seinen eigenen Launen.
Nebenbei consultirte er die berühmtesten Wiener Aerzte,

zahlte haufenweis die Ducaten für die Consultationen und
erklärte sie für unwissende Barbiere, wenn sie ihm strenge
Diät anriethen, um sich sofort den Magen von Neuem zu
überladen. Selbstverständlich waren also auch die Banjaer
Quellen nicht. im Stande, seine Lebenskräfte noch auf weitere
zehn Jahre hinaus zu stärken. Wenn ich nicht irre, starb
er noch in demselben Jahre, wo er das serbische Gastein
besucht hatte.

Das serbische Gastein liegt an einer Enge der zweiten
Thalstufe der Moravizathals. Sie ist langgestreckter und
geräumiger als die untere. Ueber die langgezogenen
Waldberge, welche das Plateau umkränzen, schaut das spitze
Haupt des Rtanji, welches sich viertausend Fuß über die
Meereshöhe erhebt, auch waldumkränzt hinein, einer der
„Balkans" des südöstlichen Europa. Banja besteht aus
einer breiten, langen Straße, welche sich in ihrer Mitte zu
einem breiten Raume erweitert, wo sich die Bäder befinden.
Die Häuser, welche die breite lange Straße einrahmen,
sind von Stein und bestehen meistens aus Erdgeschossen;
wenige nur haben einen oberen Stock aufzuweisen. Durch
Stattlichkeit oder durch architektonische Schönheit zeichnet
sich kein einziges Gebäude aus; das stattlichste Gebäude ist
noch das stockhohe Haus, welches zur Aufnahme von fremden
Gästen bestimmt ist, aber doch einen ziemlich kasernenhaften
Anstrich hat. Graf Schmettau, der im Feldzuge des
Jahres 1737 in Banja war, schildert in seinen „Mémoires
secrets" den Ort mit folgenden Worten: „Le bourg de
Banja est un lieu charmant, il y a un château de maçonnerie, qui parait fort ancien, il y a des bains, qu'on
dit merveilleux. Il sont faits de marbre et entretenus
avec beaucoup de propreté. Les Turcs y viennent de

tout côte et même de l'Asie." Wie Graf Schmettau Banja „un lieu charmant" nennen kann, begreife ich übrigens nicht. Wahrscheinlich hatte er gerade colossale Strapazen im Feldzuge ausgehalten und bei schlechtem Wetter einige Nächte im Freien bivouakirt, und in diesem Falle würde ich wahrscheinlich Banja auch „charmant" gefunden haben. Mit dem „bains merveilleux" bin ich einverstanden. Mit dem „château de maçonnerie" meint er die Ruinen eines mittelalterlichen serbischen Feudalschlosses, welches sich in drei Hauptpartien auf einer Felskuppe im nahen Engpaß der in die Moraviza mündenden Banja erhebt. Die Aussicht von dem Felsen, auf dem der höchste Thurm aufragt, ist prächtig. Wir fuhren durch die lange Straße in deren oberer Hälfte sich ein neues und, wie unser vorreitender Pandur versicherte, recht gutes Wirthshaus befand. Der allen früheren Besuchern von Banja gewiß wegen der Sonderbarkeiten seines Besitzers bekannte Gasthof von Simon, an dem wir vorüberfuhren, ist eingegangen; aber die Sonderbarkeiten des Mannes haben den Mann überlebt und bilden noch heute einen Theil der Chronique scandaleuse des serbischen Gastein. Das äußere Gewand des neuen Gasthauses entsprach seinem Rufe. Wir bestellten uns ein Mittagessen, in dessen Speisekarte mir der Wirth sogar auf einige Abwechselungen in der Reihe landesüblicher Gerichte Hoffnung machte, und verließen in dieser Aussicht, nachdem wir den Slabko genommen und uns gewaschen hatten, das „Hotel" um im serbischen Gastein ein paar Stunden zu „flaniren." Es war der dritte serbische Badeort, wo ich „flanirte."

Selbstverständlich galt unser erster Besuch den Bädern. Sie bestanden aus zwei Gebäuden. Das aus einem ge=

meinschaftlichen Babe in einem Baffin bestehende Frauen=
bab gehörte der neuesten Zeit an. Das Männerbad stammte
wahrscheinlich schon aus der Römerzeit; die Türken hatten
daran weitergebaut; die kuppelartige Bedachung war ser=
bisch. Das ebenfalls zu gemeinschaftlichem Baben bestimmte
Baffin hatte eine kreisförmige Gestalt und war mit rund
herumlaufenden Steinsitzen versehen. Der Durchmesser des
Baffins betrug 12 Ellen, wie uns der Babebiener sagte,
der die Thür des Gebäudes aufschloß; die Tiefe betrug
2½ Elle. Kanitz, der das Mauerwerk einer eingehenden
Untersuchung unterzogen hat, ist der Ansicht, daß die rechte
Seitenmauer des Gebäudes, in einer ungefähren Ausdeh=
nung von 30 Fuß, römischen Ursprungs sei, ebenso wie
ein wohlerhaltener Canal, der dazu bestimmt war, die Luft=
verbindung des Babes mit Außen zu vermitteln; das ganze
übrige Mauerwerk, und auch jenes Mauerwerk, woraus die
kleinen, an das Baffin stoßenden Baberäume bestehen, sei
türkisch. Die Heilquelle entspringt ein Dutzend Schritte
von dem' Männerbabe und hat eine Temperatur von 46°
Celsius. Eine Viertelstunde südöstlich von dieser Haupt=
quelle entspringt eine zweite Quelle, welche eine Temperatur
von 37° Celsius hat. Der Volksglaube schreibt dieser zwei=
ten Quelle eine ganz besondere Heilkraft zu. Sie wird
deshalb sehr stark besucht. Ich sah eine Menge kleiner
Gelbstücke im Wasser liegen. Das Volk glaubt nämlich,
daß Jeder unfehlbar gesundet, der ein Gelbstück ins Wasser
wirft während derjenige krank wird, der ein Gelbstück her=
ausnimmt.

Von den Bädern gingen wir nach dem Logirhaus,
welches, wie ich schon erwähnte, zur Wohnung für Fremde
bestimmt ist. Zimmer und Räume waren allerdings genug

vorhanden, die Einrichtung derselben aber ziemlich primitiven Charakters. Wir machten dem Präfecten von Alexinac, Herrn De vić, der sich um die Quelle zu gebrauchen, in Banja aufhielt und ein Zimmer des Curhauses bewohnte, einen Besuch. Ich fand in ihm einen recht gebildeten und in seinen geselligen Formen angenehmen Mann, wie mir Oberst Zach in Belgrad gesagt hatte. Er sprach ganz fertig deutsch, war früher Offizier in der serbischen Armee gewesen und hatte sich oft und lange im Ausland aufgehalten. Viel Comfort war in dem geräumigen Zimmer, welches er mit seiner Frau bewohnte, auch nicht zu entdecken.

Wer in Banja baden will, muß sich, wie in den beiden serbischen Bädern, die ich besucht habe, wie in Vrnzi bei Kruševac und wie in Bara bei Lošniza, mit dem Baden begnügen und auf alle Zerstreuungen, welche unsere westeuropäischen und mitteleuropäischen Bäder bieten, verzichten. Theater, Concertsaal, Curhaus, Bademusik, Kaffeehäuser, Lesezimmer, schattige Promenaden gibt es in Banja bis jetzt nicht. Das Bad kann seines mineralischen Gehaltes wegen eine große Zukunft haben und wie Mehadia ein Modebadeort im südöstlichen Europa werden; aber die Regierung oder die Gemeinde muß den Ort mit den Annehmlichkeiten und Bequemlichkeiten versehen, worauf Jeder schließlich Anspruch macht, der sich Wochen oder Monate hindurch in einem Bade aufhalten muß. Ich wüßte wirklich nicht, womit ich in Banja außer den Stunden, welche das Bad erfordert, die Zeit hinbringen sollte. Wenn man zur Wiederherstellung seiner Gesundheit sich in einem Badeorte aufhält, so ist man zu geistiger Arbeitsthätigkeit gerade nicht aufgelegt. Ich fand ein halbes Dutzend Curgäste in der Nähe des Männerbades auf einer Bank sitzen, unter ihnen den Bruder des gegenwärtigen serbischen Ministerpräsidenten, den Badearzt, einige Kaufleute und einen Beamten des Ministeriums des Innern, der den Uebrigen aus „Ueber Land und Meer" einen Artikel in serbischer Sprache vorlas. Ich trat hinzu und sah, es war mein „Ritt auf den schwarzen Berg." Am Saisonfieber leiden die Wirthe und Wohnungs= vermiether in Banja noch nicht. Der Aufenthalt muß in Banja sehr billig kommen. Für eins der besten Zimmer im Logirhause zahlt man täglich nur 40 Kreuzer Miethe, und der Besitzer des Gasthofes, wo ich zu Mittag speiste, nahm für ein sehr reichliches und gutes Mittagessen mit Wein und Kaffee nur 60 Kreuzer. Sobald Banja im süd= östlichen Europa in die Mode kommt und das Saisonfieber einzieht, werden diese Preise natürlich auch ganz andere Dimensionen annehmen. L'appetit vient en mangeant!

Die Umgegend von Banja ist reich an landschaftlichen Schönheiten und bietet viel Gelegenheit zu interessanten Aus= flügen und Spaziergängen. In einer kleinen Stunde erreicht man von der Hochebene, auf der das Bad gelegen ist, nach allen Richtungen hin das Waldgebirge, aus welchem pitto= reske Querthäler auf das Plateau hinabsteigen. Von dem Ausfluge in das Banjicathal zu der Ruine des mittelalter= lichen serbischen Feudalschlosses habe ich bereits gesprochen. Auf die Einladung des Lehrers von Banja, der mit mir und meinem Begleiter zu Mittag speiste, machte ich nach Tisch eine Spazierfahrt zu einem im Hintergrunde eines andern Querthales hinabstürzenden stattlichen Wasserfall. Am südöstlichen Abhange des Hrtanji befindet sich in einem dichten Laubwalde eine in Serbien berühmte Eishöhle, welche die Eigenthümlichkeit hat, daß sich auf derselben im Frühjahr Eis anlegt, welches im Sommer wächst und im Herbst zu schmelzen beginnt. Der Schacht der Höhle geht in Kalkstein nieder, ist mit Schlingpflanzen leicht überkleidet, etwa 10 Fuß breit und 70 Fuß tief. Der interessanteste und lohnendste Ausflug von Banja ist jedenfalls die Ersteigung des H r t a n j i, auf dessen Kuppe man ohne Schwierigkeiten, durch dichten Laubwald reitend, in ein paar Stunden gelangt. Der Hr= tanji ist ein aus Grauwacke und Kalkstein bestehender Längen= berg von 4000 Fuß Höhe, der so glücklich gelegen ist, daß man die ganze Osthälfte Serbiens bis nach Belgrad und in südwestlicher Richtung bis zu den Gebirgen Altserbiens und in die bulgarische Ebene überschaut. Den Mittelgrund des großartigen Landschaftsbildes füllen die reichen Eichen= forsten der düstern Sumadia.

# Einundzwanzigstes Kapitel.

## Von Alexinac nach Cupria.

Die von Alexinac nach Pozarevać führende Straße, welche in fast gerader Richtung den Straßenknotenpunkt Alexinac mit der Donau verbindet, ist eine der besten den Zukunftsstaat der Balkanhalbinsel durchschneidenden Straßenzüge. Sie zweigt sich, sobald man Alexinac verlassen hat, in der Nähe des Brückenüberganges von Balwan von der über Knjacevać und Saitschar nach Negotin führenden Straße ab und berührt zuerst Deligrad, an dessen Häusergruppen ich schon vor einigen Tagen vorübergekommen war, als ich von Krusevać nach Alexinac fuhr. Deligrad! Wie viel Blut ist an den rasenbedeckten Wällen seiner berühmten Schanzen, dieses Bollwerkes zum Schutz der Moravadefiléen in den serbischen Unabhängigkeitskämpfen geflossen! Edles Blut der serbischen Freiheitskämpfer, welche hier den heiligen Boden ihres Landes gegen bie aus Altserbien anstürmenden Barbarenhorden vertheidigten und verfluchtes Blut der asiatischen Nomaden, welche Jahrhunderte hindurch Serbien in eine Wüste verwandelt hatten und während der Jahre 1806—1815 unaufhörlich neue Raub- und Brandzüge veranstalteten, um sich ihrer Beute wieder zu bemächtigen.

Bei Anlegung der neuen Straße, welche während der zweiten
Regierungsperiode des alten Miloš durch die Schanzen von
Kruševac nach Banja geführt worden ist, sind bei der
Zerstörung der rasenbedeckten Wälle eine Menge türkischer
Kanonenkugeln und türkische Waffen aus jener „schweren
Zeit" gefunden worden. Wahrscheinlich sind die Schanzen
von Deligrad erst im serbischen Unabhängigkeitskampfe
angelegt worden, da in den österreichisch-türkischen Kriegen
des vorigen Jahrhundertes von ihnen noch nicht die Rede ist.
Zuerst saß hier der tapfere Peter Dobrinjać im Jahre
1806. Er hielt die Schanzen sechs Wochen lang gegen eine
große türkische Uebermacht. Im Jahre 1809 boten ihre
Erdwälle dem Wojwoden Miloje Schutz, als die Serben bei
Niš geschlagen sich in das Moravadefilée zurückzuziehen
gezwungen waren. Ein Jahr später vertheidigte sie Bužica
in der tapfersten Weise gegen die anstürmenden Heeresmassen
Churschid Pascha's.

An einem neuen schönen Schulgebäude und an einem
hübschen, gutgehaltenen Wirthshause vorüber führt die
Straße hinter Deligrad durch einen jungen Eichenwald
und beginnt dann über wellenförmiges Hügelland hinan-
zusteigen, welches von Waldbergen umkränzt wird. Die
landschaftliche Decoration ist ebenso reich wie schön. Junger
Eichenwald wechselt mit prächtigem Ackerland und saftgrünen Wiesen ab; alle das Landschaftsbild umrahmen-
den Höhen sind mit Eichenwäldern bekleidet. Drei Stunden, nachdem wir Aleyinać verlassen haben, sind wir in
Razanj angekommen. Razanj ist ein unbedeutendes,
kleines Städtchen von noch ziemlich orientalischem Gepräge
in seinem Aeußern. Hölzerne, nur aus Erdgeschoßen bestehende Gebäude bilden die Straßendecoration. Offene Werk-

ftätten und Kramläden, deren Boden sich nur einige Fuß
über das Niveau der Straßen erhebt, reihen sich aneinander. Man tritt gleich von der Straße in die Werkstatt
oder in den Laden, ohne durch eine Thür gehen zu müssen,
wie in die türkischen Bazars. Abends werden diese offenen
Werkstätten durch hölzerne Läden geschlossen. Während der
türkischen Zeit müssen alle serbischen Städte ähnlich aus-
gesehen haben. Razanj hat sich seitdem wohl wenig verändert. Doch traten auch hie und da moderne, europäische Häuser von sehr freundlichem Aeußeren zwischen den
hölzernen Baracken auf. Die Wände waren weiß gestrichen; die Thüren und die Thürpfosten in blauer Farbe gehalten; grüne Jalousien schlossen sich an die blank gepubten,
mit weißen Gardinen und Frühlingsblumen geschmückten
Fenster. Gebäude von architektonischer Bedeutung be-
merkte ich beim Durchfahren der Straßen in Razanj nicht.
Gleich hinter Razanj stieg die Straße wieder in langsamer
Hebung aufwärts, und führte durch Eichenwald und über
Wiesengrund in einer Stunde nach Jovanovać, einer aus
einigen Gasthäusern bestehenden Häusergruppe. Wir machten
Halt, um die Pferde ausruhen zu lassen und um zu Mittag zu essen. Wir speisten, obschon wir uns doch nur in
einem einsamen, an der Straße liegenden Wirthshause befanden, nicht schlechter und nicht besser, als wir in mancher Kreisstadt gespeist hatten, in einem sehr reinlichen und
gut gehaltenen Zimmer und hielten, da der Tag ausnahmsweise warm war, auf dem breiten, mit bunten Teppichen
belegten Minderluk ein kurzes Mittagschläfchen. Diese breiten,
gutgepolsterten, mit Teppichen bedeckten Divans, welche sich
gewöhnlich an der ganzen Längenwand des Zimmers entlang ziehen, sind eine prächtige Erfindung. Die Wirths-

hausrechnung war wie immer außerordentlich mäßig; die Bedienung freundlich und zuvorkommend; das Mittagessen mehr als reichlich.

Zwei Stunden hinter Jovanovać trat die Straße in das breite Moravathal ein, eines der reichsten, breitesten und fruchtbarsten Thäler Serbiens. Kukuruzäcker, Gersten= felder, Weizenäcker, Baumgruppen, aus denen weiße Häu= ser mit rothen Dächern hervorblickten, bedeckten die weite Thalebene, deren Länge von Stalać bis zur Donau vier und dreißig Stunden beträgt. Die Morava, welche Ser= bien in zwei Hälften theilt, nimmt eine Menge kleinerer und größerer Flüsse auf und ist die Hauptwasseraber des Landes. Als solche war sie schon zur Zeit der Griechen und Römer von großer Bedeutung. Die Griechen, die ersten cultivirenden Völkerstämme an der Donau, nannten den Strom „Angrus.“ Nach ihnen kamen die Römer. Unter ihnen erhielt der Strom den Namen „Margus.“ Die zahlreichen römischen Niederlassungen bei Cupria und die monumentalen Steine mit den Personificationen des Flußes, welche im Moravathal gefunden worden sind, legen dafür Zeugniß ab, von welch’ hoher Bedeutung für die Römer die Morava gewesen ist. Sowohl zu ihrer Zeit wie zur Zeit des altserbischen Königreiches hat sie als Hauptwasserstraße für den Verkehr an der Donau nach dem Innern des Landes gedient. Nach dem Zeugnisse Dr. Ed= ward Brown's, eines englischen Arztes, welcher im Jahre 1669 im Auftrage der Londoner gelehrten Gesellschaft Ser= bien bereiste, wurde die Morava auch zu dieser Zeit zur Betreibung eines lebhaften Ein= und Ausfuhrhandels von und nach Ungarn und Oesterreich benützt. Die Einfuhr bestand größtentheils wie heute in Salz und „other curio-

19*

sities, *) die Ausfuhr in Getreide, Häuten, Talg und
Schweinen. Heute hat die Morava ihre frühere Bedeutung
für Serbien nicht mehr. Ich habe keine Lastschiffe auf der
Hauptwasserstraße des Landes gesehen. Kanitz sagt: „Wer
die mühsame, kostspielige und langsame Reise des Salz=
und Colonialwaarentransports an den Stapelplätzen der
Donau nach der Mitte und dem Westen Serbiens kennt;
dann die nicht minder großen Beschwernisse, mit welchen
die Getreide=, Häute=, Talg= und Schweineausfuhr in die
entgegengesetzte Richtung verknüpft ist, begreift nicht, daß
bisher gar keine ernsten Schritte gemacht wurden, die
natürliche, alte und wohlfeile Wasserstraße der Morava von
Schifffahrtshindernissen zu befreien und so dem Verkehre
zurückzugeben." **) Ich begreife dies sehr wohl. So wie
die asiatischen Nomaden, nachdem sie Serbien unterwarfen,
alle Straßenzüge zerstörten, so ließen sie auch die Haupt=
wasseraber des Landes, die Morava, allmälig so versanden
und so verschmutzen, daß der Fluß zur Schifffahrt untaug=
lich wurte und die Benützung desselben als Transport=
straße von selbst aufhören mußte. Sämmtliche Flüsse der
Balkanhalbinsel, wo die Türken heute das Regiment füh=
ren, sind ja allmälig in denselben Zustand gerathen. Dazu
kamen alle die Störungen im normalen Wasserstande, welche
die Hochwasser alljährlich im Frühjahr verursachten und
durch Vernichtung der Wälder noch vergrößert wurden.
Die Türken kümmerten sich weder um das Eine, noch um
das Andere. Im Frühjahr wuchs die Morava zu einem

---

*) „A brief account of some travels in Hungaria, Servia etc.
London 1673.

**) S. Serbien von F. Kanitz. Leipzig 1868.

reißenden, Alles verheerenden Strome heran; in den regen=
armen Monaten bildeten sich unzählige Untiefen. Die
Morava wieder zu dem zu machen, was sie einst war, zur
Hauptwasserstraße Serbiens, ist also keine leichte Aufgabe.
Dazu gehören große Capitalien und viel Arbeit. Es müssen
die Störungen beseitigt werden, welche die Hochwasser alle
Frühjahr verursachen; das Flußbett muß vom Sande und
von Baumstämmen gereinigt werden; man muß die Un=
tiefen beseitigen und an vielen Punkten Durchstiche vor=
nehmen, um allzu große Krümmungen des Rinnsals zu
beseitigen; endlich muß das Flußbett von allen jenen Mühlen=
vorrichtungen und Fischereieinrichtungen gesäubert werden,
welche heute die Schifffahrt auf der Morava geradezu un=
möglich machen. Zur Ausführung aller dieser Arbeiten
sind die nöthigen Schritte Seitens der serbischen Regie=
rung geschehen. An die Donaudampfschifffahrtsgesellschaft
ist die Einladung ergangen, die Morava mit Dampfern zu
befahren und Waarendepots an derselben zu errichten. Rom
ist nicht in einem Tage gebaut. Eine dreihundertjährige
von den Türken grundsätzlich und systematisch in Scene
gesetzte Versumpfung und Zerstörung ist nicht in einigen
Jahrzehnten zu beseitigen. In Serbien ist aber Alles
wieder zu erschaffen und Alles neu aufzubauen.

Kurz vor Parazin — wir sahen die Häuser des
Städtchens schon aus den Baum= und Gebüschgruppen vor
uns auftauchen — hielt ein Pandur mitten auf der Straße
auf seinem kleinen Pferde. Er war uns von dem Prä=
fecten von Cupria auf eine telegraphische Mittheilung des
Pomobnik in Alexinac entgegengeschickt worden, um uns
nach Cupria und von dort nach dem Kloster Ravanica zu
geleiten, welches einige Stunden von der Hauptstraße ent=

fernt, in einem versteckten Waldthale gelegen ist, wo wir beabsichtigten, die Nacht zuzubringen. Braver Pomobnik Petrović! Seine Sorge für uns beschränkte sich nicht allein auf den Kreis seiner Präfectur, sondern behnte sich weit über den Gränzen besselben auch noch auf die folgenden Reisetage aus. Nicht allein in Ćupria, sondern auch in dem Kloster hatte er unsere Ankunft zum Abend telegraphisch gemeldet, um uns ein gutes Abendessen und ein gutes Nachtquartier vorbereiten zu lassen. Der Panbur ritt an unseren Reisewagen heran, um uns seine Bestimmung mitzutheilen und sobann dem Wagen vorzureiten. Im Schritt fuhren wir durch Parazin, um die Stadt in Augenschein zu nehmen, ohne dort anzuhalten.

Parazin gehört zu jenen serbischen Städten, welche sich seit den letzten Jahren sehr gehoben haben. Wie in Razanj die aus Holz und Lehm aufgeführten Häuser die Regel und die modernen europäischen Gebäude die Ausnahme bilbeten, so war es in Parazin umgekehrt. Die orientalischen Baracken waren fast ganz vor den europäischen Häusern in den Hintergrund getreten. Ich sah sehr viele stattliche Häuser von mehreren Stockwerken. Vor allen anderen Häusern zeichnete sich ein großes, äußerst stattliches Schulgebäude mit einer langen Reihe von blanken, hohen Fenstern aus. In dem neu aufgeführten, schönen, stattlichen Hause zählte ich zwölf Fenster in der Fronte des Gebäudes. Eine lange, hölzerne Brücke führte über den Fluß, der die Stadt in der Mitte durchschnitt. Baumgruppen, kleine Gärten und Rasenplätze gaben dem Innern des Ortes ein äußerst freundliches Aussehen. Als das freundliche Städtchen hinter uns lag, setzten sich die Pferde wieder in gestreckten Trab. Es war bereits vier Uhr

Nachmittags, und wir mußten das gastliche Kloster, wo wir die Nacht zubringen wollten, und welches noch mehrere Stunden von Ćupria entfernt war, wie uns der Pandur mittheilte, noch vor Anbruch der Abenddämmerung errei=chen. Nach einer halben Stunde fuhren wir in Ćupria ein. Pferde, Kutscher und Pandur quartirten sich auf eine halbe Stunde im Wirthshause ein, um sich für die Fort=setzung der Reise zu stärken. Ich trat mit meinem Begleiter einen raschen Spaziergang durch die Stadt an, da wir von Ravanica nach dem Kloster Manassia auf einem Waldwege zu gelangen hofften, also nicht über Ćupria zurückzukehren gedachten.

Südlich von Ćupria ist Serbien bis zur türkischen Grenze offenes Terrain. Nur hie und da wird die Ebene durch einzeln stehende Anhöhen oder durch zerrissene Hügel=wände unterbrochen, welche aber nicht von der Bedeutung sind daß sie zu einer Vertheidigungslinie benützt werden könnten. Im Norden von Ćupria beginnt der durch seine Bodengestalt vertheidigungsfähige Theil des Landes. Zu=gleich liegt Ćupria an einer Stelle der Morava, wo dieser Fluß schiffbar zu werden beginnt. Die Stadt ist also aus doppelten Gründen ein Punkt von hoher strategischer Wich=tigkeit. In ihrem Besitz ist man im Stande, den Fluß zu beherrschen und die nach dem Norden führenden Gebirgs=pässe zu verschließen. Die Römer hatten deshalb in Ćupria eine Festung von bedeutender Stärke erbaut, welche noch während des serbischen Freiheitskampfes zu Anfang dieses Jahrhundertes von den Türken als Basis ihrer Operationen gegen die Armee des schwarzen Georg benutzt worden ist. Als die Türken aus Serbien vertrieben waren, wurde die ehemalige Römerfestung von Kara Georg vollständig zer=

stört. Nur der Wall, welcher im Mittelpunkt der Befestigung sich erhob, und einige Trümmer von Schanzen nebst
Spuren von Gräben sind als einzige Erinnerungszeichen
der Römerfestung übrig geblieben.

Auch eine Brücke hatten die Römer bei Ćupria über
die Morava geschlagen. Ćupria bedeutet soviel als Brücke.
Zehn Brückenpfeiler, welche noch aus dem Moravaflußbette
aufragen, legen von dem Dasein dieses zweiten Römerwerkes
Zeugniß ab. Auch die Türken begannen wiederholt bei der
Stadt eine steinerne Brücke zu erbauen, indem sie zu der Anlage eine aus dem Flusse aufragende Insel benutzten. Merk-
würdig ist, daß Römer, Serben, Türken und Deutsche immer
denselben Punkt zur Ueberbrückung der Morava gewählt
haben. Mehrere hölzerne Jochbrücken, von denen eine erst
im Jahre 1845 von dem Ingenieur Corbas erbaut wurde,
konnten dem Hochwasser der sonst trägen Morava nicht widerstehen. Nachdem sie nur einige Jahre dem Verkehre gedient
hatte, wurde sie durch die anschwellenden Wasser des Stroms
im Frühjahr sowie durch die Eismassen des Winters fortgerissen. Gegenwärtig führt eine Pontonbrücke über die Morava, welche während der Regierung des Fürsten Michael im
Herbst 1864 dem Verkehr übergeben wurde.

Das gegenwärtige Ćupria entspricht nicht der Bedeutung,
welche es wegen seiner Lage haben könnte oder sollte. Die
Stadt muß energische Anstrengungen machen, um nicht von
den beiden Nachbarstädten Jagodina und Parazin überflügelt
zu werden. Die Zustände, welche Kaniß bei seinem Besuche
in Ćupria sah, habe ich indeß nicht mehr vorgefunden. „Eine
Wanderung durch die langgestreckte Hauptstraße von mehr
türkischem als serbischem Aussehen," sagt derselbe, „ließ mir ihre
durch die aufblühenden Orte Parazin und Jagodina arg

bedrohte Zukunft noch mehr gefährdet erscheinen. Ich fand die Häuser so ärmlich, wie den Inhalt ihrer Gewölbe. Faul und gleichgültig kauerten die Eigenthümer vor der Thüre. Bauernweiber, welche um bunt geblümte Kattuntücher feilsch= ten, Karrenführer, die unter Flüchen und Lärmen den Huf= beschlag ihres Zugviehs vor irgend einer Zigeunerschmiede erneuern ließen, einkaufende Sträflinge unter der Aufsicht von wohlbewaffneten Panduren — in Ćupria befindet sich ein Staatsgefängniß zur Abbüßung geringer Vergehen von über ein Monat bis zu zwei Jahren Kerkerstrafe — bildeten die traurige Staffage der traurigen Hauptstraße dieser in vielen Beziehungen hinter ihren jüngeren aufblühenden Schwe= stern zurückgebliebenen Stadt Serbiens." Kaniß hat vor acht bis zehn Jahren Serbien bereist, um den Stoff zu seinem Werke zu sammeln. Seit diesen acht bis zehn Jahren hat sich Ćupria, wenn ich seine jetzige Gestalt mit der Kaniß'schen Schilderung vergleiche, denn doch sehr gehoben. Eine Menge neuer und europäischer Häuser sind seit dieser Zeit ent= standen und das ehemalige türkische Gepräge der Stadt ist vor der gegenwärtigen europäischen Gestalt weit zurück getreten.

# Zweiundzwanzigstes Kapitel.

## Serbiens berühmtestes Kloster.
## (Ravanica.)

Aus dem kleinen, an der Morava belegenen Städtchen Ćupria fuhr ich nach Ravanica, dem berühmtesten Kloster Serbiens.

Ich nenne Ravanica das berühmteste serbische Kloster, weil mit seiner Kirche und mit den Schloßtrümmern, welche das Kloster umgeben, drei große, in den serbischen Helden=gesängen und Liedern vielgefeierte Namen verknüpft sind, düstere und traurige Namen, deren Träger auf dem Amsel=felde fochten, in der Schlacht, wo das großserbische Reich seinen Untergang fand. Erbauer des Schlosses war Car Lazar, der letzte unabhängige serbische König, welcher mit Jug Bogdan, seinem Schwiegervater, 1389 auf dem Amsel=felde fiel. Sein Leichnam wurde von seinem Sohne Stephan nach Ravanica gebracht und dort zuerst in der Klosterkirche beigesetzt. Später, als man die Lage des Klosters nicht mehr für sicher hielt, wurden die sterblichen Reste nach dem Kloster Vrdnik in Smyrien, dem großen serbischen Nationalreliquarium, übergeführt. Dort ruhen sie auch noch heute neben der Originalstiftungsurkunde Ravanica's und neben vielen anderen Kostbarkeiten, wie eine in Silber getriebene Nachbildung der Klosterkirche von Ravanica und ein Kleid des auf dem Amselfelde gefallenen Cars, ein prachtvolles Seidengewebe von besonderer Schönheit, welches Zeugniß davon ablegt, auf welch' hoher Stufe einige Kunst= zweige und Industriezweige in Serbien standen, bevor die asiatischen Barbaren das unglückliche Land in eine Wüste verwandelten. Das Ende des frommen und tapfern Car Lazar, der so oft zu den „weißen Höfen" der zerstörten Königsstadt Kruševac als Sieger aus der Türkenschlacht heimkehrte, welcher Mura's „stolze Heerschaar" in das ferne Karamanien trieb, dessen Ruhm weit „im Gebirg und im steinigen Waldgeklüfte, in der Herzegovina und in Albanien wiederhallte und bis an des Meeres felsige Gestade" nach Dubrovnik, der Freistadt und „zum greisen Duschub des prächtigen Mletak" — zum Dogen von Venedig — drang und der, wie erzählt, auf dem Amselfelde Reich und Leben durch den Verrath seines Schwiegersohns Vuk Branković verlor, besingt ein serbisches Nationallied, welches ich oft in Serbien von den Rhapsoden beim Klange der Gusla gehört habe, in folgenden Worten — am Vor= abend der Schlacht kommt in der Gestalt eines Edelfalken der heilige Elias zum frommen Serbenfürsten und bringt einen Brief der Mutter Gottes —:

„Car Lazar, Du von erlauchtem Stamme!
Sage, welches Reich Du Dir erwählest:
Willst das Himmelreich Du lieber haben,
Oder willst das irdische Reich Du lieber?
Wenn das irb'sche Du Dir erwählest,
Sattle Rosse, zieh' die Gurte fester,
Laß die Helden um die Säbel schnallen,
Greife an mit Sturm das Heer der Türken,
Und das ganze Heer wird Dir erliegen.

Aber willst das Himmelreich Du lieber,
Wohl! Errichte auf dem Amselfelde
Eine Kirche, nicht auf Marmorgrunde,
Nein, gefertiget aus Seid' und Scharlach,
Daß das Heer zum Abendmahle gehend
Und entsündigt sich zum Tod bereite!
Alle Deine Krieger werden fallen,
Du, o Fürst, mit ihnen untergehen!"

Als der Car Lazar dies Wort vernommen,
Dacht' er nach, ein Jegliches bedenkend.
,Herr, mein Gott! Was soll und welches soll ich?
Welches wähl' ich mir von beiden Reichen?
Soll ich mir das Himmelreich erwählen?
Wenn das ird'sche Reich ich mir erwähle,
Irdisches ist kurz nur und vergänglich,
Himmlisches für Zeit und Ewigkeiten!"

— — — — — — —

Und so fiel Lazar, der Car der Serben,
Und mit ihm das ganze Heer der Krieger!
. Alle sind nun viel geehrt und heilig,
Aufgenommen bei dem lieben Gotte!

— — — — — — —

Lazar's Grab ist nicht in fremden Klöstern,
Ist in seiner eig'nen frommen Stiftung,
In Ravanica, dem schönen Kloster,
Auf dem breiten Waldgebirg Kutschaja,
Das er selber einstmals sich erbauet,
Als er noch im vollsten Leben blühte,
Sich erbaut zu seinem Seelentheile
Von dem eig'nen Brod und eig'nen Gelde,
Ohne Thrän' und ohne Gut der Armen."

Auch Vuk Branković, der Verräther, wohnte oft in
Ravanica. Miloš Obilić, der andere Schwiegersohn Lazar's
Sieger in hundert Türkenschlachten, welcher den Sultan

Amurad in der Schlacht bei Koffovo tödtete, gab einem Thurme Ravanica's seinen Namen.

Nach diesem berühmten Kloster fuhr ich an einem Sommernachmittage von Cupria. Nach zweistündiger Fahrt schoben sich die Waldberge enger zusammen. Der Weg stieg abwärts in einen grünen Thalgrund, bedeckt mit Obstbäumen, Wiesen, Ackerland und weißen Häuser gruppen. Dann rollte der Wagen durch ein hübsches Dorf. Es hieß Senja, wie der vorreitende Pandur mir auf meine Frage zurief. Jedes von den kleinen, weißen, sehr reinlich gehaltenen und mit Ziegeln gedeckten Häusern war mit einem wohlgepflegten Gärtchen umgeben. Das schönste und größte von den hübschen weißen Häusern war wieder das Schulhaus. Als die Häusergruppen des Dorfes hinter uns lagen, schoben sich die bewaldeten Thalwände noch enger zusammen als vorher und bildeten eine enge Waldschlucht. Aus der dunkelgrünen Schlucht stürzte ein silberheller, schäumender Bergstrom. Es war die Ravanica. In die Waldschlucht ging unser Weg. Zur linken Hand stiegen steile, mit Gebüsch gekrönte Felswände auf; rechts erhob sich die vom Scheitel bis zur Sohle in einen grünen Pflanzenmantel gekleidete Thalwand. Kaum ließen Fels und Thalwand der Straße und dem Bergstrom Raum, sich durchzuwinden. Dann bog der Weg um die Thalwand. Vor uns lag ein sanft ansteigendes, kleines, grünes Plateau, von dunklen Waldbergen umkränzt. Auf dem kleinen Plateau erhoben sich die Gebäude des Klosters und die berühmte von Car Lazar erbaute Kirche. Links ein aus einem Erdgeschoß und aus einem oberen Stock mit einem Dutzend mit grünen Jalousien versehener Fenster bestehendes Langgebäude, welches mit dem Wirthschaftgebäude auf der rechten Seite einen Hof bildete, zu welchem ein Thor führte. Die berühmte Klosterkirche stand in der Mitte des Hofes, ein schöner Rohbau aus verschiedenen Lagen von Back=steinen und Bruchsteinen, dessen Konstruktion mich an die Panagia Nikodimo in Athen erinnerte. Das Dach der Kirche war von vier Kuppeln umgeben, aus deren Mitte sich auf hohem Tambour die große Centralkuppel erhob. Auf allen fünf Kuppeln funkelten vergoldete Kreuze im Abendsonnenschein. Im Rücken und zur Seite des Klostergebäudes ragten Trümmer von Mauerwerk und viereckiger Kolossalthürme auf, die Reste des befestigten Schlosses, welches, wie in Manassia, ehemals die Kirche und das Kloster umgab und von den Türken fünfzig Jahre nach der Schlacht auf dem Amselfelde erstürmt und zerstört wurde. Das befestigte Schloß hatte einst sieben Kolossalthürme. Im Hintergrunde des Klosters und der Kirche stiegen hohe, mit dichtem Eichen=wald bedeckte Bergwände in die Höhe, die andere Seite der großen Wälder, welche sich zwölf Stunden weit bis an die türkische Grenze ausdehnen. Der plötzliche Anblick des Klosters auf dem dunklen Waldhintergrunde war von überraschender Wirkung. Ich ließ den Wagen, als wir auf der Höhe des Plateaus waren, einige Minuten anhalten, um das prächtige Bild, welches sich so plötzlich vor mir aufrollte, mit Ruhe beschauen zu können. Eine neue Ueber=raschung wartete unser.

Auf einmal erhoben alle Glocken der Klosterkirche ihre ehernen Stimmen. Das Glockengeläute war der Gruß, womit die Mönche den Gast des Regenten empfingen. Der Präfekt von Alexinac hatte die Absicht meines Besuchs dem Präfecten von Cupria telegraphisch mitgetheilt, und derselbe hatte dann einen Panduren an den Iguman von Ravanica abgesandt, um meine gegen Abend erfolgende

Ankunft anzuzeigen. Dann öffnete sich die Klosterpforte und
heraus trat der Iguman, umgeben von den Mönchen des
Klosters. Neben dem Iguman ging ein schlanker, hochge=
wachsener Mann in serbischer Tracht, aber keinen Fez, sondern
einen runden Hut auf dem Kopfe, eine rothe Schärpe um
den Leib geschlungen, einen hohen Stab in der Hand. Es
war der Kmet — der Gemeindevorsteher des Dorfes. An
der andern Seite des Iguman schritt, sich hart an seiner
Seite haltend, ein schönes weißes Lamm. Der Pandur stieg
vom Pferde; wir verließen den Wagen, um den Kloster=
geistlichen entgegenzugehen. Der Pandur küßte dem Iguman
die Hand, der uns im Namen der Klostergeistlichkeit begrüßte,
während alle Geistlichen uns die Hände reichten und uns
in Ravanica willkommen hießen. Der Kmet begrüßte uns
im Namen seiner Gemeinde. Dann führten uns die Geistlichen
in das Refektorium des Klosters.

Stephan Bojović, der Abt oder Iguman des Klosters
Ravanica, war ein eben so gebildeter, wie liebenswürdiger
Mann. Er stand wohl schon in der zweiten Hälfte der
sechziger Jahre, war in Staatsdiensten und verheiratet ge=
wesen — er ist der Vater des bekannten Oberstlieutenants
Bojowić in Belgrad — und trat nach dem Tode seiner
Frau in das Kloster. Er führte uns, nachdem wir den
Slabko genommen hatten, im Kloster umher und sodann in
die berühmte Kirche des unglücklichen Serbenfürsten. Das
Lamm, welches wir neben dem würdigen geistlichen Herrn
am Klosterthor gesehen hatten, blieb auch auf diesem Gange
sein unzertrennlicher Begleiter. Es folgte ihm überall hin,
ließ sich von Niemanden berühren und schlief Nachts in
seinem Zimmer.

Das Kloster bestand aus zwei verschiedenen Gebäuden,

aus dem alten Kloster, welches von Miloš im zinzarischen
Style erbaut wurde, und aus dem neuen Kloster, welches
die Mönche mit Hülfe des Volkes und der Regierung im
Jahre 1847 selbst aufgeführt haben. Es war das aus zwei
Stockwerken bestehende Gebäude, welches die vordere Seite
des Hofes bildete. Das Refektorium befand sich im Erdgeschoß des Hauses, welches von einem langen, gewölbten
Gange durchschnitten wurde. Eine hölzerne Treppe führte
in den oberen Stock, dessen dem Hof zugekehrte Seite von
einem offenen Säulengange umgeben war. Aus diesem offenen
Säulengang betrat man die Zimmer des Abtes und der
drei Mönche, sowie die sehr wohnlich eingerichteten Gastzimmer. Das alte Kloster schloß sich rechtwinklig an die
hintere Seite des neuen Klosters an und kehrte seine Front
ebenfalls dem Hofe zu. Der obere Theil desselben ist zur
Zeit Miloš's aufgesetzt; das Erdgeschoß mit sieben Fuß dicken
Mauern ist der Rest des von Car Lazar gebauten und von
den Türken zerstörten Gebäudes. -

Die berühmte Klosterkirche gleicht der Klosterkirche von
Manassia; nur sind die Dimensionen der Kirche in Ravanica kleiner; die innere Construktion ist ganz dieselbe, wie
in Manassia. Der Erbauer von Manassia hat nämlich die
von seinem Vater erbaute Kirche in Ravanica sich zum Vor-
bild genommen. Leider haben türkische Rohheit und Zerstörungswuth, sowie eine mit weißer Kalktünche versuchte
Restauration in Innern dieser stylvollen byzantischen Kirche
die beklagenswerthesten Verwüstungen angerichtet. Die Fresken
sind größtentheils zerstört und die ornamentalen Verzierungen
unkenntlich gemacht; die Votivbilder mit den Gestalten des
Stifters und seiner Familie vernichtet. Fresken und Bilder
müssen sehr schön gewesen sein. In einem der von der

Beste übrig gebliebenen Thürme sind noch die Trümmer einer Kapelle des Erbauers des Klosters und Reste von Wand=gemälden zu sehen, welche auf die ehemalige prachtvolle Aus=stattung des einstigen serbischen Königssitzes schließen lassen.

Den Abend brachten wir in der Gesellschaft des Abtes und der drei Mönche bei einem fröhlichen Abendessen im Refektorium des Klosters zu. Daß die nationale saure Suppe das Abendessen eröffnete, verstand sich von selbst. Mit Paprika zubereitetes Lammfleisch, mit gehacktem Fleisch gefüllte Kürbisse und gebackene Hühner folgten; der Glanz=punkt des Abendessens war ein trefflich gebratenes Span=ferkel. Von Wein hatte der Abt zweierlei Sorten auf=setzen lassen, eigenes Gewächs und weißen Negotiner. Ra=vanica besitzt einige ihrer vorzüglichen Reben wegen be=rühmte Weinberge. Der Negotiner war dreiundzwanzig Jahre alt und hatte den Geschmack eines leichten Madeira=weins — der beste Wein, den ich in Serbien getrunken habe. Das Tischgespräch bildeten die Hoffnungen auf Wiederher=stellung des Serbenreiches vom schwarzen Meere bis zum abriatischen Meer, die Befreiung aller südlavischen Brüder der Balkanhalbinsel von dem tyrannischen und entwürdi=genden Joche der asiatischen Barbaren und die Zeitrüme=rung der Türkenherrschaft in Europa. „Wir wollen das Reich Stephan Duschan's in seinen alten Grenzen, weil es unser Boden und unser Land ist, aber nicht mit den ver=rotteten Institutionen und Prärogativen der damaligen Zeit, sondern mit allen Freiheiten und liberalen Gesetzen des neun=zehnten Jahrhunderts!" rief der Abt, und unsere Gläser klangen aneinander, und die Mönche begleiteten jeden Toast, der auf Serbien, auf das serbische Volk, auf die Befreiung der südslavischen Brüder, auf das berühmte Kloster und seine Gäste ausgebracht wurde, mit dem feierlichen Gesange des Mnogaja ljeta: „Viele Jahre sollen sie leben, lange leben und glücklich sein." Um Mitternacht führte uns der Abt selbst in unser Schlafzimmer. Und als wir am andern Morgen um acht Uhr aufbrachen, um nach dem Kloster Manassia zu fahren, begleiteten uns der Abt, das weiße Lamm an seiner Seite, und die Mönche wieder bis zu unserm Reisewagen, und alle Glocken des Klosters läuteten und sandten uns die Abschiedsgrüße der Bewohner von Ravanica weithin nach in den grünen, stillen Wald.

# Dreiundzwanzigstes Kapitel.

## Manassia.

Der Wagen rollte abwechselnd über welligen Wiesenboden und durch jungen Wald. Wir blickten auf dunkelgrüne Waldberge, und wo sie sich öffneten und Durchsichten gestatteten, auf blaugefärbte Höhenzüge und in Morgenlicht getauchte Fernen. Es war ein sonnenburchleuchteter Junitag; der blaue Himmel ohne jeden Wolkenstreif, die Luft rein und frisch, ein Tag, wie er im Sommer im Orient zu den Seltenheiten gehört. Wir kamen von Cupria und waren auf dem Wege nach Manassia, dem berühmten Kloster, welches Stefan Lazarević, der Sohn des unglücklichen Car Lazar, erbaut hatte, und wo er auch residirte, nachdem Krušеvać der eigentliche Sitz der serbischen Könige, durch die Erbauung der ersten Moschee in Serbien in den Augen des serbischen Volkes entheiligt war. Der Präfekt von Cupria hatte uns einen anderen Panduren mitgegeben, um uns den Weg nach Manassia zu zeigen, weil der Pandur, der unserem Wagen aus Alexinac vortritt, den Weg nicht kannte.

Manassia gehört wohl zu den ältesten serbischen Klöstern. Es ist zu einer Zeit erbaut worden, da die Anwendung

20*

des Schießpulvers im Osten Europas noch kaum gekannt war, und seine festen Mauern und Thürme haben manchem Türkensturm widerstanden, bis von Außen Hilfe kam.

Manassia war das vierte Mönchskloster, welches ich auf meiner Reise durch das Innere Serbiens besuchte. Nachdem wir ungefähr zwei Stunden durch Wald und Wiesengrund gefahren waren, kamen wir durch ein ärmlich ausschauendes Dorf. Es war Milieva, wo der schwarze Georg im Jahre 1804 zuerst das serbische Freiheitsbanner entfaltete. Hinter dem Dorfe senkte sich der Boden zu dem Ufer der Ressava hinab. Die Senkung war ziemlich steil. Der dem Wagen vorreitende Pandur stürzte sammt dem Pferde im Hinunterjagen. Fast in demselben Moment war das Pferd aber auch wieder auf den Beinen und der Pandur im Sattel, und nun ging es in gestrecktem Trabe in den Fluß. Die Fluten des oft reißenden Stromes hatten im Frühjahr „die neue, zierliche Bogenbrücke," auf welcher Kaniß über den Fluß fuhr, fortgerissen. Ohne Unfall gelangten wir von dem rechten auf das linke Ufer. Dann fuhren wir hart am linken Ufer entlang auf eine Reihe von Waldbergen los, welche sich zusammenschoben und eine Schlucht bildeten. Nun bog der Weg in die Schlucht ein, dann schwang er sich um einen bewaldeten Bergrücken herum — plötzlich erhob sich vor uns das Kloster Manassia. Welch' imposanter Anblick!

Keine Ruine in dem doch an Schloßtrümmern so reichen Deutschland hat auf mich einen so gewaltigen Eindruck gemacht, wie der Anblick von Manassia.

Vor uns stieg der grüne Wiesenplan sanft aufwärts, auf der Höhe ein weites Plateau bildend, welches ringsum von dunklen, hohen Waldbergen eingerahmt war. Vor diesem dunklen Waldhintergrunde stiegen sechs kolossale, viereckige Thürme von weit über hundert Fuß in den blauen Morgenhimmel auf, welche durch krenelirte Mittelmauern miteinander verbunden waren. Im weiteren Umkreise waren Mauern und Thürme von den Trümmern einer zweiten Mauer umgeben. Hinter den wohlerhaltenen mäch= tigen Colossalthürmen erschienen noch sieben andere Thürme von derselben Dicke, Höhe und Gestalt, welche mit ihren Mittelmauern zusammen einen zweiten steinernen Gürtel um das Kloster bildeten. Ueber alle anderen Thürme erhob sich gewiß zu einer Höhe von zweihundert Fuß ein be= sonders mächtiger Thurm, der wahrscheinlich einst als Wartthurm diente, als „Lug ins Land," von dessen Zinnen der Thurmwart die heranziehenden Türkenschaaren in weiter Ferne beobachten konnte. In der Mitte dieses imposanten Mauergürtels erschien das Kloster, eine schneeweiße Kirche mit metallenen Kuppeln, auf denen goldene Kreuze in den Strahlen der orientalischen Sonne funkelten.

Wir ließen den Wagen einige Minuten halten, um den ebenso schönen, wie imposanten Anblick in Ruhe zu genießen; dann fuhren wir durch ein in der Umfassungs= mauer sich öffnendes, verfallenes Thor in den inneren Raum der Veste.

Der Wagen hielt auf einem von Mauertrümmern und kolossalen viereckigen Thürmen umgebenen, großen Platze, der einen Durchmesser von dreihundert Fuß haben mochte. In der Nähe des Thores, durch welches wir ein= gefahren waren, erhob sich ein hoher, hölzerner Glocken= stuhl, unter dessen Dache eine gewaltige Glocke hing. An der Südseite des Platzes erblickten wir zwei aus Holz auf= geführte, einfache Gebäude. Das eine umfaßte die Wirth=

schaftsräume. Das andere bestand aus einem Erdgeschoß und aus einem oberen Stock mit einer hölzernen Veranda und einem überhängenden Dach aus Schindeln. Eine hölzerne Treppe führte auf die Veranda. Das zweite Gebäude war das Kloster, welches das Refektorium, die Zimmer der Mönche und die Gastzimmer für die Fremden enthielt. Zwei Reihen von frischgrünen Akazienbäumen führten zu dem Klostergebäude. In der Mitte des Platzes auf blumigem Rasengrund erhob sich die der Ausgleßung des heiligen Geistes geweihte Kirche. Es war ein edler, romantischer Bau, kreuzförmig, mit drei polygonalen Apsiden an den Armen des Kreuzes, welche in gleicher Höhe mit den Façaden bis zum Kreuzgesims fortgeführt waren. Die Hauptkuppel über der Vierung war von vier kleinen Kuppeln umgeben. Eine fünfte Kuppel krönte die Vorhalle der Kirche, welche mit dem Mittelschiff durch einen Eingang verbunden war. Die Wände der Kirche waren aus schönen Marmorquadern aufgebaut, welche durch den Hauch der Jahrhunderte prachtvoll oxydirt waren. Die äußere Decorirung bestand aus einfach profilirten schönen Gesimsen und Bogenfriesen, welche leider an vielen Stellen durch türkische Rohheit zerstört waren. Während der Zeit der türkischen Thrannei befand sich eine türkische Garnison in der Veste, welche die prächtige Kirche als Pferdestall benutzte. Eine Reihe von jungen Akazienbäumen umgab die Südseite der Kirche. Die Rückseite der Kirche trennte ein etwas verwilderter Garten von der Festungsmauer. Der Anblick im Innern der Veste war ebenso interessant und imposant, wie der Anblick von Außen, als wir aus der Schlucht kamen und um die waldige Bergwand bogen.

Die Kirche von Manaffia ist die prachtvollste Kirche, welche ich in Serbien gesehen habe.

Während wir aus dem Wagen stiegen, kam ein Mönch eiligen Schrittes aus dem Kloster über den Platz, und schritt auf uns zu. Er theilte uns mit, daß der Iguman des Klosters in Begleitung eines Klostergeistlichen sich leider in Geschäften bei dem Bezirkshauptmann im nächsten Dorfe befinde, und er allein zu Hause sei. Unser Besuch sei nicht angemeldet worden. Dann hieß er uns im Namen des Klosters willkommen, und lud uns ein, in das Kloster ein= zutreten und vorlieb mit dem zu nehmen, was das Kloster uns zu bieten im Stande sei. Auch hier bedaure er, uns zum Mittagessen wenig genug vorsetzen zu können, weil man sich in den Fasten befände. Wir trösteten ihn und uns mit der Nachricht, daß der Iguman des Klosters Ra= vanica, wo wir die Nacht zugebracht hätten, das Alles vor= hergesehen, und uns mit einem halben gebratenen Span= ferkel versorgt habe. Dann quartierten sich Kutscher, Pandur und Pferde in's Wirthschaftsgebäude ein. Uns selbst führte der freundliche Mönch in das Kloster. Die Räume des Klostergebäudes waren bescheiden genug eingerichtet.

Eine schmale, hölzerne Stiege führte zu der Veranda, welche an ihrem äußern Rande einen balkonartigen Vor= sprung hatte, der mittelst eines Minderluks zu einem ziemlich bequemen Sitz für zwei oder auch drei Personen eingerichtet war. Eine nicht sehr breite Thür brachte uns von diesem bal= konartigen Vorsprung in die inneren Räumlichkeiten des oberen Stocks. Von einer mit Backsteinen gepflasterten Flur trat man links in zwei kleine, äußerst bescheidene Zimmer, von denen das eine dem Iguman als Studirzimmer, das andere als Schlafzimmer diente. Rechts auf diesem kleinen

Flur öffneten sich die Gastzimmer. Sie bestanden aus zwei weit größeren und weit besser möblirten und ausgestatteten Räumen, einem Wohnzimmer und einem Schlafzimmer. Die Wände des Ersteren waren mit Portraitbildern der Familie Obrenović, der Familie Karageorgević, und mit einem Bilde des gegenwärtigen Metropoliten geschmückt. Ich sah den alten Miloš und seine tapfere Gemahlin Lubica, Fürst Michael, der im Park zu Topschider erschlagen wurde, neben ihm seine schöne, von ihm geschiedene Gemahlin Julia aus dem ungarischen Hause Hunyady. Ueberall, wo ich die Fürstin Lubica sah, habe ich sie als alte, magere Frau abgebildet gefunden, während die Fürstin Julia immer in blühender Jugend abgebildet war. Die besten Portraits beider Fürstinnen, beide aber auch in denselben Altersverhältnissen dargestellt, fand ich in der kleinen Gemälbesammlung der Belgrader Hochschule.

Fürst Alexander und seine Gattin hatten im Fremdenzimmer von Manassia ihre Vertreibuug aus Serbien glücklich überbauert. Nun, alle Mitglieder der beiden nach einander in Serbien regierenden Fürstenfamilien haben ja den Weg des Exils einschlagen müssen. Das interessanteste von den Bildern war mir ein schönes Porträt des schwarzen Georg, Serbiens erster und eigentlicher Befreier. Blitzende Augen, schöne, regelmäßige Züge, auf denen sich Energie mit Klugheit und Wohlwollen paarten. Zwei lange Pistolen stacken im Gürtel; ein prächtig verzierter Säbel hing an der Hüfte. Das war ein characteristisches Bild Georgs des Schwarzen, „des Haiduckenkönigs“, des „Vaters der Armen,“ des „Geächteten“, ein Held der Schlachten und ein schöpferischer Organisator des Friedens, ein zweiter Cincinnatus, wie mein verehrter und großer Freund Josef Garibaldi, ein Muster von Selbstlosigkeit und Uneigennützigkeit, welcher immer nur ein Ziel vor Augen hatte, die Freiheit und das Wohl seines durch sein Schwert von dem Joche der Türkenherrschaft befreiten Vaterlandes. Ein breiter, bequemer Minderluk zog sich an der ganzen Längenwand und an der zweiten Querwand des Gastzimmers entlang. Durch die geöffnete Thüre blickte ich ein mit mehren weiß bezogenen Betten versehenes, bequem ausgestattetes Schlafzimmer. Für die Gastfreundschaft ist im Kloster von Manassia besser gesorgt als für die eigentlichen Bewohner selbst. Die Zimmer der beiden anderen Mönche befanden sich im oberen Stock des Wirthschaftsgebäudes und waren noch weit bescheidener und ärmlicher eingerichtet als die Zimmer des Igumans.

„Ich werde Sie nun in die Kirche führen," sagte der Mönch zu mir und dem Reisemarschall; „und, während Sie sich unsere Kirche betrachten, für das Mittagsessen sorgen."

Wir waren damit einverstanden. Der freundliche Mönch führte uns in die Kirche und ließ uns dort eine halbe Stunde allein.

Die inneren architectonischen Verhältnisse der Kirche von Manassia sind wohl die harmonischesten aller kirchlichen Bauten in Serbien, während ihre räumlichen Verhältnisse sie zu einer der größten serbischen Kirchen machen. Die Durchschnittslänge der Kirche beträgt nicht weniger als 110 Fuß. Die vier Pfeiler, welche die Hauptkuppel tragen, sind große, runde Säulen; die Kapitäle derselben bestehen aus zwei Deckplatten, welche die schönen, hohen Bögen, den Tambour mit zwölf schmalen Fenstern und mit den Bildern der zwölf Apostel und über denselben die kühne Kuppel tragen. Der größte Schmuck der Kirche hat aber wohl in dem schönen Mosaikpflaster und in den Fresko= gemälden bestanden.

Von den Sockeln bis zur Kuppel, von der Vorhalle bis zur Apsis sind alle Wandflächen mit Fresken bedeckt, welche in einer Zeit vollendet wurden, wo die italienische Malerei in der höchsten Blüthe stand, und Scenen aus dem alten Testament, aus dem Leben Jesu Christi und der Heiligen sowie aus der serbischen Geschichte darstellen. Aus der Kuppelwölbung blickt das gigantische Bild des Panto= krators, umgeben von Profeten, Märtyrern, Heiligen und Aposteln herab. Von dem prächtigen Mosaikpflaster ist noch ein Stück in der Vorhalle vorhanden, ein blumengeschmücktes Kreuz von weißem Marmor auf dunkelrothem Grunde. Die schönen Fresken sind beschmutzt, verdorben, übertüncht, entstellt und abgekratzt; die Köpfe des Heilands, der Heiligen und der serbischen Könige von Kugeln durchlöchert und gewöhnlich der Augen beraubt. Dieser barbarischen Ver= wüstungen haben sich die Türken schuldig gemacht, welche zwei bis drei Jahrhunderte die Kirche als Pferdestall benutzten.

Wir waren noch mit dem Anschauen der hie und da noch erkennbaren Herrlichkeit beschäftigt, als der Mönch kam, um uns zum Mittagessen zu rufen. Der Tisch war in dem großen Gastzimmer des Klosters gedeckt, dessen Wände mit den Bildern aus den verschiedenen Regentenfamilien des Landes geschmückt waren; den Hauptbestandtheil der Mahlzeit bildete das mitgebrachte Spanferkel. Der Mönch bediente uns beim Essen, schenkte den Wein ein, wechselte die Teller und erzählte von dem Kloster und von den im Kloster vorgekommenen barbarischen Verwüstungen der asia=

tiſchen Nomaden. Das von dem Moſaikboden übrig gebliebene
ſchöne Kreuz hatte ſeine Erhaltung nur dem Umſtande zu
verdanken, daß es vermöge ſeiner Lage im Fußboden leicht
unter die Füße der Pferde und Menſchen getreten werden
konnte; manche von den Fresken, weil ſie mit Tünche
überdeckt waren. Alle literariſchen Schätze der Kirche, die
Bibliothek, die hiſtoriſchen Dokumente hatten ihren Untergang in der dreihundertjährigen türkiſchen Verwüſtung
gefunden. Das gegenwärtige Einkommen des einſt ſo reichen
Kloſters beſtand in nur ungefähr dreitauſend Gulden. Die
Ziffer der Mönche beſtand deshalb auch nur aus drei, dem
Iguman, zwei Mönchen und aus einem Laienbruder.

Während wir noch bei Tiſch waren, kam der Iguman
des Kloſters zurück. Er bedauerte ſehr, nicht von dem Präfecten von Cupria von unſerm Beſuch unterrichtet worden
zu ſein; „ſonſt" meinte er, „würde der Gaſt des Regenten
in ganz anderer Weiſe aufgenommen worden ſein." Der
Iguman war ein junger Mann, vielleicht im Anfang der
dreißiger Jahre, mit dunklen, feurigen Augen, ausdrucks-
vollen, ſcharfgezeichneten Zügen, dunkelblondem Haar, welches
er halblang trug, und einen dunkelblonden, prächtigen Bart.
Er zeigte uns die Koſtbarkeiten des Kloſters, ein prachtvolles, trefflich emaillirtes Kreuz und ein Evangeliarium
mit maſſiv goldenen und mit Edelſteinen beſetzten Deckeln
— Geſchenke der ruſſiſchen Kaiſerfamilie; ließ den beſten
Kloſterwein aus dem Keller holen, füllte damit die Gläſer,
begrüßte uns als „die hochverehrten Gäſte von Manaſſia",
brachte einen ſchönen Trinkſpruch auf unſer Wohl und au=
unſere Reiſe durch Serbien aus und bedauerte in herzlichſter
Weiſe, daß wir Manaſſia ſo bald verlaſſen wollten und
nicht den Reſt des Tages und die Nacht im Kloſter zu=

bringen könnten. Aber unsere Zeit war an diesem Tage kurz bemessen. Wir hatten noch acht Stunden zu fahren, um Pošarevac, die Friedensstadt, vor Anbruch der Nacht zu erreichen. Der Reisewagen fuhr vor, der Pandur stieg zu Pferde; der Iguman und der andere Mönch begleiteten uns bis zum Thor. Zum zweitenmal fuhren wir durch die Rešava, um die Straße zu gewinnen, welche von Ćupria nach Pošarevac führt, eine der besten Straßen in Serbien.

## Vierundzwanzigstes Kapitel.

## Požarevac.

Der Weg von Manassia nach Požarevac führte zuerst durch schöne Eichenwälder und durch gut angebaute Bauerngrundstücke, welche nach landesüblicher Weise mit hohen Palissadenzäunen umgeben waren. Häufig liefen die Zäune quer über die Fahrstraße, während sie dieselbe mittelst hoher Pfahlthore absperrten. War ein Haus in der Nähe, so erschienen gewöhnlich einige Kinder, um die Pfahlthore zu öffnen und einige Para von uns in Empfang zu nehmen; wo dies nicht der Fall war, mußte der vorreitende Pandur absitzen und sich der Mühe des Oeffnens des Thores unterziehen. Jebenfalls nahm diese sich alle Viertelstunden wiederholende Operation die Zeit mehr als genug in Anspruch, und so gelangten wir erst in einigen Stunden nach dem Dorfe Mabbebje, von wo eine sehr gute Straße beginnt, welche direct nach Svilainac auf die große, Serbien von Süden nach Norden durchschneidende Poststraße führt. Von Mabbebje gelangt man auf einem Nebenwege längs der Resava nach einem in den serbischen Freiheitskämpfen berühmten Orte. Er heißt Milieva. In Milieva erhob der schwarze Georg im Jahre 1804 zum

erſten Male das Banner des Aufſtandes gegen die aſiati=
ſchen Barbaren. Die landſchaftliche Decoration der Straße
von Medvedje nach Svilainac iſt reich und ſchön. Im Vor=
bergrunde die Reſava, ſich in mehrere Arme theilend, welche
durch viele Waſſermühlen belebt ſind, im Hintergrunde gut
bebaute, mit Fruchtäckern und Maisfeldern bedeckte grüne
Hügelreihen, überragt von mit alten Eichenwäldern ge=
krönten Bergen, wo zahlloſe Schweineherden, der Handels=
reichthum Serbiens, gemäſtet werden. Die reichen Eichen=
forſte begünſtigen dieſe wichtigſte aller landwirthſchaftli=
chen Erwerbsquellen, die Borſtenviehzucht. Das ſerbiſche
Schwein ſpielt eine wichtige Rolle in der Approviſionirung
des mittleren Europa. In vielen Kreiſen bildet der Er=
lös aus der Schweinezüchtung die einzige Baareinnahme
des Landwirths. In den Jahren 1862, 1863 und 1864
betrug die Schweineausfuhr Serbiens durchſchnttlich bis
325.000 Stück. Im großen Maßſtabe wird die Schweine=
zucht in der Sumadia, dem mit dichten Eichenwäldern be=
deckten Centralgebirge Serbiens, betrieben. Dort gibt es
nur wenige Bodenbeſitzer, die nicht zugleich Schweinezüchter
ſind und nicht jährlich mehrere Stücke den Schweinehändlern
zuführen, welche im Frühjahr die Gegenden durchſtreifen,
wo die Schweinezucht am ſchwunghafteſten betrieben wird.
Zu dieſer Zeit ſieht man aus allen Gegenden Serbiens
größere oder kleinere Schweineherden, meiſt von berittenen
Treibern escortirt, ſich nach den Donauhäfen, beſonders
nach Semendria, bewegen, wo ſie nach Wien oder nach
Hamburg zu ihrer Weiterbeförderung verladen werden. Ich
ſtimme übrigens mit K a n i tz darin überein, daß die Schweine=
zucht Serbiens erſt dann ihren höchſten Aufſchwung nehmen
wird, wenn genug Capitalien vorhanden ſein werben, um

in den Donaustädten großartige Schlächtereien nach ameri=
kanischem Muster zu errichten, weil mit dem Aufhören der
Verfrachtung der Thiere in lebendem Zustande die Abma=
gerung und die theuere Verpflegung derselben während des
Transports und die hohen Transportkosten wegfallen.

Der Abend dunkelte bereits, als wir in Svilainac
anlangten. Es blieb uns kaum noch Zeit, nachdem wir
Pferde und Wagen in einem stattlichen Gasthofe unterge=
bracht und uns ein Abendessen bestellt hatten, in Begleitung
des Bezirkscapitains, den der Pandur von unserer Ankunft
benachrichtigt hatte, bei Dämmerlicht einen Spaziergang
durch das Städtchen zu machen und seine Physiognomie
anzuschauen. Svilainac wird heute eine Bevölkerung von
ungefähr 3.000 Seelen haben und gehört zu den aufblü=
henden serbischen Städten. Die Resava, welche oft in den
serbischen Heldengesängen vorkommt, fließt durch den Ort.
Den bubenähnlichen Charakter der Häuser, dessen Denton
und Kanitz erwähnen, fand ich nicht mehr vor. Während
der zehn Jahre, wo beide Reisende nicht in Svilainac
waren, hat auch in seinen Gebäuden der Occident den
Orient in den Hintergrund gedrängt. Auch von „unver=
schämten Anforderungen der Hotelbesitzer" weiß ich, wie
Kanitz, aus Svilainac nichts zu berichten. Die Preise des
Gasthofes, wo ich und mein Reisemarschall uns mit Wagen=
und Pandurenpferden einquartirt hatten, waren, wie über=
all in Serbien, äußerst mäßig; die Schlafzimmer sehr rein=
lich und bequem und das Abendessen, welches wir vor der
Thür in Gesellschaft des Bezirkscapitains, des Arztes und
eines Grundbesitzers aus der nächsten Umgegend verzehrten,
hielt sich auf dem Niveau eines reichlichen und gutzube=
reiteten serbischen Abendessens.

Die Poststraße von Svilainac nach Požarevac führt wieder durch das Moravathal und liegt in einer Thalrinne, welche durch die ganze Breite der Türkei längs der Morava und des Warbar läuft und die natürlich gezogene Eisenbahnlinie zwischen Belgrad und Salonik ist, welche den Verkehr Europa's mit Asien und Afrika bedeutend erleichtern wird. „Unter allen europäischen Häfen," sagt Generalconsul von Hahn in seinem bekannten Werke,*) „ist Salonik der nächste von Alexandrien, denn seine Entfernung stellt sich nur auf 670 Seemeilen (60 = 1 Grad,) während die von Triest 1200, von Genua 1300 und von Marseille 1380 Seemeilen beträgt. — Wenn daher zwei Dampfer, welche 10 Seemeilen in der Stunde zurücklegen, zu gleicher Zeit von Alexandrien abfahren, so wirft der Eine in dem Augenblick in Salonik Anker, wo der Andere noch 710 Seemeilen bis Marseille zu machen, also bei günstigen Wetter noch 71 Stunden auf der See zu schwimmen hat. — Welche Strecke könnte nun die Locomotive in diesen 71 Stunden zurücklegen, wenn Salonik mit Calais durch eine ununterbrochene Eisenbahn verbunden wäre? Wir antworten unbedenklich, daß die über Salonik gehende indische Post in derselben Zeit in London eintreffen würde, in welcher jener zweite Dampfer bei günstigem Wetter in Marseille Anker wirft. — England und Indien sind jedoch nur die Endpunkte dieser Weltarterie, denn in ihr wird auch der deutschösterreichische Verkehr mit der Levante und dem fernen Asien pulsiren. Von den 78 Meilen oder 156 Stunden zwischen Belgrad und Salonik kommen 17½

---

*) J. G. von Hahn. Von Belgrad nach Salonik. Wien 1861. Mit Karte von Major Zach in Belgrad.

Stunde auf Flußdefilées, der Rest auf offene Thäler oder
Ebenen. Diese Flußdefilées bilden die einzigen Schwierig=
keiten, denn die Linie führt in ihrer ganzen Ausdehnung
über keine einzige Höhe. Das Verhältniß der schwierigen
Partien erhielte sich daher zu den leichten, wie 1 zu 9⅙.
Die Kosten der ganzen Bahn dürften sich also aller Wahr=
scheinlichkeit nach näher an 20 als an 30 Millionen Gulden
stellen." Selbst wenn die andere projectirte Linie, welche,
an die ungarischen Schienenwege anschließend, über Belgrad
und Rustcuk Constantinopel mit dem Westen Europa's
verbinden soll, zu Stande kommen würde, so macht sie
durchaus nicht die von Consul von Hahn projectirte, durch
das Moravathal führende Eisenbahnlinie überflüssig.

Der landschaftliche Charakter des Moravathals von
Svilainac bis Požarevac war reich und schön. Zu beiden
Seiten des Flusses, dessen Strombett durch Reihen von
Bäumen markirt war, Aecker und mit weidendem Vieh
belebten Wiesen, welche sich bis zu den Ufern hinabzogen;
hie und da noch die Spuren des Waldes, welcher einst das
ganze Thal bedeckt haben mochte; einige Stunden vor Po=
žarevac bis zur Stadt fast ununterbrochene Reihen von
Häusergruppen, welche von Gemüsegärten und Blumen=
gärten umgeben waren. Das Moravathal ist das reichste
und fruchtbarste Thal des serbischen Landes. Eine halbe
Stunde vor Požarevac hielt ein Pandur an der Straße.
Pferd und Mann hätte man für eine Reiterstatue halten
können, so unbeweglich erschien die Gruppe. Der Pandur
war ein schöner, stattlicher Mann, den sein malerisches
Costum trefflich kleidete. Er war fünf Jahre Haiduck in
der Türkei gewesen, das heißt, er hatte im Balkan, wie
so viele Andere, den Krieg gegen die Türken auf eigene

Fauſt geführt. Der Präfect von Poſarevac hatte ihn hier
an der Straße aufgeſtellt, um uns den Weg zu dem eine
halbe Stunde ſeitwärts belegenen Landesgeſtüt zu zeigen.
Als wir in ſeiner Nähe angekommen waren, ſetzte er ſein
Pferd in Galopp und ritt vor dem Wagen her.

Das Landesgeſtüt iſt von geſchmackvollen Parkanlagen
umgeben und vom Fürſten Alexander Karageorgevič
errichtet worden. Der Stock der Pferde wurde aus eblen
Siebenbürger Pferden des Grafen Banfy gebildet und durch
arabiſche und engliſche Hengſte vermehrt. Im Frühjahr
werden die Hengſte zum Beſchälen in die verſchiedenen Kreis=
ſtädte geführt. Derſelbe Moment war leider wieder ein=
getreten, als ich das Geſtüt beſuchte, ſo daß ich nur zwei
Hengſte, ein engliſches und ein normanniſches Pferd, in
den Ställen antraf. Der Beſtand des Geſtüts war zur
Zeit meines Beſuchs, wie mir einer von den Stallmeiſtern
ſagte, 457 Pferde, unter benen 140 Hengſte waren. Auf
die ſerbiſche Pferdezucht iſt das Landesgeſtüt von großem
Einfluß geweſen. Das eingeborene ſerbiſche Pferd iſt ſtark
und ausbauernd, aber von kleiner Race. Um Mittag
kamen wir in Poſarevac an und fuhren durch breite,
in ihren Häuſern noch recht orientaliſch ausſchauende Straßen
nach dem am Markte belegenen Gaſthofe. Die Häuſer in
den Straßen von Poſarevac gleichen Reihen von Jahr=
marktsbuden, hinter denen in gleichfalls nur aus einem
Erdgeſchoß beſtehenden Häuſern ſich die Wohnzimmer und
Schlafzimmer befinden. Die in modernem europäiſchen
Geſchmack in mehreren Stockwerken mit grünen Jalouſien
und weißgeſtrichenen Wänden aufgeführten und mit Gärt=
chen umgebenen Häuſer befinden ſich in Poſarevac noch ſehr
in der Minderheit. Auch iſt das Pflaſter, wie in vielen

ſerbiſchen Städten, noch von ſehr primitiver Beſchaffenheit. Hervorragende Gebäude hat Poſarevac wenig aufzuweiſen. Von den zwei Kirchen der Stadt, deren eine am Eingange der Straße von Neresnica und die andere in der Mitte der Stadt liegt, bietet keine etwas beſonders Bemerkens=werthes. Sie gleichen in ihrem baulichen Charakter den meiſten anderen ſerbiſchen Kirchen, welche innerhalb der letzten zehn Jahre erbaut ſind. Das prächtigſte Gebäude iſt das Gymnaſium, zugleich das prächtigſte Gymnaſium in Serbien. Es iſt ſeit Kurzem im Bau vollendet worden, hat eine Front von acht und zwanzig Fenſtern und nicht weniger als 12.000 Dukaten gekoſtet. Sämmt=liche Räumlichkeiten laßen an Helle, Umfang, guter und geſunder Lage und Ausſtattung nichts zu wünſchen übrig. Das Gebäude gereicht Serbien zu großer Ehre. Manche europäiſche Hauptſtadt könnte ſich dasſelbe als Muſter nehmen. Die Schülerzahl beträgt 250 bis 300. Auch zwei Krankenhäuſer hat Poſarevac, ein ſtädtiſches und ein mi=litairiſches Krankenhaus. Die Einwohnerzahl der Stadt beläuft ſich auf faſt 8.000.

Wir waren gerade beſchäftigt, mit dem Beſitzer des Gaſthofes, wo wir eingekehrt waren, über das Menü un=ſeres Mittageſſens zu unterhandeln, als der Präfect des Kreiſes, Oberſtlieutenant Alimpic, in das Zimmer trat, um uns einen Beſuch zu machen. Er ſprach ſo fließend und ſo ohne jeden Accent deutſch, daß ich hätte glauben können, mich mit einem Landsmann aus meinem hanno=verſchen Vaterlande zu unterhalten, wo bekanntlich die deutſche Sprache am reinſten geſprochen wird. Der Präfect theilte mir, als ich ihm meine Verwunderung dar=über ausſprach, mit, daß er ſeine militairwiſſenſchaftlichen

21*

Stubien auf der Berliner Kriegsschule gemacht, nach Be=
enbigung dieser Stubien als Offizier in ein Husarenregiment
der preußischen Garbe eingetreten und theils in Potsbam,
theils in Berlin in Garnison gestanden habe. Während
er mir eine echte Havannah aus seiner Cigarrentasche bot,
ersuchte er uns, während unseres Aufenthalts in Pošarevac
ganz über seine Person zu verfügen. Mein Begleiter rauchte
nicht. Mich versetzte die Havannahcigarre in Enthusiasmus,
da ich seit drei Wochen nur türkischen Taback geraucht hatte.
„Ich kann Ihnen mit einem ganzen Vorrath echter Ha=
vannahs dienen," sagte der liebenswürdige Präfect, „und
werde mir erlauben, Sie für die Rückreise bis Belgrad zu
versorgen; ich beziehe meine Cigarren direct durch ein Ham=
burger Haus." Havannahcigarren im Innern von Serbien!
Ein Deutsch, so rein und so accentlos gesprochen, als wenn
der Präfect in Celle geboren und erzogen wäre! Wunder=
barer Präfect! Am Ende war der allmächtige Präfect des
Pošarevacer Kreises auch wohl gar im Staube, in das
Menu meines Diners eine Abwechselung hineinzubringen
und Feldhühner, Schweinebraten, Schweizerkäse und in
beutscher Weise zubereitete Butter auf die Tafel zu zaubern.
Ich nahm seine Intervention in Anspruch. Er versprach
Alles zu thun, was möglich sei. Der Besitzer und die Be=
sitzerin des Hotels wurden durch den an der Thür stehenden
Panduren hineingerufen. Das Ansehen des Präfecten wirkte
in wunderbarer Weise. Das einförmige Menu wurde ab=
geändert und die Panduren wurden in Bewegung gesetzt,
um in ganz Pošarevac das Material zu der neuen Speise=
karte zusammenzusuchen. Während die Vorbereitungen zum
Mittagessen getroffen wurden, machten wir in Begleitung
des Präfecten einen Spaziergang durch die Friebens=

stabt. In Požarevac kam bekanntlich am 21. Juli 1718
der Friede von Passarowitz zum Abschluß. Der Präfect
sprach von seinen Studien auf der Berliner Kriegsschule
und von seinem Aufenthalt in Berlin und Potsdam. Er
erzählte mir amüsante Anekdoten aus seiner Dienstzeit als
preußischer Gardeoffizier, aus seinen Einladungen zu Hofe,
und wurde nicht müde, sich mit dem größten Interesse nach
allen möglichen Personen und Dingen zu erkundigen. Der
Präfect hatte noch das billige und angenehme Berliner
Leben im Anfange der fünfziger Jahre vor Augen. Ich
schilderte ihm das Gegensatz das heutige Berlin, die Woh=
nungsnoth, die Theuerungsverhältnisse, den Gründungs=
schwindel, den Häuserschwindel und die Preußenseuche und
sagte ihm, daß ich jedes Mal froh sei, wenn ich die neue
deutsche Kaiserstadt im Rücken habe.

Das Mittagessen hielt sich doch, wenn es auch nicht
allen meinen culinarischen Wünschen entsprach, auf einem
gewissen Niveau von Abwechselung. Die Schweinscarbonade
und die gerösteten Kartoffeln hatte ich der präfecturalen
Allmacht zu verdanken, da man im Frühjahr und Sommer
im Lande der Borstenviehzucht durchaus kein Borstenvieh
schlachtet. Nachdem wir nach Tisch den schwarzen Kaffee
genommen und ich mich wieder dem Genuß einer echten
Havannah hingegeben hatte, machten wir einen Besuch in
den Gefängnissen.

Eine serbische Strafanstalt hatte ich in der ehemaligen
Türkenfestung bei Belgrad gesehen. Die Gefängnisse von
Požarevac befanden sich in einer ehemaligen Kaserne außer=
halb der Stadt. Die Gebäude waren durch einen Bretter=
zaun von der Landstraße und der übrigen Umgebung
getrennt. Auf einen Klingelzug des Präfecten öffnete sich

in der Bretterwand von Innen eine Thür. Hinter der Thür stand der Pförtner, ein ältlicher kleiner Mann in serbischer Tracht, den Fez auf dem Kopfe. „Das ist unser Pförtner," sagte der Präfect, „er ist auch ein Gefangener, der seine Strafe hier verbüßt."

„Was?" erwiderte ich lachend, „Sie stellen einen Gefangenen als Pförtner an? Wenn er nun mit der ganzen Gesellschaft davon läuft?"

„Hat keine Gefahr," erwiderte der Präfect, „er hat hier sechs Monate zuzubringen, läuft gewiß nicht fort und versieht seinen Dienst mit großer Pünktlichkeit."

Vor mir dehnte sich ein weiter, mit Rasen bedeckter und mit Bäumen bepflanzter Raum aus. Den Hintergrund nahm das Gefängniß ein, ein aus zwei Häusern bestehendes Gebäude, welche durch einen Mittelflügel mit einander verbunden waren.

„Das Gebäude war ehemals eine Kaserne," sagte der Präfect, während wir über den Platz schritten, „das Haus zur linken Hand ist das Gefängniß für die männlichen, das Haus zur rechten Hand für die weiblichen Gefangenen. Sehen Sie sich zuerst, wenn's Ihnen gefällig ist, das Ge=fängniß für die Männer an."

Ein Beamter erschien an der Thür des Männer=gefängnisses, um uns durch die Räumlichkeiten zu führen. Es war der Rechnungsführer der beiden Gefängnisse; der Director war momentan auf einer Dienstreise abwesend. Ein breiter Gang durchschnitt das Haus in seiner ganzen Länge. Auf den Gang öffneten sich die Thüren zu den einzelnen Gefangenstuben. Das Haus hatte nur ein Erdgeschoß ebenso wie das Haus für die weiblichen Ge=fangenen. Die Thüren der einzelnen Stuben wurden nicht verschloffen, ebensowenig wie die Hauptthür des Haufes, welche auf den Hofraum führt. Es stand den Gefangenen bis zu einer bestimmten Abendstunde frei, sich sowohl auf dem Gange, wie auf dem Hofraume aufzuhalten. Wer, wie ich selbst, jahrelang im Gefängniß zugebracht hat, weiß, wie hoch der Nichtverschluß der einzelnen Thüren und die Erlaubniß, sich im Freien, wenn auch nur auf einem beschränkten Raume, ergehen zu dürfen, anzuschlagen ist.

Den politischen Gefangenen, welche sich mit mir in den Kasematten der preußischen Festungen Magdeburg und Silberberg viele Jahre hindurch befanden, ist dies niemals gestattet worden. Jeder war, bis auf wenige Stunden des Tages, fortwährend in seiner Kasemattenstube eingeschloffen. Das serbische Gefängniß in Požarevac war humaner und weit mehr den Principien einer Gefängnißhaft entsprechend, wie in Preußen die die politischen Gefangenen betreffende Festungsinstruktion. Im Berliner Stadtvoigteigefängniß wird noch heute jeder Gefangene Tag und Nacht, mit Aus= nahme einer halben Stunde täglich, in seinem Kerker einge= schloffen. Serbien und Preußen! Mit Bitterkeit ziehe ich wieder diese Parallele. Und doch befanden sich im Gefängniß zu Požarevac nur vier politische Gefangene; alle übrigen waren wegen gemeiner Verbrechen verurtheilt. Am Tage, wo ich das Gefängniß in Požarevac besuchte, befanden sich in demselben, wie mir der Rechnungsführer mittheilte, 160 Männer, von denen 80 mit ländlichen und anderen Arbeiten außerhalb des Gefängniffes beschäftigt, abwesend waren. Von dem Gewinne dieser Arbeiten erhalten die Gefangenen die Hälfte; ein Drittel, falls sie sich bei ihren Arbeiten dem Staate gehöriger Instrumente bedienen. Auch die Kost war in diesem Gefängniß weit besser, reicher und nahr=

hafter, als die Koft in den Gefängnißen meines preußischen
Vaterlandes, wo nur viermal im Jahre, an den hohen
Festtagen und am Geburtstage des Königs, Fleisch gegeben
wird.

Im Gefängniß zu Požarevac erhielt jeder Gefangene
täglich, außer an den von der griechisch=katholischen Kirche
vorgeschriebenen Fasttagen, Mittags neben der Gemüsespeise
ein halbes Pfund Fleisch. Abends und Morgens wurde
neben der Suppe zwei und ein halb Pfund sehr gut
ausgebackenes Brod gegeben. Zehn Gulden durfte jeder
Gefangene monatlich aus seiner eigenen Tasche, außer dem
Tabak, für seine Bedürfnisse verwenden. Jeder konnte die
Zeitungen und Bücher lesen, welche seinem Geschmack zusagten.
Die Briefe unterlagen keiner Controle. Besuche wurden
nicht beschränkt. Ganz dieselbe Hausordnung fand ich vor
einigen Jahren in dem Bukarester Gefängniß, in der Bus=
karie und im verflossenen Herbste im Gefängnisse zu Cetinje,
der Hauptstadt des schwarzen Berges. Ich breche hier in
der Parallele zwischen Serbien und Preußen, dem „Staate
der Intelligenz" ab. Betreten wir nun die einzelnen
Gefängnißstuben.

Es waren geräumige, luftige, recht reinlich gehaltene
und helle Räume. Die Wände hatten einen weißen Kalk=
anstrich. Die Fenster waren leicht vergittert. Die Einrich=
tung bestand aus hölzernen Tischen und Stühlen und
aus einem niedrigen Minderluk an der Wand, der mit
Decken und Kopfkissen Abends zum Bett eingerichtet wurde.
In jedem Zimmer befanden sich, je nach der Größe der
Räumlichkeit, mehrere Gefangene, welche sich nach Wunsch
und Belieben beschäftigen. Ich bemerke nochmals, daß das
Gefangenhaus, welches ich in Požarevac besuchte, keine

Strafanstalt, sondern ein Gefängniß war, wo die Gefan=
genen zu einer Arbeit nicht gezwungen werden konnten.
Das ist die richtige Consequenz der einfachen Gefängnißhaft,
deren Strafe nur darin bestehen darf, daß dem Verurtheilten
die Freiheit entzogen wird.

Der Rechnungsführer begleitete uns in die der Haupt=
thür zunächst gelegene Stube. Es befanden sich in der=
selben drei Gefangene, welche bei unserem Eintritt auf=
standen und uns begrüßten. Der Präfect stellte mir die
drei Gefangenen vor, indem er mir in deutscher Sprache,
welche die Gefangenen nicht verstanden, Mittheilungen über
ihre Persönlichkeiten und über ihr Vergehen machte. Alle
drei waren politische Gefangene. Der Erste, den er mir
vorstellte, ein untersetzter Mann, anscheinend in den drei=
ßiger Jahren, mit sehr antipathischem Gesichtsausdruck, war
wegen Begünstigung des im Park zu Topschider an dem
Fürsten Michael von Serbien vollzogenen Mordes zu fünf
Jahren Gefängniß verurtheilt worden. Erinnert sich der
Leser dieser barbarischen und fürchterlichen Ermordung, wie
die Mörder über den unglücklichen Fürsten und die ihn
begleitenden Damen Frau Anka Constantinović und deren
schöne Tochter, Fräulein Katharina, Schwägerin und Cou=
sine des Fürsten, herfielen, wie sie den Fürsten und Frau
Anka durch Revolverschüsse tödteten und dem Fürsten, nach=
dem er bereits fünf Schüsse erhalten, noch mit Yatagans
den Kopf und das Gesicht zerhieben. Das Fräulein und
der Adjutant, Hauptmann Garašanin, der Sohn des be=
rühmten Ministers, entgingen nur dem Tode, weil die
Mörder sie,- nachdem sie mehrmals durch Revolverschüsse
verwundet waren, für todt hielten. Fürst Michael Obre=
nović war ein Autokrat, aber ein erleuchteter Autokrat, der

für die Cultur und den Fortschritt Serbiens außerordent=
lich viel gethan hat; seine Ermordung war eine scheußliche,
aus den unlautersten dynastischen Motiven hervorgegangene
That, welche in der barbarischesten Weise in Scene gesetzt
wurde. Und hier stand der Begünstiger oder auch entfernte
Theilnehmer an diesem Morde vor mir! Ich betrachtete
den Menschen mit Abscheu und Widerwillen. Und wer
war der Mann? Der Präfect flüsterte mir seinen Namen
ins Ohr. Es war der Sohn des berühmten Capitäns Wučić,
des Siegers in hundert Türkenschlachten, der an der Be=
freiung Serbiens einen so hervorragenden Antheil genommen
hat, welcher später den Fürsten Miloš absetzte und eine
Zeitlang selbst Regent von Serbien war. Schaudernd wandte
ich mich ab.

Der Präfect stellte mir zwei andere Gefangene vor.
Der Eine war Advokat in Belgrad und wegen Anreizung
zum Hochverrath und zum Umsturz der Regierung zu einem
Jahr Gefängniß verurtheilt, also ein rein politischer Ge=
fangener. Ich ließ mich ihm als Collegen und ehemaligen
Leidensgefährten vorstellen und erzählte ihm von politischen
Gefangenen in preußischen Gefängnissen. Der dritte Ge=
fangene war ebenfalls wegen politischer Vergehen ähnlichen
Charakters, aber zu zwei Jahren verurtheilt. Ich wunderte
mich über das hohe Strafmaß. Der Präfect erzählte mir
in französischer Sprache, welche der Gefangene nicht verstand,
daß bei ihm neben dem politischen Vergehen ein zweites
gemeines Vergehen, wenn ich mich recht erinnere, eine Fäl=
schung, vorliege. Ich reichte dem Advokaten die Hand zum
Abschiede und der Rechnungsführer begleitete uns in eine
andere Stube.

Die Gefangenen in dieser Stube boten nichts Interes=

antes. Unbedeutende Leute, welche wegen körperlicher Ver=
letzungen und Vergehen gegen das Eigenthum zu mehreren
Monaten bis zu einem Jahre Gefängniß verurtheilt waren.
Der Rechnungsführer begleitete uns in eine dritte Stube;
die Gefangenen gehörten derselben Kategorie an wie die frü=
heren. In einer anderen Stube traf ich wieder einen Ge=
fangenen, welcher wegen entfernterer Theilnahme an der
Ermordung des Fürsten Michael zu fünf Jahren Gefängniß
verurtheilt war. Seine Gesichtszüge trugen das Gepräge
eines wüsten schwelgerischen Lebens; die ganze Erscheinung
war antipathisch. Er war Verwalter auf einer Besitzung
des Exfürsten Karageorgëvić gewesen, den ich trotz seiner
in letzter Instanz in Wien erfolgten Freisprechung den An=
stifter des Mordes nenne. Die äußere Erscheinung des
Mörders stimmte ganz zu seiner moralischen Vergangenheit.
Der Präfect und der Rechnungsführer erzählten mir, daß
er immer ein nichtsnutziges und verkommenes Subject ge=
wesen sei, der den übelsten Leumund gehabt habe. Wohl
nie ist die Ermordung eines Fürsten mittelst so schlechter
Elemente in Scene gesetzt worden, wie die Ermordung des
Fürsten Michael! An der Spitze der Mörder stand der
Strafanstaltsdirector von Topšider; der größte Theil der
Mörder bestand aus Gefangenen der dortigen Strafanstalt.
Sie wurden bekanntlich nach der Ermordnng ergriffen, zum
Tode verurtheilt und auf dem Hinrichtungsplatze bei Belgrad
erschossen. Die Todesstrafe wird in Serbien durch Er=
schießen vollstreckt.

Ich ließ mich von dem Rechnungsführer noch durch
die übrigen Gefangenstuben führen, deren Insassen auch
keine psychologisch interessanten Persönlichkeiten aufzuweisen
hatten. Zu Mittag und zu Abend speisten die Gefangenen

gemeinschaftlich in einem großen, geräumigen Saale. Den in der Anstalt inhaftirten politischen Gefangenen stand es frei, in dem Zimmer, welches sie bewohnten, allein zu speisen. Die Verwaltung hatte ihnen auch in der Person eines wegen gemeinen Vergehens beurtheilten Gefangenen einen Diener zugeordnet. Weit interessanter als das Gefängniß für Männer war das Gefängniß für Frauen und Mädchen im rechten Flügel der Strafanstalt.

Durch das Mittelgebäude gelangte ich in Begleitung des Präfecten und des Rechnungsführers in den rechten Flügel. Wieder war eine Gefangene, welche wegen leichter Vergehen zu einem halben Jahre Freiheitsentziehuug ver= urtheilt war, die Pförtnerin. Ein breiter Gang durch= schnitt, wie in dem Gefängniß für Männer, das Haus, auf den sich die Thüren der einzelnen Stuben öffneten. Auch hier wurden die Thüren der einzelnen Stuben nicht verschlossen. Es stand den weiblichen, wie den männlichen Gefangenen auf der andern Seite des Gebäudes frei, die Stuben zu verlassen und sich auf dem Gange oder in einem an der Seite des Hauses gelegenen, mittelst einer hohen Bretterwand eingezäunten Gärtchen zu ergehen. Die Haus= ordnung war also in beiden Gefängnissen dieselbe, ebenso wie die Verpflegung der Gefangenen. Auch die weiblichen Gefangenen wurden zweimal täglich gespeist, Mittags und Abends. Die Portionen, welche sie an Fleisch, Brot und Gemüse erhielten, waren dieselben, wie im Gefangenhause für Männer. Fleisch wurde, außer an den Fasttagen, täglich Mittags verabreicht. Das grausame und unwürdige Princip, welches in preußischen Zuchthäusern angewandt wird und darin gipfelt, daß die Strafanstalt sich aus sich selbst er= halten soll, nämlich aus den Arbeitserträgnissen der Ge=

fangenen und aus der möglichſt billigen und kärglichen
Nahrung, iſt in den Gefängniſſen zu Poſarevac nicht zur
Anwendung gekommen. Ich habe auch in Preußen noch
keinen Strafanſtaltsdirector getroffen, der dies Syſtem ge=
billigt und der mir nicht zugeſtanden hätte, daß die gänzliche
Entziehung des Fleiſches von nachtheiligen Folgen für die
Geſundheit und für die Kräfte des Gefangenen ſei.

Und doch iſt das Gefangenhaus für Weiber in Po=
ſarevac nicht allein Gefängniß, ſondern zugleich auch Straf=
anſtalt. Serbien beſitzt nur dies eine Gefängniß für Weiber.
Alle im ganzen Lande wegen der verſchiedenſten Vergehen
und Verbrechen verurtheilten Weiber werden deshalb nach
Poſarevac gebracht. Die Frauen und Mädchen, welche wegen
Verbrechen verurtheilt werden, ſind in Serbien in der Voll=
ſtreckung der Strafe weit beſſer daran, als die Männer.
Alle Männer, welche die Gerichte zu mehr als fünf Jahren
verurtheilen, werden in die Strafanſtalten nach Topčider
und Belgrad geführt. In dieſen beiden Strafanſtalten iſt
der Zwang zur Arbeit Regel; außerdem werden in beiden
Strafanſtalten die Gefangenen an den Füßen mittelſt zweier
durch eine Kette verbundenen Ringe gefeſſelt. Im weiblichen
Gefangenhauſe zu Poſarevac iſt aber die milde Hausordnung
des dortigen männlichen Gefangenhauſes bei ſämmtlichen
Gefangenen durchgeführt, ſelbſt wenn ſie zu der höchſten
Freiheitsſtrafe, welche das ſerbiſche Strafgeſetzbuch kennt,
zu zwanzig Jahren Gefängniß, verurtheilt ſind. Die Feſ=
ſelung iſt ausgeſchloſſen; die Zwangsarbeit nicht Vorſchrift.
Ich fand im weiblichen Gefangenhauſe zu Poſarevac Frauen,
welche wegen leichter Vergehen zu einem Monat Freiheits=
entziehung verurtheilt waren, neben Frauen, über welche
ein Richterſpruch wegen Mordes zwanzig Jahre Gefängniß

ausgesprochen hatte. Ich bin selbstverständlich weit entfernt davon, diese Vermischung der verschiedensten Gefangenen zu loben — die Vermischung ist im Gegentheil tadelnswerth und nur durch den momentanen Mangel einer passenden Strafanstalt für Weiber zu entschuldigen — aber jedenfalls ist es löblich, daß bei den Unglücklichen, welche sich in dem weiblichen Gefangenhause zu Požarevac befinden, durchgehends die milde Hausordnung des männlichen Gefangenhauses eingeführt, und die harte Hausordnung der eigentlichen serbischen Strafanstalten ausgeschlossen ist, selbst wenn die Verurtheilung über fünf Jahre Freiheitsentziehung weit hinausgeht.

In dem weiblichen Gefangenhause zu Požarevac befanden sich zur Zeit meines Besuches acht und siebenzig Frauen und Mädchen. Nur ungefähr die Hälfte war außerhalb der Anstalt mit Arbeiten auf dem Felde beschäftigt. Bei diesen Arbeiten war dasselbe Princip durchgeführt, wie in dem Gefangenhause für Männer. Die Hälfte des Ertägnisses der Arbeit gehörte den Gefangenen; die andere Hälfte floß in die Casse der Verwaltung.

Und wer waren die weiblichen Gefangenen, welche ich im Hause sah, und welche in den einzelnen Stuben mit weiblichen Handarbeiten, mit Stricken, Nähen und Sticken beschäftigt waren; welche Verbrechen hatten sie in das Gefängniß geführt?

Ich sah, als ich durch die Stuben ging, Mädchen und Dirnen von allen Altersstufen und aus den verschiedensten Ständen; junge und sehr hübsche Mädchen und ältere Frauen in den fünfziger Jahren; jede war in ihren eigenen Kleidern; eine Gefangenkleidung war in den beiden Gefangenhäusern zu Požarevac nicht vorgeschrieben. Ich ließ mir jede einzelne Gefangene vorstellen und mir durch den Präfecten den Grund ihrer Verurtheilung mittheilen.

Viele waren wegen Diebstahls, wegen Veruntreuungen, wegen Unterschlagung verurtheilt. Einige wegen gewaltsamen Diebstahls, worauf das noch aus der Zeit des Fürsten Miloš stammende serbische Strafgesetzbuch die enorme Strafe von zwanzig Jahren Einsperrung setzt, viele wegen Mordes, wegen Abortus und Aussetzung unehelicher Kinder. In einem Zimmer fand ich drei Mörderinnen. Die eine hatte ihren Mann wegen Untreue ermordet, die andere, weil sie von ihrem Manne barbarisch behandelt war, die dritte hatte ihr uneheliches Kind getödtet. Die ersten beiden waren zu zwanzigjähriger Freiheitsstrafe verurtheilt. In einem anderen Zimmer fand ich zwei Mörderinnen. Beide hatten ebenfalls ihre Männer ermordet. Eifersucht, Untreue und schlechte Behandlung waren die Ursache der schrecklichen That gewesen. Und wieder vier Mörderinnen in einem dritten Zimmer! Ich war entsetzt über diese Masse von Mord, welche mir entgegentrat. „Sie vergessen, daß wir nur diese eine Strafanstalt für Weiber in ganz Serbien besitzen," sagte der Präfect; „was also an weiblichen Verbrechern im ganzen Lande vorhanden ist, finden Sie hier angehäuft. Und Sie werden mir zugestehen, daß eine Ziffer von 78 weiblichen Verbrechern auf eine Bevölkerungsziffer von einer Million und mehreren Hunderttausenden nicht hoch ist!" — „Nein, nein," erwiderte ich; „die Ziffer ist nicht hoch; ich weiß ja auch, daß die Verbrecherstatistik in Serbien eine sehr geringe ist; aber es überkam mich auf einmal so fürchterlich, daß ich hier in diesem einen Zimmer vier Mörderinnen um mich sehe. Gehen wir in ein anderes Zimmer!"

Mehr als ein halbes Dutzend Zigeunerinnen trat uns entgegen. Rabenschwarzes Haar, orientalische Phys=siognomieen, braune Hautfarbe, feuersprühende Augen! Der Orient schaute mich an, Indien und die afrikanische Steppe. Und wie sie schwatzten, wie Jede ein Anliegen hatte, wie Jede vom Präfecten verlangte, aus dem Gefangenhause entlassen zu werden, weil sie die Hälfte ihrer Strafe ab=gesessen und sich gut aufgeführt habe! Das ruhige Wesen der anderen Gefangenen serbischer Abstammung hatte bei diesen heißblütigen Kindern des Südens einer fieberhaften Unruhe Platz gemacht. Die Entziehung der Freiheit war ihnen fürchterlich. Sie waren sämmtlich wegen leichter Ver=gehen zu wenigen Monaten Gefängniß verurtheilt. Der Präfect sagte ihnen, daß das Princip, nach Abbüßung der Hälfte der Strafe und bei guter Führung eine Gefangene bedingt zu entlassen, erst bei Verurtheilung zu einem Jahre Freiheitsentziehung in Anwendung komme. Damit waren sie aber lange nicht zufrieden. Stürmisch verlangten sie augenblickliche Entlassung und wandten sich mit ihrem An=liegen vorzugsweise an mich, da sie mich wahrscheinlich für einen Regierungsbeamten aus der Hauptstadt hielten, wel=cher im Lande umherreise, um die Gefängnisse zu inspiciren. Lachend verließen wir das Gefängniß. Alle redeten, schwatz=ten und gestikulirten durcheinander.

Wieder eine Kindesmörderin und einige Mädchen, welche wegen Abortus und wegen Kindesaussetzung verur=theilt waren, in einer anderen Stube! Die Erstere lag auf ihrem Bett, weil sie sich unwohl fühle, wie sie dem Rechnungsführer sagte. Sie war ein sehr hübsches Mäd=chen von kaum zwanzig Jahren. Sanfte, einnehmende Ge=sichtszüge, rothblondes Haar und dunkelblaue Augen, welche

so traurig blickten! Die andern beiden Mädchen waren
mit weiblichen Handarbeiten beschäftigt. Sie waren zu einer
Gefängnißstrafe von sechs und acht Monaten verurtheilt; die
Kindesmörderin zu einer Haft von zwei Jahren. Die Rich=
tersprüche in Serbien sind milde, wenn es sich um aus
unehelichen Geburten hervorgehende Vergehen handelt. Lei=
der gibt es in Serbien keine Findelhäuser, wodurch alle
diese Verbrechen vermieden würden. In Belgrad beträgt
die Zahl der Findelkinder jährlich an vierzig bis sechzig;
in den Kreisstädten nur ein bis fünf. Meistens findet die
Polizei das verlassene Kind an einem stark besuchten Orte
ausgesetzt. Jede Gemeinde ist verpflichtet, für ihre unehe=
lichen Kinder zu sorgen. Sonderbarer Weise kommt der
Abortus in Serbien sehr häufig vor. Mittel zum Abor=
tiren werden von den Städterinnen gesucht und theuer be=
zahlt. Jedes Jahr kommen in den Städten Fälle vor, wo
junge Frauen ihren sträflichen Vorsatz, nicht gebären zu
wollen, mit dem frühen Tode bezahlen. Auf dem Lande
ist das anders. Die Bäuerin ist an ein hartes und müh=
sames Leben gewöhnt; sie arbeitet den ganzen Tag und ist
Morgens die Erste auf den Beinen, Abends die Letzte auf
ihrem harten Lager. Die Geburt wird ohne die nöthige
Rücksicht auf die Jahreszeit im Freien vollzogen. Still
und geräuschlos entfernt sich die Bäuerin, um nach her=
gebrachter Anschauung das Haus nicht zu verunreinigen,
und kehrt mit dem Neugebornen in der Schürze in das
Haus zurück. Ist es ein Knabe, so ist des Jubels kein
Ende; ist es ein Mädchen, so erwähnt man kaum des Er=
eignisses.

Ich konnte das Gefangenhaus nicht verlassen, ohne
von dem Rechnungsführer eingeladen zu werden, seine

Wohnung zu betreten und den in allen serbischen Häusern unvermeidlichen Slabko zu nehmen.

Ich habe in Serbien vom Minister des Innern bis zum Schulmeister auf dem Lande keinen Besuch gemacht, wo mir nicht der Slabko geboten wurde. So war es auch in der Wohnung des Rechnungsführers des Gefangenhauses zu Posarevac. Kaum waren der Präfect und ich in das mit Minderluk und Teppichen recht wohnlich eingerichtete Familienzimmer eingetreten, so erschien die Frau des Beamten, um uns zu begrüßen, neben sich ein sehr hübsches, junges Mädchen, welches uns auf einem Präsentirteller den Slabko bot. Ich hielt das junge Mädchen für eine Verwandte der Familie. Zu einer Dienerin schienen mir ihr städtischer Anzug und ihr ganzes Wesen nicht passend. Der Präfect sagte mir, daß sie auch eine Gefangene sei, welche der Beamte während ihrer Haft in seine Familie aufgenommen habe. Die Arme war eine Bürgerstochter aus Grabište. Ein gewissenloser Kaufmann in Grabište hatte sie unter dem Versprechen der Ehe verführt und sie dann verlassen. In der Verzweiflung hatte sie ihr unehelich geborenes Kind, die Frucht ihres Liebesverhältnisses, getödtet und war zu mehreren Jahre Gefängniß verurtheilt. Der Beamte gab ihrem Wohlverhalten im Gefangenhause das beste Zeugniß und sagte mir, daß sie nach Ablauf der Hälfte ihrer Strafzeit auf die Bedingung fernerer guter moralischer Führung in ihre Heimat entlassen werde.

Das Princip der Entlassung nach überstandener Hälfte der Strafe und bei guter Führung wird in allen serbischen Strafanstalten durchgeführt. Die Entlassung ist insofern eine bedingte, als der Gefangene wieder in die Strafanstalt zurückgeführt werden kann, falls er nach seiner Entlassung neuerbings in sein früheres, verbrecherisches Leben zurückfällt. Der Antrag auf Entlassung geschieht Seitens der Verwaltung des Gefangenhauses. Die beschließende Behörde ist der Präfect; die Wiedereinziehung des Gefangenen erfolgt auf Klage seiner Gemeindebehörde. Der Beamte des Gefangenhauses in Požarevac bestätigte mir die durchgehends guten Resultate dieses Princips. Der Strafanstaltsdirector in Belgrad hatte mir bei meinem Besuche der Strafanstalt in der ehemaligen Türkenfestung gesagt, daß er in den drei letzten Jahren auf diese Weise nicht weniger als 250 Strafgefangene entlassen habe. Kein einziger von diesen Gefangenen sei zurückgekehrt.

Die Disciplinarstrafen in den Gefangenhäusern in Požarevac bestanden in Entziehung eines Theiles der warmen Kost, in Einsperrung in eine Isolirzelle — und im äußersten Falle leider noch in körperlicher Züchtigung. Niemals werden über einen widerspänstigen Gefangenen zwei Disciplinarstrafen auf einmal verhängt. Ich ließ mich in die Isolirzelle führen. Sie war halbdunkel, indem sie durch ein in der oberen Hälfte der Wand befindliches, kleines, vergittertes Fenster erleuchtet wurde. Das Bett wird dem Gefangenen, der sich in der Isolirzelle befindet, nicht entzogen; ebensowenig die gewöhnliche Kost. Die Haft kann bis auf acht Tage verlängert werden. Die körperliche Züchtigung wird bei den Frauen mittelst einer Ruthe, bei Männern mittelst eines dünnen Stöckchens vollzogen und kann bis auf fünfundzwanzig Hiebe ausgedehnt werden. Diese Strafe ist in einem Culturlande, wie Serbien, wenn sie auch nur selten und nur im äußersten Falle bei fortgesetzter und hartnäckiger Widerspänstigkeit vollzogen wird, und wenn sie auch, wie dies in Serbien der Fall ist, unter spe-

cieller Kontrolle des Ministers des Innern steht, durchaus
nicht zu billigen. Hoffentlich wird sie mit dem in Vor=
bereitung begriffenen neuen serbischen Strafgesetzbuch aus
den Gefangenhäusern verschwinden. Sie ist ja auch vor
Kurzem in den preußischen Zuchthäusern und Gefängnissen
endlich von der Liste der Disciplinarstrafen gestrichen
worden.

———

Den Abend brachten wir in einem öffentlichen Garten
zu, wohin der Präfect eine unherziehende Musikgesellschaft
bestellt hatte, welche nicht schlechte Musik machte. Das
Abendessen, an welchem der Präfect Theil nahm, war noch
mannigfaltiger als das Mittagessen. Die Firebensstadt
sandte alle ihre Genüsse auf unsere Tafel und der Präfect
vermehrte sie durch verschiedene Sorten serbischen Weines,
welche ich noch nicht kannte. Am andern Morgen fünf
Uhr standen Panduren, Pferde und Reisewagen auf dem
Hofe des Gasthauses zur Abfahrt bereit, weil wir einen
langen Tag vor uns hatten, um Smederevo und seine alte
Türkenfestung zu besichtigen und doch noch vor Anbruch
der Nacht in Belgrad einzutreffen. Trotz der frühen
Morgenstunde erschien der Präfect, um nochmals von mir
Abschied zu nehmen, mir noch ein Dutzend echter Havannah=
cigarren in die Tasche zu stecken und mir noch einige amü=
sante Anekdoten aus einem Courabend im Berliner Resi=
denzschlosse auf die Reise zu geben.

———

# Fünfundzwanzigstes Kapitel.

## Smederevo.

Bei der Stadt Smederevo erheben sich hart am Strande der Donau, da, wo die westliche Morava, die Jessava, in die Donau fällt, eine Reihe colossaler, durch eine Mauer verbundener viereckiger Thürme, welche schon von fern für Denjenigen, welcher von Belgrad donauaufwärts fährt, sichtbar werden. Wenn man näher kommt, sieht man, daß die alte Veste ein unregelmäßiges Dreieck bildet, dessen mit eilf Colossalthürmen besetzte Stirnseite von der Donau bis zur neuen Kirche mit der Stadt parallel läuft, während die Donauseite fünf Thürme und die von den Fluthen der Jessava bespülte Front vier Thürme zählt. Alle Thürme haben dieselbe viereckige, colossale Gestalt und sind sämmtlich durch colossale Mauern, über deren Zinnen ihre Häupter aber weit hinausragen, mit einander verbunden. In der weißen, steinernen Mauer des größten Thurmes ist ein aus rothen Backsteinen gefertigtes Kreuz zu schauen, welches in der Höhe von zwölf Fuß durch die Dicke der ganzen Mauer läuft, also nur zerstörbar ist, falls der Thurm selbst zerstört wird. Rings erblickt man um das Kreuz die heiligen Monogramme und unter diesen in altserbischer

Sprache die Worte: „An Christum Gott, rechtgläubiger Despot Georg, Herr von Serbien und Zenta am Meere;*) auf deſſen Befehl wurde dieſe Burg erbaut im Jahre 6938 (1430 nach Chriſto)." Die Ueberſchrift des Kreuzes lautet: „König der Ehren." Das iſt das berühmte Kreuz des Georg Brankovíc, der die Feſtung erbaut hat. Vier Jahrhunderte hindurch haben türkiſche Kugeln den Thurm umſauſt und reichlich Ziegeln und Steine heruntergeſchoſſen, ohne das Kreuz zerſtören zu können. Es iſt nur röther geworden durch die Kugeln, welche es getroffen haben. Das rothe Kreuz war der erſte Anblick, der die Augen der aſiatiſchen Barbaren traf, als ſie Smederevo eroberten.

Es hat alle Schändlichkeiten und Grauſamkeiten überbauert, welche die Epoche der türkiſchen Tyrannei in Serbien kennzeichnen und war der letzte Gegenſtand, den die Türken erblickten, als ſie endlich vor vier Jahren gezwungen wurden, die Veſte zu räumen.

Die Veſte bei Smederevo iſt eine der größten und intereſſanteſten Feſtungen in Serbien und war vier Jahrhunderte hindurch ein Mittelpunkt aller Kämpfe, die Kreuz und Halbmond an der untern Donau und auf der Balkanhalbinſel miteinander gefochten haben. Welche Ströme von Blut haben dieſe alten Steine benetzt! Wie oft haben dieſe Coloſſalthürme das Allahgeſchrei der anſtürmenden Türken gehört; wie oft iſt hier die ſerbiſche Nationalhymne erklungen: „Der Feind ſoll ſehen, der Feind ſoll hören, daß der Serbe noch lebt, daß er ein Held iſt!" Und wie viel Seufzer von den aſiatiſchen Barbaren Gemarterter ſind im Umfreis dieſer Türfenfeſtung verhallt, auf dem Pfahl und unter der

---

*) Das heutige Montenegro und die Hercegowina.

Sklavenpeitsche mit den Drahtriemen und den Eisenkugeln
gestorbener Serben, von der ich ein Exemplar in der Hoch=
schule von Belgrad sah! In dem unglücklichen Jahre 1815,
wo sich die Türken wieder des unglücklichen Landes be=
mächtigten, wehte auf den Zinnen der alten Veste des Georg
Branković bei Smederevo wiederum das blutrothe Halb=
mondbanner.

Schon fünf Jahre nach ihrer Erbauung bestand die
Veste die erste Probe gegen die anstürmenden Barbaren
Sultan Amurads. Die erste Probe war für die Festung
siegreich. Die Türken wurden zurückgeschlagen und ihr helden=
müthiger Vertheidiger führt in der Kampfgeschichte Serbiens
den Beinamen: „Smederevo Gjuro.“ Aber im Jahre 1439
mußte die Veste capituliren; die Türken pflanzten wieder
auf ihren Zinnen das Halbmondbanner auf. Dann von
Georg wieder erobert und von Sultan Mahomed vergebens
belagert, fiel sie nach der unglücklichen Schlacht bei Varna
wieder in türkische Hände und blieb türkisch länger als
ein Jahrhundert hindurch.

Als die Macht der Türken in dem glorreichen Feldzuge
von 1688 durch Herzog Maximilian von Baiern an der
Donau und an der Save gebrochen und die Türkenfestung
Belgrad gefallen war, besetzte die österreichische Armee auch
die Veste bei Smederevo. Der Seraskier hatte sie ohne
Vertheidigung verlassen. Aber mit dem Verluste von Niš
ging auch Smederevo wieder verloren; erst im Jahre 1817
zog „Prinz Eugen, der edle Ritter,“ als er die Türken bei
Belgrad geschlagen hatte, wieder in die Veste Georg Bran=
kovič's ein. Nach dem unrühmlichen Feldzuge des Prinzen
von Lothringen konnte sich der in der Veste zurückgebliebene
österreichische Hauptmann nur mit Mühe mit der kleinen

Besatzung über die Donau retten. Und noch einmal fiel die
Festung in österreichische Hände. General Laudon forderte
im Jahre 1789, nachdem er Belgrad erobert hatte, die
Türkenfestung zur Uebergabe auf. Der türkische Commandant
erklärte sich unter den Bedingungen, wie Belgrad capitulirt
hatte, zur Uebergabe bereit. Der dreihundert Mann starken
Garnison wurde freier Abzug bewilligt. Mit dem Sistover
Frieden fiel die Festung wieder in türkische Hände. Erst
im serbischen Freiheitskriege wurde sie von den Serben wieder
erobert. Erbittert durch die grausame Ermordung ihres
Vojvoden Vulić, vertrieb die christliche Bevölkerung von
Smederevo die asiatischen Barbaren aus der Stadt und nach
einem verzweifelten Widerstande aus der Festung. In dem
verhängnißvollen Jahre 1813 mußte aber auch die Veste
Georg Branković's wieder ausgeliefert werden und blieb in
türkischen Händen bis zum Jahre 1868, wo endlich alle
türkischen Festungen auf serbischem Grund und Boden ge=
räumt wurden.

Das ist die interessante, viel umkämpfte Veste bei Sme=
derevo, welche ich auf dem Wege von Požarevac nach Belgrad
besuchte. Durch eine endlose, mit hölzernen, aus einem
Erdgeschoß bestehenden Baracken mit Werkstätten und Läden,
dazwischen mit hübschen, weißgestrichenen Häusern besetzte
Straße fuhr ich in Smederevo ein. Die Stadt lehnt sich
an die letzten Ausläufer des nach Osten sanft abfallenden
Avalagebirges, während die Veste ganz in der Ebene liegt.
Die Abhänge aller Hügel um die Stadt sind mit Wein=
bergen bedeckt, deren berühmte Trauben von den Soldaten
des Kaiser Probus gepflanzt sein sollen. Die Hauptstraße
welche sich längs der Donau hinzieht und den Marktplatz
kreuzt, gleicht in ihrer Häuserdecoration so ziemlich der Straße,

durch welche ich in die Stadt einfuhr. Der Orient und der Occident streiten sich auch in der Hauptstraße, wie in ganz Smederevo, um den Boden. In Smederevo wohnt Einer der reichsten Privatleute, der aus dem Schweinaus= fuhrhandel seine Schätze herleitet. Dem „Gospodar" Raša gehören die schönsten Häuser, die besten Weinberge und die meisten schweinebeladenen Schiffe. Auch die schönste und größte Kirche des Landes besitzt Smederevo. Es ist die neue Sanct Georgskirche, die Kirche des heiligen Georg, in welcher der Baumeister — ein macedonischer Romane — sich die Aufgabe stellte, die byzantische und die occidentale Bauweise zu vereinigen, indem der westliche Theil eine Copie der Belgrader Cathedrale ist, während der östliche Theil mit seinen fünf Kuppeln der Kirche von Manassia nachgebildet wurde. Noch eine sehr interessante kleine Kirche besitzt Sme= derevo. Auf einem grünen Hügel außerhalb der Stadt, von dessen kleinem Plateau man eine prächtige Rundsicht auf die Stadt und auf die Donau hat, erhebt sich eine kleine Kirche, welche zu den ältesten Baudenkmalen Serbiens gehört. Sie soll aus dem Jahre 1000 stammen und ist, wie Kanitz *) sagt, „die einzige Kirche, deren Aeußeres in ursprünglicher Weise erhalten, für die auf hoher Stufe gestandene Bautechnik Altserbiens spricht." Die asiatischen Barbaren haben, wie überall, auch die schönen Fresken dieser interessanten Kirche zerstört.

Die Türkenfestung bei Smederevo ist das größte und bedeutendste Stück militärischer Architectur, welches in Ser= bien existirt. Auch in archäologischer Beziehung würde sie viel Interessantes bieten, wenn eine wissenschaftliche Unter=

---

*) S. Serbien von F. Kanitz. Leipzig 1868.

suchung der Fragmente von Sculpturen und Inschriften aus der Zeit des serbischen Kaiserreichs stattfände, welche man in den Thürmen eingemauert findet. Von dem in modernem europäischen Geschmack und mit allem Comfort eingerichteten, am Landungsplatze der Donaudampfschiffe gelegenen Gasthof zum Löwen führt eine kurze, halb europäisch, halb orientalisch ausschauende Straße auf einen weiten, ganz wüsten Platz, den ehemaligen Kalimeiban der Türkenfestung. Von diesem Platze aus zeigt sich dem Beschauer die Festung als eine Reihe von eilf Colossalthürmen von viereckiger Gestalt, welche durch eine hohe, crenelirte Mauer mit einander verbunden sind. Vor dieser Mauer zieht sich in ihrer ganzen Länge eine zweite Mauer hin, welche ungefähr das Drittel der Höhe der hinteren Mauer hat. Beide Mauern sind durch einen trockenen, breiten Graben von einander getrennt, welcher jederzeit von der Donau aus mit Wasser gefüllt werden kann. Auf einer erbärmlichen, hölzernen, noch aus der Türkenzeit stammenden Bohlenbrücke überschritt ich den trockenen Graben und gelangte zu einem viereckigen, weißgestrichenen Gebäude mit spitzem Ziegeldach. Auf der Sitze des Daches erblickte ich das serbische Kreuz. Ueber dem Bogen des Thores, welches mich aus dem Gebäude wieder hinausführte, las ich die Worte: „Michael Obrenović III., Fürst von Serbien. 12. April 1868." Ich stand nun vor der crenelirten Umfassungsmauer, welche die Thürme mit einander verbindet, und durchschritt ein zweites in der Mauer befindliches altes Thor.

Als ich das zweite Thor im Rücken hatte, konnte ich den größten Theil des Inneren der Festung überschauen. Ein zweiter, mit einer vegetabilischen Decke überzogener Gra-

ben voll stagnirenden Wassers zog sich längs der Mauer
hin. Vor mir dehnte sich ein weiter mit fußhohem Grase,
mit Gestrüpp und Unkraut bedeckter Platz aus, auf dem sich
hin und wieder stattliche Baumgruppen erhoben. Im Schatten
dieser Baumgruppen standen kleine, viereckige, aus Lehm
und Holz aufgeführte Türkenhäuser mit rothen Ziegeldächern
und weißgestrichenen Wänden. Jedes Häuschen hatte nur
ein Erdgeschoß, deßen Decke so niedrig war, daß ein hochgewachsener Mann im Innern dieser kleinen und niedrigen
Stube kaum aufrecht stehen konnte. Die mit Eisenstangen
vergitterten kleinen Fenster berührten fast den Boden. Jedes
Häuschen war nach orientalischer Sitte von einem einge-
friedigten, verwilderten Gärtchen umgeben. In diesen
kleinen Häusern hatten bis zu der Catastrophe des Jahres
1862 die Soldaten der Besatzung gewohnt, welche aus
verheiratheten Soldaten — Erlies — bestanden. Die mit
Eisenstangen vergitterten Fenster mußten die Fenster des
Harems ersetzen, aus denen man ins Freie hinaussehen,
aber nicht von Außen hineinblicken kann. Neben dem Thor,
durch welches ich in das Innere der Festung gelangt war,
erblickte ich ein aus Holz aufgeführtes, höchst dürftig ausschauendes Gebäude mit einem aus Backsteinen aufgeführten,
freistehenden Thurme, deßen oberes Ende eine hölzerne
Gallerie und eine Thurmspitze krönte. Ich fragte einen
vorübergehenden serbischen Soldaten nach der Bestimmung
des Gebäudes. Meine Vermuthung war richtig. Es war
die ehemalige türkische Moschee, von deren Minaret der
Imam die „Erlies" und ihre Weiber zum Gebete rief.
Als der englische Geistliche Rev. W. Denton vor dem
Jahre 1862 die Türkenfestung besuchte, fand er „das Par-
terre der Moschee als Caffeehaus eingerichtet, in welchem

Scherbet und allerlei Süßigkeiten ausgelegt waren, um die Soldaten und Kinder der Garnison in Versuchung zu füh= ren." Die Moschee, das Caffeehaus, der Cibuk, der ver= gitterte Harem und der Kef — darin concentrirt sich die ganze türkische Herrlichkeit! So war es auch in der Türken= festung bei Smederevo. Die als Besatzung dienenden Civil= türken hatten gar nichts zu thun und nichts zu denken. Ohne Grundbesitz, beschäftigen sie sich mit dem Fischfang in der Donau. Als die türkische Civilbevölkerung der Convention Jahres 1862 zufolge Smederevo verlassen mußte, wanderten die Erlies mit Weibern und Kindern aus nach Widdin, und 250 Nizams — türkische Linien= soldaten — von einem Bimbaschi befehligt, nahmen ihre Stelle ein.

Der Soldat, den ich nach der Moschee gefragt hatte, führte mich zu dem interimistischen Commandanten der ehe= maligen Türkenfestung, dem Major Blaznavac, dem Bruder des jetzigen Generals und Kriegsministers. Ich fand ihn mit seinem Bureau in einem der türkischen Häuser ein= gerichtet, welches ehemals der türkische Commandant be= wohnt hatte. Es enthielt ausnahmsweise mehrere kleine Wohnräume, deren Decke aber auch so niedrig war, daß ich, den Hut auf dem Kopfe, in demselben nicht hätte ge= rade aufrecht stehen können. Der Major gab mir einen deutsch sprechenden Hauptmann mit, und dieser führte mich nun in das Allerheiligste der ehemaligen Türkenfestung — in die Citadelle.

Ueber den grasbewachsenen, hie und da mit kleinen, weißen Türkenhäusern und schattigen Baumgruppen be= deckten Raum, der die ganze innere Festung ausfüllte, schritten wir nach der Richtung zu, wo die Jessava in die

Donau fällt. Dort war der an der einen Seite durch die Fluten der Donau, an der anderen durch das Wasser der Jessava bespülte Theil der Festung durch eine schräg gezogene, ebenfalls mit viereckigen Mittelthürmen und runden Eckthürmen besetzte, crenelirte Mauer in ein schiefes Dreieck abgetheilt, welches nach der Jessava durch vier, nach der Donauseite durch fünf Thürme vertheidigt wurde. Nach dem Raum der Festung zu war die Citadelle durch einen breiten, stinkigen Graben voll stehenden, mit einer grünen Vegetabiliendecke überzogenen Wassers geschützt. Ueber eine verfallene Bohlenbrücke gelangte ich mit dem Hauptmann zu dem Thore, welches uns in das Innere der Citadelle führte.

Der innere Raum der Citadelle schaute noch wüster und unordentlicher aus, als der innere Raum der großen Festung. Der Boden war uneben, hügelig auf- und absteigend, mit Gras und Gestrüpp bedeckt. An der rechten Seite standen noch verfallene Gebäudetrümmer aus der Türkenzeit, wahrscheinlich die Wohnräume der die Besatzung der Citadelle bildenden Civiltürken oder Nizams. Links in der Ecke, welche die Mauern der Donauseite und der Jessavaseite bilden, erhob sich ein hoher, dicker Thurm, ebenfalls von quadratförmiger Gestalt.

Es war der Pulverthurm der Citadelle. Eine verfallene, in die Mauer der Donauseite gehauene Stiege führte auf die Krone der Mauer. Alte türkische Caronnaden mit endlosen, dünnen Läufen und Haufen von Kugeln aller möglichen Kaliber lagen zerstreut auf dem hügeligen, grasbewachsenen Boden umher, und der Gestank des faulen, die Citadelle nach der Festung zu abschließenden Wassers wehte über die Mauer und verpestete die Luft.

Ich war der Türkenfestung satt und müde und entfernte mich eiligen Schrittes, um einen Spaziergang durch das seit den vier Jahren, wo die Türken die Veste verlassen haben, aufgeblühte Smederevo zu machen und das Grab des serbischen Schriftstellers D a v i d o v i ć zu besuchen, des Verfassers der ersten serbischen Constitution. Der Kreis von Smederevo hatte im Jahre 1833, wo die asiatischen Barbaren in Stambul gezwungen wurden, die Autonomie und Selbstständigkeit des durch eigene Kraft befreiten Serbiens anzuerkennen, nur 27.000 Einwohner, während er heute mehr als das Dreifache und über zehntausend Häuser zählt. Smederevo ist heute eine Stadt von mehr als 4000 Einwohnern, Hauptstapelplatz für den Schweineausfuhrhandel. Ich fand in Smederevo eine Normalschule, eine Mädchenschule, eine Realschule, ein Gymnasium, eine Buchhandlung und eine Creditbank, welche t ä g l i c h einen Umschlag von mehr als tausend Dukaten macht. Welche Contraste, die Baracken, die Trümmer und der Verfall in der Türkenfestung, mit der Serbien nichts anzufangen weiß und das blühende, von Weinbergen umkränzte Smederevo! Wer in Europa noch von Aufrechterhaltung der Herrschaft der asiatischen Barbaren spricht, schaue sich diese Contraste an!

# Geographie und Ethnographie Serbiens.

Die Grenzen des altserbischen Reichs vor der vernichtenden Catastrophe auf dem Amselfelde erstreckten sich vom abriatischen Meere bis zum schwarzen Meere. Das Reich Stephan Duschans umfaßte Bulgarien, Macedonien, Albanien, einen Theil Thessaliens, Bosnien, Theile von Romanien, Dalmatien und Croatien. Lage, Umfang und politische Gränzen des heutigen Fürstenthums Serbien sind weit verschieden von dem Umfang und den Grenzen des altserbischen Königreichs. Das heutige Serbien hat nach den Angaben des serbischen Statistikers Jakšić einen Umfang von 760 Quadratmeilen und befindet sich zwischen dem 43. und 45.º nördlicher Breite und dem 37. und wenig über den 40.º östlicher Länge (Ferro). Es hat die Gestalt eines Dreiecks, dessen nach Süden gewendete Spitze der höchste Gebirgsstock des Landes, der Kopaonik, markirt, während die nördliche Basis die von Rača bis Aba=Kaleh reichende Save=Donaulinie bildet. Save und Donau scheiden Serbien von Oesterreich. Die westliche Grenze gegen Bosnien zu bildet die Drina; die Donau und der Timok scheiden das Land von der Wallachei und Bulgarien; die südliche Grenze bilden Albanien und Altserbien.

Donau, Save und Morava sind die Hauptflüsse Serbiens. Während Save und Donau die nördliche und einen Theil der östlichen Grenze des Landes bilden, theilt die Morava Serbien in zwei fast gleiche Hälften. Sie entsteht aus der Vereinigung der serbischen Morava, welche an der südwestlichen Grenze entspringt, und der bulgarischen Morava, fließt sodann in nördlicher Richtung und ergießt sich bei Smederevo in die Donau. Die serbische Morava nimmt vor ihrer Vereinigung mit der bulgarischen Morava die Gewässer des von Süden herkommenden Ibar auf. In die vereinigte Morava fallen während ihres Laufes nach der Donau verschiedene kleinere Flüsse, von denen die Jassenica und die Ressava die bedeutendsten sind. Von den Flüssen, welche das östliche Serbien durchströmen und sich ebenfalls in die Donau ergießen, sind noch die Mlava, der Pek und der Timok zu nennen; im westlichen Serbien strömt die Kolubara in die Save, der Jadar in die Drina. Die Wasserscheide dieser verschiedenen, das Land gut bewässernden Ströme wird mehr durch Hügelreihen, als durch Gebirge gebildet. Die zwischen den Strömen befindlichen Thäler sind ebenso reich an fruchtbarem Ackerland, wie an fettem Weideland.

In der Mitte des Landes finden wir ein großes Centralgebirge, dessen weitgezogene Höhenrücken alles Land zwischen der Morava und der Kolubara bedecken, das eigentliche Herz Serbiens. Den wichtigsten Theil dieses Centralgebirges bildet die Rudnikkette. Sie erhebt sich im Westen von Kragujevac und steigt in ihrem höchsten Punkt bis zu 2.600 Fuß über dem Meere an. Der Volksmund

nennt dieſes Centralgebirge wegen ſeines großen Wald=
reichthums das Waldland — Sumadia. Der gebirgigſte
Theil des Landes iſt der Südweſten. Seine Höhenzüge
erheben ſich bis auf 3.500 Fuß. Sie enthalten das Quellen=
gebiet der ſerbiſchen Morava. Das nordweſtliche Ser=
bien hat einen ſanfteren Höhencharakter. Seine höchſten
Punkte erreichen kaum 2.800 Fuß. Das Medvanikgebirge
iſt der Gebirgsſtock, welcher dieſen Theil Serbiens beherrſcht.
Der Nordoſten Serbiens tritt durch ſeine nach der Do=
nau abdachenden Höhenzüge mit den Bergketten am linken Do=
nauufer in die engſten Beziehungen. Sie ſind nichts an=
deres, als die Fortſetzung des großen Karpathenſtockes. Im
ſüdlichen Serbien erreicht das Bodenrelief im Kopao=
nik (5.886') ſeinen höchſten Höhenpunkt. Der Gebirgs=
ſtock des Kopaonik beherrſcht das ganze, zwiſchen der Save
und der Donau befindliche Terrain.

Das Klima Serbiens iſt Folge ſeiner geographiſchen
Lage und Bodenbeſchaffenheit. Dr. Johann Valenta,
Direktor des Belgrader Krankenhauſes, ſkizzirt dasſelbe mit
folgenden Worten: „Die bedeutende Entfernung vom Meere,
das Fehlen und die Entfernung jeder großen Gebirgskette
im Norden tragen dazu bei, daß ſich die Extreme des con=
tinentalen Klima's ſehr empfindlich geltend machen. Eine
Temperatur im Januar von — 25° und im Juli von
+ 34° R. im Schatten, ſind gewiß ziemlich weit ausein=
ander gelegene Extreme, und es iſt auf den erſten Blick
erſichtlich, daß trotz der gleichen Breitenlage mit Florenz
und Toscana das Klima Serbiens weit davon entfernt iſt,
ein italieniſches zu ſein. Die Schattenſeiten desſelben zeigen
ſich am fühlbarſten in den Niederungen längs der Donau
und Save, weniger in den hochliegenden Theilen in der

Sumadia. Die am meisten herrschenden Winde sind Nordost und Südwest. Ersterer, über die lange dacische Ebene wehend, verliert an Serbiens Gränzen alle Feuchtigkeit und kommt über die von Nord nach Süd laufende Kette der Rudna Hlava und des Omoljer Gebirges als ein trockner, kalter Wind in der Ebene an. Der vom abriatischen Meere herüberwehende Südwest bringt stets viel Feuchtigkeit mit und findet seine Markscheide am benannten Gebirge, über welches er mit denselben Eigenschaften gelangt, mit denen der Nordost herüberkommt. Hier ist also die Wetter= und Windscheide der beiden am meisten Einfluß übenden Wind= richtungen. Unzählige Beispiele thun augenscheinlich die Einwirkung des Nordostwindes im Verein mit den gewal= tigen Temperatursprüngen dar; Lungen=, Rippenfellentzün= bungen und Rheumatismen sind die häufigsten Formen der Erkältungsaffektionen, die er in seinem Gefolge hat. Der Südwest als Regenbringer vermehrt den Feuchtigkeitsgrad, begünstigt daher die Fäulniß, und es ist die Entwicklung und der Ausbruch des Sumpfmiasma entschieden an diese beiden Potenzen gebunden. Durch die in beunruhigendem Grade von Jahr zu Jahr rapid zunehmende Entholzung der Anhöhen und Ausrodung der Wälder werden alle jene großen Uebelstände geschaffen, die man in so traurig präg= nanter Weise am Karst sehen und studiren kann. Die durch ³/₄ Jahr leer liegenden Rinnsale, Quellen und Wasseradern schwellen zu bedeutenden, alles mit sich reißenden Bächen an, die schönen Wiesen bedecken sich mit Schutt, und Geröll oder versumpfen und werden so eine neue Potenz zur Hervor= rufung des Sumpfmiasma. Gegen letztere Uebelstände an= zukämpfen, ist die zwölfte Stunde schon im Anzuge, denn einzelne früher bewaldete, bewohnte Stellen sind schon ver=

loren! — Und soll nicht der empfindlichste Schaden der Nation und dem Lande zugefügt werden, so ist die Beholzung der Anhöhen eine Lebensfrage Serbiens in national-ökonomischer, wie in sanitärer Hinsicht."*)

Die Flora Serbiens entspricht seinen klimatischen Verhältnissen. Neben den Eichenwäldern, Buchenwäldern, Eschen und neben dem Nadelholz findet man ganze Wälder wildwachsender Nußbäume und Maulbeerbäume, Silber-pappeln, Akazien, wilder Aepfelbäume, Birnbäume, Kirsch-bäume und Pflaumenbäume. Die Ränder der die Wälder durchziehenden Pfade sind mit wilden Erdbeeren eingefaßt. Die Lichtungen der Wälder sind reich an Brombeeren. Die Wiesen sind bedeckt mit Veilchen und Gänseblümchen, Stief-mütterchen und Euphorbien, Primeln und Schlüsselblumen, Vergißmeinnicht und Ehrenpreis, mit Orchideen aller Schat-tirungen und mit wildem Knoblauch, mit Herbstzeitlosen, Kukuksblumen und Pechnelken. Die Hecken sind besetzt mit Geißblatt, Klematis, wildem Hopfen und Wein, mit Ginster und Brombeersträuchen, mit Weißdorn und Schwarzdorn.

Die Reben, welche die Abhänge der Hügel besonders in der Nähe von Semendria, Požarevac, Negotin und bei dem Kloster Ravanica bedecken und in Serbien zur Römer-zeit eingeführt sein sollen, liefern einen sehr guten Wein, weißen und rothen. Der beste Wein stammt von den Wein-bergen bei Semendria und Negotin. Im Innern des Landes sind die Häuser von Obstgärten mit Kirschen-, Aepfel-, Pflaumen- und Birnbäumen umgeben, deren Früchte ge-trocknet und in großen Massen ausgeführt werden, während

---

*) S. Volkskrankheiten und ärztliche Zustände in Ser-bien von Dr. Johann Valenta.

aus der Pflaume — Sliva — der Slivoviß, der Lieblings=
branntwein des Landes gebrannt wird. In der Umgegend
von Kruševac sah ich ganze Wälder von Pflaumenbäumen.
Die besten Zwetschken liefert die Sumadia. Von Hülsen=
früchten werden meistens nur Bohnen gezogen. Erdäpfel
und Gemüse werden fast nur in der Nähe von Belgrad und
einigen Kreisstädten gebaut. Vorherrschend ist der Anbau
des türkischen Waizens, des Kukuruz. Melonen, Kürbiße,
Paprika, Knoblauch, Zwiebeln werden überall im Lande
gebaut; Korn und Waizen in den Savegegenden und
Donaugegenden, Hafer, Gerste, Hirse und Spelt überall.
Hanf wird fast in jedem Hause gezogen, theils für den ei=
genen Bedarf, theils für den Verkauf. Der serbische Tabak
ist von dunkler Farbe und gedeiht am besten in den Kreisen
von Karanovac, Alexinac und Čačak.

Die serbischen Flüsse liefern einen Reichthum an Fischen:
Schmackhafte Störe, Karpfen und Hausen, Barsche und Fo=
rellen. Die eigentlich wilden Thiere: Bären, Wölfe, Eber
und Luchse sind in den Wäldern ausgerottet; Hirsche, Rehe,
Hasen, Füchse sind troß der vom September bis März statt=
findenden unbeschränkten Jagdfreiheit ziemlich häufig. In
den Höhlen der Berge und auf den Donauinseln und Save=
inseln horsten Raubvögel und Wasservögel in Menge. Die
Fettammer, die Wachtel und die Schnepfe finden sich in
den Ebenen.

Die serbischen Könige zogen einen großen Theil ihres
Einkommens aus dem Erzreichthum der Silber=
werke, deren in verschiedenen Diplomen Dušan's, Lazar's
und anderer Könige gedacht wird. Marmorbrüche und Berg=
werke wurden von Alters her in Serbien betrieben. Das
Material der meisten monumentalen Bauten ist im Lande

selbst gebrochen worden. Deutsche Bergleute schufen die Quellen, aus denen die serbischen Könige ihre nach Millionen Ducaten zählenden Schätze geschöpft haben. Am berühmtesten waren die Silbergruben von Novo Brdo. Auch Lazar soll den größten Theil seiner Schätze demselben Bergwerk verdankt haben. Branković verpachtete später nach den Berichten des Reisenden Bertrand de la Brochiére die Gold- und Silberbaue von Novo Brdo, Janjevo und Kratovo an die Republik Ragusa für die Summe von 200.000 Ducaten. Wie alle Culturzweige verfiel auch die Montaninbustrie während der türkischen Herrschaft in Serbien. Die ergiebigsten Bergwerke wurden aus Mangel an Bergleuten aufgelassen. Ueberall findet man im Lande verlassen Erzbaue. Gold und Silber wird heute in Serbien nicht mehr gefunden. Ob dasselbe noch vorhanden ist, oder ob die Gold- und Silberadern der serbischen Berge zur Zeit der serbischen Könige ausgebeutet sind, darüber waren die Meinungen der Ingenieure und Bergleute, welche ich in Serbien gesprochen habe, verschieden. Im Jahre 1835 hat der königlich sächsische Oberberghauptmann von Herder im Auftrage des Fürsten Miloš Serbien montanistisch untersucht. Eine neue Untersuchung zur Entdeckung von Salzlagern fand im Jahre 1856 von Seiten des königlich sächsischen Bergraths Professor Breithaupt statt. Das Eisen von Serbien steht an Reinheit und an Menge des Metallgehalts im Erz keinem der Welt nach. Zinkminen, Schwefelminen und Kohlenlager gibt es in verschiedenen Theilen des Landes. Die Kohle in den Kohlenlagern von Dobra wird von englischen Kohlenschauern der Kohle von Newcastle gleichgestellt. Zu diesem Mineralreichthum kommen noch Minen von Kupfer und

Blei nebst großen Lagern von Gyps, Salpeter und feuer=
festem Thon.

Von den heute in Betrieb befindlichen Bergwerken
mögen hier nur die Eisenwerke und Hüttenwerke zu Maidan=
pek, sowie die Zinkwerke und Kupferwerke zu Kučaina er=
wähnt werden. Im Podrinjer Kreise baut die Regierung
mit glücklichem Erfolge auf Blei. Auch sind dort Zink,
Antimonium und Kupfer aufgeschürft worden. Die vor=
züglichsten und reichsten Kohlenminen befinden sich an der
Donau. Ich will nur die reichen Kohlenflöße zu Dobra,
Senje und im Negotiner Kreise erwähnen. Mineralquellen
gibt es viele und reichhaltige im Lande. Möge hier nur
der Mineralbäder zu Bara bei Losniza, zu Wrnzi bei Kru=
ševac und zu Banja bei Alexinac, welche ich im ersten Theile
meines Buches geschildert habe, gedacht sein. Um auf diesem
Gebiet die Schätze des Landes zu heben, bedarf es nur aus=
reichender Capitalien und Unternehmer.

Das Areal, welches gegenwärtig in Serbien mit Wei=
zen bebaut ist, beträgt 87.992 Hectaren. Dieselben liefern
einen jährlichen Ertrag von 1,286.448 Hectolitres und einen
Productionswerth von 11,997.392 Francs. Mit Roggen
sind bebaut 10.523 Hectaren. Sie liefern einen jährlichen
Ertrag von 118.910 Hectolitres bei einem Productionswerth
von 697.698 Francs. Mit Spelz sind bebaut 8.423 Hec=
taren, welche jährlich einen Ertrag von 114,299 Hectolitres
bei einem Productionswerth von 486.250 Francs liefern. Mit
Wälschkorn — Kukuruz — sind bebaut 157,409 Hectaren,
also bei Weitem der größte Bodenraum. Der jährliche Er=
trag des Wälschkornes ist 2,383.173 Hectolitres; der Pro=
ductionswerth des Wälschkornes beträgt nicht weniger als
16,642.652 Francs. Mit Gerste sind 20.695 Hektaren

bebaut, deren jährlicher Ertrag sich auf 280.158 Hectolitres beläuft und deren Productionswerth 1,480.294 Francs ist. Mit Hafer sind 17.683 Hectaren bebaut. Sie liefern einen Ertrag von 261.710. Hectolitres und einen Productionswerth von 927.080 Francs. Der Anbau der Hirse ist der unbedeutendste. Er bedeckt 232 Hectaren, welche einen jährlichen Ertrag von 2.214 Hectolitres und einen Productionswerth von 14.276 Francs haben. Stärker ist der Anbau des Haidekorns. Das Haidekorn bedeckt in Serbien 687 Hectaren. Der jährliche Ertrag desselben beläuft sich auf 5.637, der Productionswerth auf 34,569 Francs. Die Gesammtsumme aller in Serbien produzirten Getreidearten beläuft sich also auf 303.594 Hectaren; die Gesammtsumme des jährlichen Ertrages aller Getraidearten auf 4,452.549 Hectolitres; die Gesammtsumme des ganzen jährlichen Productionswerthes auf 32,280.211 Francs. Die Handelsbewegung ist in Serbien in stetem Steigen begriffen. Die folgende Tabelle liefert die Ziffern der Einfuhr, Ausfuhr und Durchfuhr in den Jahren 1862, 1863, 1864, 1865, 1866, 1867, 1868, 1869, 1870.

## Handelsbewegung.

| Werth der | Im Jahre | | | | | | | | |
|---|---|---|---|---|---|---|---|---|---|
| | 1862 | 1863 | 1864 | 1865 | 1866 | 1867 | 1868 | 1869 | 1870 |
| | Francs | | | | | | | | |
| Einfuhr | 12,696.379 | 15,369.543 | 17,729.008 | 19,185.818 | 21,664.254 | 26,450.745 | 29,962 695 | 26,336.395 | ? |
| Ausfuhr | 16,844.099 | 20,229.402 | 15,428.797 | 18,202.400 | 18,782.727 | 24,812.154 | 37,824.151 | 34,052.270 | 30,661.840 |
| Durchf. | 3,647.200 | 2,704.085 | 4,135.028 | 2,625.385 | 5,329.035 | 7,980.752 | 7,626.891 | 7,192.862 | 5,430.380 |
| Zusamm. | 33,187.678 | 38,303.030 | 37,292.833 | 40,013.553 | 45,776.016 | 59,243.651 | 75,413.737 | 67,581.527 | |

Die Hauptgegenstände der Ausfuhr an Getraide, Thieren, Getränken und aus dem Pflanzenreiche, sowie aus dem Thierreiche stellt die folgende Tabelle übersichtlich zusammen.

## Hauptgegenstände der Ausfuhr.

| Gegenstand | Mengen-Einheit | Im Jahre | | | | | |
|---|---|---|---|---|---|---|---|
| | | Quantitäten | | | Werth in Francs | | |
| | | 1868 | 1869 | 1870 | 1868 | 1869 | 1870 |
| Getreide: | | | | | | | |
| 1. Weizen | Dfa | 45,882.212 | 8,581.296 | 11,157.623 | 7,703.540 | 1,183.792 | 1,829.850 |
| 2. Mälidskorn | " | 2,253.118 | 2,853.118 | 1,765.226 | 252.813 | 257.349 | 209.254 |
| 3. Gerste | " | 2,737.978 | 4,181.339 | 468 293 | 274.615 | 395.575 | 59.360 |

| Gegenstand | Mengen-Einheit | Im Jahre — Quantitäten | | | Im Jahre — Werth in Francs | | |
|---|---|---|---|---|---|---|---|
| | | 1868 | 1869 | 1870 | 1868 | 1869 | 1870 |
| **Thiere:** | | | | | | | |
| 1. Ochsen . . . . . | Stück | 22.667 | 15.787 | 15.228 | 2,563.200 | 2,129.443 | 2,135.589 |
| 2. Kühe und Kälber . | „ | 10.702 | 5.424 | 4.852 | 667.294 | 405.112 | 391.760 |
| 3. Gemästete Schweine | „ | 109.848 | 169.590 | 215.701 | 5,969.099 | 10,143.171 | 11,406.422 |
| 4. Magere Schweine . | „ | 314.807 | 255.870 | 170.131 | 8,542.064 | 7,625.618 | 4,515.277 |
| 5. Schafe . . . . | „ | 72.376 | 25.979 | 45.699 | 607.757 | 259.191 | 258.697 |
| **Getränke:** | | | | | | | |
| 1. Branntwein . . . | Dka | 1,322.535 | 2,826.715 | 1,446.999 | 395.028 | 898.821 | 576.207 |
| **Gegenstände aus dem Pflanzenreiche:** | | | | | | | |
| 1. Faßdauben . . . | Stück | 640.399 | 393.277 | 1,006.576 | 156.758 | 77.089 | 212.098 |
| 2. Knoppern . . . . | Dka | 359.924 | 768.070 | 787.876 | 134.972 | 288.026 | 199.959 |
| 3. Gedörrte Zwetschken | „ | 3,192.167 | 1,983.634 | 674.389 | 761.811 | 332.334 | 301.452 |
| **Gegenstände aus dem Thierreiche:** | | | | | | | |
| 1. Schafwolle . . . | Dka | 226.815 | 227.878 | 181.004 | 556.199 | 553.882 | 453.189 |
| 2. Schaffelle . . . | Stück | 365.567 | 378.749 | 222.798 | 911.254 | 1,001.929 | 466.948 |
| 3. Lammfelle . . . | „ | 830.455 | 860.919 | 716.259 | 1,524.163 | 1,777.447 | 1,114.419 |
| 4. Ziegenfelle . . . | „ | 74.683 | 102.222 | 82.899 | 187.078 | 260.666 | 170.164 |
| 5. Kitzfelle . . . . | „ | 108.176 | 189.591 | 71.861 | 178.211 | 352.638 | 101.502 |
| 6. Schweinfett . . . | Dka | 34.720 | 242.461 | 489.953 | 52.230 | 347.281 | 683.789 |
| 7. Talg . . . . . | „ | 222.408 | 130.818 | 106.182 | 347.249 | 199.550 | 161.621 |

Seit dem Jahre 1868 überstieg die Einwanderung die Auswanderung bei Weitem. Im Jahre 1868 belief sich die Summe der eingewanderten Personen auf 105.150; die Ziffer der ausgewanderten Personen auf 95.606, so daß im Jahre 1868 9.544 Personen mehr eingewandert als ausgewandert sind. Im Jahre 1869 sind 7.936 Personen mehr eingewandert, als ausgewandert, da die Einwanderungs= ziffer 97.653 betrug, während sich die Auswanderungsziffer nur auf 89.717 Personen belief. Im Jahre 1870 sind 97.723 Personen eingewandert, während 95.369 Personen auswanderten, so daß die Einwanderung die Auswanderung um 2.354 überstieg.

Die Bevölkerungsziffer der Städte, welche über 2.000 Einwohner haben, bin ich nur für das Jahr 1866 zu geben im Stande. Die folgende Tabelle enthält die Häuserziffer, sowie die Bevölkerungsziffer für das gedachte Jahr:

| Fortlaufende Zahl | Namen der Städte | Häuser= | Einwohner |
|---|---|---|---|
| | | Zahl | |
| | | im Jahre 1866 | |
| 1 | Požarevac | 1.481 | 6.909 |
| 2 | Schabaz | 959 | 6.516 |
| 3 | Kragujevac | 1.404 | 6.386 |
| 4 | Smederevo | 1.134 | 5.122 |
| 5 | Jagodina | 1.084 | 4.429 |
| 6 | Negotin | 984 | 4.325 |
| 7 | Parazin | 918 | 4.302 |
| 8 | Svilainac | 851 | 4.009 |
| 9 | Alexinac | 898 | 3.954 |
| 10 | Saitžar | 835 | 3.860 |
| 11 | Užica | 694 | 3.163 |
| 12 | Baljevo | 690 | 3.066 |
| 13 | Knjaževac | 711 | 3.057 |
| 14 | Kruševac | 832 | 3.322 |
| 15 | Grabischte | 532 | 2.519 |
| 16 | Cupria | 529 | 2.439 |
| 17 | Lošniza | 488 | 2.039 |
| 18 | Belgrad | 3.478 | 25.089 |

Die Bevölkerungsziffer Serbiens hat sich seit dem Jahre 1833, also seitdem das Land seine Autonomie erlangte, um mehr als das Doppelte vermehrt. Sie belief sich im Jahre 1833 nur auf 678.133 Seelen. Im Jahre 1866 betrug sie 1,216.186 Seelen; im Jahre 1870 bereits 1,294.255 Seelen, welche 201.056 Häuser und Gebäude bewohnten. Mit Bezug auf die einzelnen Kreise stellt die Vermehrung der Bevölkerungsverhältnisse folgende Tabelle übersichtlich zusammen:

## Bevölkerungsverhältnisse.

| Kreise | Einwohnerzahl | | | Häuserzahl |
|---|---|---|---|---|
| | 1833 | 1866 | 1870 | 1866 |
| 1. Alexinac . . . | 20.198 | 48.136 | 51.609 | 7.844 |
| 2. Belgrad . . . . | 38.716 | 63,880 | 68 695 | 9.730 |
| 3. Crna Rjeka . . | 28.063 | 53.284 | 56.378 | 9.614 |
| 4. Jagodina . . . | 41.225 | 62.184 | 67.105 | 12.084 |
| 5. Knjaževac . . . | 23.943 | 55.079 | 58.534 | 7.713 |
| 6. Kragujevac . . | 52.040 | 98.141 | 105.096 | 16.145 |
| 7. Kraina . . . . | 42.221 | 70.293 | 72.903 | 13.269 |
| 8. Kruševac . . . | 34.372 | 67.439 | 71.895 | 10.864 |
| 9. Podrinje . . . | 27.509 | 48.827 | 51.416 | 7.225 |
| 10. Požarevac . . . | 75.187 | 140.790 | 152.989 | 29.011 |
| 11. Rudnik . . . . | 31.907 | 47.567 | 49.679 | 7.649 |
| 12. Schabaz . . . | 49.796 | 73.619 | 78.140 | 10.022 |
| 13. Smederevo . . | 27.739 | 60.077 | 66.507 | 10.303 |
| 14. Čačak . . . . | 40.736 | 58.037 | 60.102 | 10.761 |
| 15. Cupria . . . . | 30.514 | 55.884 | 60.668 | 9.611 |
| 16. Užica . . . . . | 52.167 | 104.377 | 108.672 | 15.042 |
| 17. Valievo . . . . | 54.667 | 83.483 | 87.097 | 10.691 |
| Zusammen . . | 678.133 | 1,216.186 | 1,294.255 | 201.056 |

Die Bewegung der Bevölkerung geht aus folgenden Ziffern hervor. Im Jahre 1867 fanden in Ser=

bien 12.910 Trauungen, 55.174 Geburten und 31.604
Todesfälle statt, so daß die Geburten die Todesfälle
um 23.570 übertrafen. Im Jahre 1868 betrug die
Ziffer der Trauungen 13.503, die Ziffer der Geburten
57.389, die Ziffer der Gestorbenen 40.994. Es wurden
also im Jahre 1868 in Serbien 16.395 Personen mehr
geboren, als in demselben Jahre starben. Im Jahre 1869
fanden 15.299 Trauungen statt; es wurden geboren 58.121,
es starben 38.130. Die Ziffer der Geborenen überstieg
die Ziffer der Gestorbenen also um 19.991. Das Jahr
1870 zählt 14.343 Trauungen, 58.338 Geburten und
43.168 Todesfälle. Es wurden sonach im Jahre 1870
15.130 mehr geboren, als in demselben Jahre starben.

Von den in Serbien herrschenden Volkskrankheiten
muß das Sumpffieber in erster Reihe genannt werden.
Die zahlreichsten Krankheitsfälle finden in den nördlichen,
längs der Donau, Save und Morava belegenen Landstrichen
statt, sowie an den Mündungen der zahlreichen kleinen
Flüsse; die Ausbreitung und die Schwere der Fälle hängt
von dem Feuchtigkeitsgrade des Bodens und der Luft ab.
In nassen Jahren tritt die Krankheit epidemisch und mit
großer Bösartigkeit auf. Die Folgen des Sumpffiebers
bestehen dann in Kathexieen und in Milzanschwellungen.
Die Malaria=Kathexie fordert jedes Jahr zahlreiche Opfer.
Als endemische Krankheit gesellt sich zur Malaria=Kathexie
in Serbien die Ruhr. Städte und Dörfer in tiefer Lage
mit Lehmboden und mit Ueberschwemmungsgebiet mit
sumpfigen Niederungen in der Nähe sind die Hauptheerde
dieser Krankheit. Die Zeit, wo die Ruhr am heftigsten
auftritt, sind die Sommer= und Herbstmonate von Juni

bis October. Am schlimmsten sind die Monate Juli und August. Die Menschenblattern hausten zur Zeit der türkischen Herrschaft in Serbien in grausenerregender Weise; heute finden sie keinen geeigneten Boden mehr, da die serbische Medizinalverwaltung gegen diese Krankheit die besten und energischsten Maßregeln ergriffen hat. Seit Jahren wird die Impfung als Zwangsmaßregel überall von den Kreisärzten mit Energie durchgeführt. Die Tuberculose ist dagegen in Serbien sehr in der Vermehrung begriffen, besonders unter der Dorfbevölkerung. Durchschnittlich 120 Krankheitsfälle auf eine Quadratmeile bei einer dünnen Bevölkerung von 1,200.000 auf tausend Quadratmeilen sind eine hohe Ziffer. Ueber die Gründe dieser auffallenden Vermehrung der Tuberculose giebt Dr. Johann Valenta folgende wichtige und sehr zu beherzigende Aufschlüsse. „Wenn man," sagt er, „über die Zeit und die ersten Anfänge des häufigeren Erscheinens dieser Krankheit nähere Erkundigungen einzieht, und zugleich die fortschreitende Culturverbreitung, die Sitten, Trachten, Gebräuche, die Lebensweise von ehedem und jetzt in Anschlag bringt, so gewahrt man eine wahre Revolution im innern Haushalte der Nation und des Einzelnen. So lange sich der benachbarte Kaiserstaat hermetisch gegen Serbien abschloß und eine lebende chinesische Mauer von Grenzsoldaten und Contumacien, von Castellen und Einbruchsstationen um sich herumzog und jeden Passanten zur Nachtzeit mit dem Tode bedrohte, so lange 30—40 Tage die Contumazperiode für einen Uebertritt nach Oesterreich waren — und dieser Zustand dauerte bis in das Jahr 1846! — so lange war die Möglichkeit, etwas Besseres kennen zu lernen, für die große Maſſe ſo zu ſagen ausgeſchloſſen. Der ſerbiſche Bauer lebte in einem aus Lehm und Balken gezimmerten Hauſe ohne Fenſter mit einem großen, offenén Heerde in der Mitte; um denſelben lagerte ſich Alles. Da das Feuer nie ausging, die Kleidung, ſelbſt gefertigt, eine warme war, der Körper von Jugend auf an Strapazen gewöhnt und abgehärtet, ſo war der Aufenthalt in einem ſolchen, der friſchen Luft beſtändig ausgeſetzten Ort nicht ſo unangenehm; und obgleich die dem Feuer zugewandten Körpertheile des Liegenden ſich behaglicher fühlten, die vom Feuer abge= wandten der von außen einbringenden Kälte mehr ausge= ſetzt, nicht ſo geſundheitswidrig. Der Reiche hatte einen offenen Kamin, um welchen herum man ſich verſammelte und ſaß; hier ſchlief die Familie, das Feuer wurde im Winter die ganze Nacht über unterhalten; auf keinen Fall konnte man über Mangel an Luft und Ventilation klagen. Dieſer Zuſtand änderte ſich gewaltig, als man in Oeſter= reich an der Grenze Zimmer und Oefen mit äußerer Hei= zung ſah und anfing, ſelbe in Maſſe in's Land einzuführen. Nach dem Vorbilde der Städter bauten ſich die wohl= habenden und ſpäter auch die minder bemittelten Bauern ihre Zimmer. Da aber Glaſer und Tiſchler auf dem Lande ſehr rar ſind, ja ein Fenſter wegen einer gebrochenen Scheibe viele Meilen weit transportirt werden mußte, wurden die Fenſter ſo klein wie möglich gemacht. Die Oefen, in Form eines viereckigen Kaſtens von Außen zu heizen, erwärmten zwar das Zimmer recht bald, aber die Lufterneuerung fand gar nicht ſtatt, im Gegentheil eine bedeutende Luftverſchlechterung. Die Wände wurden dick von Lehm aufgeführt, der Fußboden blieb ungedielt und

fog alle Feuchtigkeit reichlich an ſich. In dieſem ſogenannten
Zimmer lagern ſich Alle! Die ganze Familie, oft 10—20
Individuen, vom Säugling bis zum Greiſe, die Wöchnerin
und der rüſtige Mann. Hier werden die Sandalen und
die dicken wollenen Strümpfe getrocknet, hier die Kinder=
wäſche das heißt ein paar Fetzen aufgehangen, und ſo ent=
wickelt ſich bei dem reichen Conſum von Knoblauch, Zwiebel
und dem wochenlangen Gebrauch von Hülſenfrüchten als
Faſtenſpeiſe ein Heer von organiſchen Auswurfsſtoffen, die
ſtunbenlang eingeathmet, den übelſten Einfluß auf die Blut=
beſchaffenheit üben müſſen. Dazu geſellt ſich ein anderer
Uebelſtand. In einem ſo warmen Zimmer macht man
ſich's recht bequem, zieht ſich aus (während früher Alle
recht wohl verwahrt um's offene Feuer angezogen ſchliefen),
da geräth die Haut ſehr balb in reichliche Transpiration,
und iſt der Einzelne nothgebrungen ſich zu erheben und
hinauszugehen, ſo ſieht er es für zeitraubend an, ſich erſt
anzuziehen und er eilt im Hemb und Unterhoſen hinaus,
wo ihn ein kalter trockener Nordoſt empfängt, ſo daß Lungen=
und Rippenfellentzündung die häufigſte Folge ſind, die
mitunter, und das nicht in kleiner Zahl, mit kräftiger In=
filtration enden, das heißt für die Umgebung als Tuber=
culoſe gelten, mit welcher ſie auch alle Symptome und den
traurigen Ausgang gemein haben. Der obenerwähnte Um=
ſtand ſo großer und raſcher Temperaturdifferenzen iſt für
die zarte Lungenſchleimhaut wohl ein gewaltiger Reiz, um
den Entzündungsprozeß einzuleiten." *)

---

*) S. Volkskrankheiten und ärztliche Zuſtände
in Serbien von Dr. Johann Valenta.

Auffallend selten kommt in Serbien die Hunds=
wuth vor. Dr. Valenta hatte in seiner zwölfjährigen
Physicatspraxis in Semendria auch nicht einen einzigen
Fall dieser schrecklichen Krankheit zu verzeichnen. In den
Registern des Belgrader Krankenhauses sind seit achtzehn
Jahren nur zwei Fälle eingetragen.

# Siebenundzwanzigstes Kapitel.

## Aus der serbischen Geschichte.

In der zweiten Hälfte des neunten Jahrhunderts hören wir zuerst von Versuchen staatlicher Einrichtungen bei dem Stamme der Serben. Die Herkunft und die Wanderung der Serben mit Bestimmtheit zu erforschen, würde wohl heute eine vergebliche Aufgabe sein. Vielleicht ist es richtig, daß die Serben, ein slavischer Volksstamm, auf Veranlassung des Kaisers Heraclius im siebenten Jahrhundert aus dem jetzigen Kleinrußland gekommen sind, um gewaltsam von den damals von den Avaren besetzten Mösien Besitz zu nehmen, diesem Lande ihren eigenen Namen zu geben und dort im Jahre 1222 unter Stefan Nemanja, ihrem erstgekrönten Könige, das Königreich Serbien zu gründen. Das alte Serbien umfaßte damals das ganze Gebiet zwischen der Donau auf der einen, dem adriatischen Meer und dem Archipelagus auf der andern Seite. Die Serben bewohnten die Küsten des adriatischen Meeres und die längs der Drina und Bosna nach der Save, längs der beiden Morava's und längs der Donau belegenen Land=

ſtriche; nach Süden hin finden wir die Serben im obern
Macedonien.*)

Chriſten wurden die Serben im neunten Jahrhundert.
Von griechiſchen Lehrern, welche aus Conſtantinopel kamen,
im Chriſtenthum unterwieſen, wandten ſie ſich der orien=
taliſchen Kirche zu, wiewohl einzelne Könige ſich auch zur
lateiniſchen Kirche bekannt haben. Der erſte ſerbiſche König
richtete ſeine Augen nicht nach dem Vatican, ſondern nach
dem von allen Morgenländern verehrten Mittelpunkt gläu=
biger Orthodoxie, nach den Waldklöſtern des Berges Athos,
und befeſtigte den griechiſchen Ritus in Serbien durch
Errichtung einer großen Anzahl von Klöſtern und Kirchen.
Schon damals beſaß das ſerbiſche Volk ſeine eigene Litur=
gie, welche noch heute gebraucht wird; zum Gottesdienſt
verſammelte es ſich unter der Leitung von Prieſtern ſeines
eigenen Stammes und wurde in geiſtlichen Dingen von
Biſchöfen regiert, welche unter Einholung der Erlaubniß
des Patriarchen von Conſtantinopel von ſeinem eigenen
Clerus gewählt wurden.**)

Je mehr das oſtrömiſche Kaiſerreich verfiel, deſto
mehr nahm die Macht der ſerbiſchen Könige aus dem Hauſe
Nemanja zu, beſonders ſeit dem Jahre 1222, als der hei=
lige Sava, der bis auf den heutigen Tag der Schutzpatron
der ſerbiſchen Bildung iſt, ſeinen Bruder Stefan als erſten
ſerbiſchen König gekrönt hatte. Den Gipfelpunkt ſeiner
Größe und Macht erreichte Serbien während der Regierung
Stefan Duſchan's in der erſten Hälfte des vierzehnten

*) S. Die ſerbiſche Revolution von Leopold Ranke.
Berlin 1844.
**) S. Serbien und die Serben von Rev. W. Danton
Berlin 1865.

Jahrhunderts. Stefan Duschan schlug sich zuerst mit den damals in Kleinasien emporkommenden osmanischen Türken und herrschte an den Ursitzen der nemanjitischen Herrschaft, von den an der obern Raska belegenen Gauen bis an die Save. Er warf die Ungarn zurück, gelangte bereits in den Besitz von Belgrad und verleibte Bosnien seinem Reiche ein. Wir sehen ihn von der Republik Ragusa als Schutz- herrn anerkannt; die Skipetaren in Albanien folgten seinen Fahnen; seine Wojwoden breiteten seine Macht über das ganze romanische Gebiet am Warbar und an der Marizza bis nach Bulgarien aus, welches eine serbische Provinz wurde. Im Besitz einer so ausgedehnten Macht nannte er sich „Kaiser" der Romäer, den Christum liebenden mace- donischen Car und bekleidete sich mit der Tiara. Auf seinen Münzen erscheint er, die Weltkugel, über der sich ein Kreuz erhebt, in der Hand. Aus dem Gesetzbuch Stefan Du- schan's ersehen wir, daß es in Serbien eine Versammlung gab, welche aus Geistlichen und Weltlichen zusammen- gesetzt, unter dem Car und unter dem Patriarchen die ge- setzgebende Gewalt ausübte. Kirchen und Klöster stiegen unter den Händen einheimischer Werkmeister empor. An die Vervielfältigung von Kirchenbüchern und Kirchengesetzen knüpfte sich ein Anfang von Literatur. Die reichen Erträge der serbischen Bergwerke zogen ragusaische Kaufleute in das Land, welche in Serbien Stationen und Niederlassungen gründeten und mit der italienischen Cultur auf der dalma- tinischen Küste die Verbindungen vermittelten.

Nach dem Tode des großen Serbencars Stefan Du- schan beginnen die Zusammenstöße der Osmanen und der Serben. Bisher hatte die schwache Regierung in Constan- tinopel, auf welche der Titel und die Succession des rö-

24*

mischen Reichs gekommen war, sich dem einen Theile mit
Hilfe des andern entgegenzusetzen gedacht; als die Türken
aus Kleinasien nach Europa eingebrungen waren und sich
in Rumelien festgesetzt hatten, mußten die Serben und die
Osmanen an einander gerathen. Nicht lange konnte es
zweifelhaft sein, wer endlich bei diesen Zusammenstößen
Sieger bleiben würde. Während der türkische Staat eine
streng geschlossene Kriegsgenossenschaft darstellte, wo Alle
Knechte Eines Herrn waren, war die serbische Macht in
den Händen der Wojwoden, welche einen Antheil an der
königlichen Gewalt hatten, zersplittert. Schon der Sohn
Stefan Duschans verlor an die Osmanen die von seinen
Vorfahren eroberten romäischen Provinzen. Die großen
Vasallen Rumeliens unterwarfen sich den Türken. Die serbischen und türkischen Jahrbücher aus jener Zeit schildern
die gegenseitigen Siege und Niederlagen verschieden; that-
sächlich wurden die Grenzen des serbischen Reiches aber von
Jahr zu Jahr enger, während sich die Grenzen des osmanischen Reiches von Jahr zu Jahr ausdehnten. Da erhoben
sich die Serben, die Bosnier, die Albanesen noch einmal
zu einem großen nationalen Wiberstande gegen die asiatischen Barbaren, welche durch ihr System, die eroberten
Landschaften mit militärischen Colonien zu besetzen und zu
diesem Ende die vorgefundenen Einwohner fortzuführen,
eine allgemeine Erbitterung hervorriefen; auf der Höhe des
Gebirges, wo das serbische Reich seinen vornehmsten Sitz
hatte, auf dem Plateau von Kossovo in Albanien standen
am Vibovban — am Tage des heiligen Vitus — die vereinigten Serben, Bosnier und Albanesen unter dem Serbencar Lazar den Osmanen gegenüber. Die Schlacht nahm
für die Ersteren ein unglückliches Ende, wenn auch die

Vorgänge während der Schlacht von Sage und National=
gefühl verdunkelt sind. Der Sultan der Osmanen und
der Serbencar fielen Beide in der Schlacht.

Von der unglücklichen Schlacht bei Kossovo datirt der
Verfall der serbischen Freiheit und Unabhängigkeit. Die Nach=
kommen der beiden in der Schlacht gefallenen Fürsten
trafen ein Abkommen, welches das untergeordnete Verhält=
niß der Serben begründete. Der Sohn des gefallenen
Serbencars gab dem Sultan seine Schwester zur Gemahlin
und versprach ihm in allen seinen Feldzügen Lehnsfolge zu
leisten. So lange der Sohn Lazars noch lebte, gingen die
Dinge in Serbien allerdings noch erträglich; nach seinem
Tode zögerten die Osmanen nicht, sogar Erbansprüche aus
der Verwandtschaft an das Land zu machen und bald er=
hob sich nun auch der Widerstreit der Religionen. Daß
ein christlicher Fürst reiche Bergwerke und starke Festungen
besitze, erklärten die Türken für unzulässig; im Jahre 1438
finden wir türkische Besatzungen bereits in den Donau=
festungen und die Mutter der serbischen Städte, Novobrdo,
unfern der ergiebigsten Bergwerke, im Besitze der Türken.
Nach der Schlacht bei Varna, wo die vereinigte ungarisch=
polnische Macht unterlag, wurde Serbien eine türkische
Provinz, und selbst die äußere Form der Unabhängigkeit
ging verloren. Die Festung Belgrad widerstand allerdings,
stark durch ihre natürliche Lage und durch die Leichtigkeit,
mit welcher ihr aus Ungarn Hilfe gebracht werden konnte,
noch bis zum Jahre 1522 den Waffen des Sultans, bis
endlich die letzten Reste des serbischen Reiches durch Soli=
man- vernichtet wurden. Viel trug zu dem geringen Wi=
derstand, den die Serben der Besetzung ihres Landes durch
die Türken entgegengesetzt hatten, die von den Serben ge=

machte Beobachtung bei, daß es die Absicht ihrer ungari=
schen Verbündeten sei, im Fall ihres Sieges über die Türken
die Serben zum Abfall von der orientalischen Kirche und
zur Anerkennung der Suprematie des päpstlichen Stuhles zu
zwingen. Ein serbisches Piesma erzählt, Georg Branković
habe einst bei Georg Hunyad angefragt, wie er es mit der
Religion zu halten gedenke, wenn er siege; Hunyad habe
nicht geläugnet, daß er dann Serbien römisch=katholisch zu
machen gedenke. Nun habe Georg dieselbe Frage an den
Sultan gerichtet, welcher geantwortet habe, er werde neben
jeder Kirche eine Moschee bauen und es den Einwohnern
überlassen, ob sie sich in der Moschee beugen oder in der
christlichen Kirche das Kreuz machen wollten. Die Unter=
werfung unter die Pforte schien also wenigstens das Ver=
sprechen einer stillschweigenden Ausübung des von der ortho=
doxen Kirche vorgeschriebenen Gottesdienstes zuzulassen,
während die Union mit Ungarn ebenso gewiß eine that=
sächliche Verfolgung oder eine gewaltsame Unterwerfung
unter den verhaßten römischen Ritus in sich schloß. Von
diesen zwei Jochen zogen deshalb viele Serben, namentlich
aus der reichen und einflußreichen Classe, das türkische Joch
vor, dessen Schrecken ihnen freilich unbekannt waren. Sie
unterwarfen sich den Türken freiwillig. So war es auch
in Bosnien und in der Herzegowina.

In dem eigentlichen, zwischen der Morava, der Kolu=
bara und der Donau belegenen Serbien wurde nun das
osmanische System in seiner ganzen Strenge durchgeführt.
Das ganze Land wurde unter die Spahi ausgetheilt, denen
die Einwohner zu persönlichen und sachlichen Diensten auf
das Härteste verpflichtet waren. Die Bauern in der Um=
gegend von Belgrad wurden nach Constantinopel aufge=

boten, um auf den Wiesen des Sultans bei der Heuernte Frohndienste zu leisten. Die Serben durften keine Waffen führen. Pferde mochten sie nicht halten, weil sie ihnen von den Türken weggenommen wurden. Ein Serbien im sechszehnten Jahrhundert besuchender Reisender nennt in seiner Schilderung die Serben „arme gefangene Leute, von denen Keiner den Kopf erheben dürfe." Alle fünf Jahre wurde der „Knabenzins" gefordert, welcher die Blüthe und die Hoffnung der Nation zu unmittelbarem Dienst des Großherrn fortführte und ihre Kräfte gegen das eigene Vaterland kehrte. Die Unterstützungen, welche Oesterreich auf seinen Feldzügen gegen die Pforte im achtzehnten Jahrhundert durch die Serben und Albanesen erfuhr, wurde in der blutigsten Weise gerächt. An der Kolubara wurden im Jahre 1737 an 20.000 Serben und Albanesen sämmtlich von den Türken niedergehauen.

Anfänglich hatte sich unter der türkischen Herrschaft das serbische Patriarchat noch mit den serbischen Bisthümern erhalten. Es gewährte der Nation doch wenigstens in Bezug auf die Kirche einen gewissen Antheil an der öffentlichen Gewalt und konnte dem Großherrn gegenüber doch als eine Art von staatlicher Repräsentation gelten. Auch diese kirchliche Selbstständigkeit mußte vernichtet werden. Die türkische Regierung, welche sich überzeugte, daß das nationale Priesterthum in Serbien kein geringes Mittel des Widerstandes bildete, faßte den Beschluß, keinen serbischen Patriarchen mehr wählen zu lassen. Sie verband seine Würde mit dem Patriarchat von Constantinopel, über welches sie eine unbezweifelte Gewalt ausübte. Von nun an wurden griechische Bischöfe zur Verwaltung der serbischen Kirchen aus Constantinopel nach Serbien gesandt. Mit der kirchlichen Selbſtſtändigkeit büßte die ſerbiſche Nation den letzten Antheil am öffentlichen Leben ein, der ihr noch ge=laſſen war und einen Antrieb zu höherer Cultur in ſich geſchloſſen hatte. Jetzt erſt war ſie den aſiatiſchen Bar=baren ganz und gar unterworfen.

Es gab allerdings noch einige Bezirke in Serbien, welche das Recht behielten, weder einen Spahi noch die Anſiedlung eines einzelnen Türken auf ihrem Gebiet zu dulden. Mit Ausnahme dieſer Bezirke waren die Spahi aber die Grundbeſitzer in den Dörfern. Nach dem Grund=ſatze: „Alles Land gehört dem Chalifen, dem Schatten und Stellvertreter Gottes auf Erden," wurde aller Grund und Boden unter die Spahi vertheilt, während die ſerbiſchen Grundbeſitzer die Pächter und Tagelöhner derſelben wurden. Eine Anzahl Dörfer hatte ſich der Großherr ſelbſt vorbe=halten. Die Spahi empfingen den Zehnten von Allem, was das Feld, der Weingarten und der Bienenkorb ein=trugen.

Der Paſcha, der Kadi und der Biſchof mußten von der Landſchaft unterhalten werden. Die Bauern jedes Dorfes mußten dem Paſcha nicht weniger als hundert Tage in jedem Jahre Frohndienſte leiſten. In Conſtantinopel befand ſich ein Regiſter aller frohnpflichtigen Häuſer im türkiſchen Reiche. Außer den Frohnden hatte der Paſcha jährlich eine gewiſſe Summe Geld von der Landſchaft zu fordern, welche durch das Herkommen feſtgeſetzt war, aber nach Befinden und Bedürfniß des Paſcha's erhöht werden konnte. Dieſe Summe Geldes wurde auf die verſchiedenen Bezirke, in den Bezirken auf die Dörfer und in den Dör=fern auf die Haushaltungen vertheilt. Bei der Beſetzung des Paſchalik bildete das Geldgeſchäft die vornehmſte Rückſicht, wie bei der Ernennung der Kadi's und der Bischöfe. Reiche Fanarioten in Constantinopel oder armenische Wechsler, welche sich für die Zahlung der von den Bezirken für die Pforte aufzubringenden Gelder verbürgten, hatten den größten Einfluß auf die Ernennung der Pascha's, kauften vom Scheik al Islam die Patente der Kadi's, um sie mit großem Gewinn wiederzuverkaufen und brachten ihre eigenen Glaubensgenossen in die bischöflichen Aemter. Sämmtliche administrative, geistliche und gerichtliche Beamte hielten sich für das, wofür sie ihre Aemter erkauft hatten, am Volke schadlos. Die griechischen Bischöfe, welche aus Constantinopel gesandt wurden, um die serbischen Kirchen zu verwalten, ließen sich nicht allein von den Popen, welche sie weihten, eine Kaufsumme zahlen, für welche sie dieselben auf ihre Pfarrgebühr anwiesen, sondern sie erhuben auch von jeder Haushaltung eine eigene Steuer, die Rauchfangsteuer, welche sie nöthigenfalls durch bewaffnete Diener einzutreiben berechtigt waren. Serbien war zu einem Capital geworden, dessen Zinsen im höchsten Bezug der Regierung gebührten. Die Bevölkerung war alles Antheils an der öffentlichen Gewalt entkleidet, war zu einem Gegenstand der Verwaltnng herabgesunken, zum Mittel, den Staat, der sie unterjocht hatte, durch Erhaltung seiner Miliz, seiner Beamten und seiner Hofhaltung zu realisiren.

In dem Buche der sultanischen Befehle, welches ein Oberrichter zu Bagdad im fünften Jahrhundert der Hedschra verfaßt hat, werden die Pflichten der Gjauren, der nicht moslemitischen Unterthanen zusammengestellt. *) „Sie müssen sich," heißt es in diesem Buche, „durch ihre Kleider unter-

---

*) Mâdvedri bei Hammer, Verwaltung des Chalifats.

scheiden; ihre Gebäude dürfen nicht höher sein, als die Ge=
bäude der Moslem; man darf den Schall ihrer Glocken
nicht hören; sie dürfen weder Pferde noch Dromedare be=
steigen. Vor Allem aber dürfen sie keine Waffen tragen.
Sie sind nichts als eine willenlose Heerde, deren Pflicht in
Gehorsam und in niedrigem Wesen besteht." Das Buch
der sultanischen Befehle hat auch in Serbien gegolten.

Die Türken waren die Herren, die Serben die niedrige,
willenlose Heerde. Die Türken behielten sich den Krieg und
die mit dem Kriege verbundenen Gewerbe vor. Andere
Gewerbe überließen sie mit Verachtung der Bevölkerung.
Reiche Kleidung, zierliche Waffen waren nur f i e zu tragen
berechtigt; die grüne Farbe behielten f i e sich ausschließlich
vor; f i e bewohnten die großen und schönen Gebäude. Jede
serbische Frau und jedes serbische Mädchen war durch ge=
setzliches Privilegium dem Willen jedes Türken unterworfen,
der sie haben wollte. Nie durfte ein Serbe in die Stadt
einreiten, nur zu Fuß durfte er in den Straßen erscheinen.
Jedem ihn anrufenden Türken mußte der Serbe Hand=
dienste leisten. Begegnete der Serbe dem Türken draußen,
so mußte er anhalten, ausweichen und falls er etwa die
Erlaubniß hatte, um sich vor Räubern zu schützen, kleine
Waffen zu tragen, so mußte er die Waffen bedecken. Be=
leidigungen hinzunehmen, war seine Pflicht; Beleidigungen
erwidern, strafwürdiges Verbrechen. So haben die „biedern
und guten Türken" noch zu Anfang dieses Jahrhunderts
in dem unterworfenen Serbien gewirthschaftet.

Den ärgsten Grad erreichte die türkische Wirthschaft
in Serbien in den ersten Jahren dieses Jahrhunderts.
Die Janitscharen von Belgrad, die widerwärtigsten im
ganzen türkischen Reiche, waren mit dem Pascha und mit

den Spahi's in Conflict gerathen. Während der öster=
reichischen Kriege gegen die Pforte war das Nationalgefühl
in Serbien von Neuem erwacht. Die österreichischen Armeen
hatten Jahr und Tag den größten Theil Serbiens besetzt
gehalten; viele Serben hatten sich in der österreichischen
Armee om Kampfe betheiligt. Waffen waren genug im
Lande geblieben. Nachdem durch die Eifersucht und durch
die Vermittlung der europäischen Mächte nach Beendigung
des Krieges Oesterreichs gegen die Pforte das Land glücklich
wieder in die Hände der Türken gekommen war, dachte
der Sultan sich der Janitscharen, welche Theilnehmer an
seiner Macht geworden waren, zu entlebigen. Zuerst aus
dem Paschalik von Belgrad verbannt, gelang es ihnen
schließlich, wieder die Macht an sich zu bringen und die
oberste Gewalt in Serbien auszuüben. Sie bestimmten
und erhuben den Poresa und andere Abgaben, nahmen in
den Dörfern das Eigenthum von Grund und Boden in
Anspruch, forderten außer den früheren Lasten das Neuntel
des Ertrags und zwangen die Einwohner zu allerlei
Frohnen; tem Pascha ließen sie soviel Macht, als sie für
gut fanden. Die Subaschen, welche sie als Executoren der
richterlichen und obrigkeitlichen Gewalt in die Dörfer
sandten, verübten Gewaltthaten jeder Art. Sie nahmen den
Bauern ihre Feierkleider, um ihre Pferde damit zu be=
decken, störten den Gottesdienst, schleppten die schönsten
Frauen fort; Niemand war seines Lebens und seines Eigen=
thums sicher. Aus dieser schrecklichen Zeit ist eine Schrift
vorhanden, welche die serbischen Knesen dem Sultan sandten,
um von ihm Abhilfe dieser gräulichen Wirthschaft zu ver=
langen; es heißt in derselben: „Völlig beraubt, seien sie
dahin gebracht, sich mit bloßem Bast gürten zu müssen;

noch seien ihre Peiniger aber nicht zufrieden; man greife ihre Seele an, ihre Religion und ihre Ehe; kein Mann sei seiner Frau sicher, kein Vater seiner Tochter, kein Bruder seiner Schwester; Kloster, Kirche, Mönch, Pope, Alles werde beschimpft. Bist Du unser Car," schlossen sie, „so komm und befreie uns von den Uebelthätern; wo nicht, so thue es uns wenigstens kund, damit wir ins Gebirge und in die Wälder fliehen oder unser Leben in den Flüssen endigen." Diese Klagen blieben in Stambul nicht ungehört; aber der Erfolg derselben gereichte dem Lande zu noch größerem Verderben. Die Janitscharen deuteten die Antwort des Großherrn, er werde, um die Ordnung wiederherzustellen, ein Kriegsheer senden, jedoch nicht ein türkisches Heer, sondern Leute anderer Nation und anderer Religion, dahin, er werde die Serben unter ihren Knesen selbst gegen sie führen. Einem solchen Plan beschlossen die Janitscharen zuvorzukommen, in die verschiedenen Bezirke zu gehen und Alle hinzurichten, welche ihnen gefährlich werden könnten.

Im Februar 1804 schritten die Janitscharen zu diesem grausamen Werke, Jeder in seinem Bezirk. „Sobald sie selbst oder ihre Schergen in ein Dorf kamen," sagt Ranke,*) „gingen ihnen die Einwohner, wie gewöhnlich, entgegen, um sie mit Lebensmitteln zu bedienen oder ihre Pferde zu besorgen. Hiebei hatten die Janitscharen und ihre Söldlinge gute Gelegenheit, wen sie wollten, zu ergreifen Es war ihnen nicht an den Knesen, den Kmeten genug, sondern wer irgend Ansehen besaß, sei es, daß er es durch Kriegsthaten oder durch die Beredsamkeit oder durch Reichthum erworben hatte, war ihnen verfallen.

---

*) Die serbische Revolution von Leopold Ranke. Berlin 1844

Eine lange Reihe angesehener Personen wurde getödtet, er=
schlagen, hingerichtet oder unter gräßlichen Martern ums Leben
gebracht. Entsetzen war im Lande. Da man nicht wußte,
wer zum Tode bestimmt war, da sich das Gerücht verbrei=
tete, die ganze Bevölkerung solle ausgerottet werden, fürchtete
auch der Aermste für sein Leben. In den Dörfern gingen
nur Greise und Kinder den Türken entgegen. Die Rüstigen
flohen ins Gebirge, in die Schlupfwinkel der Haiducken.
Zum allgemeinen Landeskrieg waren Alle entschlossen. Nach
allen Seiten flogen Eilboten: „Wer eine Flinte tragen
könne, solle zu einem bewaffneten Haufen stoßen."

Das Land jenseits der Kolubara erhob sich unter
Führung des Jakob Nenadović, des Popen Luka La=
zarević und des von den Türken allgemein gefürchteten
Heiducken Kjurčia. Jenseits der Morawa organisirten
Milenko und Peter Theodović Dobrinjac den Auf=
stand; in der Sumadia traten die drei Volkshäupter
Georg Petrović, von den Türken Kara Georg, der
„schwarze Georg" genannt, Janko Katić, Wasso Tha=
razić und die Haiducken Welico und Glavać an die
Spitze der Aufständischen. In wenigen Tagen waren die
Türken aus allen zwölf Bezirken des Landes verjagt. Als
dies geschehen war, wurde Kara Georg von allen andern
Anführern zum Commandanten der Serben gewählt.

Das ganze platte Land, die Dörfer und die kleinen
Städte befanden sich nun in serbischen Händen. Die Türken
hatten sich in die Festungen zurückgezogen. Muthig gemacht
durch ihren Erfolg, griffen die Serben jetzt die Festungen
an. Jenseits der Kolubara belagerte Jakob Nenadović
Schabaz, jenseits der Morawa Milenko Pošarevać; das
Heer der Sumadria marschirte unter Anführung des

schwarzen Georg auf Belgrad. Zuerst ergab sich Schabaz, dann Pošarevać; das siegreiche serbische Heer rückte vor Smederevo. Smederevo fiel. Nun warfen sich die Serben mit ihrer gesammten Macht auf Belgrad.

Der Aufstand hatte gegen die Janitscharen begonnen. Aus dem Aufstand gegen die Janitscharen ging der Befreiungskrieg der Serben hervor. Die Serben kamen auf den Gedanken, Oesterreich oder Rußland zu Hülfe zu rufen, um zur Abschüttelung des türkischen Jochs zu interveniren. Sie wählten Rußland. Die Antwort der russischen Regierung lautete günstig. Im April 1805 fand eine Zusammenkunft aller serbischen Anführer statt. Noch saßen die Türken in der Festung Belgrad; die Anhänger der Janitscharen hielten noch die südlichen Festungen besetzt. Die Serben forderten, daß sämmtliche Festungen im Lande von serbischen Truppen besetzt würden. Zu gleicher Zeit bemächtigte sich der schwarze Georg der Stadt Karanovać; Jacob Nenadović nahm Užica. Sultan Selim der Dritte wies die Forderungen der Serben zurück. Sie hatten sich nach fremden Interventionen und fremden Garantien umgesehen. Er beschloß, die serbische Bewegung mit Gewalt zu unterdrücken und ertheilte Bekir, dem Vezier von Bosnien und dem Pascha Ibrahim von Scutari den Befehl, die widerspänstige Rajah in Serbien zu entwaffnen und zu züchtigen. Der serbische Befreiungskrieg nahm seinen Anfang. Die Serben setzten sich in Bereitschaft, die türkischen Truppen, deren Einrücken in das Land sie nun von allen Seiten erwarten konnten, würdig zu empfangen.

Das ganze Land erhob sich. Aus allen Häusern kamen die waffenfähigen Männer, Jeder mit seinen besten Waffen und in seinen besten Kleidern. Radić Petrović, ein alter Waffengefährte des schwarzen Georg, verbreitete den Aufstand im südlichen Gebirge von Ort zu Ort. Milenko besetzte die Insel Poreč, welche beim eisernen Thor die Schifffahrt auf der Donau beherrscht; Peter Dobrinjac legte bei Deligrad, um den Süden vor einem Einfall der Türken von Niš her zu schützen, Schanzen an; hinter ihnen eroberte und besetzte Mladen Kruševac. Jakob Nenadović erbaute eine Schanze in Zrnabera, um die Mačva gegen die türkischen Einfälle von Bosnien zu schützen. So gerüstet, erwarteten die Serben entschlossen und furchtlos die asiatischen Barbaren, ohne Ahnung, wie hart und gefährlich der Kampf werden würde.

Der erste Angriff der Türken geschah von Bosnien her. Er wurde leicht zurückgeschlagen. Von den Serben überrascht, kamen die meisten Türken um. Dann brach der alte Mehmet Kapetan in die Mačva ein. Stojan Čupić vernichtete die türkische Uebermacht auf dem Felde Salasch. Aber bald erschien die Hauptmacht der Türken von Neuem in der Mačva, 30.000 Mann stark, wieder von dem alten Mehemet und von dem Seraskier Kulin Kapetan geführt, einem jungen Offizier von ebenso viel Grausamkeit, wie Tapferkeit. Die Türken plünderten und verbrannten ruhige Dörfer, brachten die Kmeten um und schleppten die Weiber und Kinder fort. Jakob Nenadović war nicht im Stande, sich im offenen Felde zu halten. Die Türken breiteten sich nun auch über die Bezirke von Valjevo und Schabaz aus. Mord, Plünderung, Gewaltthaten aller Art, Flucht der serbischen Bevölkerung längs des ganzen Ufers der Save. Der alte Mehmet befand sich so recht in seiner alten Gewohnheit. Die Lage Serbiens war äußerst gefährlich; denn zu derselben Zeit erschien Ibrahim

Pascha von Scutari mit einer. Armee von 40.000 Mann
an der südlichen Grenze des Landes.

In dieser Gefahr verdiente sich der schwarze Georg
seinen Rang als Oberbefehlshaber aller serbischen Truppen.
Während er der bosnischen Heeresmacht ein kleines Truppen=
corps unter Anführung des trefflichen Ratić entgegenstellte,
ging er auf Habschi Beg los, der von Sokol kam, und
schlug ihn dergestalt, daß von ihm keine Rückkehr nach Serbien
zu befürchten war; dann drang er in die von den bosnischen
Truppen besetzten Bezirke ein, zog alle waffenfähigen Leute
an sich, rief die Entmuthigten wieder zu den Waffen auf,
warf die Türken auf allen Punkten nach Schabaz zurück
und lagerte sich mit 7.000 Mann zu Fuß, mit 2.000 Reitern
und 4 Kanonen vor der Festung; zu seiner Befestigung eine
Schanze aufwerfend. Zwei Tage hindurch stürmten die
Türken die Schanze, ohne etwas ausrichten zu können. Zwar
erstaunt, aber am Erfolg ihrer Uebermacht nicht zweifelnd,
ließen sie den Serben sagen: „Zwei Tage habt Ihr Euch
gut gehalten; aber noch ein Mal mit aller Macht wollen
wir's versuchen; auf den dritten Versuch wird's ankommen,
ob wir Euch bis nach Smederevo jagen, oder ob wir das
Land bis zur Drina räumen müssen."

Und der dritte Schlachttag brach an. In der Nacht vorher
sandte der schwarze Georg seine Reiterei in den nahen Wald,
um bei den ersten Schüssen aus der Schanze die Türken
im Rücken anzugreifen. Für die Infanterie in der Schanze
gab er den Befehl, nicht eher zu schießen, als bis die Türken
so nahe gekommen wären, daß man sie nicht mehr verfehlen
könne. Als der Tag anbrach, erfolgte der Angriff von
Seiten der gesammten türkischen Macht. Die tapfersten
Begs aus Bosnien trugen die Fahnen den türkischen Reihen

voran; ruhig, die geladenen Gewehre im Arm, erwarteten sie die Serben. Erst als die Türken in den Bereich der serbischen Kugeln gekommen waren, gab Kara Georg das Zeichen zum Feuern. Alle Vordermänner schossen zugleich. Reihenweis stürzten die Türken zur Erde. Die Fahnen sanken; die Kanonen donnerten; neues Gewehrfeuer aus der zweiten Reihe der serbischen Streiter. Zu gleicher Zeit brach die serbische Reiterei aus dem Walde hervor und griff die Türken im Rücken an. Jetzt wurden die Unordnung, die Flucht und die Niederlage in der türkischen Armee allgemein. „Ein Schlachten war's, nicht eine Schlacht zu nennen!" Fast alle Anführer des türkischen Heeres wurden erschlagen. Sinan Pascha von Goraschde, der Kapetan von Derwenta, der Serasrier selbst, Rubin kamen um; Mehmet Kapetan wurde mit zwei Söhnen getödtet; die Blüthe des türkischen Adels aus Bosnien lag todt auf dem Kampfplatze. Die Serben hatten äußerst wenig Verluste zu beklagen. Die Türken waren so übel zugerichtet, daß sie noch während der Nacht ihren Rückzug über die Drina bewerkstelligten. Aber der Rückzug kostete ihnen nicht weniger Menschen als die Schlacht selbst. Truppweis durch den Wald ziehend, wurden sie von allen Seiten angegriffen und überfallen. Alle Beute und alle Gefangenen, welche sie in den besetzten serbischen Landestheilen gemacht hatten, wurden ihnen wieder entrissen.

Während der schwarze Georg diesen großen und glänzenden Sieg vor Schabaz erfocht, stieß die große Armee des Pascha von Scutari bei Deligrad auf einen ebenso tapfern und starken Widerstand. Sechs Wochen lang wurden sie von Peter Dobrinjac von seinen Schanzen zurückgeworfen, während die Haufen Mladens und Stanoje Glawač's sie von allen Seiten in den Flanken und im Rücken angriffen.

Der Leuchtthurm des Ostens. 25

Ibrahim Pascha konnte keinen Schritt vorwärts thun. So war geschehen, was man kaum hoffen durfte. Der Kampf zwischen den Türken und Serben war zu Gunsten der Serben im Süden und im Norden des Landes entschieden. Jetzt warfen sich die Serben auf die Festungen. Kara Georg, Miloje, Glawać, Čarapić zogen vor Belgrad. Belgrad wurde im Sturm genommen. Soliman Pascha, der die Festung besetzt hielt, mußte um freien Abzug bitten. Die Serben waren so erbittert, daß die ganze Besatzung von ihnen niedergemacht wurde. Zwei Tage lang dauerte das Gemetzel in der Stadt. Was am dritten Tage noch lebte, — nur Arme und Bettler — wurde nach Widdin entlassen. Aehnlich fiel Schabaz und ähnlich Užica. Auch dort wurden die Türken massenweis erschlagen. Serbien war frei.*)

Während der folgenden Jahre, bis Serbien noch einmal in die Gewalt der Türken gerieth, ist der schwarze Georg als der bedeutendste Mann im Lande und als das Haupt der Nation zu betrachten. Seine Autorität als Oberanführer erstreckte sich über alle Theile des Landes. In der Skup=ština war er der Mächtigste; im Senat lag die Entscheidung in seiner Hand. Kara Georg wird für Serbien nicht allein als Vorkämpfer gegen die Türken, sondern auch als Be=gründer einer umfassenden, nationalen Gewalt für alle Zeiten unvergeßlich bleiben. Ranke gibt von diesem großen und merkwürdigen Manne nach mündlichen Mittheilungen und Papieren folgende Schilderung: „Georg Petrović, Kara oder Črni, der Schwarze, genannt, war zwischen 1760 und 1770 im Bezirk Kragujevac als Sohn eines Bauern Pe=

*) S. Die serbische Revolution von Leopold Ranke. Berlin 1844.

trović geboren und noch in früher Jugend mit seinen Eltern höher hinauf ins Gebirge, nach Topola, hinaufgezogen. Gleich an den ersten Bewegungen des Landes im Jahre 1787 nahm er einen Antheil, der für sein ganzes Leben entscheidend wurde. Er sah sich genöthigt zu fliehen und da er seinen Vater nicht unter den Türken zurücklassen wollte, nahm er auch sein ganzes bewegliches Eigenthum und sein Vieh mit. So ging er der Save zu. Je näher sie dem Fluße kamen desto banger wurde dem Vater, und oft rieth er zur Rück= kehr. Noch einmal und am bringendsten, als sie die Save schon vor sich sahen. „Wir wollen uns bemüthigen," sagte er, „und wir werden Verzeihung erhalten. Gehe nicht nach Deutschland, mein Sohn. So wahr Dir mein Brod ge= deihen möge, gehe nicht." Georg blieb unerbittlich. Auch der Vater war endlich fest entschlossen, zu bleiben. „Geh allein hinüber," sagte er, „ich bleibe im Lande!" „Wie," antwortete Kara Georg, „soll ich erleben, daß die Türken Dich langsam zu Tode martern? Besser ist's, ich bringe Dich auf der Stelle um." Er griff zur Pistole und schoß den Vater nieder. Im nächsten Dorfe sagte er zu den Leuten: „Begrabt mir den Alten da draußen; trinkt ihm auch für seine Seele ein Todtenmal." Dann schenkte er ihnen das Vieh, welches er mit sich führte und ging über die Save.

„Diese That warf ihn aus dem Gange des gewöhnlichen Lebens hinaus. Mit dem Freicorps kam er als Feldwebel zurück; doch da er sich bei einer Austheilung von Ehren= münzen ungerechterweise übergangen glaubte, begab er sich als Haiduck in das Gebirge. Während der Regierung Hadschi Mustafa's, wo er nichts zu befürchten hatte, kehrte er nach Serbien zurück und betrieb wieder sein früheres Gewerbe,

25*

den Schweinehandel. Die Gewaltthaten der Dahi — der Janitscharen — rissen ihn in die Bewegungen fort, in denen ihm eine so bedeutende Rolle zufiel."

„Er war ein sehr ungewöhnlicher Mensch. Er saß wohl Tage lang, ohne ein Wort zu reden, und kaute so hin an seinen Nägeln. Zuweilen, wenn er Wein trank, so warb er gesprächig. Warb er erst heiter, so führte er wohl einen Kokotanz an. Auf Pracht und Glanz gab er nichts. In seinem größten Glücke sah man ihn immer in seinem alten, blauen Beinkleidern, in seinem abgetragenen, kurzen Pelz, in seiner wohlbekannten, schwarzen Mütze. Auch seine Tochter sah man, während ihr Vater fürstliche Gewalt ausübte, ihren Wasserkessel tragen, wie andere Mädchen im Dorfe. Und bennoch, sonderbar, war er nicht unempfänglich für den Retz des Goldes."

„In Topola hätte man ihn für einen Bauern gehalten. Er rodete mit seinen Momken ein Stück Waldes aus, pflügte und ackerte, oder leitete Wasser nach einer Mühle. In der Schlacht erst warb er zum Kriegsmann. Wenn ihn die Serben in der Mitte seiner Momken daher kommen sahen — er war leicht zu erkennen, ein Mensch von größter Statur, mager und breitschultrig, durch eine große Narbe im Gesicht gezeichnet, mit tiefliegenden, kleinen, blitzenden Augen — so faßten sie Muth. Er sprang vom Pferde; denn er stritt am liebsten zu Fuß. Obwohl ihm die rechte Hand von einer Wunde, die er einst als Haiducke bekommen hatte, krumm geblieben war, so mußte er doch sein Gewehr trefflich zu handhaben. Wo er erschien, geriethen die Türken in Flucht. Man glaubte nicht anders, als daß der Sieg mit ihm sei."

„In frieblichen Angelegenheiten zeigte er eine gewisse

Neigung zu regelmäßigem Geschäftsgange, und, ob er wohl nicht schreiben konnte, zu den Kanzleien; er ließ den Sachen gern und lange ihren Lauf; wenn sie ihm aber einmal sehr nahe kamen, so war selbst seine Gerechtigkeit gewaltsam und entsetzlich. Auf seinen Namen bauend, nahm sich sein eigener Bruder nicht wenig heraus, und lange sah er ihm zu. Als derselbe aber endlich einem Mädchen Gewalt anthat, und die Verwandten laut klagten, eben um solcher Dinge willen sei man gegen die Türken aufgestanden, ward er so entrüstet, daß er diesen einzigen Bruder, den er liebte, für seine Uebelthat an der Thür des Hauses aufknüpfen ließ und der Mutter verbot, darüber zu weinen."

„So war er wohl übrigens gutmüthig. Wurde er aber gereizt und gerieth er in Zorn, so war er nicht mehr zu bändigen. Doch war er nicht rachgierig. Hatte er einmal verziehen, so gedachte er nie wieder an die empfangene Beleidigung. So war Kara Georg, eine Natur von ungemeiner Kraft, ihrer selbst kaum bewußt, hinbrütend im dunklen Gefühl ihres Daseins, bis der Augenblick sie erweckt; dann aber von höchst energischer Thätigkeit, ebensowohl im Bösen wie im Guten. Es ist etwas den nationalen Helden, welche die Lieder feiern, Verwandtes in ihm. So sehr er Barbar sein mochte, so hatte er doch jetzt in Wahrheit Etwas in der Welt zu bedeuten. Er stellte das Princip der Emancipation der unter die Herrschaft der Türken gerathenen christlichen Nation von dem Staat und der Gewalt derselben dar, und alle richteten ihr Auge auf ihn."

Aehnlich schildert Georg den Schwarzen Cyprien Robert.*)

---

*) Die Türken in Europa. Band I. Seite 85 und 86.

Die politische Geschichte Serbiens während der Jahre 1807 bis 1813, wo Serbien von Neuem in die Gewalt der Türken gerieth, ist voll von Parteikämpfen der „Armen" und der „Reichen," die Versuche der Wojwoden — der kriegerischen Befehlshaber der alten Tribus — sich in ihren Bezirken zu Chefs der Civilgewalt zu machen, von den Intriguen Rußlands, sich in die serbischen Verhältnisse zu mischen und das freie Serbien unter russische Botmäßigkeit zu bringen, worin Rußland von der Partei der Reichen, deren Bestreben dahin ging, sich die Rechte von Bojaren anzueignen und eine Patricierkaste zu bilden, unterstützt wurde. Ein Mann steht inmitten dieser von egoistischen Motiven geleiteter Parteikämpfe rein da, der Obercommandant der serbischen Truppen während des Befreiungskrieges, Georg der Schwarze, der „Haiduckenkönig," der „Vater der Armen," der „Geächtete," welcher immer nur ein Ziel vor Augen hatte: die Unabhängigkeit und das Wohl seines Vaterlandes. Seine Stellung war während dieser ganzen Zeit eine äußerst schwierige. Es gehörten sein Genie, seine Vaterlandsliebe, seine Uneigennützigkeit und seine Energie dazu, sich aus den Intriguen und den Parteikämpfen, besonders als die russische und die österreichische Regierung von der Partei der Reichen, von den Hospodaren und einer dritten, vom griechischen Metropoliten von Belgrad geleiteten Partei, anfingen, sich in die serbischen Parteikämpfe zu mischen, herauszufinden, sich zwischen den mächtigen Parteihäuptern durchzuwinden und die Unabhängigkeit des Landes zu behaupten. Vom ganzen Abendlande verlassen, von der österreichischen Regierung als Rebellen betrachtet, mit denen man in keine Unterhandlungen treten könne, und von Rußland in seinem

Kampfe ermuthigt, waren die Serben oft nahe daran, die Idee der absoluten Unabhängigkeit zu vergessen und ihr eine Bastarderistenz unter der Protection Rußlands oder gar der Türkei zu substituiren. Auf die Forderung des weißen Car Alexander, Serbien solle ihn um den Preis seiner Protection als Souverain anerkennen, erwiderte er: „Wir haben uns ohne den Car vom türkischen Joche frei gemacht; wir werden uns auch ohne den Car zu vertheidigen wissen." Er setzte die Errichtung eines Senats durch, dessen Sitzungen — Sowietniks — in Serbien der Willkürherrschaft der einzelnen Wojwoden ein Ende machten, die Abgaben und die Kirchensteuern festsetzten, den Verkauf der türkischen Güter in den Städten decretirten und in jedem von den zwölf Bezirken des Landes ein Tribunal erster Instanz anordneten, an welches man von den Gerichten der Kmeten — der Dorfschultheiße — appelliren konnte. Seine Hauptstützen waren Mladen Milovanovič, der Abgeordnete von Kragujevac, ein Mann von bedeutendem Rednertalent, und der geschickte und kenntnißreiche Ivan Jugovič, der Nachfolger des Doctor Philippovič im Secretariat des Senats, welcher den ersten Gedanken des Senats gegeben hatte. Zu den wichtigsten Einrichtungen des Senats gehörten die Schulen. In jeder Bezirksstadt wurde eine Schule eingerichtet, in Belgrad eine große Schule, wo auch historische und mathematische Wissenschaften und Gesetzeskunde gelehrt wurden.

Zweimal während dieser Zeit stellte sich der schwarze Georg wieder an die Spitze der serbischen Armee, um gegen die Türken auszuziehen, im Jahre 1809, dann im Jahre 1810. Es giebt einen prächtigen poetischen Lobspruch des damaligen Wladika von Montenegro auf die Tapferkeit der Serben, vor deren Waffen die türkischen Bethäuser fallen und die Hodscha entweichen und auf Kara Georg, der das Banner der Nemanjiden wieder erhebt, den die Vila mit Lorbeeren bekränzt — ein Lohn, nicht um Gold zu erwerben, sondern nur mit großen Thaten; aber der Held ist mit dem Genuß des erworbenen Glückes noch nicht zufrieden, sondern er hat sich vorgenommen, die Türken aus Bosnien und aus der Hercegowina hinauszuwerfen und sich dann mit dem schwarzen Berg zu vereinigen, der seit uralten Zeiten mitten inne zwischen Türken und Katholiken in seiner bluterungenen Freiheit ruht. Das war die Absicht des schwarzen Georgs, als er im Frühling des Jahres 1809 das hohe Gebirge bei Sjenitza überstieg und in Bosnien einbrang. Er stürmte Sjenitza und schlug die Türken auf der Ebene von Suwodol. Ueberall erhuben sich die christlichen Einwohner. Die Verbindung mit Montenegro wurde hergestellt. Ein allgemeiner Aufstand in Bosnien und in der Hercegowina war zu erwarten. Der schwarze Georg rückte nach Novibazar vor, welches den Mittelpunkt zwischen Rumelien und Bosnien bildet — da riefen ihn gefährliche Nachrichten nach Serbien zurück. Die Türken waren in das südliche Serbien eingedrungen. Trotz der tapfersten Vertheidigung der Schanzen bei Kameniza hatten sie alles Land bis Pošarevac eingenommen. Mord, Brand und Plünderung erfüllten das südliche Serbien. Schon trafen die Türken Anstalten, auf das linke Ufer der Morawa vorzudringen. Da wurden sie von Kara Georg, von Mladen, Sima und Wuiza zurückgeworfen, und Churschid Pascha, der mit einer Armee von 30,000 Mann von Niš kam, wurde in der Ebene von Varvarin so geschlagen, daß er aus Serbien weichen mußte. Dann warf

sich Kara Georg wieder auf die Türken, welche in einer
Stärke von 40.000 Mann aus Bosnien eingedrungen
waren und die Schanzen von Losniza stürmten. Von Schabaz
kam Luka Lazarević; von Valjewo Jakob Nenadović. Die
Türken wurden aus allen Stellungen geworfen, welche sie
vor der Stadt eingenommen hatten. Am andern Tage
kam es zu einer entscheidenden Schlacht, in welcher die
Türken solche Verluste hatten, daß sie sich über die Drina
zurückziehen mußten. „Wir haben uns untereinander ge=
mischt und zwei Stunden lang mit den Säbeln geschlagen,"
sagt der schwarze Georg von dieser Schlacht, „viele Türken
haben wir getödtet, viele türkische Köpfe abgehauen; ihrer
sind dreimal mehr umgekommen, als von den Unsern;
eine größere Schlacht war niemals; unser ist der Kampf
geblieben."

Aber von Neuem begannen die Intriguen. Kaum hatte
der schwarze Georg die Türken auf allen Punkten zurück=
geworfen, als ihn die Hospodare, beherrscht durch russischen
Einfluß, anklagten, daß er es allein befreit und daß er
beträchtliche Verstärkungen, welche ihm Rußland angeboten,
zurückgeschickt habe. Die Hospodare feierten einen zwar
kurzen, aber vollständigen Triumph. Jakob Nenadović
wurde zum Präsidenten des Senats ausgerufen und for=
derte nun die Entfernung Kara Georg's. Die Hospodare
hofften ihn in einen gegen seine Freunde Mladen und Jugović
eingeleiteten politischen Prozeß zu verwickeln und seine Ver=
bannung aus dem Lande durchzusetzen. Da riß dem Sieger
in hundert Türkenschlachten die Geduld. Er berief die
souveraine Nationalversammlung vor der gewöhnlichen Zeit,
eröffnete sie selbst und ließ sich, die Abwesenheit der ihm
feindlich gesinnten Hospodare benutzend, von der Skup=

ština mit der vollziehenden Gewalt bekleiden. Jacob Ne=
nadović, als er sah, daß ein Strich durch alle seine Ränke
und Intriguen gemacht war, unterwarf sich; Andere wurden
verbannt, und der schwarze Georg übte nun, von seinen
Rivalen-und ihren Ränken befreit, im Interesse der Frei=
heit Serbiens, der Gleichheit der Bürger und der bürger=
lichen Ordnung längere Zeit hindurch die vollziehende Ge=
walt aus.

Das unglückliche Jahr 1813 kam heran. Es sollte
Serbien noch einmal in türkische Gewalt bringen. Die
Pläne Rußlands und des französischen Kaiserreichs geriethen
damals in Conflict. Anstatt die Türkei anzugreifen, führte
der französische Kaiser, als er sich Alexander mit England
verbünden sah, alle seine Streitkräfte gegen Rußland. Ruß=
land wurde nun ein Verbündeter des Sultans und änderte
Serbien gegenüber seine Rolle. Statt wie bisher Serbien
in seiner Unabhängigkeit zu unterstützen, lag es ihm nun
daran, die Pläne der Pforte auf die Wiedereroberung
Serbiens in jeder Weise zu begünstigen. Der Padischah
zu Stambul rief die Muselmänner von Neuem „zum hei=
ligen Krieg gegen die Gjauren Serbiens" auf. Churschid
Pascha rückte mit einer ungeheuren Armee in Serbien ein.
Der serbische Dictator, der seit neun Jahren die Türken in
allen Schlachten geschlagen hatte, würde auch im Jahre
1813 die rasenden Muselmänner zurückgeworfen haben,
wenn ihm nicht durch die Intriguen des russischen Caren
und seines Consuls Neboba die Hände gebunden gewesen
wären. Serbien hatte damals 150 in gutem Zustande be=
findliche Kanonen, 7 Festungen und 40 Forts zu ebener
Erde. Auf den Ruf seines Helden erhob sich das ganze
Land enthusiastisch gegen die eindringenden asiatischen Bar=

baren. Mladen wurde mit 10.000 Mann nach Ćupria und an die Morava gesandt, Sima führte andere 10.000 Streiter an die Drina und der schwarze Georg sammelte die Reservearmee bei Jagodina. Weliko vertheidigte Negotin wie ein Held, bis ihn eine türkische Stückkugel in zwei Stücke auseinanderriß. Kladovo fühlte die ganze Wuth des Feindes, dem Mladen nicht im Stande war zu widerstehen. Währenddem überschritten die Türken im Norden die Drina, nahmen nach harten Kämpfen die Schanzen Ravanj und bei Losniza und drangen bis nach Schabaz vor. Ranke erklärt die Unthätigkeit Kara Georgs in einer so verzweifelten Lage durch Mangel an Muth und moralischer Kraft. Unglaublich! Der Grund dieser auffallenden Erscheinung ist ganz wo anders zu suchen, nämlich in den Intriguen Rußlands und des russischen Consuls Nedoba in Belgrad. Nedoba erklärte im Namen des weißen Caren, der Friede von Bukarest müsse ausgeführt werden. Im Falle weiteren Widerstandes würde sich Rußland mit der Pforte gegen die rebellischen Serben verbünden; würde Serbien sich aber unterwerfen, so sollten die Rechte Serbiens aus dem Frieden von Bukarest gewahrt und geachtet werden. Der den russischen Interessen ergebene Senat erließ an den Dictator den Befehl, seine Truppen abzudanken.

Auf den Schutz des Caren vertrauend, gehorchten die Hospodare und verabschiedeten ihre Truppen in dem Augenblick, wo die Türken von allen Seiten in Serbien eindrangen. Die Türken überschritten die Morava; Belgrad und Smederevo wurden ohne Widerstand genommen und Kara Georg trat mit einigen Getreuen auf österreichisches Gebiet über. Die Türken bemächtigten sich in wenig Wochen des ganzen Landes.

Welche Gräuel brachen nun über das unglückliche
Land herein! Von den Ausführungen der Bestimmungen
des Friedens von Bukarest war, als die Türken wieder die
Herren im Lande waren, selbstverständlich keine Rede. Der
Frieden von Bukarest war für Serbien die Ruhe des Kirch=
hofs. „Nur im Monat Dezember 1814 ließ Soliman,
Vezir von Belgrad, dreihundert serbische Gefangene spießen,"
sagt Cyprien Robert; *) „diese Reihen von Schlachtopfern
lebten auf ihren Pfählen manchmal drei bis vier Tage und
ihre Herzen zuckten noch, als bereits Rudel hungriger
Hunde an ihren Beinen nagten und die Mütter zurück=
trieben, welche den letzten Athemzug ihrer Kinder aufzu=
nehmen hofften. Racheburstig waren die Söhne der alten
Spahi's in alle serbischen Palanken eingedrungen, wo sie
durch die Besiegten ihre zerstörten Festungen und Conaks
wieder aufbauen ließen. Zu ihrer Arbeit wie die Thiere
des Feldes mit der Peitsche getrieben, des Schlafes und
fast aller Nahrung entbehrend, unterlagen die Rajahs in
Massen den epidemischen Krankheiten, welche die Folge dieser
grausamen Frohnen waren." In allen Orten lagerten
kleine Trupps von albanesischen und bosnischen Söldnern,
welche sich als Executionstruppen benahmen. Unter ihrem
Schutz kamen die vertriebenen Spahi's und türkischen Ein=
wohner zurück, bemächtigten sich wieder ihrer früheren Be=
sitzungen und schafften alle diejenigen bei Seite, welche sie
für ihre Feinde hielten. An die Gewährung eigener Ge=
richtsverwaltung oder Administration, wie der Friede von
Bukarest verhieß, wurde nicht gedacht. Der Pascha legte
eine starke Poresa auf und die Executionstruppen zerstreuten

---

*) S.: „Les Slaves de la Turquie."

sich durch das ganze Land, um sie einzutreiben. Ihr Haupt=
augenmerk richteten sie darauf, den Serben überall die
Waffen abzunehmen. Aus Čačak wurden hundert und
fünfzig angesehene Männer in Ketten nach Belgrad ge=
schleppt und dort theils enthauptet, theils gespießt, theils
gepfählt. Gewaltthätigkeiten alle Tage und ohne Zahl!
Mohamedanische Zigeuner nöthigten die Serben, welche
ihnen begegneten, die eigenen guten Kleider auszuziehen
und ihre zerlumpten Kleider dafür anzuziehen. Was sich
in den serbischen Häusern von gekauften Kleidern vorfand,
wurde ohne Weiteres weggenommen. Mit Asche gefüllte
Säcke wurden Weibern und Mädchen unter das Kinn ge=
bunden und ihnen die Asche in Mund und Nase gestäubt;
Andere wurden an Händen und Füßen gebunden, frei in
der Schwebe aufgehängt und dann auf dem Leibe mit
Steinen belastet; Andere zu Tode geprügelt oder am Spieß
lebendig gebraten. Alle Vorstellungen, welche dem Pascha
in Betreff der Hinrichtungen und Grausamkeiten gemacht
wurden, waren vergeblich; der Pascha erwiderte auf der=
artige Vorstellungen, er handle noch lange nicht so, wie
seine Instruction lautete, er schone das Land noch. Die
unaufhörlichen Gewaltthaten trieben das Volk zu einem
neuen Aufstande.

Zu den Wojwoden, welche im Lande geblieben waren,
gehörte auch Miloš Obrenović. Ich habe seine per=
sönlichen Verhältnisse und sein Verfahren, um während der
Herrschaft der Türken in Serbien bleiben zu können, be=
reits anderswo geschildert. *) Er trat an die Spitze des
am Palmsonntage 1815 ausbrechenden Aufstandes, der sich

---

*) S. Die Türken in Europa. Prag 1873.

zuerst in den Bezirken von Belgrad und Valjevo erhob.
Die ersten Schläge, welche die Aufständischen führten, waren
von glücklichem Erfolge. Viele serbische Flüchtlinge und
Anführer in den früheren Kämpfen kehrten in das Land
zurück. Die Türken wurden aus dem ganzen Bezirk von
Valjevo hinausgeworfen; bald darauf räumten sie auch
Kragujevac. Die Schanze von Posarevac wurde, ebenso
wie der Ort, im Sturm genommen. Einer der bosnischen
Pascha's, welcher die Drina überschritt, wurde geschlagen
und zurückgeworfen. Jetzt kamen äußere Umstände und die
innern Zustände in der Türkei den Serben zu Hilfe, welche,
falls die stattlichen türkischen Armeen, die an der südlichen
und nördlichen Gränze erschienen waren, in das Land ein=
gerückt wären, wohl wieder in schwere Gefahr gerathen
sein würden. Die christliche Bevölkerung in der Türkei,
welche die Siege Rußlands und Preußens gegen das fran=
zösische Kaiserreich als eben so viel eigene Siege ansahen,
waren in großer Aufregung. Auch wollte die Regierung
der Pforte es nicht darauf ankommen lassen, daß Rußland
von Neuem sich Serbiens annehmen würde. Die beiden
Armeen, welche zum Einrücken in Serbien bereit standen,
erhielten deshalb von Stambul aus Befehl, zu unterhandeln.
Der grausame Soliman wurde abberufen und ein Mann
von versöhnlichen Gesinnungen, Maraschli Ali, als Pascha
nach Serbien gesandt. Es kam in der That ein Vertrag
zwischen dem neuen Pascha und Miloš zu Stande. Die
Türken hielten die Festungen besetzt, während die Serben
ihre Abhängigkeit anerkannten. Den Serben wurde über=
lassen, die Abgaben, welche übrigens wieder auf dem alten
Fuß hergestellt wurden, selbst einzutreiben, auch ihnen ein
Antheil an der Rechtspflege überlassen. In jedem Distrikt

sollte die Rechtspflege in Gemeinsamkeit mit einem Musel=
mann ausgeübt werden. Als Amtsvertreter des Pascha in
Serbien wurde Miloš bestimmt. Um diese Einrichtungen
zu vollziehen, ward dem Pascha zur Seite eine National=
kanzlei eingesetzt, und zwar zu dem doppelten Zwecke, die
eingesammelten Abgaben zu empfangen und an den Pascha
abzuliefern und zugleich das oberste Gericht zu bilden. Es
war ein Zustand vorläufigen Vertrags, der auf beiden
Seiten keine Dauer versprechen konnte. Jedenfalls hatte
Miloš nun eine Stufe seines Ehrgeizes erstiegen. Er re=
gierte in Serbien, wenn auch unter türkischer Oberhoheit.
Da erschien plötzlich der ehemalige Obercommandant der
Serben, der schwarze Georg, im Lande. Ich werde sein
Ende und seinen Tod, den ich schon einmal erzählt habe, *)
hier nach einer andern Quelle schildern. **)

„Gewaltig wirkte der große Umschwung der Weltbegeben=
heiten auf die ganze Bevölkerung des türkischen Reiches.
Bei dem Namen der heiligen Allianz erschraken die Türken,
als seien sie hauptsächlich durch dieselbe bedroht, und erhub
sich die Hoffnung der Rajah in allen verschiedenen Provinzen
der Türkei. Daß die Meinung der Verbündeten nicht dahin
ging, die orientalischen Verhältnisse einzurichten, konnte
doch diese nun einmal mächtige Regung nicht beschwichtigen.
Sie nahm die Gestalt eines geheimen Bündnisses an. Die
Hetäria ward gestiftet, deren Mitglieder einander schwuren,
die Feinde des Glaubens und des Vaterlandes zu bekämpfen
und zu verfolgen, bis sie vernichtet seien. Bereits im Jahre
1816 war die Hetäria in Odessa, Bukarest und wohl auch

---

*) S. Die Türken in Europa.
**) Die serbische Revolution von Leopold Ranke.

in Constantinopel im Gange. Man faßte die Absicht, sich
so bald wie möglich und in so weitem Umfange wie möglich
zu erheben. Und da nun Serbien als ein der türkischen
Gewalt wieder verfallenes, jedoch zu einem neuen Aufstand
trefflich vorbereitetes Land angesehen ward, so kann man
es nicht als einen unangemessenen Gedanken der Hetäria
ansehen, die allgemeine Empörung hier anzufangen und
sich dazu des alten, siegberühmten Oberanführers der Serben
zu bedienen. Kara Georg, der nur in der Hoffnung aus
dem Lande gewichen war, unter bessern Umständen wieder
dahin zurückzukehren, dem einladende Briefe aus Serbien
zukamen, worin es hieß, man wünsche ihn sich aus Erde
wieder zu machen, war nicht schwer zu überreden. Ohne
Paß, im Gefolge eines Mitgliedes der Hetäria, welches
nach den Bädern von Mehadia reiste, kam er von Bessarabien,
wo er Zuflucht gefunden hatte, an die serbische Gränze und
eilte nach Smederevo zu Wuiza, von dem er ausdrücklich
eingeladen war. Hier sprach er von Nichts als von einer
neuen Erhebung; er versicherte, daß eine solche auch in
Morea ausbrechen und Serbien überhaupt eine ganz andere
Unterstützung finden werde, als früher; er ließ sogar Miloš
auffordern, sich dazu mit ihm zu vereinigen und den Krieg
sofort wieder zu beginnen. In Miloš's Sinnesweise lag es
überhaupt an und für sich nicht, sich einer Bewegung anzuschließen, deren Erfolg auf fernliegenden Combinationen
beruhte, aber überdieß konnte er nicht wünschen, die Macht
des alten Oberanführers, mit der die seinige keinen Augenblick zusammen bestehen konnte, wieder im Lande empor-
kommen zu sehen. Er trug kein Bedenken, dem Pascha von
der Anwesenheit Kara Georgs Anzeige zu machen. Dieser
stellte ihm vor, welche Gefahr jede Erneuerung der Em-

pörung in sich schließe, wie dann der Großherr ohne Zweifel
ein neues Heer in das Land schicken und die Zugeständnisse
des bisherigen Zustandes zurücknehmen werde, und forderte
ihn auf, ihm den Kopf Kara Georg's zu verschaffen. Hier=
auf schickte Milos an Wuiza mit den kurzen Worten: „Ent=
weder den Kopf des schwarzen Georg oder den Deinigen"
und schärfte diesen Befehl ein paar Tage darauf aufs Neue
ein. Bald war Kara Georg inne, wie es stehe, in welche
Gefahr er sich gestürzt hatte; allein fliehen konnte er nicht,
und an Erbarmen war nicht zu denken. Als er einst nach
langem, sorgenvollem Wachen bei Tage eingeschlafen war,
ward er von einem Momken Wuiza's ermordet."

Man hat Milos sogar Schuld gegeben, er selbst habe
den Nebenbuhler, um sich der Furcht vor ihm zu entledigen,
einladen lassen, nach Serbien zu kommen. Das ist aber
ohne Zweifel unrichtig. „Viel zu bewundert und viel zu
beliebt, um so angesehener, da er eine Zeit lang entfernt
gewesen, war Kara Georg, und viel zu wenig befestigt der
Zustand von Serbien, als daß Milos hätte wagen können,
ihn auf so große Gefahr hin in das Land zu locken. Kaum
wollte der Pascha glauben, als ihm der Kopf gebracht wurde,
daß es der rechte sei. Nachdem er sich dessen bei den Ein=
wohnern von Belgrad versichert, schickte er ihn an den
Sultan." Jedenfalls ist der intellectuelle Urheber der Er=
mordung Kara Georg's Milos gewesen. Daran ist nicht
zu zweifeln.

Im November 1817 ward Milos von allen Knesen
des Landes als oberster Knes anerkannt. Er war auf ein=
mal der mächtigste Mann in Serbien. Sein Streben ging
nun nach Centralisation der Regierungsgewalt in seiner
Hand. Jedes Mittel war ihm dazu recht, die Intrigue,

Verbindung mit den Türken, Beiseiteschaffung seiner Gegner, gewaltsame und barbarische Unterdrückung jeder Opposition. Die glücklichen Feldzüge Rußlands gegen die Türkei kamen Serbien von der andern Seite her zu Statten. In dem Frieden von Adrianopel mußte die Pforte versprechen, die zu Ackerman getroffenen Stipulationen, welche auf dem bis jetzt noch nicht ausgeführten Vertrag von Bukarest beruhten, ohne den mindesten Verzug zu erfüllen. Der Hattischerif des Jahres 1830 ernannte Miloš zum Erbfürsten von Serbien, während die ganze innere Verwaltung den eigenen Behörden, obgleich unter der Souzerainetät des Sultans, überlassen wurde und sieben Festungen von den Türken be= setzt blieben.

Die Hoffnungen, welche man, nachdem dieser erträgliche Zustand der Dinge in Serbien geschaffen war, an die innere Regierung Miloš's hätte knüpfen können, sind nicht in Er= füllung gegangen. Die ersten Grundlagen der Cultur, die noch heute bestehende Kreiseintheilung, die ersten Straßen= bauten, die Gründung von Volksschulen, eines Gymnasiums, Lyceums, einer Zeitung und Buchdruckerei, die Erbauung von Kirchen und die Regelung der Verhältnisse des Clerus, die Anlage eines Staatsschatzes und eines Quarantaine= wesens, die Anfänge einer kleinen, wohlgeschulten Armee und die Anlage verschiedener militairischer Etablissements hat Serbien ihm allerdings zu verdanken. Er widerstand den Versuchungen, einen Lehnsadel zu schaffen; die Unab= hängigkeit des serbischen Bauernstandes hat derselbe ihm zu danken; aber sein Egoismus, sein Hang zu Gewaltthä= tigkeiten aller Art, seine Habgier, seine Laster sind schwarze Schatten, vor denen diese Vorzüge seiner Regierung sehr in den Hintergrund treten. „Die öffentliche Gewalt, welche

Miloš repräsentirte," sagt Ranke, „erkannte gleichsam noch kein Privatrecht neben sich an. Er nahm in Besitz, was ihm wohlgefiel, Wiesen, Häuser, Mühlen und gab dafür einen Preis, den er sich selbst setzte. Er hat einst eine Vorstadt von Belgrad abbrennen lassen, weil er dort einen neuen Anbau zu machen gedachte, ohne Jemand zu fragen, gleich als sei er der Eigenthümer. Er blieb dabei, die härtesten Frohnden aufzuerlegen. Von Užiča mußten die Bauern nach Kragujevac kommen, und ihm in der Heuernte zu helfen; die Krämer von Belgrad sah man ihre Läden schließen und sich aufmachen, um das Heu Miloš's abzuladen. Unentgeltliche Einquartierungen und Verpflegungen dauerten fort; während die türkischen Tartaren schon anfingen, zu bezahlen, was sie brauchten, forderte der serbische Bote es umsonst; mancher Momke ließ sein ermüdetes Pferd in dem Dorfe stehen, wo man es besorgen mußte, und nahm das erste beste, um sich desselben zu bedienen. „Ich will doch sehen," sagte der Fuhrmann des Fürsten, „wer dem Herrn ungehorsam ist," und spannte die Ochsen der Bauern vor seinen Wagen. Da konnte es denn nicht fehlen, daß nicht die öffentliche Gewalt zu persönlichem Vortheil mißbraucht worden wäre. Miloš fing an, den einträglichen Handel des Landes mit Borstenvieh zu monopolisiren. Er zäunte die Waldungen, deren Gebrauch bisher gemein gewesen war, ein, um sein Vieh dort weiden zu lassen. Eine sehr seltsame Verordnung, durch welche es erschwert, wo nicht verboten werden sollte, Credit zu geben, ward dahin ausgelegt, als wolle er jede Association verhindern, um als der reichste Mann im Lande den Handel desselben allein in seinen Händen zu haben. Er schien fast zu meinen, die sultanische Gewalt sei ihm übertragen worden, und bringe

26*

nun mit sich, daß er unumschränkter Herr über Land und Leute und deren Vermögen sei. „Bin ich der Herr,“ hörte man ihn sagen, „und soll ich nicht thun können, was ich will?“ Er ausschließlich hieß der Herr im Lande. Und wehe dem, der sich ihm widersetzte oder ihm gefährlich schien. Das Recht über Leben und Tod übte er ebenso rücksichtslos, verantwortungslos aus, als irgend ein türkischer Pascha gethan. Auch den anderen Grundsatz des türkischen Vezirs, daß der Besitzer der höchsten Gewalt sie durch seine Knechte handhaben lasse, eignete er sich an. Seine Beamten, und unter diesen begriff man jetzt auch die Knesen, wurden als Sklaven behandelt, schlecht besoldet, ohne hinreichenden Grund in höhere Stellen erhoben oder in tiefere herabge= setzt, so daß man nicht unterscheiden konnte, wer der Vor= gesetzte, wer der Untergebene sei; — sie wurden mit Schlägen gezüchtigt, wie einst die Beamten der Mongolenchane; Männer von Ansehen sind erst geschlagen und dann in den Senat gesetzt worden. Niemand hätte sich einbilden dürfen, daß persönliches Verdienst ihn fördern werde. Miloš gab An= laß zu glauben, daß er Verdienste eher beneide, ein Egois= mus der Gewalt, der auch sonst, aber doch nur selten vor= gekommen ist. Wie der mächtigste, so wollte er auch der ausgezeichnetste Mann im Lande sein. In dem Hattischerif von 1830 heißt es ausdrücklich, daß er das Land mit dem Rath der Aeltesten verwalten solle — allein er war dazu nicht gemacht, sich durch eine großherrliche Anordnung von der einmal eingelebten Art und Weise zurückbringen zu lassen; er nahm auch nicht einmal den Schein davon an.“*) Da war es denn auch nicht zu verwundern, daß der Auf=

---

*) S. Die serbische Revolution von Leopold Ranke.

stand im Jahre 1835 bereits gegen Miloš ausbrach. Tau=
sende von Aufständischen zogen unter der Führung Milo=
savs, Abrahams und Mileta's ohne Widerstand in Kragu=
jevac ein. Miloš, der nicht im Stande war, ihnen mit
Gewalt entgegenzutreten, versprach, allen ihren Forderun=
gen gerecht zu werden. Auf der nächsten Skupština er=
schien er nicht mehr als der Herr, sondern als der Besiegte.
Er versprach, seine Regierung nicht allein durch Gesetze,
sondern auch durch eine Verfassung zu beschränken; er ver=
sprach ein verantwortliches Ministerium, Sicherheit der
persönlichen Freiheit und des Eigenthums, eine geschriebene
Gesetzgebung; ein das serbische Staatsrecht enthaltendes
Statut wurde in diesem Sinne ausgearbeitet und mit aller
Feierlichkeit angenommen — Alles, um nicht gehalten zu
werden. Schon im Herbst desselben Jahres erklärte Mi=
loš's officielle Zeitung: „In Serbien sei der Fürst der ein=
zige Gebieter; Niemand außer ihm habe auf politische Macht
Anspruch." Sein Monopolwesen bildete er noch systema=
tischer aus. Sich dem in Folge dieses Status ernannten
Ministerium zu unterwerfen, erschien einem Mann, wie
Miloš, unerträglich. Die Intriguen und Versuche, seine
frühere unumschränkte Gewalt durch die Waffen wieder
herzustellen, warf ein neuer Aufstand, an dessen Spitze sich
Vučić stellte, nieder. Am 13. Juni 1839 verließ Miloš,
nachdem er zu Gunsten seines ältesten Sohnes zur Abban=
kung gezwungen war, das Land. Von den feierlichen Ver=
sprechungen, welche der erste Erbfürst von Serbien dem
serbischen Volke auf der Skupština von 1834 machte:
„daß das Feudalsystem, welches durch die dafür festgesetzte
jährliche Abgabe an die Pforte aufgehört habe, in Serbien
nie wieder eingeführt werden solle, daß er das ihm anver=

traute Pfand der serbischen Nationalität durch strenge Be=
achtung der Gesetze, durch Handhabung der öffentlichen
Ruhe und Ordnung, durch allmäliche, den serbischen Sitten
und Gewohnheiten und den politischen Verhältnissen des
Landes entsprechende Reformen, mit steter Beseitigung jedes
Vorschlags, der dem Lande die Verwaltung kostspielig machen,
das Eigenthumsrecht oder das Personenrecht des Serben
gefährden würde, zu bewahren und das ihm geschenkte Ver=
trauen zu rechtfertigen wissen werde," hatte derselbe nur
die ersten gehalten.

Die Regierung seiner Nachfolger Alexander Kara=
georgevic und Michael Obrenović, sowie die gro=
ßen Fortschritte, welche Serbien auf allen Gebieten der
Cultur und Verwaltung, in der Landwirthschaft, im Handel,
im Bergbau, im Bildungswesen während beider Regierungs=
perioden gemacht hat, sind von mir bereits anderswo *)
geschildert worden. Die Einzelnheiten dieser Fortschritte
werde ich in den folgenden Kapiteln noch genauer bespre=
chen. Von ganz besonderer Bedeutung für Serbien auf
dem Gebiete des volkswirthschaftlichen Fortschritts und der
fortschreitenden Bildung ist die vierjährige Periode der Re=
gentschaft und die Verwaltung des Ministeriums des In=
nern durch Herrn Radivoj Miloiković geworden**) Der
noch in den dreißiger Jahren stehende Minister des Innern
ist auf deutschen Universitäten gebildet, eine der bedeu=
tendsten Persönlichkeiten in Serbien, ein Mann von Energie
und großen Verwaltungstalenten. Das Gesetz von 1870

---

*) S. Die Türken in Europa. I. Band Kapitel 5 und 6.
Prag, 1873.
**) Der Leuchtthurm des Ostens. I. Kapitel.

hat ein Lehrerbildungsseminar in Kragujevac geschaffen, aus welchem tüchtige Lehrer der serbischen Schulen hervorgehen werden. Eine neue Unterrichtsmethode ist in der serbischen Schule eingeführt, welche auf der Höhe der pädagogischen Wissenschaft steht. Schulbibliotheken sind errichtet, über 35 neue Schulbücher eingeführt worden, Sonntagsschulen eingerichtet und die Zahl der Lesevereine vermehrt. Die Ziffer der serbischen Schulen und Bildungsanstalten ist während der Regierungsperiode der Regentschaft um ein Bedeutendes gestiegen. Ebenso Bedeutendes hat die Regentschaft auf dem Gebiete der Nationalökonomie geleistet. Eine Ackerbaugesellschaft, welche große Zuschüsse aus der Staatscasse erhält, und welche sich mit Beförderung und Verbesserung des Ackerbaues, mit Einführung neuer Ackerbauwerkzeuge aller Art beschäftigt, hat sich in Belgrad gebildet. Es sind landwirthschaftliche Schulen und eine Forstakademie geschaffen. Der Seidenbau und die Seidencultur haben sich bedeutend gehoben; jährliche landwirthschaftliche Ausstellungen mit Preisvertheilungen wurden angeordnet. Das Gesetz von 1871 hat für die Ausfuhr des Hornviehs große Erleichterungen eingeführt. Um den Handel zu heben, ergriff die Regentschaft die Initiative in Errichtung von Banken und Creditinstituten in Belgrad, Smederevo, Požarevac und Valjevo. Für den Postverkehr und für den Telegrafenverkehr sind eine lange Reihe neuer Verbindungen zwischen den verschiedenen Orten und neue Stationen eröffnet; um die Communication zu heben, die Zahl der Landstraßen und der Brücken um ein Bedeutendes vermehrt. Auf die Verbesserungen, welche Seitens der Regentschaft in der Gerechtigkeitspflege, in der Bewaffnung und in der Heeresorganisation stattgehabt haben, werde ich in den letzten Kapiteln zurückkommen. Das größte Verdienst, welches sich die Regentschaft um die Freiheit Serbiens erworben hat, besteht aber darin, daß dieselbe eine freiheitliche Landesverfassung und diese Landesverfassung ergänzende, die Ministerverantwortlichkeit, die Wahl der Mitglieder der Nationalversammlung, die Presse und die Befugnisse des Staatsraths betreffende Gesetze geschaffen hat. Durch diese Landesverfassung ist Serbien in die Reihe der constitutionellen Staaten Europas eingetreten. Jede Einmischung des Auslandes in die innern Angelegenheiten Serbiens ist dadurch abgeschnitten worden.

# Achtundzwanzigstes Kapitel.

## Staatsrecht, Verwaltung und Kirche.

Das Fürstenthum Serbien erhielt seine heutigen Gränzen in Folge des Bukarester Friedens. Der Fürst übt die Hoheitsrechte aus, ist aber gleichwohl der Souzeränität der Pforte unterworfen und zwar in Uebereinstimmung mit den vom Sultan in den Jahren 1829, 1830, 1833, 1838 und 1853 gegebenen Hatischerifs, bei dessen Regierung er sich durch einen Residenten (Kapu Kihaja) vertreten läßt. Serbien bezahlt an den Sultan einen jährlichen Tribut von 41.552 Dukaten, genießt jedoch durch völkerrechtliche Verträge, insbesondere durch den Pariser Tractat vom Jahre 1856 das Recht unverletzbarer Integrität und die vollste Autonomie bei der Gestaltung seiner innern Angelegenheiten. Der 28. Artikel des Tractats vom 30. März 1856 lautet folgendermaßen:

„Das Fürstenthum Serbien wird auch ferner von der Hohen Pforte abhängig sein in Uebereinstimmung mit den kaiserlichen Hats, welche seine Rechte und Freiheiten festsetzen und näher bestimmen, die von nun an unter der gemeinsamen Garantie der contrahirenden Mächte stehen."

„In Folge dessen wird das Fürstenthum seine unab=

hängige nationale Verwaltung, sowie die volle Freiheit. des Cultus, der Gesetzgebung, des Handels und der Schifffahrt behalten."

Die volle Autonomie bei der Gestaltung der innern Angelegenheiten schließt in sich, nächst der freien Wahl des Fürsten, die unbeeinflußte Gesetzgebung für die admini= strative Verwaltung, für Justiz, für die Finanzen, für das Zoll=, Handels= und Schifffahrtswesen, in Cultus= und Unterrichtsangelegenheiten; ferner das Recht der Aufstellung einer eigenen nationalen Defensivmacht, das Besetzungsrecht in den Festungen und den Gebrauch eines eigenen Wappens nebst Flagge. Die Flagge ist die roth=blau=weiße Tri= colore mit dem Nationalwappen im mittleren und mit vier goldenen Sternen im obersten Striche. Die Schiffsflagge ist roth und durch ein weißes Kreuz einmal getheilt. Das serbische Nationalwappen zeigt ein silbernes Kreuz in rothem Felde, in dessen vier gespaltenen Theilen je ein blauer Feuerstahl erscheint. Nach einer andern Deutung wären es vier S, welche die Worte ausdrücken: Srbi samo sloga spasava. „Nur Einigkeit macht Serbien stark." Das alte Wappen des Kaiserreichs Serbien bildete früher der noch heute von Montenegro geführte, doppelköpfige Adler. Eichenzweige und Lorbeerzweige umgeben den Schild, welcher von einem blauen Wappenmantel bedeckt und von einer Fürstenkrone mit Reichsapfel und Kreuz gekrönt wird.

Durch die großen Märzconcessionen, welche die Pforte im Jahre 1867 Serbien zugestanden hat, ist Serbien fast ganz unabhängig geworden. Sämmtliche Festungen wurden durch diese Märzconcessionen definitiv an Serbien über= geben. Die Souzeränitätsrechte des Sultans über Serbien

beschränken sich heute auf einige unwesentlich Aeußer=
lichkeiten.

Nach der Ermordung des schwarzen Georg wurde die
fürstliche Gewalt auf der Nationalversammlung des Jahres
1817 zuerst dem Oberknesen Miloš Obrenović übertragen.
Der Hatischerif des Jahres 1830, welcher die Autonomie
Serbiens und die fürstliche Würde Miloš's anerkannte,
schränkte seine frühere, ganz autokratische Gewalt aber be=
deutend ein, indem er forderte, daß die Regierungsgewalt
im Einvernehmen mit einem berathenden Senate ausgeübt
werde. Das Ustav, das serbische Staatsgrundgesetz, welches
die Regierungsgewalt auf in Europa üblicher rechtsstaat=
licher Basis feststellte, kam erst im Jahre 1838 zu Stande.
Der Senat wurde dann im Jahre 1861 reorganisirt und
besteht nunmehr aus einem auf Lebensdauer ernannten
Präsident und Vicepräsidenten, aus dem Thronfolger, wenn
er das achtzehnte Jahr erreicht hat, und siebenzehn vom
Fürsten ernannten Mitgliedern, welche mindestens das fünf
und dreißigste Lebensjahr überschritten und sich zehn Jahre
hindurch im Staatsdienst in ausgezeichneter Weise bewährt
haben müssen. Dem Senat, der permanent versammelt ist
und vom Fürsten weder vertagt noch aufgelöst werden kann,
steht verfassungsmäßig ein Theil der gesetzgebenden Gewalt
zu, indem keine Anordnung rechtskräftig ist und keine in
Vollzug gesetzt werden darf, wenn sie nicht zwischen dem
Fürsten und Senate in der gesetzlich festgestellten Form ver=
einbart, vom Senate berathen, angenommen und genehmigt
und vom Fürsten sanctionirt und promulgirt ist. Hin=
sichtlich der vollziehenden Gewalt hat er den Wirkungskreis
der Minister zu bestimmen, jährlich von denselben eingehende
Rechenschaftsberichte abzufordern, das Budget zu geneh=

migen und sämmtliche Rechnungen in der gesammten Ver=
waltung einer genaue Prüfung zu unterziehen, wofür eine
von ihm allein abhängige Behörde unter dem Namen
Hauptcontrolle besteht.

Von dem Recht der freien Fürstenwahl hat
Serbien mehrmals Gebrauch gemacht, einmal im Jahre
1842, dann im Jahre 1858 und neuerdings nach der Er=
mordung des Fürsten Michael. Nach dem Staatsvertrage
des Jahres 1830 ist die fürstliche Würde nach dem Erst=
geburtsrechte im Mannesstamme des regierenden Fürsten=
hauses erblich. Erlischt derselbe, so steht dem Fürsten das
Ernennungsrecht seines Nachfolgers unter Approbirung des
Senats zu. Der Fürst führt den Titel „Knjes Srbski"
— „Fürst von Serbien" mit dem Prädicate „Svjetlost"
„Durchlaucht."

Das heutige serbische Verfassungsrecht beruht auf der
am 9. Juni 1869 proclamirten Constitution. Sie ist das
Fundamentalgesetz des serbischen Staats, ein nationales
Werk, serbisch in seinem Wesen wie in seiner Entstehung,
berathen und zum Gesetz erhoben ohne Zuthun einer Schutz=
macht und ohne Mithülfe des souzerainen Hofes, durch die
Vertreter des serbischen Volkes in der Skupština des
Jahres 1869.

In ihren wichtigsten Artikeln lautet die heute für
Serbien geltende Verfassung folgendermaßen:


I. Vom Gebiet des Fürstenthums; vom Fürsten,
von der Thronfolge und von der Regentschaft.

Art. 1. Das Fürstenthum Serbien ist eine erbliche,
constitutionelle Monarchie mit nationaler Vertretung.

Art. 2. Das Staatsgebiet ist untheilbar.

Seine Gränzen können ohne Zustimmung der großen Nationalversammlung weder eingeschränkt noch verändert werden.

Art. 3. Der Fürst ist das Oberhaupt des Staats. Als solcher ist er im Besitz aller Rechte, welche aus dieser höchsten Würde hervorgehen und übt sie aus in Ueberein= stimmung mit den Bestimmungen der Verfassung.

Der Fürst ist unverantwortlich. Seine Person ist un= verletzlich.

Art. 4. Der Fürst übt die gesetzgebende Macht in Uebereinstimmung mit der Nationalversammlung aus.

Art. 5. Der Fürst vollzieht und veröffentlicht die Gesetz. Kein Gesetz ist vor der Veröffentlichung durch den Fürsten gültig.

Art. 6. Der Fürst ernennt alle öffentlichen Beamten. In seinem Namen und unter seiner Oberaufsicht verwalten alle öffentlichen Verwaltungsbeamten ihre Functionen.

Art. 7. Der Fürst ist der Oberbefehlshaber aller militairischen Kräfte des Landes.

Art. 8. Der Fürst vertritt das Land in allen seinen Beziehungen nach Außen und schließt die Verträge mit den fremden Staaten ab.

Wenn aber die Ausführung dieser Verträge eine Aus= gabe für den Staatsschatz oder eine Veränderung der be= stehenden Gesetze in sich schließen sollte, oder wenn ein solcher Vertrag öffentliche Rechte oder Privatrechte berührt, so ist zu dem Vertrage die Zustimmung der Nationalver= sammlung nöthig.

Art. 9. Der Fürst hat seinen dauernden Wohnsitz im Lande. Falls er sich momenten aus dem Gebiet des Staats entfernt, so ernennt er einen oder mehrere Stellvertreter für die Dauer seiner Abwesenheit und bestimmt ihre Vollmachten innerhalb der Gränzen der Verfassung.

Art. 10. Die fürstliche Würde ist erblich in der Familie des gegenwärtig regierenden Fürsten Milan M. Obrenović des Vierten in seiner rechtmäßigen männlichen Abstammung, in der Erstgeburt und in directer Linie. Falls kein Sproß in directer Linie existirt, geht die Erbfolge auf die Seitenlinie über und zwar auf die Erstgeburt.

In dem Falle, wo der gegenwärtige Fürst Milan ohne männliche Nachkommenschaft sterben sollte, geht die Thronfolge auf die männliche Nachkommenschaft der Töchter des Fürsten Miloš über und zwar im Wege der Wahl. Die Nation erwählt zum Fürsten denjenigen von seinen Nachkommen, den sie für den Würdigsten hält.

Falls kein männlicher Nachkomme der Töchter des Fürsten Miloš vorhanden sein sollte, wird das serbische Volk zum erblichen Fürsten denjenigen serbischen Bürger ernennen, zu welchem es das meiste Vertrauen hegt. Die Familie und die Nachkommenschaft des Karageorgewić sind für immer vom serbischen Fürstenthron ausgeschlossen.

Art. 11. Der Fürst von Serbien muß sich zur orthodoxen orientalischen Kirche bekennen.

Er ist volljährig nach vollendetem achtzehnten Jahre.

Bei seiner Thronbesteigung leistet er vor der großen Nationalversammlung folgenden Eid:

„Ich schwöre, indem ich die Regierung antrete, bei Gott dem Allmächtigen und bei Allem, was mir am liebsten und theuersten in der Welt ist, auf das heilige Kreuz und auf das Evangelium, die Verfassung des Landes unangetastet zu lassen, in Uebereinstimmung mit der Verfassung und mit den Gesetzen zu regieren und in Allem, was ich thue, immer einzig und allein das Wohl des Landes vor Augen zu haben. Indem ich feierlich diesen Eid vor Gott und vor der Nation leiste, rufe ich Gott den Herrn zum Zeugen an, dem ich Rechenschaft ablegen werde am Tage des jüngsten Gerichts und bestätige die Aufrichtigkeit dieses Eides, indem ich das heilige Evangelium und das Kreuz unseres Heilandes Jesus Christus küsse, so wahr mir Gott helfe. Amen."

Art. 12. Wenn der Fürst minderjährig ist, oder wenn er ohne Nachfolger stirbt, so übernimmt der Ministerrath die Regierung, bis die große Nationalversammlung, welche er augenblicklich und spätestens im Laufe eines Monats zusammenrufen muß, zusammengetreten ist und Besitz von der Regierung genommen hat.

Während dieser zeitigen Ausübung der fürstlichen Macht kann der Ministerrath weder eine Veränderung in den Ministerien noch in den Mitgliedern des Staatsraths vornehmen.

Art. 13. Wenn die große Nationalversammlung in Folge des Fehlens eines Thronfolgers bei dem Tode des Fürsten zusammengerufen ist, so erwählt sie den neuen Fürsten gemäß den Bestimmungen des Art. 10 der Constitution. Wenn die Zusammenberufung stattgehabt hat in Folge der Minderjährigkeit des Fürsten, so ernennt sie drei Personen, welche die Regentschaft bilden.

Die Mitglieder der Regentschaft können nur gewählt werden unter den Ministern, unter den Mitgliedern des Staatsraths, unter den Räthen des obersten Gerichtshofes oder unter solchen Personen, welche dieselben Aemter in einer tabellosen Weise verwaltet haben.

Art. 14. Die Regenten leisten bei Uebernahme ihrer Functionen vor der Nationalversammlung einen Eid, in welchem sie dem Fürsten Treue schwören und sich verpflichten, in Uebereinstimmung mit der Verfassung und mit den Gesetzen des Landes zu regieren.

Art. 15. Die Mitglieder des Ministerraths, wenn sie provisorisch die fürstliche Gewalt ausüben, erhalten keine andere Besoldung, als diejenige, welche sie aus ihrem gewöhnlichen Amte beziehen. Die Regenten erhalten zu gleichen Theilen das Fünftel der fürstlichen Civilliste. Der Fürst erhält die vier andern Fünftel.

Art. 16. 17. 18. Enthalten mehrere Bestimmungen über die Regentschaft von untergeordneter Bedeutung.

Art. 19. Der Erbe des serbischen Thrones muß der rechtgläubigen orientalischen Kirche angehören.

Art. 20. Der Thronerbe sowie die männlichen Kinder des Fürsten können ohne Zustimmung des regierenden Fürsten keine Ehe eingehen.

Art. 21. Die Sorge für die Erziehung des minderjährigen Fürsten sowie die Verwaltung seiner Güter werden drei Vormündern anvertraut, welche nach Anhören der Meinung der Fürstin Mutter mit Zustimmung des Staatsraths durch die Regentschaft ernannt werden.

Die Mitglieder der Regentschaft können nicht Vormünder sein.

## II. Von den Rechten und Pflichten der Bürger im Allgemeinen.

Art. 22. Ein Gesetz bestimmt die Bedingungen, unter denen das serbische Bürgerrecht erworben und verloren wird, sowie die an das serbische Bürgerrecht geknüpften Rechte.

Art. 23. Alle Serben sind gleich vor dem Gesetz.

Art. 24. Jeder Serbe hat das gleiche Recht auf Zu=laffung zu allen öffentlichen Aemtern, sobald er die Bedin=gungen der Befähigung für dieselben erfüllt, welche das Gesetz vorschreibt, und sobald er die Fähigkeit besitzt, die=selben zu verwalten.

Art. 25. Die persönliche Freiheit sowie das Eigenthum sind gewährleistet, mit Vorbehalt der Einschränkungen, welche durch das Gesetz vorgeschrieben werden.

Art. 26. Niemand kann gerichtet werden, ohne gehört oder ohne gesetzlich zu seiner Vertheidigung aufgefordert worden zu sein.

Art. 27. Niemand kann verhaftet werden, außer den durch das Gesetz vorgeschriebenen Fällen und unter der von demselben vorgeschriebenen Förmlichkeiten.

Art. 28. Die Wohnung ist unverletzlich. Niemand kann in dieselbe wider den Willen des Bewohners ein=bringen, noch eine Durchsuchung vornehmen, außer in den durch das Gesetz vorgeschriebenen Fällen und unter den durch dasselbe vorgeschriebenen Förmlichkeiten.

Art. 29. Die Confiscation der Güter kann unter dem Titel der Strafe nicht ausgesprochen werden.

Art. 30. Niemand kann verpflichtet werden, sein Be=sitzthum im Interesse des Staates oder in irgend einem andern öffentlichen Interesse zu veräußern, sowie Niemand im Genuße seines Eigenthums beschränkt werden kann, mit Vorbehalt der Fälle, wo das Gesetz dazu ermächtigt und dafür eine gesetzliche Vergütung bezahlt wird.

Art. 31. Die herrschende Religion ist die orthodoxe

orientalische. Die Ausübung jedes andern anerkannten Cultus ist frei und unter den Schutz der Gesetze gestellt.

Art. 32. Jeder Serbe hat das Recht, seine Meinung durch Wort, Schrift, durch die Presse oder durch jedes andere Mittel der Veröffentlichung in Uebereinstimmung mit den gesetzlichen Vorschriften zu äußern.

Es wird ein besonderes Gesetz über die Presse publicirt werden.

Art. 33. Jeder Serbe hat das Recht, Klage gegen die obrigkeitlichen Behörden wegen ungesetzlicher Handlungen zu erheben.

Art. 34. Jeder hat das Recht der Petition bei der zuständigen Behörde, aber nur in seinem eigenen Namen. Petitionen im Namen eines Dritten oder Massenpetitionen können nur von eingesetzten Behörden oder von Corporationen ausgehen, und diese letzteren können nur petitioniren in Materien ihrer Competenz.

Art. 35. Jeder Serbe ist Soldat und zum Militärdienst verpflichtet, sei es in der Armee, sei es in der Landwehr, außer in den Fällen, wo das Gesetz eine Ausnahme vorschreibt.

Die Landwehr kann, als eine der wesentlichsten Institutionen des Landes, weder aufgehoben noch eingeschränkt werden.

Art. 36. Jede Berathung ist der Armee untersagt. Sie gehorcht dem Befehl ihrer Anführer.

Art. 37. Die Soldaten gehören vor die Militärgerichte nur in Strafsachen.

Art 38. Im Falle einer die öffentliche Sicherheit bedrohenden Gefahr kann die Regierung zeitweise die Anwendung des Art. 27 mit Bezug auf die persönliche Freiheit, den Art. 28 mit Bezug auf das Wort und die Presse und den Art 111 mit Bezug auf die Competenz der Gerichte suspendiren.

Art. 39. Jeder Serbe und Jedermann ist gehalten, die Steuern zu bezahlen und die andern öffentlichen Lasten zu tragen. Die Basis ihrer Vertheilung ist die gleiche für Alle.

Nur der Fürst und der vermuthliche Thronfolger sind frei von Steuern.

Art. 40. Jedem Serben steht es frei, der Eigenschaft eines serbischen Bürgers zu entsagen, sobald er seiner Mi= litärpflicht in der regulären Armee genügt und die andern Pflichten erfüllt hat, welche ihm gegen den Staat und gegen Privatpersonen obliegen.

### III. Von der Volksvertretung.

Art. 41. Die Nationalversammlung ist die Vertretung des Landes.

Art. 42. Die Nationalversammlung besteht aus den Deputirten, welche frei durch das Volk erwählt sind und aus den von dem Fürsten ernannten Deputirten.

Die Nationalversammlung ist entweder die große oder die gewöhnliche.

Art. 43. Die Wahlen der Volksvertreter finden direct statt oder indirect vermittelst der Wähler des zweiten Grades.

Art. 44. Jeder Bezirk und jede Kreisstadt erwählen ihre Deputirten; Ein Deputirter kommt auf dreitausend Steuerzahler.

Jeder Bezirk und jede Kreisstadt von weniger als drei=

27*

taufend Steuerzahlern wählen übrigens auch Einen De=
putirten.

Die Stadt Belgrad wählt zwei Deputirte.

Wenn ein Bezirk oder eine Kreisstadt mehr als drei=
tausend Steuerzahler hat und der Ueberschuß fünfzehnhun-
dert übersteigt, erwählt der Bezirk oder die Kreisstadt noch
einen Deputirten mehr. Bleibt der Ueberschuß unter fünf=
zehnhundert, so kommt derselbe nicht in Betracht.

Art. 45. Auf Drei vom Volke erwählte Deputirte er=
nennt der Fürst Einen Deputirten in seinem Namen aus
der Zahl der Personen, welche sich durch ihre Bildung oder
Erfahrung in Staatsangelegenheiten auszeichnen. Diese
proportionelle Ziffer braucht übrigens nicht nothwendig er=
reicht zu sein.

Art. 46. Wähler ist jeder Serbe, der volljährig ist
und aus seinen Gütern, aus seiner Arbeit oder aus seinem
Einkommen Steuern zahlt.

Art. 47. Jeder Wähler ist wählbar als Wähler zwei=
ten Grades; aber die Deputirten können nur aus den
Wählern erwählt werden, welche dreißig Jahre alt sind
und jährlich wenigstens sechs Thaler Steuern zahlen und
die anderen Bedingungen erfüllen, welche das Wahlgesetz
vorschreibt.

Art. 48. Die Beamten und diejenigen, welche in diese
Categorie gehören, wie die Beamten im Ruhestande, die
Personen, welche eine Unterstützung vom Staate erhalten
oder welche Zahlungen an die Wittwencasse leisten, können
ebensowenig wie die Advokaten zu Deputirten in die Na=
tionalversammlung erwählt werden. Die Deputirten, welche
der Fürst ernennt, können aus allen Classen der Bürger
gewählt werden.

Die Mitglieder der regelmäßigen Armee, welchen Grad sie auch haben mögen, sind weder wählbar noch Wähler.

Art. 49. Jeder Wähler kann nur in Person und nur an einem Orte wählen.

Art. 50. Alle Deputirten müssen in Serbien ansässig sein; es ist aber nicht nöthig, daß sie ansässig sind in dem Bezirk oder in der Stadt, wo sie gewählt werden.

Art. 51. Die nationalen Deputirten sind nicht nur die Repräsentanten ihrer Wähler, sondern der ganzen Nation. Demgemäß können sie kein imperatives Mandat von ihren Wählern annehmen. Es ist ihre Sache, das, was dem Lande noth thut, nach ihrem eigenen Bewußtsein und nach ihrer eigenen Ueberzeugung zu beurtheilen.

Art. 52 (enthält die Eidesformel der Deputirten.)

Art. 53 (enthält die Bestimmungen über den Präsidenten, Vicepräsidenten u. s. w.)

### Befugnisse der Nationalversammlung.

Art. 54. Die Nationalversammlung übt die gesetzgebende Gewalt in Gemeinsamkeit mit dem Fürsten aus.

Sie kann sich mit keinen anderen Gegenständen befassen, als mit denjenigen, welche durch die Constitution bestimmt und welche ihr ausdrücklich durch den Fürsten vorgelegt werden.

Art. 55. Kein Gesetz kann ohne Zustimmung der Nationalversammlung gegeben, abgeschafft, geändert oder interpretirt werden.

Art. 56. Nur in dem einzigen Falle, wo die Sicherheit des Staates, sei es von Außen oder im Innern, schwer bedroht ist und wo die Nationalversammlung nicht versammelt ist, kann der Fürst auf Vorschlag des Minister= raths die nothwendigen Maßregeln ergreifen, sogar in den Fällen, wo sonst die Zustimmung der Nationalversammlung eingeholt werden müßte; aber bei der nächstfolgenden Zu= sammenkunft der Nationalversammlung muß dies Gesetz ihrer Genehmigung unterbreitet werden.

Nichtsdestoweniger kann und darf in keinem Falle eine neue Steuer oder eine allgemeine Auflage auferlegt oder bestehende Steuern ohne Zustimmung der Nationalver= sammlung abgeändert werden.

Art. 57. Die Gesetze oder Ordonnanzen, welche durch den Fürsten in Gemäßheit der beiden vorigen Artikel pu= blicirt sind, haben eine verbindliche Kraft für alle Bürger und für alle Behörden des Landes.

Art. 58. Der Vorschlag, welcher zum Gegenstande hat, ein neues Gesetz zu schaffen oder ein schon existiren= des Gesetz abzuändern, zu ergänzen oder zu interpretiren, kann sowohl von dem Fürsten der Nationalversammlung, wie von der Nationalversammlug dem Fürsten gemacht werden; aber ein eigentlich so genanntes Gesetzproject ist ausschießlich durch den Fürsten einzubringen.

Art. 59. Die Nationalversammlung ist vor Allem ge= halten, die Vorschläge in Berathung zu ziehen, welche ihr Seitens der Regierung unterbreitet werden, namentlich das Budget. Auf Anfordern der Regierung muß sie zu jeder Zeit zur Berathung des Budgets schreiten. Ebenso muß die Regierung so schnell wie möglich die Materialien her= beischaffen, wo die Versammlung ihr das Bedürfniß der= selben anzeigt.

Art. 60. Die Regierung kann einen Gesetzesvorschlag, mit welchem sich die Nationalversammlung beschäftigt, nur so lange zurückziehen, als der Vorschlag nicht Gegenstand eines bestimmten Beschlußes geworden ist.

(Art. 61 und 62 enthalten Bestimmungen über Ge=
setzesberathungen.)

Art. 63. Das votirte Budget wird durch die National=
versammlung dem Fürsten präsentirt.

Wenn die Versammlung der Meinung ist, gewisse vor=
geschlagene Credite reduciren oder ganz unterdrücken zu
müssen, so motivirt sie ihr Votum und gibt an, wo und
wie die Ersparnisse ohne Nachtheil für die Bedürfnisse des
Staates realisirt werden können.

(Art. 64 und 65 enthalten weitere Bestimmungen
über die Budgetberathungen.)

Art. 66. Die Regierung kann ohne Zustimmung der
Nationalversammlung keine Schuld contrahiren.

In dem Falle, wo die Regierung sich verpflichtet sehen
würde, für irgend ein nothwendiges und dringendes Be=
dürfniß eine Schuld zu contrahiren, muß die National=
versammlung, falls sie nicht vereinigt ist, außerordentlich
einberufen werden.

Falls aber die Umstände derartig sind, daß diese Ein=
berufung nicht statt haben kann, ist der Fürst befugt, auf
den Vorschlag seines Ministerraths und in Uebereinstim=
mung mit dem Staatsrath eine Anleihe zu contrahiren,
welche aber die Summe von 200.000 Dukaten nicht über=
steigen darf.

Der Fürst kann auf dieselbe Weise zu irgend einem
außerordentlichen und dringenden Zweck eine Ausgabe
machen, welche nicht in den regelmäßigen Credit mit inbe=
griffen ist; aber der Werth dieser Summe darf 30.000
Dukaten in einem Jahr nicht übersteigen.

In den beiden vorhergehenden Fällen ist er aber verpflichtet, der Nationalversammlung über die getroffene Maßregel, sowie über die Motive, welche ihn dazu veranlaßt haben, Rechenschaft abzulegen. (Art. 67, 68, 69, 70 enthalten formelle Bestimmungen.)

Art. 71. Kein Deputirten darf jemals für das Votum, welches er als Mitglied der Nationalversammlung abgegeben hat, zur Rechenschaft gezogen werden.

Art. 72. Die Mitglieder der Nationalversammlung dürfen in den fünf der Eröffnung vorhergehenden Tagen und während der ganzen Dauer der Sitzung weder verhaftet noch in Anklagezustand versetzt werden, außer in den in den beiden folgenden Artikeln vorgeschriebenen Fällen.

Art. 73. Wenn es sich um flagrante Verbrechen und Vergehen handelt, kann die Verhaftung des Deputirten stattfinden; aber die Versammlung muß augenblicklich von dem Fall unterrichtet werden und die Verfolgung kann nur dann eingeleitet werden, wenn die Versammlung ihre Zustimmung dazu giebt, daß der Deputirte in Anklagezustand versetzt werde.

Art. 74. Außer dem erwähnten Falle eines flagranten Verbrechens darf während der Dauer der Sitzungsperiode keine Behörde ohne vorher erlangte Zustimmung der Nationalversammlung einen Deputirten vorladen oder ihn verhaften lassen.

### Zusammenberufung der Nationalversammlung.

Art. 75. Die Nationalversammlung wird für gewöhnlich alljährlich zusammenberufen; sie kann auch in außerordent-

licher Weise zusammenberufen werden, wenn die Wichtigkeit
der Umstände es erfordert.

Art. 76. Der Fürst beruft zusammen, öffnet und schließt
die Nationalverfammlung. Er bestimmt den Zeitpunkt des
Jahres und den Ort, wo die Nationalverfammlung tagen soll.

Art. 77. Der Fürst kann die Nationalverfammlung nach
ihrer Zusammenkunft für einige Zeit vertagen; aber er muß
zu derselben Zeit den Endpuukt der Vertagung bestimmen,
den er nicht über sechs Monate ausdehnen darf.

Art. 78. In gleicher Weise kann der Fürst die Ver=
fammlug auflösen und Neuwahlen der Deputirten anordnen.

Zur Neuwahl anderer Deputirten muß binnen höchstens
vier Monaten geschritten, und die neue Verfammlung muß
spätestens auf sechs Monate nach dem Tage der Auflösung
der vorigen Verfammlung wieder zusammenberufen werden.

Art. 79. Die Deputirten können sich ohne Zusammen=
berufung durch den Fürsten nicht zur Sitzung vereinigen;
ebenso können sie nach dem Schluß, nach der Vertagung
oder nach der Auflösung der Verfammlung nicht weiter ver=
fammelt bleiben und nicht weiter berathen.

(Art. 80. und 81. enthalten Bestimmungen über die
Form der Berathungen.)

Art. 82. Damit die Verfammlung abstimmen kann,
müssen wenigstens drei Viertel der Mitglieder anwefend fein.

Damit eine Abstimmung ihre ganze und volle Wirkung
hat, muß von den anwefenden Mitgliedern wenigstens Eins
mehr als die Hälfte für die in Frage stehende Propofition
stimmen.

Art. 83. Die Deputirten können nur in Person und
öffentlich abstimmen.

(Art. 84—88 enthalten untergeordnete Bestimmungen.)

## Von der großen Nationalverfammlung.

**Art. 89.** Die Deputirten der großen Nationalver= fammlung werden nur durch die Nation gewählt. Ihre Ziffer übertrifft die Deputirten der gewöhnlichen National= verfammlung um das Vierfache.

Die große Nationalverfammlung wird in folgenden Fällen zufammenberufen:

1. Um den Fürften zu erwählen, wenn der regierende Fürft geftorben ift, ohne einen Nachfolger zu hinterlaffen, der den Beftimmungen der gegenwärtigen Conftitution Ge= nüge leiftet.

2. Um in den durch die Conftitution vorhergefehenen Fällen die Regentfchaft zu wählen.

3. Um die Conftitution zu ändern.

4. Um über die Bedingungen zu befchließen, wenn es ftch um eine Entäußerung oder um einen Taufch eines Theils des Staatsgebiets handelt.

5. Wenn der Fürft es für nöthig hält, die große Na= tionalverfammlung über eine Frage zu Rathe zu ziehen, welche eine außerordentliche Wichtigkeit für das Land hat.

### IV. Vom Staatsrath.

**Art. 90.** Der Staatsrath ift mit folgenden Befugniffen bekleidet:

1. Seine Meinung über die Fragen abzugeben, welche die Regierung ihm unterbreitet.

2. Die Gefetzentwürfe und die Verwaltungsverordnungen auszuarbeiten.

3. Ueber Klagen gegen die minifteriellen Entfcheidungen zu entfcheiden.

4. Ueber die zwischen den Verwaltungsbehörden ent=
stehenden Conflicte in Betreff ihrer Befugnisse zu entscheiden.

5. Die theilweisen Ausgaben auf die Generalcredite zu
bewilligen, welche das Budget für außerordentliche Bedürf=
nisse bestimmt, ebenso wie die detaillirte Verwendung des
Credits anzugeben, welcher für öffentliche Ausgaben bestimmt
ist, im Falle daß die Ausgaben die Summe übersteigen,
über welche der Minister gesetzlich verfügen kann.

6. Ueber die Ausnahmsfälle der Zulassung zur ser=
bischen Naturalisation zu bestimmen.

7. Die Autorisation zu Staatsanleihen, ebenso wie zu
außerordentlichen Crediten in den Fällen des Art. 66 der
Constituton zu ertheilen.

(Nro. 8, 9, 10, 11, 12, 13, 14, enthalten Befugnisse
untergeordneter Natur.)

Art. 91. Die Mitglieder des Staatsraths werden durch
den Fürsten ernannt. Sie gehören in die Categorie der
Staatsbeamten. Ihre Zahl kann nicht unter eilf und nicht
über fünfzehn sein. Der Fürst ernennt aus ihnen eine Prä=
sidenten und einen Vicepräsidenten, welche ihre Funktionen
so lange verwalten, wie der Fürst es nicht für nöthig hält,
sie durch Andere zu ersetzen.

Art. 92. Niemand kann Mitglied des Staatsraths
werden, der nicht das fünfundbreißigste Jahr zurückgelegt
hat, nicht zehn Jahre im Staatsdienst gewesen und nicht
mit Grundbesitz in Serbien ansässig ist.

**V. Von den Staatsdomänen, den Gütern und
der Civilliste des Fürsten.**

(Art. 93—98. Die Domänenrevenuen sind für das
Jahr 1869—1870 mit einer Ziffer von 184,800 Francs

in dem Budget eingetragen. Die Civilliste des Fürsten be=
trägt jährlich 504,000 Francs.)

## VI. Vom Staatsdienst.

Art. 99. An der Spitze der Verwaltung befindet sich
der Ministerrath, welcher unmittelbar unter dem Fürsten steht.
Der Ministerrath besteht aus den Ministern, welche
den verschiedenen Abtheilungen vorstehen. Einer von ihnen,
den der Fürst bestimmt, präsidirt dem Ministerrath.*)
Der Fürst ernennt und entläßt die Minister.

Art. 100. Die Minister sind dem Fürsten und der
Nationalversammlung für alle Akte, welche sie in Ausübung
ihres Berufs vorgenommen haben, verantwortlich.

Deshalb muß jeder durch den Fürsten unterzeichnete
öffentliche Akt von Seiten des competenten Ministers gegen=
gezeichnet sein.

Art. 101. Ein Minister kann in Anklagezustand ver=
setzt werden wegen Verrätherei gegen das Vaterland oder
den Fürsten, wegen Verletzung der Constitution, wegen Unter=
schlagung oder wegen eines dem Staate aus persönlichem
Interesse zugefügten Nachtheils.

Art. 102. Die Nationalversammlung kann den Minister
in Anklagezustand versetzen. Der Antrag muß schriftlich
geschehen, den Namen des in Anklagezustand zu versetzenden

---

*) Die ministeriellen Departements sind sieben an der Zahl: 1. Justiz
und Controlle; 2. Cultus und öffentlicher Unterricht; 3. Auswärtige Angelegenheiten; 4. Inneres; 5. Finanzen; 6. Krieg; 7. Oeffentliche Ar=
beiten. Jeder Minister erhält 12,500 Francs Gehalt, der Ministerprä=
sident 17,500 Francs.

Ministers enthalten und von wenigstens zwanzig Deputirten unterzeichnet sein.

Art. 103. Um die Versetzung in Anklagezustand auszusprechen, sind zwei Drittel der Stimmen erforderlich.

Art. 104. Der in Anklagezustand versetzte Minister wird durch ein Staatstribunal gerichtet, dessen Zusammensetzung durch ein Gesetz bestimmt wird.

Ohne Zustimmung der Nationalversammlung kann der Fürst den verurtheilten Minister nicht begnadigen.

Art. 105. Jeder Beamte ist für seine Amtshandlungen verantwortlich.

Eine obrigkeitliche Person kann nicht ohne Zustimmung des Cassationshofes in Anklagezustand versetzt werden. Sie wird sodann vor die ordentlichen Gerichte gewiesen.

Art. 106. Die Staatsbeamten leisten einen Eid, in welchem sie Gehorsam und Treue dem Fürsten versprechen und schwören, gewissenhaft die Verfassung halten zu wollen.

Die Armee leistet keinen Eid auf die Verfassung.

Art. 107. Der Beamte, welchen Alter oder physische Schwäche unfähig zum Staatsdienst machen, hat ein Anrecht auf ein Ruhegehalt.

## VII. Von den Gerichtshöfen.

Art. 108. Die Verwaltung der Gerechtigkeitspflege ist Gerichtshöfen mehrerer Stufenreihen anvertraut.*)

---

*) Die Stufenfolge der Gerichtshöfe ist folgende:
1. Der Cassationshof in Belgrad, in drei Abtheilungen zerfallend.
2. Das Appellationsgericht in Belgrad, aus zwei Kammern bestehend.
3. Achtzehn Gerichtshöfe erster Instanz.
4. Friedensgerichte oder ländliche Gerichte. In jeder Gemeinde befindet sich Ein Gericht.

Art. 109. Die Gerechtigkeitspflege wird im Namen des Fürsten verwaltet. Die Gerichtshöfe sind unabhängig und haben keine andere Autorität anzuerkennen, wie diejenige des Gesetzes.

Art. 110. Keine Macht im Staate, weder eine gesetz=gebende noch eine verwaltende, kann sich in die Gerechtigkeits=pflege einmischen und wechselweise haben die Gerichtshöfe mit der Ausübung der gesetzgebenden oder verwaltenden Thätigkeit nichts zu schaffen.

Die Verwaltungsbeamten können wegen ihrer Amts=handlungen nicht vor die Gerichtshöfe vorgeladen und zur Verantwortung gezogen worden ohne Genehmigung ihrer competenten Behörde.

Art. 111. Niemand kann vor eine andere als vor seine gesetzliche Behörde vorgeladen werden.

Art. 113. Niemand kann vor zurückgelegtem fünfund=zwanzigsten Jahre Mitglied eines Gerichtshofes erster In=stanz und Niemand Mitglied eines höheren Gerichtshofes vor zurückgelegtem dreißigsten Jahre werden.

Art. 115. Die Verhandlungen der Gerichtshöfe sind öffentlich, außer in den Fällen, wo das Gesetz im Interesse der Ordnung und der öffentlichen Sittlichkeit anderweitig bestimmt. Die Richter berathen und stimmen ab im Ge=heimen; aber das Urtheil wird öffentlich und mit lauter Stimme verkündigt.

Das Urtheil muß die Gründe und Gesetzparagraphen enthalten.

Art. 116. Jeder, der wegen eines Verbrechens oder Vergehens zur Untersuchung gezogen wird, hat das Recht sich einen Vertheidiger zu wählen. In den vom Gesetz be=stimmten Fällen muß das Gericht ihm einen Vertheidiger von Amtswegen bestellen.

Art. 117. Die Geschwornengerichte werden für Raub, gefährliche Diebstähle und Brandstiftungen eingeführt.

Art. 118. Der Fürst hat in Straffachen ein Begnadigungsrecht. Er kann die Strafe in eine mildere verwandeln, sie herabsetzen oder sie gänzlich erlassen.

## VIII. Von der Kirche, den Schulen und den Wohlthätigkeitsanstalten.

Art. 119. Die freie, öffentliche Ausübung ihres Cultus ist gewährleistet den in Serbien anerkannten Religionen und denen, welche es sein werden durch ein specielles Gesetz.

Art. 120. Alle in Serbien anerkannten Religionen stehen unter dem Schutze des Fürsten. *)

Art. 121. Alle geistlichen Personen unterstehen in allen bürgerlichen Beziehungen und Akten, sowie in Allem, was ihr Vermögen anbetrifft, den gewöhnlichen Gesetzen des Landes.

Art. 122. Alle Schulen und andere Erziehungsanstalten sind unter Aufsicht des Staats gestellt.

## IX. Von den Gemeinden und bürgerlichen Personen.

Art. 127. Die Gemeinden sind unabhängig in ihrer Verwaltung, während sie in Allem den Vorschriften des Gesetzes nachkommen.

---

*) Die in Serbien anerkannten Religionsculten sind außer der rechtgläubigen griechisch-katholischen Kirche der Katholicismus, der Protestantismus und die jüdische Religion.

Art. 128. Jeder Bürger muß sowie jedes unbewegliche
Besißthum zu irgend einer Gemeinde gehören.

Jedes Mitglied einer Gemeinde sowie jedes unbeweg=
liche Besißthum muß Theil nehmen an den Gemeindelasten.

Das Ministerium des Innern umfaßt die ganze
innere Administration: die Oberaufsicht über die Gemeinden
und Handhabung der öffentlichen Sicherheit, das Medicinal=
wesen und Quarantänewesen, die Postanstalten und Tele=
graphenanstalten. Das Sanitätsdepartement ist eine Ab=
theilung des Ministeriums, welche, nnterstüßt durch eine
permanente Medicinalcommission, alle für die Gesundheits=
pflege des Landes nothwendig erscheinenden Anordnungen
zu treffen hat. Im Jahre 1869 zählte Serbien 17 Kreis=
ärzte, unter ihnen Doctoren ·der Medicin von den Uni=
versitäten zu Prag, Wien, Pest und Heidelberg, mehrere
**Magistri Chirurgiae** und 2 Patrone der Chirurgie. Der
Bezirksärzte und ihrer Stellung habe ich bereits in
den im ersten Theil des Buches enthaltenen Schilderungen
gedacht. Ueber Gemeindeärzte, Hebammen, Apotheken und
Krankenhäuser macht Dr. Johann Valenta folgende
Mittheilungen: „Auf einer bessern Basis, als diejenige der
Bezirksärzte ist, hat sich die Stellung der Gemeindeärzte
in den Städten consolidirt. Die Gemeinden der Kreisstädte
hatten in vielen Fällen die Wohlthat der Kunsthilfe kennen
gelernt, bei ihnen erwachte naturgemäß das Verlangen,
den Arzt selbst in ihrer Mitte zu besißen, denn der Kreis=
arzt war öfter genöthigt, in amtlichen Angelegenheiten die
Stadt zu verlassen und die Kranken ihrem Schicksale zu
überlassen. Solche Mißstände ließen den Gedanken zur
That werden, daß sich die städtische Gemeinde einen Arzt
aus eigenen Mitteln halte; die Besoldung konnte nicht

kleiner geboten werden als jene des Kreisarztes, weil ja sonst die Gemeinde in Kurzem in die Lage kam, den Arzt zu verlieren. Der Stadtarzt hat also einen gleichen Gehalt, aber keine Lasten wie der Kreisarzt; er braucht nicht umher= zureisen; die Gemeinde sichert ihm die Bezahlung der Vi= siten; sie allein erklärt Jene als unentgeltlich zu behandelnde, die sie als Arme qualifizirt. Es ist daher keine auffallende Erscheinung, daß viele Aerzte den Kreisdienst verließen und städtische Aerzte wurden."

„An diplomirten Hebammen ist im Innern des Landes ein totaler Mangel. Aeltere Weiber, meist Witwen, besorgen den Beistand bei Wöchnerinnen und zwar nur die ersten Tage. Die Bäuerin ist an ein hartes, mühsames Leben gewöhnt, sie arbeitet den ganzen Tag und ist die erste auf den Beinen, die letzte auf ihrem harten Lager. Sie trägt ihr Kind in einer wollenen Tasche am Rücken, den Spaten oder die Hacke in der Hand und noch an der Tragstange das Essen dem vom Hause weit weg arbeitenden Manne nach. Die Geburt wird ohne die nöthige Rücksicht auf die Jahreszeit im Freien vollzogen; still und geräuschlos entfernt sich das Weib, um nach hergebrachter Anschauung das Haus nicht zu verunreinigen, und kehrt nach Abgang der Nachgeburt mit dem Neugebornen in der Schürze ins Haus zurück. Ist es ein Knabe, so ist des Jubels kein Ende, ist es ein Mädchen, so erwähnt man kaum das häus= liche Ereigniß. Anders in den Städten. Hier erfreut sich die Frau einer ganz besonderen Sorgfalt und wird meist sehr verhätschelt. Demnach liegt der Städterin daran nach Mitteln zu forschen, um nicht zu gebären. Abortive werden gesucht und theuer bezahlt; jedes Jahr kommen entschiedene Fälle vor, wo junge Frauen ihren sträflichen Vorsatz mit dem frühen Tode bezahlen."

„Die öftere Abwesenheit des Kreisarztes und die Einführung von Stadtärzten hatte auch eine Eröffnung von Apotheken im Innern des Landes zur Folge, so daß gegenwärtig Belgrad 4, Schabaz 2, Kragujevac, Smederevo, Požarevac, Negotin, Kruševac, Jagodina je eine Apotheke besitzen. Die Stellung des Apothekers ist eine schwierige, da ihm einerseits verboten ist, sich in die Selbstdispensation einzulassen, andererseits aber in Abwesenheit des Arztes die Behandlung Kranker zur Pflicht gemacht wird. In den Augen des Landvolkes wird die Stellung zwischen Arzt und Apotheker sehr schief beurtheilt; das Volk sieht diese Theilung der Arbeit sehr ungern und begreift sie nicht. Die Apotheker sind sämmtlich auf österreichischen Universitäten promovirte Magistri der Pharmacie und gehören zu den sparsamen Elementen der Cultur im geselligen Leben des innern Landes."

„Die Dienste der niedern Chirurgie, Aderlassen Blutegelsetzen, Klystieren besorgen die Barbiere."

„Um den großen Mangel an ärztlichem Personal weniger fühlbar zu machen und die Armenpflege zu regeln und zu erleichtern, erschien im Jahre 1864 ein Gesetz über die Einrichtung von Krankenhäusern. Laut diesem Gesetz soll jeder Kreis ein Spital besitzen. Mittel dazu ist eine von jedem Steuerkopf in gleicher Höhe erhobene Steuerleistung von zwei Zwanzigern im Jahre. Auf diese Weise haben Belgrad, Schabaz, Smederevo, Požarevac, Kragujevac, Valjevo, Kruševac, Karanovac bereits eingerichtete Krankenhäuser. Die Zahl der Betten ist jedoch sehr ungleich; so hat Belgrad 120 und Smederevo 22 Betten, nicht zu gedenken der abweichenden Einrichtungen. Die Abministration ist den Aerzten anvertraut und sehr complicirt. Die Vor= schläge des Aerztes und der Spitalsväter sind in den Kreisen dem Kreisamte, in Belgrad der Stadtpräfectur zu erstatten, welche das Aktenstück mit ihren Gutachten dem Minister des Innern unterbreiten. Dieser ernennt das ärztliche Per= sonal; er bewilligt alle Auslagen, normirt deren Höhe, er= theilt Rügen und Strafen, nimmt Entlassungen vor. Dabei ist der Aerzt sehr beengt in seinem Handeln, Medicamente nach seiner Wahl zu verschreiben ist ihm nicht gestattet, sondern er muß nach der Militairpharmacopoea und zwar nach der alten österreichischen Pharmacopoea castrensis verfahren. Will er andere Medicamente verschreiben, so muß er sich mittelst einer Zuschrift an die Polizeibehörde wenden. Die Erledigung kommt meist, wenn man ihrer nicht mehr bedarf; mittlerweile ist der Kranke bereits ge= nesen oder verstorben. Durch derartige Erscheinungen ge= witzigt, sucht kein Aerzt einen solchen Consens, sondern be= gnügt sich lieber mit Medicamenten der Pharmacopoea castrensis."

„Einen Lichtpunkt bilden die sehr liberalen Bestim= mungen über die Aufnahme der. Kranken. Alle Kranke ohne Rücksicht auf Alter, Stand, Religion, Nationalität werden aufgenommen, die Förmlichkeiten sind gering. Es bedarf nur eines Geleitsbriefes von Seite der Ortspolizei oder des Gemeindevorstandes, und dieser ist mehr um der nöthigen Daten und zur Constatirung des Nationale nöthig, als zu einem polizeilichen Zweck. Auch ohne selben ist der Eintritt geboten, wenn durch die Herbeischaffung des Ge= leitsbriefes und die damit verbundenen Gänge dem Kranken Schaden zugefügt oder sein Zustand verschlimmert würde.

Die Erfahrung zeigt, daß sich die Zahl der Kranken ziemlich mehrt, das heißt daß die arbeitende Klasse mehr Vertrauen zu einer geregelten und methodischen Behandlung gewinnt. Die Mortalität in den Spitälern ist ziemlich groß, — was sich aber aus dem Umstande erklärt, daß alle Krankheiten darin angenommen werden und Belgrad kein Siechen= oder Versorgungshaus besitzt."

„Neben den Kreisspitälern besteht noch in der Haupt= stadt eine besondere Anstalt für Geisteskranke. Dieselbe ist im Jahre 1860 eröffnet worden."

Alle Anordnungen und Verfügungen des Ministeriums gelangen im Wege der Kreisämter und der diesen unter= geordneten Bezirksbehörden zur Ausführung. Zum Zwecke einer geregelten Polizeiverwaltung und Finanzver= waltung ist Serbien in 17 Kreise, 60 Bezirke und 1059 Gemeinden eingetheilt. Die Hauptstadt Belgrad besitzt eine von ihrem Kreise unabhängige Präfectur. Die Kreisverwaltung wird von Kreisvorstehern (Natschalniks) geleitet. In der Hand der Natschalniks ver= einigen sich alle Vorkehrungen für die öffentliche Sicherheit, die Gesundheitspflege, das Quarantänewesen, die Aufsicht auf Schulen, Posten und Telegraphen, die Ausführung der Straßenbauten. Unter dem Natschalnik stehen die Leiter der Kreisbezirke, die Kreishauptleute, Kapetane. Der Kreishauptmann und sein Schreiber — Pisar — haben, abgesehen von den ihnen zugewiesenen richterlichen Funkti= onen, das Kreisamt im Sicherheitsdienste, bei Impfungen, bei Straßenbauten und Hochbauten u. s. w. zu unterstützen.

Die Gemeinde wählt ihren Vorstand selbst. Sein Wir= kungskreis ist nach den §§. 34 und 35 des neuen, am 24. März 1866 veröffentlichten Gemeindegesetzes ein sehr umfassender. Er publicirt die Gesetze, welche ihm durch das Bezirksamt übermittelt werden; ihm ist die Erhebung der Steuern, die Ausübung der Polizeigewalt, die Anstellung und Absetzung der Communalbeamten und die Ueberwachung des Gemeindegerichts übertragen. Der freigewählte Gemeindevorstand besteht aus dem Bürgermeister, Kmet und dessen Beiräthen. In den Sitzungen des Gemeinderaths erfolgen die Entscheidungen nach Majorität der Stimmen. Im Falle von Ausschreitungen intervenirt nach §§. 41 und 45 der Staat, welchem nach §. 76 das Oberaufsichtsrecht über die Communen und ihre Vorstände vorbehalten ist. Das Gemeindegericht besteht in den Dorfgemeinden aus drei Mitgliedern, welche über alle Streitfälle bis zum Betrage von 500 Piastern entscheiden und zugleich als Friedensrichter fungiren.

Die Staatseinnahmen Serbiens bestehen aus den directen Steuern, aus den Staatsregalen, aus den Zollgebühren und Taxgebühren, aus den Erträgnissen der Staatsgüter und aus dem Staatsfond. Die Haupteinnahmequellen des Staats sind die directen Steuern.

Nach den gegenwärtigen Steuersätzen sind alle Serben steuerpflichtig. Ausgenommen von der Steuerzahlung sind nur die niedern Klostergeistlichen, die gemeinen Soldaten, die Kmete, der vierte, sechste, achte u. s. w. Genosse in der Sabruga, Greise über sechszig Jahre, Minorenne, Sieche, Gefangene und im Auslande Lebende, neu aufgenommene Staatsbürger für zwei Jahre, neu Verheiratete für ein halbes Jahr.

Für jeden Steuerkopf, das heißt für jeden verheirateten, über 18 Jahre alten Grundbesitzenden oder Handel, Gewerbe oder sonstige Erwerbsgeschäfte selbstständig betrei-

benden Mann müssen 12 Gulden Steuer (Poresa) gezahlt
werden, von denen die eine Hälfte als Kopfsteuer, die an=
dere als Besitzsteuer gilt. Diese Steuer wird den Gemein=
den nach der Zahl der Steuerköpfe im Gesammtbetrage
auferlegt, die individuelle Vertheilung aber geschieht in
allgemeiner Gemeindeversammlung von Kmeten und den
Friedensgerichtsräthen unter Zustimmung der Hausväter
in der Art, daß die Wohlhabenden einen Theil der Lasten
der Aermeren auf sich nehmen. Die Junggesellen, sofern
sie nicht durch eine jährliche Einnahme von mehr als 250
Gulden in die Categorie der Steuerköpfe fallen, bezahlen
in vier Stufen 1 - 4 Gulden je nach ihrem Verdienst. Die
Abgabe der herumziehenden Zigeuner ist ziemlich hoch (für
den Mann $9^2/_3$, für die Frau $4^5/_6$ und für Kinder von
8—14 Jahren $3^1/_3$ Gulden) und bezweckt hauptsächlich, sie
indirect zu fester Ansiedlung zu zwingen.

An indirecten Steuern wird bei jedem Zollamt
ein Grenzzoll erhoben, der früher auf drei Procent vom
Werthe festgesetzt war, jetzt aber nach einem speciellen, fast
um das Doppelte höheren Tarife bestimmt wird. Merk=
würdig ist, daß außer dem Fürsten, der türkischen Regie=
rung, den Consulaten, der Nationalkirche und den fremden
Einwanderern auch die Kleider und Brautgeschenke serbi=
scher Mädchen, die nach der Türkei, oder christlicher Mäd=
chen aus der Türkei, welche nach Serbien heiraten, Zoll=
freiheit genießen.

Als Regalien hat sich die Regierung den Bergbau,
die Fischerei in der Save und Donau, die Fähren, die
Post und die Telegraphen vorbehalten. Zu den neuesten
Einnahmequellen der serbischen Staatsverwaltung gehören
die Regalabgaben auf den Tabak und auf das Salz.

Das unzweifelhaft ihr zustehende Münzrecht hat die serbische Regierung bis jetzt, wahrscheinlich wegen Mangels edler Metalle, nicht ausgeübt. Die einst so ergiebigen Silberbergwerke befinden sich in den heute noch zur Türkei gehörigen altserbischen Landestheilen. Von Goldmünzen und Silbermünzen coursiren in Serbien: Oesterreichische Randdukaten, das Stück zu 60 Handelspiastern, österreichische alte Zwanziger zu 4 Handelspiastern, österreichische alte Zehner zu 2 Piastern, österreichische Silbergulden zu 12½ Piastern, russische Rubel zu 20 Piastern, russische Zwanzigkopekenstücke zu 4 Piastern, türkische Silbermedschije zu 22 Piastern, türkische Goldmedschidje zu 116 Piastern. Die kleinste Münze ist ein österreichisches Kupferstück, welches 10 Para gilt.

Maß und Gewicht sind zum Theil noch aus der türkischen Epoche herkömmlich geblieben. Als Längenmaß gilt der Arsin zu 2,02 Wiener Fuß; als Handelsgewicht die Oka zu vier Litra, die Litra zu 100 Drachmen, welche 2¼ österreichische oder 2½ preußische Pfunde gelten. Stoffe aus Oesterreich werden nach der österreichischen, türkische Stoffe nach der türkischen Elle gemessen. In den Apotheken ist das österreichische Medicinalgewicht eingeführt.

Die serbische Gesetzgebung ist den neuen österreichischen, preußischen und französischen Gesetzbüchern nachgebildet. Außer dem durch Fürst Miloš im Jahre 1860 publizirten Strafgesetzbuche, Wechselgesetz und einer abgeänderten Civilproceßordnung trat im Jahre 1865 die neue Criminalproceßordnung in Wirksamkeit. Für das Civilrecht wurde unter der Regierung des Fürsten Alexander Karageorgević im Jahre 1844, das bürgerliche Gesetzbuch publicirt, dem einige Novellen folgten. Neben diesen Gesetz-

büchern existiren Gewohnheitsrechte, welche im alten Her=
kommen ihren Ursprung haben. Wenn z. B. kein Testament
hinterlassen ist, kommt in Serbien die Erbschaft nicht wie
in Frankreich allen Kindern gleichmäßig zu, sondern nur
den Söhnen. Auch von den Seitenverwandten kommen nur
die männlichen in Betracht, falls nicht etwa bloß eine weib=
liche Verwandtschaft vorhanden ist; jedenfalls wird nach ser=
bischem Erbrecht ein entfernterer männlicher Verwandter
einem weiblichen näheren Grades vorgezogen. Dagegen ist
es sehr gewöhnlich bei den Serben, Adoptivverwandtschaften
zu bilden, so daß man oft Adoptivkinder, Adoptivbrüder
und Schwestern, ja Adoptiveltern trifft, die jedoch keine gesetz=
lichen oder politischen Rechte haben. Fremde, die nicht
dem serbischen Gesetze unterworfen sind, sondern unter dem
Schutze und der Gerichtsbarkeit ihrer Consulate stehen, dürfen
Landbesitz weder erben noch erwerben, wiewohl sie Handel
und Gewerbe treiben und zu diesem Zwecke Ländereien oder
Häuser miethen können. Eine besonders merkwürdige Stellung
in den serbischen Rechtsverhältnissen nimmt die Hauscom=
munion (Sabruga) ein, d. i. die Gemeinschaft von mehreren
volljährigen Personen, welche meistens durch Bande des
Bluts mit einander verbunden, in Gütergemeinschaft unter
einem Dache leben und eine juristische Person bilden und
sich den Klügsten und Erfahrensten aus ihrer Mitte, ohne
Rücksicht auf das Alter, zum Hausvater (Stareschina) frei
wählen. Dieser hat Gewalt über alle Hausgenossen und
vertheilt alle Arbeit, ist aber bei Eingehung von Verträgen
an die Zustimmung der Genossen gebunden und kann durch
Familienrath ohne weiters abgesetzt werden.

Die Gerichtstaxen sind sehr niedrig. Eine Resolution
des Cassationshofes kostet beispielsweise 20 Piaster oder 1²⁄₃

Gulben österreichisch). Die Entscheidungen der Friedens=
gerichte erfolgen unentgeltlich.

Die im Strafgesetzbuch des Jahres 1860 bestimmten
Strafen sind folgende:

1. Todesstrafe. Sie ist angedroht für Mord und
Raubanfall mit Waffen. Die Vollstreckung der Todesstrafe
erfolgt durch Erschießen. Auf politische Verbrechen und
Vergehen steht keine Todesstrafe.

2. Zwangsarbeit von 2 bis 20 Jahren.

3. Freiheitsstrafen, nicht unter 2, nicht über 20
Jahre.

4. Haft, von 30 Tagen bis 5 Jahren.

5. Stockstreiche, in der Zahl von 10—50. Zu
Stockstreichen werden nur Vagabunden, Diebe, Taglöhner
und Dienstleute unter 50 Jahren verurtheilt, deren Fami=
lien ohne Lebensunterhalt bleiben würden, falls ihr Ernährer
ins Gefängniß gebracht würde.

6. Geldstrafen.

7. Ehrenstrafen. Sie bestehen im Verlust der bür=
gerlichen Rechte auf 1 bis 5 Jahre und im Verbot der Aus=
übung gewisser Gewerbe, falls dieselben eine vom Gesetz
verlangte größere Vertrauenswürdigkeit bedingen. Für Be=
amte bestehen als Ehrenstrafen: Verweis, Suspension vom
Amte und vom Gehalt, Degradation und Dienstentsetzung.

Die Kirche Serbiens ist ein Theil der orientalischen
oder wie sie stolz sich selbst nennt der „orthodoxen Kirche,“
und steht in einer wenn auch sehr lockeren Gemeinschaft
mit dem Patriarchensitz zu Constantinopel. Vom dreizehnten
bis in die Mitte des vorigen Jahrhunderts war die Kirche
Serbiens ganz unabhängig von Constantinopel, bis im Jahre
1765 der Patriarch vom Sultan das Recht kaufte, inner=

halb des ganzen türkischen Reiches die Bischöfe zu ernennen und in Folge dessen überall Griechen mit den höchsten Kirchen= ämtern betraute. Erst im Jahre 1830 erhielt mit dem Volke auch die serbische Kirche ihre Selbstständigkeit wieder, nur blieb dem Patriarchen das Recht der Bestätigung der Wahl des Metropoliten gegen eine Abgabe von 300 Du= caten und erweist Letzterer ihm die Ehre, wenn er selbst fungirt, ihn namentlich in das allgemeine Kirchengebet ein= zuschließen. Im Uebrigen ist das Band, welches die übrigen Kirchenfürsten mit dem Centralsitze von Constantinopel ver= einigt, nur das der brüderlichen Liebe und der Ehrfurcht jüngerer Brüder gegen den älteren.

Die serbische Kirche wird gegenwärtig von vier Prälaten geleitet, dem Erzbischof von Belgrad, welcher der Metropolit ist, und den drei Suffraganbischöfen von Schabaz, Negotin und Užica, von denen der Letztere seinen Sitz in Kara= novac hat.

Wenn in irgend einem dieser Bisthümer eine Vacanz eintritt, ernennen die Bischöfe zunächst einen Administrator des offenen Bisthums und schreiten nachher zu der Wahl, welche dem Fürsten zur Bestätigung, dem Patriarchen in Constantinopel zur Kenntnißnahme mitgetheilt wird. Ge= wöhnlich, aber nicht immer, fällt die Wahl zum Metropo= litensitze auf einen der Suffraganbischöfe. Das Gehalt jedes dieser drei Suffraganstühle beträgt 1000 Ducaten, das des Erzbischofs das Doppelte und wird direct von der Regierung bezahlt, als Ersatz für den einstigen Grundbesitz ihrer Bis= thümer, welcher in den Zeiten der türkischen Herrschaft con= fiscirt wurde. Das Einkommen der 656 Weltgeistlichen besteht theilweise in den Gebühren und Opfern bei Taufen, Trauungen, Begräbnissen, Einsegnung von Wöchnerinnen

und außerordentlichen Messen, z. B. für die Sicherheit eines
Reisenden, für die Genesung eines Kranken oder das Seelen=
heil eines Todten, theils in der Besteuerung einer jeden
Person in der Parochie mit 12 Okka Mais. Außerdem
haben wenigstens einige Kirchen oft ziemlich ausgebehnte
und schon sehr werthvolle Grundstücke, deren Werth immer
mehr steigen wird, je mehr Aufmerksamkeit auf den Ackerbau
verwandt wird. Die Klostergeistlichen haben außer ihren
besonderen Pflichten auch die Fürsorge für die Parochie, die
oft in beträchtlicher Ausdehnung rings um die Mauern
der betreffenden Klöster liegt, und deßhalb denselben An=
spruch auf Unterhalt, wie ihre übrigen geistlichen Brüder.

Jede Diöcese zerfällt nach der staatlichen Eintheilung
der 17 Kreise in drei bis sechs Protopresbyteriate, deren
Erzpriester mit einem Archidiaconus für die ganze Diöcese
die Assistenten des Bischofs bilden. Jedes Jahr besucht der
Bischof die Kirchen eines dieser Bezirke, so daß die Visita=
tion der ganzen Bezirke in drei bis sechs Jahren geschieht.
Ihre Bildung empfangen die Weltgeistlichen auf dem Prie=
sterseminare zu Belgrad, dessen Zöglinge vorher die vierte
Classe des Gymnasiums (unserer Tertia entsprechend) ab=
solvirt haben müssen. In dem vierjährigen Cursus werden
Exegese, biblische und allgemeine Geographie, Kirchen= und
allgemeine Geschichte, Dogmatik, Polemik und Ethik, Ho=
miletik, Liturgik, Pastoraltheologie und canonisches Recht,
Altslavisch und Russisch, Physik, Logik, Psychologie, Rhe=
torik und Pädagogik, Gesang, Rechnen und Oekonomie ge=
trieben. Die Geistlichen sind in Serbien sehr geachtet. Ihr
eheliches Leben gibt ihnen bedeutenden Einfluß auf das
ganze sociale Leben der Parochie; sie vermischen sich, trotz
ihrer charakteristischen Kleidung (eng anschließender, bis zu

ten Füßen reichender Rock, ebenso langer Ueberrock und hoher Hut ohne Krempe) frei mit dem Volk und bilden in keiner Weise eine von dem Volk abgesonderte Kaste. Die niedere Klostergeistlichkeit steht ihren weltlichen Amts= brüdern in der Bildung nach, besonders weil sie noch mehr als diese sich mit Ackerbau beschäftigen muß, um das Le= ben zu fristen.

Während die Klostergeistlichkeit unverheiratet und in Gemeinschaften lebt, muß nach der Regel der ganzen orien= talischen Kirche der Pfarrgeistliche verheiratet sein und kann nicht einmal die Weihe zum Diacon vor dem Eintritt in den Ehestand empfangen. Doch ist die zweite Ehe nicht gestattet und steht es nach dem Tode der Frau dem Wit= wer frei, ob er in seinem Pfarramt bleiben oder sich in ein Kloster zurückziehen will. Durch Dispens vom Bischof ist es sogar möglich, die Erlaubniß zur Wiederverheiratung zu erlangen, doch muß der Geistliche in diesem Falle vorher seine Pfarre und das Recht, geistliche Functionen auszu= üben, aufgeben, behält aber seine Würde als Priester und wird mit den seinem Stande zukommenden Ehren begraben. Uebrigens ist schon die Frage, den Pfarrgeistlichen, welche ihre Frauen verloren haben, überhaupt die Eingehung einer zweiten Ehe zu gestatten, in der serbischen Kirche an= geregt worden, doch könnte die Erledigung derselben ohne Gefahr eines Schismas nur durch ein allgemeines Concil geschehen. Da die Bischöfe aus der unverheirateten Geist= lichkeit hervorgehen, so haben sie außer den unverhältniß= mäßig seltenen Beispielen, in welchen die Wahl zufällig auf einen Witwer fällt, nicht eine eigene Erfahrung in Leitung einer Parochie und es ist deshalb schwer einzu= sehen, wie sie namentlich in den zarten und schwierigen

Ehefragen, welche ein Priester dem Bischof zu unterbreiten wünscht, die Rathgeber des unter ihrer Leitung stehenden Clerus sein können.

In der ganzen orientalischen Kirche wird auf Verbreitung religiöser Kenntniß durch die Predigt sehr wenig Werth gelegt, so daß man in den serbischen Kirchen selten — von den 30 bis 40 Kirchen, welche ich in Serbien besuchte, nur in einer, der Cathedrale von Belgrad — eine Kanzel trifft. Nur die Bischöfe und Archimandriten halten häufiger kurze Ansprachen an das Volk. Abgesehen von den Vorlesungen aus den gottesdienstlichen Büchern und dem Ceremoniel der orientalischen Kirche, welches reich ist an anerkannten Symbolen, die als Mittel der Belehrung dem orientalischen Gemüthe angemessen sind, begnügt man sich mit dem religiösen Unterricht in den Schulen, in welchen zu diesem Zwecke ein einfacher aber sorgfältiger Katechismus der christlichen Lehre eingeführt ist und glaubt dieses um so eher thun zu dürfen, als die meisten Lehrer aus dem theologischen Seminar hervorgehen.

Was den Gottesdienst in der Kirche betrifft, so wird in allen serbischen Kirchen die altslavische Sprache gebraucht, d. h. die alte Schriftsprache der Bulgaren und Serben, welche von Rußland adoptirt wurde und von dort russificirt zurückkehrte. Wiewohl sie jetzt eine todte Sprache ist und nur zu kirchlichen Zwecken gebraucht wird, so hat sie doch trotz der Wandlungen, welche die Länge der Zeit und Rußland an ihr vorgenommen haben, eine so nahe Verwandtschaft mit dem modernen Serbisch und den andern südslavischen Sprachen, daß ein großer Theil des Volkes im Stande ist, mit Verständniß in die Hymnen und Gebete der Liturgie des heiligen Chrysostomus ein=

zuſtimmen, zumal da in allen Volksſchulen der Unter=
richt in der Kirchenſprache in den Lehrplan aufgenom=
men iſt.

Lange Jahre hinburch waren die Kirchen Serbiens in
Betreff der nöthigen gottesbienſtlichen Bücher, welche in der
orientaliſchen Kirche zahlreich und von beträchtlichem Um=
fange ſind, auf Rußland angewieſen und die meiſten der
gegenwärtig in Gebrauch befinblichen wurden in der kaiſer=
lichen Preſſe zu Moskau gedruckt. Im Jahre 1834 wurde
inbeß beſonders zu dieſem Zwecke in Kragujevac eine Staats=
typographie errichtet, welche mit der Reſidenz des Fürſten
ſpäter nach Belgrad verlegt wurde. Dieſe und zwei klei=
nere Privatbruckereien verſahen Serbien in ausreichender
Weiſe mit den für Kirche, Schule, Staat und Wiſſenſchaft
nöthigen Büchern und Zeitungen, die in ihrer äußeren
Ausſtattung an Papier und Druck denen des Occidents in
keiner Weiſe nachſtehen.

Im Ganzen genommen und wenn man Rückſicht nimmt
auf die lange Verfolgung der Kirche in Serbien, iſt der
Zuſtand der Prieſter anerkennenswerth und ihr Einfluß auf
die Bevölkerung erfreulich. Ein engliſcher Gelehrter*) ſprach
ſich über die Geiſtlichen der orientaliſchen Kirche in folgenden
ſchönen und anerkennenswerthen Worten aus:

„Ja, wir können bei aller unſerer Energie und unſerem
Leben Etwas lernen von dem in anderer Beziehung nicht
zu vergleichenden Zuſtande von ganzen Nationen und Racen,
von Menſchen, die durchbrungen ſind von religiöſem Gefühl,

---

*) Im Auszuge aus: Serbien und die Serben von Rev. W.
Denton. M. A. Frei bearbeitet von D. v. Cölln. Berlin 1865.
Wiegandt und Grieben.

welches augenscheinlich ihr Gemüth beherrscht, selbst wenn
es ihm nicht gelingt, auf ihr Betragen einen Einfluß aus=
zuüben, welches, wenn es auch nur wenige Männer hervor=
gebracht hat, die wir Heilige oder Philosophen nennen könnten,
doch durch Jahrhunderte der Unterdrückung ganze Armeen
von Bekennern und Märtyrern ins Leben rief. Wir können
Etwas lernen von dem Blick auf die ruhige Festigkeit, welche
sich gründet auf die „Gelassenheit und Zuversicht" eines
Schatzes angeerbten Glaubens, dessen Besitzer sich damit be=
gnügt, ihn selbst werth zu halten, ohne seine Annahme
Anderen aufzubringen. Wir können Etwas lernen von dem
Blick auf Kirchen, in denen die Religion nicht der Pflege
von Weibern und Kindern überlassen ist, sondern als das
Recht und Privilegium der Männer gefordert wird, in denen
die Kirche nicht so sehr auf der Macht und dem Einfluß
ihres Clerus ruht, als auf der unabhängigen Erkenntniß
und dem männlichen Eifer ihrer Laien."*)

Alles Kirchengut ist volles Eigenthum der Kirche,
in dessen Verwaltung der Staat sich nicht zu mischen hat.
Das Kirchengut der Pfarrkirchen wird durch weltliche, von
den Gemeinden erwählte Vormünder verwaltet, welche all=
jährlich vor dem Protopresbyter, dem Pfarrer, dem Bezirks=
hauptmann und dem Ortsrichter Rechnung zu legen haben.
Ausgaben über 500 Piaster dürfen von der Gemeinde aus
den Kirchenfonds ohne Zustimmung des Consistoriums nicht
gemacht werden. Die der Kirche eigenthümlichen Capitalien
werden größtentheils zu ihrer Erhaltung und Verschönerung
und zum Neubau anderer Kirchen verwandt. Das Gesammt=
vermögen aller Kirchen steht unter der Oberaufsicht des
Staats.

*) Stanley's Vorlesungen über die orientalische Kirche, Vorl. I.

Serbien hat heute noch 41 Klöster, in denen 141 Mönche unter selbstgewählten Vorständen — Archimandriten — im Cölibate leben. Die Klöster haben die Rechte juristischer Personen. Die Mönche leben in einer Art Hauscommunion, in vollkommener Gütergemeinschaft. Verwalter des Kloster= guts ist in jedem Kloster ein Mönch, welcher zu diesem Amte von den andern Mönchen gewählt wird. Alljährlich haben diese Verwalter der Klostergüter der gesammten Brüderschaft in einem vom Vorstande gewählten Kapitel Rechnung zu legen. Die Mönche haben, außer ihren besonderen, von den Ordensregeln vorgeschriebenen Pflichten, auch die Seelsorge für die Parochieen, welche oft von bedeutender Ausdehnung sind. Sie empfangen deshalb von ihren Pfarrkindern die= elben Abgaben, wie die weltlichen Pfarrer. Die Mönche sind aber nicht berechtigt, von Todeswegen frei über ihr Vermögen zu verfügen. Ihr gesammter Nachlaß fällt dem Kloster anheim, dem sie angehören.

# Neunundzwanzigstes Kapitel.

## Straßen. Posten. Telegraphen. Brücken. Unterricht. Schulen. Armee.

Die asiatischen Barbaren, die Türken, zerstörten während ihrer Herrschaft in Serbien sämmtliche vorhandenen Straßen und ließen die Flüsse versanden. Selbst die großen Straßenzüge, welche die Römer und Byzantiner zur Verbindung der mösisch=thrazischen Länder mit den Hafenplätzen am ägäischen Meere und den macedonischen Provinzen mit der adriatischen Küste gebaut hatten, ließen die Barbaren verfallen. Das theure Karavanenpferd trat an die Stelle des billigen Wagens. Als Serbien sich im Jahre 1830 endlich nach langen, blutigen Kämpfen seine Autonomie erstritten hatte, gehörte in Serbien ein Wagen zu den seltenen, ein mit Eisen beschlagenes Rad aber zu den ganz unerhörten Dingen. Fürst Miloš hat sich die ersten Verdienste um den serbischen Straßenbau erworben. Da dieser Mann aber Alles in gewaltthätiger Weise that, so zwang er, statt Fachmänner zu berufen und Straßen auf Kosten des Staates anlegen zu lassen, die Bauern zum

Straßenbau mit Gewalt. Die unter seiner Regierung an=
gelegten Straßen entsprachen denn auch den von ihm an=
gewandten Mitteln. Unter der Regierung seines Nach=
folgers, des Fürsten Alexander Karageorgević nahm der
serbische Straßenbau ein anderes Aussehen an. Die Ver=
waltung des Straßenbauwesens wurde einer besonderen
Section des Ministeriums des Innern, unter der Leitung
des vom Oberstlieutenant Zach gewonnenen tüchtigen
österreichischen Ingenieurs und Architecten Nevole über=
tragen. Dieser berief Fachmänner aus dem Auslande. Nun
wurden jeder Kreisbehörde eigene Ingenieure beigegeben;
junge, fähige Leute wurden mit Staatsstipendien, um sich
als Ingenieure heranzubilden, auf die polytechnischen Schu=
len nach Wien, Paris, Berlin und Brüssel gesandt; die
Bestimmungen des serbischen Staatsgrundgesetzes — des
Uſtav — über Straßenbauwesen wurden in den Jahren
1848 und 1852 durch Verordnungen ergänzt.

Nach den serbischen Gesetzen über Straßenbauwesen fallen
die Kosten der Anlage und der Erhaltung der Straßen
den Gemeinden zur Last, durch deren Gebiete sie führen.
Für die Herbeischaffung des Baumaterials haben die Ge=
meinden zu sorgen. Die Arbeiter und Aufseher erhalten
aus Staatsmitteln einen angemessenen Tagelohn. Die Bau=
ordnung bestimmt die Breite jeder Hauptstraße auf 5 öster=
reichische Klafter, die Breite jeder Verbindungsstraße dagegen
auf 4 österreichische Klafter. Abzugsgräben von der Breite
von 2 Fuß müssen zu beiden Seiten jeder Straße angelegt
werden. Aller Grund und Boden, der behufs der Straßen=
bauten expropriirt wird, ist den Eigenthümern aus dem Grund=
besitz der Gemeinde zu ersetzen. Jedes Gemeindemitglied ist
verpflichtet, falls eine Straße durch Elementarereignisse oder

Schneefall unwegsam gemacht wird, zu ihrer Wiederherstellung über Aufforderung der Behörden schnelle und willige Hilfe zu leisten. Die Aufsicht über Straßenbau und über Straßen führen die Kreisingenieure. Sie traciren die neu zu er-bauenden Straßen, entwerfen die Kostenüberschläge, leiten nach der Seitens des Ministeriums der öffentlichen Ar-beiten erfolgten Genehmigung die Ausführung der Bauten und prüfen die von der Kreiscasse auszuzahlenden Bau-rechnungen. Für die Benutzung der öffentlichen Straßen darf keine Abgabe erhoben werden.

Gegenwärtig ist Serbien mit einem Straßennetz bedeckt, welches alle Kreisstädte mit einander in Verbindung bringt. Als Hauptstraßen von und nach den Nachbarländern, auf denen der größte Theil des Waarenverkehrs seinen Weg nimmt, können die sechs Straßenzüge von Belgrad über Smederevo, Jagodina, Alexinac nach Niš, über Ub und Schabaz bis zur Drina, über Valjevo und Ljubovica nach Novibazar, über Smederevo, Ćupria, Saitschar nach Vidin, über Smederevo, Požarevac, Milanovac nach Brza, über Topola, Gornje Milanovać nach Čačak und von Alexinac und Kujacevać nach Saitschar und Negotin angesehen werden. Eine Poststraße verbindet die ehemalige Hauptstadt Kragu-jevac mit der von Smederevo nach Jagodina führenden Straße. Ein Straßenzug von Kruševac nach Kragujevac ist im Bau begriffen. Die meisten von diesen Straßen, welche ich sämmtlich befahren habe, sind recht gut und machen Serbien alle Ehre, umsomehr, wenn man bedenkt, daß kaum dreißig Jahre zu ihrer Anlage genügt haben. Das Be-deutendste im Straßenbau hat die Regierung des Fürsten Michael geleistet. Unter dieser Regierung wurde für öffent-

29*

liche Arbeiten, für Straßenbau, Wasserbau und Hochbau
ein besonderes Ministerium gebildet. Durch die Bildung
einer Pontonniercompagnie und durch die Anlegung von
Pontonbrücken über die Morava erwarb sich die Regierung
des Fürsten besondere Verdienste, da sie keine einzige grö=
ßere Brücke in Serbien vorfand. Heute führen an den
wichtigsten Uebergangspunkten Pontonbrücken über die bul=
garische, serbische und vereinigte Morava. An andern wich=
tigen Punkten sind vorläufig Fähren eingerichtet worden.
Die Benutzungsgebühren der Brücken und Fähren sind außer=
ordentlich gering. Große Verdienste um den Straßenbau
und um den Brückenbau hat sich auch die abgetretene Regent=
schaft erworben. Während ihrer vierjährigen Dauer sind
350.954 Toisen Straßen neu erbaut und 783.250 Toisen
wiederhergestellt worden. Erbaut sind während der Regent=
schaft 352 steinerne und hölzerne Brücken, wiederhergestellt
399 Brücken.

Der Telegraph ist in Serbien durch Gesetz vom 20.
September 1854 eingeführt worden. Die serbische Regie=
rung hat sich dem deutsch=österreichischen Telegraphenverein
angeschlossen und den Dienst auf ihren Linien nach den Be=
stimmungen desselben geregelt. Während der Regentschaft
sind die Telegraphenlinien sowie die Stationen beträchtlich
vermehrt worden. Der Preis einer Depesche von 20 Worten
beträgt 5 Piaster und für je weitere 10 Worte 2½ Piaster.

Die Posten gehören sowie die Telegraphen zum Ressort
des Ministeriums des Innern. Auf allen Hauptlinien findet
ein täglicher Briefpostcours statt. In den letzten zehn Jahren
sind die Postexpeditionen und Poststationen bedeutend ver=
mehrt worden. Kreuzbandsendungen und Briefmarken sind

eingeführt, ebenſo die Beförderung von Perſonen durch die Poſt. Für ganz Serbien iſt ein einziger Portoſaß ange= nommen. Briefe von der Schwere eines Loths bezahlen einen halben Piaſter. Packete werden bis zu einer Schwere von 10 Oca zum Saße von 10 Para für je 5 Stunden Ent= fernung befördert. Für gemiethete Poſtreitpferde zahlt man mit Einſchluß des Pferdes für den Poſtillon 7 Piaſter für die Stunde.

Alle Schulen und Bildungsanſtalten ſtehen unter dem Miniſterium für Cultus und Unterricht, welchem nicht allein die Errichtung und Organiſation der Schulen, ſondern auch die Fortbildung des Volkes und die Sorge für die Ent= wicklung der Nationalliteratur nach dem Geſeße für die Centralverwaltung vom Jahre 1839 obliegt. Neben dem Miniſterium fungirt eine im Jahre 1849 gegründete Schul= comiſſion als Beirath des Miniſteriums.

Als die Türken vor vierzig Jahren das Land verließen und Serbien ſeine Autonomie wiedererhielt, war ein ge= drucktes Buch im Lande eine ebenſo ſeltene Erſcheinung, wie ein mit Eiſen beſchlagenes Rad. Alles Wiſſen und alle Geſchichtskenntniß beſchränkten ſich einzig und allein auf die Tradition der nationalen Geſänge. Selbſt die be= rühmteſten Führer und Kämpfer im ſerbiſchen Befreiungs= kriege konnten weder leſen noch ſchreiben. Der ſchwarze Georg errichtete die erſte Nationalſchule in Belgrad, wo öſterreichiſche Lehrer außer dem Elementarunterrichte Geo= graphie, Geſchichte und Naturwiſſenſchaften lehrten. Selbſt= verſtändlich war es mit dieſer erſten und einzigen Schule, als die aſiatiſchen Barbaren im Jahre 1813 das unglück= liche Land von Neuem unterjochten, auch wieder zu Ende.

Fürst Miloš begann von Neuem das Werk, zu welchem
der schwarze Georg die ersten Keime gelegt hatte. In den
Kreisstädten wurden Schulen errichtet. In der Hauptstadt,
in Kragujevac, wurde das erste Gymnasium gegründet. Um
Schulbücher, Kirchenbücher und die Landeszeitung zu drucken,
wurde in Kragujevac eine Staatsdruckerei angelegt. Die
Beaufsichtigung aller Unterrichtsanstalten wurde dem Cultus=
ministerium übertragen. Nach der Vertreibung des Fürsten
Miloš setzte der Nachfolger desselben, Fürst Alexander, das
Werk seines Vorgängers mit Eifer und Geschick fort. Der
Volksunterricht wurde durch das Studiengesetz vom 23. Sep=
tember 1843 geregelt. Zahlreiche Lehrkräfte, unter ihnen
der Oberst Zach, die Staatsräthe Gavrilović, Ša=
fařík, Medović, der heutige Rector der Belgrader Hoch=
schule Pančić, wurden aus dem Auslande berufen. Ein
besonderer Schulfond wurde im Jahre 1841 gegründet.
Für den höheren Unterricht hatte Fürst Miloš bereits im
Jahre 1838 ein Lyceum gegründet, dasselbe Lyceum, welches
im Jahre 1863 in die Belgrader Hochschule umgewandelt
wurde. Auch die Gründung der heute unter Leitung des
Obersten Zach stehenden Belgrader Militäracademie datirt
aus der Regierungsperiode des Fürsten Alexander. Sie
wurde zur Ausbildung von Offizieren aller Waffengattungen
bestimmt und so reichlich mit Fonds datirt, daß die Zög=
linge in derselben Unterricht, Wohnung, Verpflegung und
sämmtliches Bildungsmaterial umsonst erhielten. Junge
Offiziere wurden auf Staatskosten zu ihrer Ausbildung auf
die Kriegsschulen und Militäracademien des Auslandes
gesandt.

Das Hauptverdienst hat sich die Regierung des Fürsten

Michael um serbische Bildung und um serbischen Volks=
unterricht erworben. In Belgrad wurde als Bildungsin=
stitut für die serbische Geistlichkeit eine theologische Lehranstalt·
errichtet. Sie steht unter gemeinschaftlicher Aufsicht des Mi=
nisters für Cultus und des Erzbischofs von Belgrad und
ist mit einem Seminar verbunden, wo die Mehrzahl der
Zöglinge Wohnung, Verpflegung und Bildung umsonst em=
pfangen, und besitzt eine treffliche Fachbibliothek. Der Stu=
dienplan ist dem Studienplan der russischen theologischen
Anstalten nachgebildet. Die Anstalt besitzt über 200 Zöglinge
und kostet dem Staat jährlich über 16.000 Gulden. Sämmt·
liche Lehrer und Docenten werden vom Staate besoldet. Die
höhere Mädchenschule in Belgrad stammt ebenfalls aus der
Regierungszeit des Fürsten Michael und wird aus den
Schulfonds erhalten. Der Unterricht in dieser höheren
Mädchenschule, aus welcher fast alle Lehrerinnen der heu=
tigen serbischen Normalschulen hervorgegangen sind, ertheilen
besondere Lehrerinnen und Fachmänner, welche aus den Pro=
fessoren der Universität und aus den Lehrern des Gymna=
siums ausgesucht werden. Der Unterricht umfaßt Gram=
matik, Stylistik, Correspondenz, Literatur, Geographie, Ma=
thematik, Geschichte, Naturgeschichte, Physik, Chemie, Päda=
gogik, Schönschreiben, Tanz, Gymnastik, französische und
deutsche Sprache, Singen, Klavierspiel, Zeichnen, weibliche
Handarbeit und Kochen. Auch hier ist, wie in allen ser=
bischen Schulanstalten, der Unterricht unentgeltlich.

Die, wie ich bereits erwähnte, auch unter der Regierung
des Fürsten Michael eingerichtete Belgrader Hochschule hat
drei Facultäten, eine juridische, eine phisolophische und eine
technische Facultät und besitzt ein naturhistorisches und ein

physikalisches Cabinet nebst einem chemischen Laboratorium. Verbunden mit der Hochschule sind ein Nationalmuseum und eine Nationalbibliothek. Beide verdanken ihren heutigen Reichthum an Funden und wissenschaftlichen Schätzen, sowie ihre systematische Anordnung der Gelehrsamkeit und dem unermüdlichen Fleiße des um Serbien so hochverdienten böhmischen Gelehrten, des Staatsrathes und Oberbiblio= thekars Janko Šafaȑik, des Neffen des berühmten Slavisten Paul Joseph Šafaȑik. Das Nationalmuseum besitzt die vollständigste numismatische Sammlung aus der Zeit des alten Serbenreichs, welche überhaupt in Europa existirt und besteht aus lauter im Lande selbst gefundenen Münzen. Von hohem Interesse ist die im Nationalmuseum befindliche kleine historische Portraitgallerie. Die Bilder sind meistens von der Hand serbischer Meister und stellen eine Reihe von Helden der Befreiungskämpfe Mitglieder der beiden in Serbien nacheinander regierenden Fürstenfamilien und serbische Gelehrte dar. Auch das Bild des Mannes finden wir in dieser Gemäldegallerie, welcher den Palast, worin die Universität, die Bibliothek und das Museum eine wür= dige Stätte gefunden haben, der Nation geschenkt hat, das Bild des Major Miša. Von der Jugend, welche sich in den Räumen der Universität wissenschaftlich ausbildet, von den Studenten der Belgrader Hochschule ist nur Rühmliches zu sagen. Duelle, Kneipereien, wüste landsmannschaftliche Verbindungen, welche man an den deutchen Hochschulen Corps nennt, sind der Belgrader Universität vollkommen fremd. An der Belgrader Hochschule beschäftigt man sich mit Studien, um einst dem Vaterlande nützlich zu werden. Die Interessen der Belgrader Studenten sind politischer

Natur, sie wurzeln in den eigenen staatlichen Verhältnissen oder beschäftigen sich mit der Befreiung der noch unter dem Türkenjoch seufzenden slavischen Brüder.

Von großem Einfluß auf die gesammte geistige Cultur in Serbien ist die schon im Jahre 1830 in Kragujevac errichtete Staatsbruckerei geworden. Sie siedelte im Jahre 1831 nach Belgrad über und ist seitdem durch Abtheilungen für Galvanoplastik, Xylographie und Stereotypie vergrößert. In typischer Beziehung ist die Staatsdruckerei die beste, welche von Wien bis zu den Ufern des schwarzen Meeres überhaupt vorhanden ist.

Die serbische Landesgesetzgebung bestimmt in allgemeinen, aber klaren Umrissen die Grundsätze, auf denen die sittliche und die geistige Bildung des serbischen Volkes ruhen soll. Als Ziel derselben wird der Geist der Humanität bezeichnet, der das ganze serbische Volk durchbringen müße. Alle intellectuellen und physischen Kräfte der menschlichen Natur sollen in ihm gleichmäßig entwickelt und gekräftigt werden; die allgemeine Basis haben die serbische Nationalität und das nationale Bedürfniß, die sittliche Grundlage des positiven Christenthums in der Form des Bekenntnisses der morgenländischen rechtgläubigen Kirche zu bilden. Nach einer gesetzlichen Bestimmung müßen alle serbischen Gemeinden nach und nach Volksschulen gründen. Ein eigentlicher Schulzwang ist nicht vorgeschrieben; jedoch ist die Abhaltung fremder Kinder vom Schulbesuche und Aufreizung derselben gegen den Lehrer gesetzlich untersagt. Die Erwerbung specieller Kenntnisse, sowie eine höhere wissenschaftliche Bildung ist von der Staatsgewalt durch Gründung von Mittelschulen, Fachschulen und höheren Lehranstalten ermöglicht, aber, wie billig, dem freien Willen und der geistigen Befähigung des Einzelnen über= lassen und durch die Unentgeltlichkeit, sowie durch die Gründung von Stipendien auch den minder Bemittelten und ganz Unbemittelten zugängig gemacht. Zur Erzielung einer gleichmäßigen Elementarbildung des gesammten Volkes sowie zur Durchführung eines guten Lehrplans in den Schulen behält sich die Staatsgewalt die Organisation und die Leitung des gesammten weltlichen Unterrichtswesens und endlich die Concession zur Errichtung von Privat= schulen vor.*)

Die ersten Anfänge einer regelmäßigen serbischen Ar= mee verdankt das Land ebenfalls dem Fürsten Miloš Obre= nović. Er schuf 5 Milizregimenter, von denen jedes 3.500 Mann effectiver Truppen und 1000 Mann Reserve zählte. Uniformirung und Bewaffnung wurden nach russischem Muster eingeführt. Zur Abrichtung der Soldaten wurden ausländische Instructeure geworben, zur Heranbildung von Offizieren fähige junge Leute auf Staatskosten auf europäi= sche Kriegsschulen gesendet. Zur Leitung der neuen mili= tärischen Organisation wurde ein in russischen Diensten als Oberst stehender Serbe, Danielović, berufen und zum General ernannt. Neben dieser Miliz errichtete Fürst Mi= loš ein Cavallerieregiment von 500 Mann. **)

Bedeutende Fortschritte machte die militärische Organi= sation Serbiens unter der Regierung des Fürsten Alexan= der. Er setzte die von Fürst Miloš begonnenen militäri=

---

*) Tkalac.
**) Thal.

schen Bauten zu' Belgrad und Kragujevac in großem Maß=
stabe fort, baute die große Kaserne in Belgrad aus und
gründete zur Ausbildung von Offizieren aller Waffengat=
tungen im Jahre 1850 die Militärakademie in Belgrad,
weche er so reichlich dotirte, daß die Zöglinge in derselben
Unterricht, Wohnung, Verpflegung, Kleidung und das
Studienmaterial unentgeltlich erhielten. Das Verdienst der
ersten Organisation dieser Kriegsschule hat auch Oberst
Bach, der sich so große und vielfache Verdienste um den
jungen Zukunftsstaat der Balkanhalbinsel erworben hat.
Die stehende Armee betrug unter der Regierung des Für=
sten 2.500 Mann in drei Waffengattungen: Infanterie,
2 Bataillone zu 4 Rotten und 2.010 Mann, eine Schwa=
dron Cavallerie mit 280 Mann, eine Batterie mit 2 Di=
visionen und 250 Mann Artillerie.

Ihre gegenwärtige Organisation verdankt die serbische
Armee dem Fürsten Michael. Gleich in der ersten Skup=
šina im Jahre 1861 legte er dem serbischen Parlament
einen wohldurchdachten Organisationsplan einer National=
miliz vor. Jeder Serbe sollte nach diesem Entwurfe vom
zwanzigsten bis zum sechszigsten Jahre dienstpflichtig sein
und die Nationalarmee in fünf große Commandos getheilt
werden, welche eine Gesammtsumme von 45.844 Mann In=
fanterie, 2.467 Mann Cavallerie, 1.200 Mann Artillerie,
985 Pionieren und 6 Batterien ausmachten. Die National=
versammlung ertheilte dem fürstlichen Milizvorschlage ihre
Zustimmung und erhob ihn zum Gesetz. Im Jahre 1867
galt für die serbische Nationalmiliz folgende Organisation,
welche in ihren Hauptgrundzügen noch heute festgehalten wird.

Alle Besitzenden sind verpflichtet, in der Nationalmiliz

zu dienen. Ausgenommen sind Zigeuner, Juden und Privat=
bedienstete. Von den Beamten sind ausgenommen die Mi=
nister, ihre Ablatus, Sectionschefs, Secretäre, die Kreis=
vorsteher und Bezirksvorsteher, die Gerichtspräsidenten und
Assessoren, ferner die Civilingenieure. Die Dienstzeit er=
streckt sich vom 19. bis zum 60. Jahre. Obschon nur das
erste Aufgebot stets unter den Waffen ist, so ist die ganze
Miliz verpflichtet, vom 1. bis 13. März und vom 1. bis
30. Oktober sich an Sonntagen und Feiertagen an den Ue=
bungen zu betheiligen. Die Nationalmiliz wird in Infan=
terie, Cavallerie, Artillerie und Train abgetheilt.

Die Infanterie wird aus Bauern und aus Stadtbe=
wohnern recrutirt. Sie zählte 77 Bataillone, welche 17
Brigaden bilden und den 17 Kreisen des Landes entsprechen.

Die Cavallerie wird aus den wohlhabendsten Grund=
besitzern, Kaufleuten und Industriellen gebildet und zählt
an 5.000 Mann. Jeder Cavallerist ist verpflichtet, sich Pferde,
Kleider, Waffen und sonstige Ausrüstung auf eigene Kosten
zu beschaffen.

Für die Artillerie werden Beamte, die gebildeteren
Städter und Leute aus der nächsten Stadtumgebung zuge=
zogen. Der Mannschaftsbestand der Artillerie beträgt 8000
Mann. Die Geschütze werden in Bergbatterien und Feld=
batterien getheilt. Erstere bestehen aus leichteren Geschützen
— ebenfalls vierpfündigen gezogenen Kanonen, welche auf
Saumthieren fortgeschafft werden können.

Die ganze Miliz zerfällt in fünf Commandos, von
denen jedes Commando ungefähr 12.000 Mann umfaßt.
Die Reglements sind in der Nationalmiliz und in der ste=
henden Armee dieselben.

Das ſtehende Heer hat in Serbien nur die Be=
ſtimmung, die Schule für die Nationalmiliz zu bilden. Es
beſteht aus ungefähr 4.000 Mann. Die Dienſtpflicht im
ſtehenden Heere dauert drei Jahre, mit Einſchluß des zehn=
tägigen Urlaubs für die Mannſchaft. Die Dienſtpflicht in
der Nationalmiliz beginnt mit dem fünfundzwanzigſten Le=
bensjahre dauert bis zum fünfundvierzigſten Jahre und
zerfällt in zwei Aufgebote.

# Inhalt.

.